U0580252

元代古籍集成 第二輯

韓格平 總主編

史部編年類◎

資治通鑑綱目考證

（元）徐昭文 撰

鄧瑞全 張文博 點校

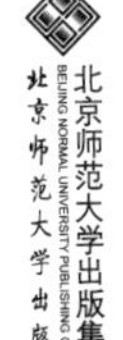

本叢書整理與出版得到
北京師範大學中央高校自主科研基金資助
北京師範大學「九八五」工程基金資助
北京師範大學「二一一」建設基金資助

本書系全國高等院校古籍整理研究工作委員會直接資助項目「元代通鑑學史籍輯校三種」
（項目編號：1108）成果

《元代古籍集成》編委會

顧　問（按音序排列）：

陳高華　鄧紹基　李修生　李治安　楊　鐮

主　編：

韓格平

副主編：

魏崇武

編　委（按音序排列）：

韓格平　李　軍　李　山　劉　曉　邱瑞中

魏崇武　查洪德　張　帆　張　濤

總序

元代，是中國歷史上由蒙古族統治者建立的多民族的統一朝代。蒙古部族早年生活於大興安嶺北部、斡難河一帶及其西部的廣大地域。一二〇六年，成吉思汗完成了蒙古各部落的統一，建國於漠北，號大蒙古國。一二七一年，元世祖忽必烈改國號爲大元。一二七六年，元滅南宋。一三六八年，元順帝妥歡貼睦爾率衆退出中原，明軍攻入大都。明初官修《元史》，自成吉思汗建國至元順帝出亡，通稱元代。蒙古人原來没有文字，成吉思汗時借用畏兀兒字母書寫蒙古語，從此有了蒙古文。一二六九年，忽必烈頒詔推行由國師八思巴創制的主要借鑒於藏文的新的拼音文字，初稱蒙古新字，不久改稱蒙古字，用以「譯寫一切文字」。同時，元代統治者重視學習漢文。元太宗窩闊台於太宗五年（一二三三年）頒有《蒙古子弟學漢人文字詔》，鼓勵、督促蒙古子弟學習漢語。忽必烈亦重視吸取漢文化中的有益成分，爲藩王時，曾召見僧海雲、劉秉忠、王鶚、元好問、張德輝、張文謙、竇默等，詢以儒學治道。其後的元仁宗愛育黎拔力八達、元英宗碩德八剌均較爲主動地借鑒漢族封建文化，且頗有建樹。有元一代，居於統治地位的蒙古貴族及色目貴族不同程度地接受了包括漢民族在内的多民族文化的影響。可以説，元代文化是由蒙古貴族主導的包容多民族文化的封建文化。其中，中土漢人和熟悉漢語的少數民族文人積極參與元代文化建設，他們用漢語撰著的漢文著述數量極爲豐富，其内容涉及元代社會生活的方方面面，是元代文獻的主要組成部分。

明修《元史》，未撰《藝文志》。清人錢大昕撰有《補元史藝文志》，「但取當時文士撰述，録其都目，以補前史之闕，而遼、金作者亦附見焉」〔一〕，共著録遼金元作者所著各類書籍三千二百二十四種，其中元人著作二千八百八十八種（含譯語類著作十四種）。該書參考了焦竑《國史經籍志》、黄虞稷《千頃堂書目》、倪燦《補遼金元藝文志》、朱彝尊《經義考》等著作，增補遺漏，糾正訛誤，頗顯錢氏學術功力。今人雒竹筠、李新乾撰有《元史藝文志輯本》，既廣泛參考前人論著，亦實際動手搜求尋訪，「凡屬元人著作，不棄細流，有則盡録，巨細咸備」〔二〕，共著録元代作者所著各類書籍五千三百八十七種（個别著録重複者計爲一種，如方回撰《文選顔鮑謝詩評》分别著録於詩文評類與總集類），除十一種蒙文譯書外，皆爲漢文書籍。其中現存著作二千一百九十六種（包括殘本、輯佚本）。具體分佈情況如下：經部，著録書籍一千一百一十七種，今存二百二十種；史部，著録書籍一千零二十六種，今存二百七十三種；子部，著録書籍一千零七十六種，今存四百八十八種；集部，著録書籍二千一百六十八種，今存一千二百一十五種。與錢《志》相比，《輯本》具有兩項顯著的優點，一是增補了戲曲、小説

〔一〕（清）錢大昕：《補元史藝文志序》，《二十五史補編》，北京，中華書局，一九九八年版，第八三九三頁。

〔二〕雒竹筠、李新乾：《元史藝文志輯本·弁言》，北京，北京燕山出版社，一九九九年版，第三頁。

類著作，二是每一書名之後記以存佚，頗便使用者查尋。可以説，該書是目前較爲詳備的元代目録文獻。持此《輯本》，元人著述狀況及現存元人著作情况可以略窺概貌。需要説明的是，元人著作散佚嚴重。僅據元人虞集所作詩序，可知《胡師遠詩集》、《吴和叔詩集》、《黄純宗詩集》、《楊叔能詩集》、《會上人詩集》、《劉彦行詩集》、《楊賢可詩集》、《易南甫詩集》、《饒敬仲詩集》、《張清夫詩集》、《謝堅白詩集》、僧嘉訥《崞山詩集》等未著録於《輯本》别集類，則編纂元人著作全目的工作，尚有待於來日。

陳垣先生《元西域人華化考》卷八結論中「總論元文化」一節曰：「以論元朝，爲時不過百年，今之所謂元時文化者，亦指此西紀一二六〇年至一三六〇年間之中國文化耳。若由漢高、唐太論起，而截至漢、唐得國之百年，以及由清世祖論起，而截至乾隆二十年以前，而不計其乾隆二十年以後，則漢、唐、清學術之盛，豈過元時！」[一] 今以現存元代古籍爲例，略述元代學術文化之盛。

經學是一門含有豐富哲學内容的、體現儒家思想精要的古老的學問，長期居於中國學術文化的主導地位。元代結束了兩宋以來的長期分裂局面，元代經學亦在借鑒、調和宋代張程朱陸理學的進程中，産生了許衡、劉因、吴澄等理學名家。清儒編纂《四庫全書》，收録了約三百八十種元人著作，其中多有對於元人經學著作的贊譽之詞。例如，評價吴澄《易纂言》曰：「其解釋經義，詞簡理明；融貫舊聞，亦頗賅洽，在元人説《易》諸家，固終爲巨擘焉。」評價許謙《讀書叢説》曰：「宋末元初説經者多尚

[一] 陳垣：《元西域人華化考》，上海，上海古籍出版社，二〇〇〇年版，第一三三頁。

虛談，而謙於《詩》考名物，於《書》考典制，猶有先儒篤實之遺，是足貴也。」評價梁寅《詩演義》曰：「今考其書，大抵淺顯易見，切近不支。元儒之學主於篤實，猶勝虛談高論、橫生臆解者也。」評價趙汸《春秋屬辭》曰：「顧其書淹通貫穿，據傳求經，多由考證得之，終不似他家之臆説。故附會穿鑿，雖不能盡免，而宏綱大旨，則可取者爲多。」[一] 清末學者皮錫瑞認爲元代爲經學積衰的時代，「論宋、元、明三朝之經學，元不及宋，明又不及元。」[二] 承認元代經學在中國經學史上佔有一定的地位，且有如趙汸《春秋屬辭》這樣的「鐵中錚錚、庸中佼佼」之作。

元代史學是中國史學的繼續發展時期，成就顯著，著作甚豐。其中，影響較大的著作有如下幾種。一、元順帝至正年間編纂的《遼史》、《金史》、《宋史》。三史編纂皆有三朝專史舊本可供借鑒，故歷時不及三年即告竣事，且整體框架完備，基本史實詳贍，爲後人研究遼金宋歷史的重要著作。同時，順帝詔「宋、遼、金各爲一史」，解決了長期持論不决的以誰爲「正統」的義例之爭，顯示出元代史學觀念上的進步。二、馬端臨《文獻通考》。該書是一部記載上古至宋寧宗時期典章制度的通史。作者對唐杜佑《通典》加以擴充，分田賦、錢幣等二十四門，廣取歷代官私史籍、傳記奏疏等相關資料，對各項典章制度進行融會貫通，原始要終的介紹，篇帙浩繁，堪稱詳備。三、《元典章》。該書全稱《大元聖政國

[一] 上述引文分別見於《四庫全書總目》，北京，中華書局，一九六五年版，第一二二頁、九七頁、一二八頁、二二八頁。

[二]（清）皮錫瑞：《經學歷史》，北京，中華書局，一九五九年版，第二八三頁。

朝典章》，爲元代中期地方官府吏胥與民間書坊商賈合作編纂的至治二年（一三二二年）以前元朝法令文書的分類彙編，分詔令、聖政、朝綱等十大類，六十卷。書中内容均爲元代的原始文牘，是研究元代法制史與社會史的重要資料。四、《大元大一統志》。該書爲元朝官修地理總志，始纂于元世祖至元二十二年（一二八五年），成書于元成宗大德七年（一三〇三年），六百册，一千三百卷，是中國古代最大的一部輿地書。該書氣象宏闊，内容廣泛，取材多爲唐宋金元舊志，今僅有少量殘卷存世。

元代子書保持和發揚了傳統子書「入道見志」、「自六經以外立説」的基本特色，廣泛干預社會生活，闡發個人學術（含藝術）觀點，産出了許多優秀作品。面對民族矛盾與階級矛盾交織的社會現實，程端禮《讀書分年日程》、謝應芳《辨惑編》、蘇天爵《治世龜鑒》諸書推闡朱熹學説，力闢民間疑惑，探求治世方略，顯示出元代子部儒家類著作的基本格調。元代科學技術水平有了新的進展。李冶《測圓海鏡》的成書標誌着大元術數學方法的成熟，「是當時世界上水平最高的代數著作」。[一] 稍後朱世傑《四元玉鑒》用四元術解方程（包括高達十四次方的我國數學史上最高次方程），「對方程的研究（列方程、轉化方程和解方程等），朱世傑在中國歷史上達到頂峰」，「《四元玉鑒》的另一部分重要内容是有關垛積與招差問題，就其成果的水平來看達到了中國古代此類問題的高峰」。[二] 司農司編《農桑輯要》、魯明善

[一] 李迪：《中國數學史大系·第六卷》，北京，北京師範大學出版社，一九九九年版，第九七頁。

[二] 李迪：《中國數學史大系·第六卷》，北京，北京師範大學出版社，一九九九年版，第二六〇頁、二六一頁。

撰《農桑衣食撮要》、王禎撰《農書》，三部農書，是元代農學的代表作。又李杲有「神醫」之譽，「其學於傷寒、癰疽、眼目病爲尤長」〔一〕，觀其所著《内外傷辨惑論》、《脾胃論》、《蘭室秘藏》諸書，可知時人所譽不誣。

元代文人文學創作的積極性很高，吟詩作文是當時文人的普遍行爲。「近世之爲詩者不知其幾千百人也，人之爲詩者不知其幾千百篇也」。〔二〕與經、史、子部著作相比，元代集部著作數量最多。其中，尤以別集數量居首。現存或全或殘的各種別集（含詩文合集、詩集、文集、詞集）約六百六十種。閲讀郝經《陵川集》、姚燧《牧庵集》、劉因《静修集》、吴澄《吴文正公集》、趙孟頫《松雪齋集》、袁桷《清容居士集》、歐陽玄《圭齋集》、揭傒斯《揭文安公全集》、虞集《道園學古録》、黄溍《金華黄先生文集》等別集，可以從其不同個體的視角，瞭解元代社會生活的諸多不同側面，瞭解作者個人的情感與情操，體味元代詩文創作的藝術成就。而閲讀耶律楚材《湛然居士文集》、馬祖常《石田集》、孛术魯翀《菊潭集》、薩都剌《雁門集》、迺賢《金台集》等少數民族作家用漢語創作的詩文，則於前者之上，平添了幾分讚歎與欽敬。蘇天爵《元文類》，選録元太宗至元仁宗約八十年間名家詩文八百餘篇，後人將其與宋姚鉉《唐文粹》、宋吕祖謙《宋文鑒》相提并論。元代雜劇與散曲創作成就顯著，後人編輯的雜

〔一〕《元史·方技傳》，北京，中華書局，一九七六年版，第四五四〇頁。

〔二〕（元）吴澄：《張仲默詩序》，李修生：《全元文》，第十四册，南京，江蘇古籍出版社，一九九九年版，第二六五頁。

劇或散曲總集有所收録，較全者，有今人王季思主編的《全元戲曲》與隋樹森《全元散曲》。

總之，元代古籍内涵豐富，在中國古代文化發展史上居於承上啓下的重要地位。

今天我們所能看到的元代古籍，既有少量當初的刻本或抄本，又有大量明清時期的翻刻本、增補修訂本、節選本或輯佚本，版本系統複雜，内容互有出入，文字脱訛普遍，大多未經整理，今人使用頗爲不便。有鑒於此，我們决心發揚我校陳垣先生發端的整理研究元代文獻的學術傳統，充分利用此前編纂《全元文》的學術積累，利用十年至二十年時間，整理出版一部經過校勘標點的收録現存元代漢文古籍的大型文獻集成——《元代古籍集成》。我們的研究計劃得到了北京師範大學領導及相關院、處的充分肯定與大力支持，在「二一一」、「九八五」、自主科研基金等方面提供科研資金予以資助；海内外學界師友或給以殷切勉勵，或積極參與我們的工作；北京師範大學出版集團在出版資金、編校力量方面予以积极投入，在此，謹致以衷心感謝。同時，我們深知，完成這樣一項巨大工程，不僅耗時、費力，還要承擔一定的歷史責任。我們將盡力而爲，亦期待着來自各方面的批評指教。是爲序。

韓格平

二〇一一年十二月二十日

於北京師範大學古籍與傳統文化研究院

點校説明

徐昭文，字季章，浙江上虞人，出身於書香門第，世代業儒[一]，生卒年未見史籍記載。目前能見到的有關徐昭文家世的文獻，只有元儒貢師泰爲其生母徐氏撰寫的《徐母葉氏墓誌銘》，其文曰：「平江路儒學正上虞徐昭文喪其父松江府判官諱有傳之五年，爲至正乙酉，月在戊寅，日直壬子，生母葉氏卒。又明年九月壬寅，葬於縣之永豐鄉河墩之原。既葬十有三年矣，以予使過其里，泣拜請曰：『吾母越州人，生於至元丁亥正月朔日，事吾父四十年，恭慎勤儉，將事而敏，處衆而和，庶其無愧矣。先生其幸銘焉！』予嘗與松江君同掾江浙行中書省，又交昭文久，知其言行之可信也，故不辭爲之銘。銘曰：母以子顯，子以母賢，生未酬也，死有待焉。嗚呼其然，不爽不愆，將永其傳。」[二]

根據這篇文獻，我們了解到徐昭文的父親叫徐有傳，曾任松江府判官，卒於（後）至元六年（一三四〇年）。徐昭文的生母葉氏是紹興人，生於至元丁亥（一二八七年），卒於至正乙酉（一三四五年）。

[一] 參見（明）張元忭：《（萬曆）紹興府志》卷四十三《人物志》九，明萬曆刻本。

[二] 見（元）貢師泰撰：《玩齋集》卷十，明嘉靖刻本；又見李修生主編：《全元文》第四十五册，南京：鳳凰出版社，二〇〇四年十二月第一版，第三六五頁。

其父母結縭當在元大德四年（一三〇〇年）或稍後。由此可以大致推斷，徐昭文出生年不早於大德六年（一三〇二年）。貢師泰應徐昭文之請撰寫《徐母葉氏墓志銘》的時間大致在元至正十九年（一三五九年）。貢師泰和徐昭文的父親徐有傳曾是浙江行中書省的同事，和徐昭文本人也有多年交往，所言應該可信。

又據朱右《白雲稿》、《列朝詩集小傳》、《静志居詩話》和《四庫全書總目》所載，徐昭文曾於元至正二十年（一三六〇年）春，與江浙行省左司郎中劉仁本等仿晋蘭亭集故事，舉社於餘姚秘圖湖上，稱續蘭亭會。社中人物除徐昭文和劉仁本外，還有謝理、趙俶、朱右、王霖、諸絅、鄭彝、張溥、僧自悦、僧如阜等。[一]

現存徐昭文詩作兩首，當作於續蘭亭會雅集時，那時他已經六十歲上下了。其一，「柔風扇和，百卉具芳。携我良儔，憇于崇岡。怡情詠歌，激水泛觴。俯仰宇内，聊以徜徉。」其二，「兹辰天氣佳，駕言寫我憂。衣冠盛良祓，會禊俯長流。川容澹疎雨，樹色翳崇丘。清風接千載，復此逍遥游。」從中可以看出，作爲理學家的徐昭文，詩才平平，確實不擅此道。[二]

徐昭文在仕途上并不得意，履歷也比較簡單。青年時代參加科舉失敗，遂杜門力學，因學問應辟爲

[一] 見何宗美：《元末明初的文人結社與文學》，袁行霈等：《國學研究》第二十六卷，北京：北京大學出版社，二〇一〇年，第二四八頁。

[二] 參見《平江儒學學正徐昭文補府主簿後綿詩》，（明）張元忭：《（萬曆）紹興府志》卷九古迹志一，明萬曆刻本。

吴淞教官，後升任平江儒學學正，補平江府主簿。官職不高，也没有政績。有事迹可考的，就是在平江儒學學正任上，與同事教授徐震和學録邾經等人倡議重新修葺吴郡孔子廟學，時在元至正十五年（一三五五年）。[一]

此外，徐昭文還參加過《戰國策》的校勘整理工作。[二]

徐昭文一生最重要的貢獻就是撰寫完成了《資治通鑑綱目考證》（以下稱《考證》），也因此赢得了聲譽，爲世人所知。

《考證》完成於至正十九年，好友朱右爲之作序。據書前徐昭文自序，《考證》最初應該有單行本刊行。至於刊刻時間，當爲元至正十九年，或者稍後，可惜未能流傳下來。後世一些目録著作中，可以看到有關《考證》單刻本或抄本的資料，如季振宜《季滄葦藏書目》：「《通鑑綱目考證》，一本。」又如錢謙益《絳雲樓書目》卷一：「《通鑑綱目考證》，一册。」再如錢遵王《述古堂藏書目録》卷三：「徐昭文《通鑑綱目考證》，一卷一本。」從著録情况看，「一本」「一册」和「一卷一本」等字樣，不可能是《資治通鑑綱目》全書，很可能是徐昭文《考證》的單行本。清儒素有輯佚古書之嗜好，從《綱目》全

[一] 參見（元）魏俊民：《宫墻記》，收録在明錢穀：《吴都文粹續集》卷三《學校》，清文淵閣《四庫全書》本；又見李修生：《全元文》第五十九册，南京，鳳凰出版社，二〇〇四年，第十四—十五頁。

[二] 參見一（清）丁丙：《善本書室藏書志》卷八，清光緒刻本。參見二（清）洪頤煊：《讀書叢録》卷二十四，清道光二年富文齋刻本。

書中輯佚出《考證》之文字，抄録成册，藏諸篋中，自有治學之樂趣，至於是否刊行則不得而知。無論抄本還是刻本，現在的公私藏家都未著録，很可能散佚無存了。也正因爲如此，我們這次的輯佚和整理工作，才顯得更爲必要。

徐昭文《考證》的文字，基本附在《資治通鑑綱目》的相關條目之下，因此，梳理明清兩代刊行的各種版本之《資治通鑑綱目》，是本次輯佚和整理工作的第一步。根據《資治通鑑綱目》書名和卷數的差異，大致可以分爲七種類型：

第一，書名爲《通鑑綱目全書》，卷數一百零八。有三個版本：其一，明嘉靖三十九年書林楊氏歸仁齋刻本（十行，二十二字，小字雙行同，黑口，四周單邊）。其二，明萬曆二十一年蜀藩刻本（十行，二十二字，小字雙行同，黑口，四周雙邊）。其三，明晚期刻本（十行，二十二字，小字雙行同，粗黑口，四周雙邊）。

第二，書名爲《資治通鑑綱目全書》，卷數一百十三。有二個版本：其一，明萬曆二十八年朱燮元等刻本（七行，十八字，小字雙行同，白口，左右雙邊，有刻工）。其二，萬曆金陵唐翀字刻本（十行，大字二十，小字雙行，行二十字，白口，單邊）。

第三，書名《資治通鑑綱目》，卷數五十九，首一卷。有四個版本：其一，明弘治十一年慎獨齋刻本（十行，二十二字，小字雙行，黑口，雙魚尾，四周雙邊）。其二，明正德十六年劉洪改刻弘治十一年慎獨齋印本（十行，二十二字，黑口，四周雙邊，雙魚尾）。其三，明嘉靖十三年江西按察司刻嘉靖十四年張鯤補刻重修本（卷四十四配清刻本，九行，二十字，白口，四周雙邊，雙魚尾）。其四，明嘉靖吉澄刻本。

第四，書名爲《資治通鑑綱目》，卷數五十九。有三個版本：其一，明弘治九年黄仲昭校刻本（清顧嗣立校并跋，十行，二十二字，小字雙行，字數同，下黑口，首册四周雙邊，余皆四周單邊）。其二，明嘉靖八年慎獨齋刻本（十行，二十二字，小字雙行二十二字，四周雙邊，黑口）。其三，明刻本（十行，二十二字，小字雙行行字同，四周單邊）。

第五，書名爲《新刊紫陽朱子綱目大全》，卷數五十九。有一個版本：明嘉靖十年建邑書林楊氏清江書堂刻本（十一行，二十三字，黑口，四周雙邊）。

第六，書名爲《資治通鑑綱目發明》，卷數五十九。有二個版本：其一，明弘治十四年日新堂刻本。其二，清光緒八年退補齋刻本。

第七，書名爲《御批資治通鑑綱目》，卷數五十九。有一個版本：文淵閣《四庫全書》本。

版本雖然衆多，但收録徐昭文之《考證》文字的内容基本相同。

本次輯佚和校勘，以清文淵閣《四庫全書》本爲底本，以國家圖書館所藏明萬曆二十一年蜀藩刻本爲主要對校本。

選擇清文淵閣《四庫全書》本做底本基於三個方面的考慮：其一，清文淵閣《四庫全書》本清晰完整。其二，文字比較規範，異體字和俗體字不多，錯訛亦少。其三，版本流傳廣，通行易得。

選擇明萬曆二十一年蜀藩刻本爲對校本，是因爲：其一，這是明代《綱目》刻本最有代表性的版本。其二，版刻質量上乘，半葉十行，行二十二字，小字雙行，較爲清晰。

關於《考證》一書的認識和評價如下。

徐昭文早年從紹興理學大家韓性（一二六六——一三四一）學習，奠定了一生思想和治學的基础，所著《通鑑綱目考證》，最能體現其思想旨趣。

在《考證》自序中，徐昭文詳細闡述了自己寫作的初衷。他認爲當時流行的《資治通鑑綱目》的各種版本存在很多問題，主要是《綱目》和《凡例》不相符，以及存在諸多用詞前後不一和有乖禮法義理的地方，大失朱熹著述本意。如「承統之帝，或稱爲主；嗣君之號，或加於前」。又若「正統曰帝，而有誤書主者，無統曰主，而有誤書帝者。太子即位書名，而或不書，王公繼世書嗣，而或書立」。再如「賢臣卒書官爵，而或誤加謚號。封爵、除拜或不加貴屬，或不加官者，無以著其與政之禍，弑君、弑后或誤書殺，或不書進毒，無以正其罪惡之實」。其他還有「臨視、如幸、征討、攻擊、誅斬、弑殺、殂、薨、卒、死」等相因互誤者。徐昭文認爲所有這些，都「有關乎君臣、父子之教，義理得失之大者」，必須説清楚，講明白，不能有絲毫混亂和模糊。

在行文寫作上，徐昭文既考證《綱目》，又考證《凡例》，而且以《綱目》考《凡例》，以《凡例》證《綱目》，指出刊本脱誤之處，有些可補朱子之未備。在基本觀點上，徐昭文以朱熹等大儒的思想爲依歸，也同時臚列各家不同的説法，然後進行分析比較，補漏正誤，提出自己的意見，分別注於各提要之下。但他并不特别注重對時間、地點、人物、名物和典章等的考訂，而是圍繞「明君臣父子之教，夫婦嫡庶之别，正統無統之名，内夏外夷之分，外戚養子之禍，女寵宦寺之權」等，闡述用詞用字是否準確合理，以及對於禮法義理之影響，雖曰「考證」，實際上稱爲「表微」也許更準確。

本書校勘整理工作歷時較長，集中輯校近兩年，其中張文博博士付出尤多，這是特别要説明的。感謝周少川、邱居里和毛瑞方三位老師的幫助和學術合作。感謝韓格平老師的組織和出版安排。感謝北京師範大學出版社譚徐鋒老師的督促和指導。

鄧瑞全

二〇一六年六月二十六日於道功三佰齋

朱子序例

先正温國司馬文正公受詔編集《資治通鑑》，既成，又撮其精要之語，别爲《目録》三十卷，并上之。晚病本書太詳，《目録》太簡，更著《舉要曆》八十卷以適厥中，而未成也。紹興初，故侍讀南陽胡文定公始復因公遺稾，修成《舉要補遺》若干卷，則其文愈約而事愈備矣。然往者得於其家而伏讀之，猶竊自病記識之弗强，不能有以領其要而及其詳也。故嘗過不自料，輒與同志因兩公四書，别爲義例，增損檃括，以就此編。蓋表歲以首年，逐年之上，行外書某甲子。遇甲字、子字，則朱書以别之。雖無事，依《舉要》亦備歲年。而因年以著統，凡正統之年歲下大書，非正統者兩行分注。大書以提要，凡大書有正例，有變例。正例如始終、興廢、災祥、沿革，及號令、征伐、殺生、除拜之大者；變例如不在此例，而善可爲法，惡可爲戒者，皆特書之也。而分注以備言，凡分注，有追原其始者，有遂言其終者，有詳陳其事者，有備載其言者，有因始終而見者，有因拜罷而見者，有因事類而見者，有因家世而見者，有温公所立之言、所取之論，有胡氏所收之説、所著之評。而兩公所遺，與夫近世大儒先生折衷之語，今亦頗采以附於其間云。使夫歲年之久近，國統之離合，事辭之詳略，議論之同異，通貫曉析，如指諸掌，名曰《資治通鑑綱目》，凡若干卷，藏之巾笥，姑以私便檢閲，自備遺忘而已。若兩公述作之本意，則有非區區所敢及者。雖然，歲周於上而天道明矣，統正於下而人道定矣，大綱概舉而監戒昭矣，衆目畢張而幾微著矣。是則凡爲致知格物之學者，亦將慨然有感於斯，而兩公之志，或庶乎其可以默識矣。因述其指意條例如此，列於篇端，以俟後之君子云。乾道壬辰夏四月甲子新安朱熹謹書。

凡例

統系一正統、列國、簒賊、建國、僭國、無統、不成君小國。

凡正統，謂周、起篇首威烈王二十三年，盡赧王五十九年。秦、起始皇二十六年，盡二世三年。漢、起高祖五年，盡炎興元年。此用習鑿齒及程子説。自建安二十五年以後，黜魏年而繫漢統，與司馬氏異。晉、起太康元年，盡元熙二年。隋、起開皇九年，盡大業十三年。唐。起武德元年，盡天祐四年。

列國，謂正統所封之國。如周之秦、晉、齊、楚、燕、魏、韓、趙、田諸大國，及漢諸侯王之類。

簒賊，謂簒位干統，而不及傳世者。如漢之吕后、王莽，唐之武后之類。其隗囂、公孫述、安史之屬，又不得入此例。

建國，謂仗義自王，或相王者。如秦之楚、趙、齊、燕、魏、韓。僭國，謂乘亂簒位，或據土者。如漢之魏、吴，晉之漢、趙、諸燕、二魏、二秦、成漢、代、諸凉、西秦、夏之屬，内二秦以上爲大國，成漢以下爲小國。

無統，謂周、秦之間，秦、楚、燕、魏、韓、趙、齊、代八大國，凡二十四年。秦、漢之間，楚、西楚、漢三大國，雍以下爲小國，凡四年。漢晉之間，魏、吴、晉三大國，凡十六年。晉隋之間，宋、魏、齊、梁、北齊、後周、陳、隋爲大國，西秦、夏、凉、北燕、後梁爲小國，凡一百七十年。隋唐之間，隋、唐、魏、夏、梁、凉、秦、定楊、吴、楚、鄭、北梁、漢東，以上凡五年。五代。梁、唐、晋、漢、周爲大國，二蜀、晋、岐、吴、南漢、吴越、楚、荆、閩、南唐、殷、北漢爲小國，凡五十三年。

不成君，謂仗義承統而不能成功者。如劉玄。

凡正統，全用天子之制以臨四方，書法多因舊文，略如《春秋》書周、魯事，事有相因者，連書之。篡賊事亦連書，但每歲首及有異事處，一加其名。諸國或臣或叛，各以其制處之，如漢自昭烈以後，即内吴而外魏。事各冠以國號，不連書。

凡無統即爲敵國，彼此均敵，無所抑揚，書法多變舊文，略如《春秋》書他國事，事各冠以國號，不連書。凡連書與否，非有褒貶，但從文勢之便耳。

凡諸國號，從其本稱。或屢更易，即從史家所稱，而於建國之始，即注云是爲某國。如晋太元十年，乞伏國仁稱單于，即注云是爲西秦。凡諸國同時同號者，後起者稱後。至前國亡，則後國去後字。而凡追稱前國處，加前字。凡遠方小國，繼世遷徙，〔一〕不能悉書，因事乃見。如仇池楊氏之類。凡言因事乃見者，本條雖無事，而可參照前後者皆是。

〔一〕 蜀藩本作「繼後遷徙」。

歲年〔一〕

凡歲不用歲陽名，只用甲子。依《史記·年表》，以從簡便。大書於横行之上，甲字、子字，別之以朱，其餘皆墨。

凡正統，周自篇首，秦、漢、晋、隋、唐自初并天下，皆大書於横行之下，朱書國號，如云周、秦、漢、晋、隋、唐。謚號，如周云威烈王，秦云始皇帝，漢云太祖高皇帝，世祖光武皇帝，晋云世祖武皇帝，隋云高祖文皇帝，唐云高祖神堯皇帝。君名，如云午。惟篇首前無所承，故立此例。後有即位在今年内者，用之。年號，周、秦、漢初未有，如晋即云太康，隋云開皇，唐云武德。墨書某年，如周云二十三年，秦云二十六年，漢云五年，晋云元年，隋云九年，唐云七年。次年以後，但於行下墨書某年。如威烈王云二十四年。自「次年以後」至「墨書某年」，舊本誤在後條「朱注列國」之下。篇首周年之下，朱注列國，如云秦、晋、楚、燕、齊、魏、韓、趙。墨書謚爵，如云簡公、烈公之類。惟三晋初爲侯而不改元，故未書謚爵。君名，如止、如、當之類，無則闕之。某年所注列國，頗以興起先後爲次，而於新舊之間，以圈隔之，其末又以圈隔，下朱注總結統舊國若干，新國若干，凡若干國。次年以後，惟元年注之如前法。如燕僖公元年之類不結，有增損者依例結之，新舊并如前結。自「墨注謚爵」至「凡若干國」，舊本誤在後條「其不成君，亦依正統已絶之例」下。「惟元年注之如前法」一句上，舊本又有「列國」二字，別爲一條。今僭删此二字，依前後條之例，增「次年以後」四字而屬於此。

〔一〕蜀藩本「歲年」後有「二」字。

凡天子繼世，則但於行下朱書謚號，如安王、二世皇帝之類不名者。名已見，其後有被廢無謚者，但曰帝某，而不用後人所貶之爵，以其非有天下之號也。年號，如漢建元之類。墨書元年，周則列國之元亦注其下。次年以後，如篇首次年之法。秦漢以後，列國不復注。建國、僭國之大者，則於年下朱書國名、謚號、姓名，如楚隱王陳勝、魏文帝曹丕之類，無謚者，但云某王某。年號，如魏黃初之類。墨注元年，次年以後，則朱注國名，墨注年號某年。其小者，則依周列國例。但年號用墨注，首尾增損新舊之間，亦如前法。其簒賊干統，而正統已絕，無年可繫，則朱注其國名，墨注年號於行下。如漢之呂氏、新莽之類。正統雖絕，而故君尚存，則追繫正統之年而注其下。如唐之武氏，用范氏《唐鑑》及胡氏《補遺》義例。

其不成君，亦依正統已絕之例。如漢帝玄之類。

凡無統自更端處，如秦昭襄王五十一年，楚、漢元年，吴黃武元年，宋永初元年，隋義寧元年，梁開平元年。即於行下分注諸國之年，大者紀年，小者紀元，朱書，新舊首尾增損，皆如前法。但其興廢促數，則歲結之。不紀年者，亦列數其國號。

名號正統、僭號、[一]簒賊、無統、不成君。

凡正統之君，周曰王，秦漢以下曰帝。其曰上者，當時臣子之辭，今不用，惟注中或因舊文。其列國之君，

[一] 蜀藩本作「僭國」。

周曰某爵某。如趙侯籍之類。僭稱王者，曰某君某。如楚君當之類，有注則從本文。按：《通鑑》魏晉以後，獨以一國之年紀事，而謂其君曰帝，其餘皆謂之主。初無正閏之别，而猶避兩帝之嫌。至周末諸侯，皆僭王號，顧反因而不改。蓋其筆削之初，義例未定，故有此失。今特正之，庶幾[一]竊取《春秋》之義。漢以後曰某王某。如齊王吉之類。其僭稱帝，曰某主某。如魏主丕之類，注首如之，後直書名。篡賊，曰某。新莽之類。不成君，曰帝某。如帝玄之類，注則從本文。

凡無統之君，周秦之間曰某王。秦王、韓王之類。無貶文者。周室既亡，而諸侯又皆稱之，則已不爲天子之號矣。秦漢之間曰某帝，楚義帝之類。無貶文者。是時天下無君，義帝實天下之共主，但制於强臣，尋以弑殞，故不得爲正統耳。曰某王。如漢王之類。漢以後稱帝曰某主，吴、晋、宋、魏之類，注同。其小國曰某主某，如夏主勃勃之類。某王某，如北涼王蒙遜之類。某公某。如涼公[二]歆之類。凡小國，注如僭國之例云。

即位建都、起兵、加號、傳國。

凡正統，周王繼世，曰子某立，注云是爲某王。如安王之類。非子，則各以其屬，如顯王之類。不言即位者，古者嗣君定位初喪，踰年而後即位。戰國末年，此禮猶在。如秦昭王薨，次年十月孝文王乃即位，三日而薨，是也。

[一] 蜀藩本作「庶以」。

[二] 蜀藩本誤作「涼王」。

故舊史言立，而不言即位，今從之。秦更號，曰王；初并天下，更號曰皇帝。如王初即王位時，未有天下，自從無統之例。雖用周王繼世之法，亦不書即位。及并天下，又未嘗改行即位之禮，但稱更號耳。繼世，曰某襲位。胡亥從本文。漢以後，創業中興，曰王即皇帝位。漢高祖已稱漢王，晋元帝已稱晋王，故但稱王。惟光武、昭烈，各以其號書。晋、隋、唐創業時未有天下，自從無統之例。繼世，曰太子某即位。漢惠帝以下用此例。古禮已廢，從本文也。非太子，則又隨事書之。有故，則隨事書之。如秦子嬰、漢文帝之類。凡列國繼世不書，因事注中見之。其有故者，乃隨事書之。如燕平、楚横、齊法章、楚完。凡建國自立者，曰某自立爲某王。如陳勝之類。人所立者，曰某尊某爲某，項籍尊義帝之類。或曰某國立某爲某，或曰某人立某爲某王，如秦嘉立景駒之類。或曰某王某立某爲某王。如張耳立趙歇之類。凡僭國始稱帝者，曰某號姓名稱皇帝。如魏王曹丕、宋王劉裕、梁王朱晃之類。繼世，曰太子某立。如魏太子叡。始稱王者，姓名稱某王，其繼世曰嗣。復國，曰某復立爲某王。如拓跋珪之類。復號，曰某國復稱王。如西秦之類。凡簒賊，自見簒弑例。凡不成君者，其初立用死國以下例，惟所當。如劉信、劉玄[一]之類。凡無統，周秦之間，惟秦繼世特從周王例，諸國仍用列國例。自漢晋以後，用僭國例，但稱帝者不書姓。如晋王炎、齊王道成之類。凡始建都，曰都。高帝都櫟陽，帝玄都宛，光武都洛陽。自他所來徙，曰徙都。韓徙都鄭，秦徙都咸陽。凡言西都某、北都某者，亦比類而從本文耳。屢徙而後定，曰定都。漢高帝至長安，始定徙都。事之微者，曰某遷于某。如楚遷于鉅陽之類。國之微

[一]《四庫》本原作「劉元」，因避清聖祖玄燁諱。據蜀藩本改作「劉玄」。

者，曰某徙居某。如衛徙居野王之類。徙封，曰徙封。如楚黄歇徙封于吴之類，見其强横無君之實。餘見封拜例。爲人所徙，曰某人徙某人于某地。如楚人徙魯于莒之類。凡起兵以義者，曰起兵。如秦末諸侯，漢劉崇、翟義、劉縯之類，漢末關東州郡。其起雖不義，而所與敵者又不得以盗賊名之，則曰兵起。如新莽時州郡，及樊崇、刁子都之屬。凡國家無主，四方據州郡稱牧守者，曰某人自爲某，自稱某，自領某官。袁紹、曹操之類。其傳襲，各隨其事書之。孫權、袁尚之類。凡天子已稱皇帝，而復加他號者，隨事書之。如漢陳聖劉太平、周天元、唐尊號之類。凡以國與人者，子弟曰傳，趙主父之類。他人曰讓。燕噲之類。此條舊本在改元門之末，今按目録次序而移於此。

改元後唐、石晋之間，温公舊例尤爲顛錯。

凡中世而改元者，著其始。魏惠王一年，漢文帝後元，武帝元狩之類。餘皆因事見之。如章和之類[一]。凡中歲而改元無事義者，以後爲正。依温公舊例，以從簡便。其在廢興之際，關義理得失者，以前爲正，而注所改於下。如漢建安二十五年十月，魏始稱帝，改元黄初，而《通鑑》從是年之首，即爲魏黄初。又章武三年五月，後主即位，改元建興，而《通鑑》於《目録》《舉要》，自是年之首，即稱建興。凡若此類，非惟失其事實，而於君臣父子之教所害尤大，故今正之。但建安二十五年三月，改元延康，考之范《史》及陳《志》注文，是漢號，而《通鑑》所

[一] 蜀藩本誤作「女章之類。」

書，乃在曹丕稱王時所改者，今不能悉見。

尊立尊，謂尊太上皇、太皇太后、皇太后；立，謂立皇后、皇太子。其諸王自入封拜例。

凡正統尊立皆書尊，曰尊某爲某。漢高祖尊太公爲太上皇，後凡尊皇太后爲太皇太后，尊皇后爲皇太后，皆用此例。其母非正嫡，則加姓氏。定陶太后丁姬、慎園貴人之類。更，曰更某爲某。漢高祖更王后曰皇后，王太子曰皇太子。立后，曰立皇后某氏。如惠帝張后之類。非正嫡，曰立某氏爲皇后。如文帝、竇后之類。立太子，曰立子某爲皇太子。漢文帝初立景帝爲太子，時但云子啓。中年以後，封王諸子，始有稱皇子者，後遂稱之。今按封立之命，出於天子，不應自謂其子爲皇子，只從文帝初例。凡非正統則不書。因事特書者，去皇號。漢立太子盈，無事而特書者，備漢事。皇號惟太上皇不可省，然惟一見，後但云太上而已。

崩葬陵廟、追尊、改葬。

凡正統曰崩，因其舊史臣子之辭。在外則地，秦始皇、漢安帝之類。未踰年不成君曰薨，如漢北鄉侯。失尊曰卒，如周赧、漢獻之類。其太皇太后、皇太后、皇后，皆曰某后某氏崩，自殺曰自殺，謂罪疑者。有罪即加罪字，上文已書反逆者，不必加有罪字，如衛后、戾太子是。無罪而以幽死者，曰幽殺之。自殺亦同。廢后不書，因事見者曰卒，自殺者曰自殺，國亡身廢，守節不移，而國統尋復者，則有其故號而書崩。孝平皇后。秦漢以後，王侯死皆曰卒，賢者則注云謚曰某。按劉秘丞説，凡諸侯王以下，當依陸淳例書卒，温公以爲確論，而恨周、秦、漢紀不可請本追改，則是已覺《通鑑》書薨之失而悔之矣。陸淳説見《春秋纂例》，蓋薨乃臣子之辭，不當施之於國史也。今從其説。又謚非生者之稱，而《通鑑》以謚加於薨、卒之上，亦非是，今亦正之。然非賢者，則虚美之辭亦無所取，故不復書。自殺者如后例。反逆如七國者，不復言有罪。僭國之君稱帝者，曰某王姓某卒。稱王公者，曰某王公姓某卒。按温公引《三十國春秋》，諸國之君皆書卒。后夫人不書，因事而見者，曰某號某氏卒。

凡無統之君稱帝者，曰某王某殂。稱王公者，曰某王公某薨。上無天子，故得因其臣子之辭。其后夫人如僭國例。

凡蠻夷君長曰死。匈奴單于、烏孫昆彌。

凡盜賊酋帥曰死。隗囂之類。

凡正統之君，廢爲王公而死者，書卒而注其謚。

凡正統之君，葬，驪山萬年長陵以下。立廟，太上皇廟、高廟之類。預作陵，漢景作陽陵邑，募民徙居之類。廟，漢文作顧成廟之類。追崇廟號，漢太祖、太宗、世宗、中宗之類。皆隨事書之。

凡正統之后，特葬，曰葬某謚皇后于某。自漢宣帝許后始有謚，而書葬如此例。合葬不地，如漢光武、昭烈之類。不當合而合，則特書合葬某陵。漢哀帝、傅太后合葬渭陵之類。

凡僭國無統之君，陵廟因事乃書，無事則見之注下。因事，如魏作壽陵，立三祖廟之類。其后夫人亦然。

凡正統，追尊，改葬，立廟皆書。漢高祖五年，昭靈夫人。昭帝，鈎弋夫人。宣帝追謚戾太子悼考、悼后，置園邑，追尊悼考爲皇考，立寢廟。哀帝，定陶共王去定陶之號。光武，立四親廟於洛陽，徙章陵。

篡賊晋董狐、齊太史書趙盾、崔杼弑君而不隱，史氏之正法也。正如《春秋》，魯君被弑，則書薨而不以地著之，蓋臣子隱諱之義，聖人之微意也。前世史官，修其本朝之史者，多取《春秋》之法，然已非史法，又况後世之人，修前代之史，乃亦有爲之隱諱，而使亂臣賊子之罪不白於世人之耳目者，則於義何所當乎。《通鑑》所書，已革此弊，然亦有未深切者，今頗正之如左，觀者詳之。

凡正統，周、秦以前列國弑君，微者，曰盜殺某君某。楚君當之類。史失賊，曰某國弑其君某。鄭君之類。賊可見者，曰某弑其君某。韓嚴遂之類。君失名則不名，韓哀侯之類。賊官可見者，并著之。秦庶長改之類。弑君而及其親屬者，并書之。秦出公及其母。君出走而弑之，曰某君出走，某弑之。淖齒之類。弑其君之父母者，隨事書之。秦魏冉弑惠文后，趙李兑弑主父之類。秦以後以兵弑者，天子則曰某人弑帝于某。如趙高之類，書地以著其實。僭國無統，則曰某國某人弑其君于某。如魏司馬昭之類。

凡以毒弑者，加進毒字而不地。不可得而地，故加進毒以著其實，如莽、冀之類，霍顯又加使醫字。疑者，曰中毒崩。如晋惠帝之類。史言或曰司馬越之鴆，而《通鑑》不著其語。今但如此書以傳疑，而著史家本語於其下。

凡事義不同者，隨事異文。如吕后廢少帝幽殺之之類。少帝本非孝惠子，特吕后所自立而殺之，故不得以弑書。若少帝真當立之人，無可廢之罪，則婦人之義，夫死從子，况天下之主乎？雖其主母，亦不得免弑君之名矣。元魏馮后、顯祖之事，當以此裁之。

凡篡國，其事不同，故隨事異文，而尤謹其始。如田氏并齊，三晋分地，秦人入寇之類。至王莽、董卓、曹操等，自其得政、遷官、建國，皆依范史，直以自爲自立書之。革命，則曰稱帝，而不曰受禪。封其故君，則曰廢而不曰奉。其弑之者，自加弑例。

凡殺他國之君，亦隨事而異文。魏殺衛君之類。其因戰而殺之，見征伐例。

廢徙謂下廢上者。其上廢下，自入廢黜例。

凡未成君而有罪當廢者，曰某有罪，某官某奏廢之。昌邑王賀之類。無罪，爲强臣所廢者，曰某廢某爲某。弘農王之類。未即位者，如本號。孺子之類。列國廢其君，曰某國廢其君某爲某。三晋之類。遷，則曰某遷其君于某。齊田和之類。

祭祀郊祀、封禪、宗廟、雜祠祭、冠昏、舉盛禮、宴饗、學校。

凡正統，郊祀天地、建置、遷徙皆書，雍五畤，甘泉大畤，汾陰后土，汶上明堂，渭陽五帝，長安南北郊。其行禮，世一見之，餘或因事而書。

凡封禪皆書。

凡宗廟之禮、建置、更革皆書。漢王二年，立宗廟社稷，例不合書，特書以備漢事。太上皇、高廟、原廟、顧成廟、太宗廟之類。其行禮不書，或舉盛禮，或因他事乃書。

凡雜祠祭，因事乃書，或有得失可法戒，則特書之。得，如始皇祠舜、禹，高帝祠孔子之類。失，如文帝作汾陰廟，武帝祠竈求仙之類。非正統，用正統雜祠祭例。秦王郊見上帝于雍，以僭書。又以見漢五畤所由起。

凡冠昏，惟正統書。冠，如漢惠、昭之類。昏，如漢平之類。非正統，則非有事義不書。如秦王冠，以帶劍書。楚迎婦，以忘讐書之類。

凡禮儀，惟正統盛禮及有事義見得失者，乃書。文帝藉田，明帝大射、養老之屬，以得書。登靈臺，以盛書。凡置酒宴饗，因事乃書。漢置酒南宫，朝賀置酒之類。非正統者，亦同上例。魏主髦養老之類。

凡學校興廢皆書。

凡事關道術者，皆書。石渠、白虎、求書、典校、圖讖、漢禮、律曆。

行幸巡幸、田獵、奔走。

凡正統，巡行郡國，曰帝如某。既行而止，曰不至而還。所過有事，曰帝至某。間無異事，則不書帝。所詣非一，則指其方，曰帝某巡。還，曰帝還宫。間無異事，則不書帝。暫還復出，曰留幾日。

凡官府第宅，曰幸。學校，曰臨、曰視。私出曰微行。

凡游觀田獵之事，各以其事書。凡奔走，以實書。列國若僭國無統之君出走，曰某號某出奔某。諸侯失地名。未有所止者，曰出走。齊君地。

凡非正統，書法同。但不書還，或當特書以見事實，則曰還某。如魏主某還洛陽之類。幸下著其字。

恩澤制詔、更革、戒諭、遺詔、遣使、巡行、號令。

凡恩澤皆書，正統曰赦。起漢高祖五年，至元帝永光二年。再赦之後，依胡氏例，無事意者不復書。非正統者，曰赦其境内。賜復，如高帝復產子者，過沛復其民之類。除減租力役，惠帝減戍卒，文帝除田租之類。○問疾苦，貸貧乏，如漢文帝定振貸、養老之類。恤死喪，如漢王棺斂吏士。録囚徒，宣帝令郡國上繫囚。賜酺。趙主父酺五日。

凡制詔，謂前此所無而始爲之者，皆書之。秦置丞相，趙胡服，秦置郡縣、爲水德，漢初爲算賦、起朝儀、立原廟之類是也。凡更革謂前此所有而今始改之者，皆書之。秦變法，廢井田，更賦税法、更號、除謚、銷兵、壞城、焚書。漢高除秦苛法，文帝除肉刑，短喪之類。

凡興作土工，皆書之。如秦鑿涇水爲渠，築宮，治道。

凡戒諭皆書。周王使東，周公喻楚。

凡遺詔有事者，皆書。如文帝短喪，武帝、宣帝、昭烈顧命，章帝罷鹽鐵。

凡遣使巡行，各隨事書之。

凡號令，謂措置一時之事者，皆書之。如秦令民納粟拜爵，文帝令四方毋來獻，列侯之國之類。

朝會聘問、游説、和好、交質、割地、降附、貢獻。

凡朝，有事若非常乃書。正統曰某侯來朝，周齊侯、秦公子少官會諸侯來朝之類。漢以後則書名，衆則曰等。非正統而相朝者，曰某入朝于某。如韓王朝秦之類。其相如而非朝者，各以其事書。如秦王稷薨，韓王衰絰入弔祠，齊、趙入秦置酒之類。

凡會盟皆書，有主者，曰某會某于某。齊田和會魏、衛于濁澤，秦公子少官會諸侯來朝，秦誘楚會武關，秦會楚於宛之類。無主者，曰某某會於某。齊、魏會田，諸侯會京師，齊、魏會徐州之類。有事者，各以事繫之。如濁澤以求爲諸侯，徐州以相王之類。

凡聘問，正統遣使于他國，曰遣某官某使某。漢陸賈、劉敬。使卑而無事者，曰遣使如某。他國通好而不臣者，使來，曰某國遣使來聘。使者，則曰遣其臣某。使者官重，則曰遣其某官某。間無異事，而遣報使，則曰遣某官某報之。有異事，則曰遣某官某報其使。非正統，則曰某使某如某。燕樂毅。略則曰某遣使如某。間説，則曰某使某説某，而繫其事。秦使張儀説諸侯連衡，使以歃歸約親，用他例。燕使蘇秦報未至，秦王薨，諸侯皆畔衡復合從而不書者，秦非燕所能使，燕特資其行耳。乞師，曰某使某如某乞師。趙公子勝如楚乞師。獻物，曰某使其獻某于某。趙使藺相如獻璧于秦。

凡和好，各依本文書之。其非正統，或曰某以某爲和於某，或曰某請成于某，或曰某與某平，或曰某與某和親，或曰約親。正統，我所欲，曰遣某使某結和親，或曰與某和親。彼所欲，曰某請和親。

凡交質，曰某某質于某。

凡割地，從小入大，曰某獻某地于某；或曰某入某地于某；或曰某伐某，某獻某；或曰某以某爲成于某；或曰云云，某盡入某以謝；或曰某割某以和于某。從大入小，曰某與某某。

凡降附，正統曰某來降。力致，曰降之。如赤眉之類。或隨事書之。如曰南越王稱臣奉貢之類。非正統，曰某降于某。或隨事書之。如衛服屬三晋，聽命于秦，韓稱藩于秦，王陵以兵屬漢，隨何以九江王歸漢之類。

凡貢獻，正統，曰某遣使入貢，或云獻某物。非正統曰某遣使貢獻于某，或曰獻某物。如趙使藺相如獻璧于秦之類。

封拜選舉、賞賜、殊禮、徵聘、賜爵、賜姓、録子孫。

凡正統，封王皆書，曰立某爲某王。漢高祖立長沙王芮、從兄賢、弟交、兄喜、子肥之類。自武帝元朔二年以後，封王無事義者皆不書廢。徙國除倣此例。更立，曰更立，或曰徙。齊王信、濟北王志。封侯，有故乃書，曰封某爲某侯。雍齒之類。因而命之者，初命某爲某諸侯。周威烈三晋，安王田和之類。封者多，則統言之。如云始剖符封功臣爲徹侯。太后王諸呂。齊王卒，分齊地立悼惠王子六人爲王。梁王武卒，分梁地王其子五人。益封進爵，有故則書。漢文帝論功益户有差，成帝益封河間王良、進孔吉等爵之類。褒先代聖王之後而封者，悉書之。武帝封姬嘉，成帝封孔吉。宦者封爵，皆加宦者字。如鄭衆之屬，以著刑臣有功之始。

凡以親戚貴重者，書其屬。如元舅王鳳之類，以著外家與政之禍。

凡非正統，封其臣子，有故則書，曰某封某爲某。即墨大夫、商君之類。親屬，則曰某封某某爲某。

趙勝之類。

凡相王，見即位例。

凡正統，命官，曰以某人爲某，宰相皆書。漢丞相、相國、三公及權臣秉政者，皆書。御史大夫，因事乃書。自永初元年以後，三公因事乃書。餘官非有故不書。有功，有事，若其人之賢否用舍，繫時之治亂安危者，乃特書之。宦者除拜當書者，皆加宦者字。如石顯之類，以著刑臣與政之禍。因事而命官者，某人云云，以爲某官。周吴起、漢蘇武。非正統，命官非有故不書。衛鞅、申不害之類。魏晋以後，一除數官，則書其重者。三公，丞相，大將軍，大司馬，侍中，中書監令，尚書令，僕射。州鎮，但云都督某某等州軍事。無都督號者，但云某州刺史。有異者，全書及所鎮。如琅邪王睿爲安東將軍，都督揚州，治建業之類。

凡選舉，皆書。如漢高帝求賢詔，惠帝復孝弟力田，文帝舉賢良方正之類。

凡賜服、周賜秦以黼黻之類。賜爵、卜式之類。號、婁敬之類。姓、同上。婦人號、博平君之類。物，董宣毛義鄭均之類。皆書。

凡殊禮，皆書。如致伯于秦，蕭何劍履上殿，賜淮南王几杖，王莽加號九錫之類。王莽是自爲之，以自爲書，餘倣此例。

凡徵聘隱士，從其本文，或曰迎，申公、龔勝之類。或曰徵。周黨、嚴光之類。

凡追褒勛賢皆書。如畫像，如光武祭蕭何、霍光，獻帝祭陳蕃等之類。凡録功臣子孫皆書。如宣帝求高祖功臣子孫失侯者，賜金復其家，封蕭何子孫之類。

征伐叛亂、僭竊、夷狄、遣將、師名、勝負、戰。

凡正統，自下逆上曰反，有謀未發者曰謀反。兵向闕，曰舉兵犯闕。

凡調兵曰發，集兵曰募，整兵曰勒，行定曰徇，行取曰略，肆掠曰侵，掩其不備曰襲，同欲曰同，合勢曰連兵，并進曰合兵，在遠而附之曰應，相接曰迎，服屬曰從，益其勢曰助，援其急曰救，開其圍曰解，交兵曰戰，尾其後曰追，環其城曰圍。

凡勝之易者，曰敗某師。平之難者，曰捕斬之。舍此之彼，曰叛，曰降于某，附于某。犯城邑，寇得曰陷，居曰據。

凡僭名號曰稱。周列國稱王稱帝，漢以後僭國簒賊稱皇帝，盜賊稱帝稱天子之類。人微事小，曰作亂。人微衆少，曰盜。衆多，曰群盜。犯順曰寇。秦伐韓、趙，周約諸侯欲伐秦，秦人攻西周。

凡中國有主，則夷狄曰入寇，或曰寇某郡。事小，曰擾某處。中國無主，則但云入邊，或云入塞，或云入某郡殺掠吏民。

凡正統，天子親將兵，曰帝自將。如漢高擊臧荼、利幾之類。遣將，則曰遣某官某將兵。大將兼統諸軍，則曰率幾將軍，或云督諸軍，或云護諸將。將卑師少，無大勝負，則但云遣兵。不遣兵而州郡自討，則云州郡，或云州兵，或云郡兵。置守令平盜賊，曰以某人爲某云云。成帝河平二年，西夷相攻，以陳立爲牂牁太守，討平之；以虞詡爲朝歌長之類。

凡正統用兵於臣子之僭叛者，曰征，曰討。如漢高祖於韓王信之類。於夷狄，若非其臣子者，曰伐，曰攻，曰擊。其應兵，曰備，曰禦，曰拒，皆因其本文。如漢高祖於共尉、臧荼、利幾、匈奴之屬。

凡人舉兵討篡逆之賊，皆曰討。漢王討西楚、呂臣、劉崇、翟義之類。

凡戰不地，屢戰則地，極遠則地。

凡書敵，於敵國，曰滅之；韓滅鄭之類。於亂賊，曰平之。敵國亂賊，歲久地廣，屢戰而後定，則結之曰某地悉定，或曰某地平。

凡得其罪人者，於臣子，曰誅；於夷狄若非臣子者，曰斬、曰殺。

凡執其君長、將帥，曰執，曰虜，曰禽獲，曰得，皆從其本文。

凡坑斬非多，不書。取地非多且要，不書。

凡師入曰還，全勝而歸曰振旅。趙充國之類。小敗，曰不利。彼爲主，曰不克。大敗，曰大敗，或曰敗績。將帥死節，曰死之。

凡人討逆賊而敗者，亦曰不克。死，曰死之。劉崇、翟義之類。其破滅者，亦以自敗爲文。三輔兵皆破滅之類。

凡非正統而相攻，先發者，不曰寇陷；後應者，不曰征討。其他悉從本文。惟治其臣子之叛亂者，書討。討而殺之，曰誅。

廢黜后妃、太子、諸王、國除。

凡正統，廢其后、太子、諸侯王，而無以考其罪之實者，曰某人廢。如漢彭越、陳后之類。罪狀明白者，加有罪字。罪已見者，云以罪。若反逆大罪已見，則不必加。無罪，曰廢某人。如漢景帝廢薄后、太子榮之類。

凡書國除者，著其事。燕王建之類。有罪，亦如之。

凡自貶號者，因其本文。衛侯、衛君之類。

凡非正統者，句上皆加國號。廢字在上者，下加其字。例皆倣此。

罷免囚繫、流竄、誅殺、寬宥。

凡罷免，罪不著者，曰某官某免；并免爵者，曰某官某爵某免爲庶人。流徙者，即不言〔一〕爲庶人。著者，名下加有罪字。或作以罪。無罪者，曰免某官某；并免爵者，曰免某官某爵某爲庶人。策免者，加策免字。

凡謝病、請老、致仕，宰相賢臣則書。張良、王吉、二疏、韋賢之類。

凡就國、貶、左遷，亦依罷免例。分三等，罪疑，則姓名在上；罪著，則加有罪字；無罪，則云遣某人就國，貶某官某爲某官，左遷某爲某官。

〔一〕蜀藩本誤作「即下言」。

凡上印綬，收印綬，從本文。鄧禹、王商之類。

凡下獄死，罪不著者，曰某官某下獄死。罪狀明白者，名下加有罪字。或云以罪。無罪者，曰下某官某獄殺之。其以赦出，或被刑，若自殺、不食死之類，各隨其事書之。官已見者不復見，惟無罪而賢者，則特書之。雖以廢免，亦曰故某官爵某。

凡誅殺叛逆，或大罪，曰某官某伏誅，或曰誅某官某，或曰討某官某誅之。秦趙高、漢韓王信、諸呂、子弘、七國之類。

凡他罪明白者，曰有罪棄市。罪疑者，去有罪字。無罪，曰殺某官某。趙李牧、秦李斯、漢韓信、彭越之類。

凡書官例，與下獄例同，族其家，夷其族，夷三族，族誅某人家，族滅某人家，皆從本文。

凡欲殺而釋之者，韓信、朱雲之類。欲治而寬之者，梁王立之類。當誅而不果者。王氏五侯之類。

人事

凡鄉里世系，不能悉記，惟賢者則著其略。

凡諸臣之卒，惟宰相悉書。賢者，曰某官某爵姓名卒，而注其謚。説見崩葬例。常人，則不爵不姓不謚。姓未見者著之。

凡賢臣特書，依賢相例，官爵惟所有。處士，曰處士。衆人，則因事而見，曰某官姓名卒而已。無官則爵，無爵則姓名而已。某官爵已見者，亦不復書。

凡卒于軍者，曰軍。祭遵、馮異。非其地則地。管寧之類。

凡自殺者，曰自殺。有罪者，加有罪字。

凡賢臣遇害，曰某殺某。其官爵如本例。來歙、岑彭之類。

凡衆殺稱人，吴起、蘇秦之類。盗殺稱盗。俠累之類。

凡死節者，皆異文以見褒。劉崇、翟義、劉快、龔勝、王經、劉諶、諸葛瞻。

凡無統之世，惟宰相不悉書，餘并依正統例，但各如其國名。

凡僭國之臣，不以賢否，皆因事乃見，而依無統常人之例。

凡篡賊之臣，書死。范增、王舜、揚雄之類。

凡戰死，書死。

凡一人之往來去就，關國家利害，繫時世輕重者，不以賢否皆書。孟軻、吴起、衛鞅、李斯、張良、諸葛亮、管寧之類。或有他事當見者，亦書。田文之類。

凡有官者書官，惟初除一見，後改除，乃復見之。

凡宰相官重者，書官而去姓。如相國何、大將軍光之類。爵異者，書爵而去姓。魏公操、魏王操之類。

凡無統大國之臣，依正統小國、僭國，雖權臣貴重，但書姓名。

凡正統，諸侯王既卒，皆以謚稱。

災祥

凡災異悉書。祥瑞或以示疑，或以著僞，乃書。凡因災異，而自貶損求言、修政施惠者，皆書。無實者，或不悉書。

朱子手書

《綱目》看得如何？得爲整頓，續成一書，亦佳事也。《綱目》能爲整頓否？得留念，幸甚。《通鑑綱目》，以眼疾不能細看，但觀數處已頗詳盡。東平王蒼罷歸藩，連下文幸鄴事，元本漏，已依所示者補之矣。此書無他法，但其綱欲謹嚴而無脱落，目欲詳備而不煩冗耳。《綱目》想閒中整頓得儘可觀，恨相去遠，不得相聚討論也。《通鑑綱目》次第如何？有便幸逐旋寄來。所補《綱目》幸，早見示及他卷。不知《提要》曾爲一一看過否？若閒中能爲整頓得一番，亦幸事也。巡幸還宫，當如所諭。但其間有事者，自當隨事筆削，不可拘一例耳。後漢單于繼立不書，本以匈奴已衰，不足詳載，如封王侯、拜三公、行赦宥之類耳。更告詳之，却於例中略見其意也。閒中了得《綱目》，亦是一事，不知已至甚處。自古治日少，亂日多，史書不好看，損人神氣。但又要知不奈何耳。某今此大病幾死，幸而復蘇，未病時補得《稽古録》三四卷，今亦未敢接續整理。更欲續《大事記》，熙寧以後，亦覺難措手也。此恐他日并累賢者，用功亦不多也。所補《綱目》今附還，亦竟未及細看，不知此書更合如何整頓。恐須更以本書、《目録》及《稽古録》《皇極經世》《編年通載》等書，參定其綱，先令大事都無遺漏，然後逐事考究首尾，以修其目。其有一時講論治道之言，無綱可附者，惟《唐太宗紀》中最多。雖以事類强而附之，然終未安，不知亦可去其太甚否？而於崩葬處作一總敘，略依次序該載如何？某衰朽殊甚，次第只了得禮書，已無餘力，此事全賴幾道爲結裹了却，亦是一事也。又如《稽古録》中書亂亡事，時或不著其用事人姓名，無以示懲而作戒。此亦一大眼目，不可不明著其人，與其交黨之尤用力者，使其遺臭無窮，爲萬世之明鑒也。

徐昭文考證序

《資治通鑑綱目》，子朱子所修之書也。朱子祖《春秋》而修是書，所以示天下後世，不易之大法。昭文竊嘗讀《綱目》而考《凡例》，據《凡例》以證《綱目》。今諸刊本所書之綱與所定凡例，或多不合。至如承統之帝，或稱爲主；嗣君之號，或加於前。此皆有關乎君臣、父子之教，義理得失之大者也。又若正統曰帝，而有誤書主者，無統曰主，而有誤書帝者。太子即位書名，而或不書，王公繼世書嗣，而或書立。漢初因秦正朔，而或誤書夏時，賢臣卒書官爵，而或誤加謚號。封爵、除拜或不加貴屬，或不加宦者，無以著其與政之禍，弒君、弒后或誤書殺，或不書進毒，無以正其罪惡之實。若臨視、如幸、征討、攻擊、誅斬、弒殺、殂、薨、卒、死，凡此之類，相因互誤者不能悉舉。初，朱子之修是書也，凡例既定，晚年付門人訥齋趙氏接續成之。今所存語録，多面命之辭，手書告戒至甚諄切。其曰「綱欲謹嚴而無脱落，目欲詳備而不煩冗。」豈訥齋獨筆〔一〕之際，尚欠詳謹，故有脱誤，失朱子之本意。初學受讀者不能無疑也。果齋李氏曰「朱子蓋欲稍加更定，而未暇焉。」勉齋黄氏亦曰「《綱目》

〔一〕 蜀藩本將「獨筆」作「屬筆」。

近能成編，每以未及修補爲恨。」牧菴姚氏序「『國統離合表』僅得二誤，其一則『建安末年』誤書『延康』，今刊本已正之矣。」新安汪氏《考異》多所究明，惜其未精也。昭文僭不自揆，輒本大賢之立言，摭諸儒之同異，反覆訂定，補漏正誤，注於各提要之下。間亦竊附己意，以明君臣父子之教，夫婦適庶之别，正統無統之名，内夏外夷之分，外戚養子之禍，女寵宦寺之權。雖一得愚見，庶或有以推廣述作之本義，名曰《資治通鑑綱目考證》，以俟君子正焉。至正己亥中秋後學上虞徐昭文敬序。

目録

資治通鑑綱目考證卷一

起戊寅周威烈王二十三年，盡乙巳周赧王五十九年，凡一百四十八年。

戊寅 周威烈王二十三年，秦簡公十二年、晋烈公止十七年、齊康公貸二年、楚聲王當五年、燕閔公三十一年〔一〕。◯魏文侯斯二十二年、趙烈侯籍六年、韓景侯虔六年，皆始爲侯。◯統舊國五，新國三，凡八大國。**考證**謹按：《春秋左傳》終於魯悼公四年，是爲周貞定王五年也，自是曠六十一年，始爲《通鑑》，何耶？春秋以降，諸侯相吞滅者有之，而大夫滅其君自三晋始，天子不恤同姓而爵其賊臣，此《通鑑》所以託始也。《左傳》終智伯，《通鑑》始智伯，《通鑑》不敢續《春秋》，所以接《左傳》也。《綱目》分注智伯之始終，三晋之事實，皆六十一年事也。嗚呼！《書》《詩》降而《春秋》，《春秋》降而《綱目》。蓋將揭綱常於既淪，叙彝倫於已斁。故曰：大綱概舉，而鑑戒昭矣。其亦萬世君臣所當追念者歟。◯初命晋大夫魏斯、趙籍、韓虔爲諸侯。

己卯 二十四年，燕僖公元年。王崩，子驕立。◯盗殺楚君當。

庚辰 安王元年，楚悼王類元年。秦伐魏。

〔一〕蜀藩本誤作「燕閔公三十二年」。按：《史記・燕召公世家》載曰：「湣公三十一年卒，釐公立。是歲，三晋列爲諸侯。」按司馬遷所言，則閔公（又作湣公）在位三十一年，不存在三十二年一說。

辛巳 二年，魏、韓、趙伐楚。○鄭圍韓陽翟。

壬午 三年，秦惠公、趙武侯、韓烈侯取元年。虢山崩，壅河。

癸未 四年，楚圍鄭。

甲申 五年，日食。○盜殺韓相俠累。

乙酉 六年，鄭弒其君駘。

丙戌 七年。

丁亥 八年，齊伐魯。

戊子 九年，魏伐鄭。

己丑 十年。晉孝公傾元年。

庚寅 十一年，秦伐韓宜陽，取六邑。○齊田和遷其君貸於海上，食一城。

辛卯 十二年，秦、晉戰于武城。○齊伐魏。○魯敗齊師于平陸。

壬辰 十三年，秦侵晉。○齊田和會魏侯、楚人、衛人于濁澤，求爲諸侯。

癸巳十四年。

甲午十五年，秦伐蜀，取南鄭。○魏侯斯卒。○魏吴起奔楚，楚以爲相。

乙未十六年，秦出公、魏武侯擊、趙敬侯章、韓文侯元年。○田齊太公和元年。○統秦、晋、齊、楚、燕、趙、魏、韓舊國八，田齊新國一，凡九大國。初命齊田和爲諸侯。○魏襲趙邯鄲，不克。

丙申十七年，秦庶長改弑其君及其君母。○韓伐鄭，遂伐宋。

丁酉十八年。秦獻公、齊桓公午元年。

戊戌十九年，魏敗趙師于兔臺。

己亥二十年，日食，晝晦。

庚子二十一年，楚君類卒。楚人殺吴起。

辛丑二十二年，楚肅王臧元年。齊伐燕。○魏、韓、趙伐齊。

壬寅二十三年，是歲齊亡。統秦、晋、楚、燕、魏、趙、韓、田齊凡八大國。趙襲衛，不克。○齊侯貸卒，無子，田氏遂并齊。

癸卯二十四年，齊威王因齊元年。狄敗魏師于澮。○魏、韓、趙伐齊。

甲辰二十五年，晋靖公俱酒元年。蜀伐楚。

乙巳二十六年，韓哀侯元年。○是歲晋亡。統秦、楚、燕、魏、趙、韓、齊，凡七大國。王崩，子喜立。○三晋共廢其君俱酒爲家人，而分其地。

丙午烈王元年，日食。○韓滅鄭，自陽翟徙都之。

丁未二年。趙成侯種元年。

戊申三年，燕敗齊師于林狐。○魯、魏伐齊。

己酉四年，燕桓公元年。趙伐衛，取都鄙七十三。○魏敗趙師于北藺。

庚戌五年，魏伐楚。○韓嚴遂弑其君。○魏侯擊卒。

辛亥六年，魏惠王罃、韓懿侯元年。齊侯來朝。○趙伐齊。○魏敗趙師于懷。○齊侯封即墨大夫，烹阿大夫。

壬子七年，楚宣王良夫元年。日食。○王崩，弟扁立。○韓、趙伐魏，圍安邑。

癸丑顯王元年，齊伐魏。○趙侵齊。

甲寅二年。

乙卯三年，秦敗魏、韓之師于洛陽。

丙辰四年，魏伐宋。

丁巳五年，秦敗三晋之師于石門。賜以黼黻之服。

戊午六年。

己未七年，魏敗韓、趙之師于澮。○秦敗魏師于少梁。○秦伯卒。

庚申八年，秦孝公、燕文公元年。彗星見西方。○衛公孫鞅入秦。

辛酉九年。

壬戌十年，秦以衛鞅爲左庶長，定變法之令。

癸亥十一年，韓昭侯元年。秦敗韓師于西山。

甲子十二年。

乙丑十三年。

丙寅十四年，齊、魏會田于郊。

丁卯十五年，秦敗魏師于元里，取少梁。○魏伐趙，圍邯鄲。

戊辰十六年，齊伐魏以救趙。魏克邯鄲，還戰，敗績。○韓伐東周，取陵觀、廩丘。

己巳十七年，秦伐魏。○諸侯圍魏襄陵。

庚午十八年，秦伐魏。○韓以申不害爲相。

辛未十九年，秦徙都咸陽，始廢井田。

壬申二十年。趙肅侯元年。

癸酉二十一年，秦更賦税法。

甲戌二十二年。

乙亥二十三年，衛貶號曰侯，服屬三晋。

丙子二十四年。

丁丑二十五年，諸侯會于京師。

戊寅二十六年，致伯于秦，諸侯賀之。秦使公子少官帥師會諸侯來朝。

己卯二十七年。

庚辰二十八年，魏伐韓。齊伐魏以救韓，殺其將龐涓，虜太子申。

辛巳二十九年，秦衛鞅伐魏，誘執其將公子卬而敗之。魏獻河西地於秦，徙都大梁。秦封鞅爲商君。○齊、趙伐魏。

壬午三十年。楚威王商元年。

癸未三十一年，秦伯卒。秦人誅衛鞅，滅其家。

甲申三十二年，秦惠文王元年。韓申不害卒。

乙酉三十三年，宋太丘社亡。○孟軻至魏。

丙戌三十四年，秦伐韓，拔宜陽。

丁亥〔一〕三十五年，魏惠王一年。齊、魏會于徐州以相王。○楚滅越。

〔一〕蜀藩本脱「丁亥」二字。

戊子 三十六年，楚伐齊。〇韓侯卒。〇秦大敗魏師，擒其將龍賈，取雕陰。〇燕、趙、韓、魏、齊、楚合從以擯秦，以蘇秦爲從約長，并相六國。

己丑 三十七年，燕易王、韓宣惠王、齊宣王辟彊元年。秦以齊、魏之師伐趙。蘇秦去趙適燕，從約皆解。〇魏以陰晋爲和於秦。〇齊伐燕。

庚寅 三十八年。

辛卯 三十九年，秦伐魏，魏獻少梁、河西地於秦。

壬辰 四十年，秦伐魏，取汾陰、皮氏，拔焦。〇宋公弟偃逐其君剔成而自立。

癸巳 四十一年，楚懷王槐元年。秦客卿張儀伐魏，取蒲陽，既而歸之。魏盡入上郡以謝，秦以儀爲相。

甲午[一] 四十二年，秦縣義渠。〇秦歸焦、曲沃於魏。

乙未 四十三年，趙侯卒。

丙申 四十四年，趙武靈王元年。夏，四月，秦初稱王。

[一] 蜀藩本脱「甲午」二字。

丁酉 四十五年，秦張儀伐魏，取陜。○蘇秦自燕奔齊。

戊戌 四十六年，秦、齊、楚會于齧桑。○秦相張儀免，出相魏。○韓、燕稱王。

己亥 四十七年，秦伐魏，取曲沃、平周。

庚子 四十八年，王崩，子定立。○齊號薛公田文爲孟嘗君。

辛丑 慎靚王元年，燕王噲元年。衛更貶號曰君。

壬寅 二年，魏君罃卒。孟軻去魏適齊。

癸卯 三年，魏襄王元年。楚、趙、魏、韓、燕伐秦，攻函谷關。秦出兵逆之，五國皆敗走。○宋稱王。

甲辰 四年，秦大敗韓師于脩魚，虜其將鯁、申差。○齊大夫殺蘇秦。○魏請成于秦。張儀歸，復相秦。

乙巳 五年，秦伐蜀，取之。○燕君噲以國讓其相子之。

丙午 六年，王崩，子延立。

丁未 赧王元年，秦侵義渠，得二十五城。○秦伐魏，取曲沃。又敗韓師於岸門，質其太子倉以和。○齊伐燕，取之，醢子之，殺故燕君噲。○孟軻去齊。

戊申　二年，齊湣王地元年。秦伐趙。〇楚屈匄伐秦。

己酉　三年，秦大敗楚師于丹陽，虜屈匄，遂取漢中。楚復襲秦，又大敗于藍田。韓、魏襲楚。楚割兩城以和于秦。〇燕人立太子平爲君。〇韓君卒。

庚戌　四年，燕昭王平、韓襄王倉元年。蜀相殺蜀侯。〇秦使張儀説楚、韓、齊、趙、燕連衡以事秦。秦君卒，諸侯復合從。

辛亥　五年，秦武王元年。秦張儀復出相魏。〇秦誅蜀相莊。〇秦、魏會于臨晋。

壬子　六年，秦初置丞相。

癸丑　七年，秦、魏會于應。〇秦甘茂伐韓宜陽。

甲寅　八年，秦拔宜陽。〇秦君卒，弟稷立，母羋氏治國事，以舅魏冉爲將軍。〇趙始胡服，招騎射。

乙卯　九年，秦昭襄王稷〔一〕元年。趙君略中山及胡地，遣使約秦、韓、楚、魏、齊，并致胡兵。〇楚、齊、韓合從。

〔一〕「稷」，蜀藩本誤作「魏」。

丙辰 十年，彗星見。○趙伐中山，取數邑。中山復獻四邑以和。○秦魏冉弑其君之嫡母，出其故君之妃歸于魏。

丁巳 十一年，秦、楚盟于黄棘。秦復與楚上庸。

戊午 十二年，彗星見。○秦取魏蒲阪、晋陽、封陵，取韓武遂。○齊、韓、魏、伐楚，楚使太子横質於秦，秦救之。

己未 十三年，秦、魏、韓會于臨晋，秦復與魏蒲阪。○楚太子横殺秦大夫，亡歸。

庚申 十四年，日食，晝晦。○秦取韓穰。○蜀守叛秦，秦誅之。○秦、韓、魏、齊伐楚，殺其將唐眛，取重丘。○趙伐中山，中山君奔齊。

辛酉 十五年，秦公子悝質于齊。○秦羋戎大敗楚師，殺其將景缺，取襄城。楚使太子横質於齊，以請平。

壬戌 十六年，趙君廢其太子章，而傳國於少子何，自號主父。○齊、魏會于韓。○秦伐楚，取八城。遂誘楚君槐于武關，執之以歸。楚人立太子横。○秦以齊田文爲丞相。

癸亥 十七年，楚頃襄王横、趙惠文王何元年。田文自秦逃歸。○秦伐楚，取十六城。○齊、韓、魏伐秦，敗其軍於函谷關。河渭絶一日。秦割河東三城以和，三國乃退。○趙君封弟勝爲平原君。

甲子　十八年，楚君槐自秦走趙，不納。秦追及之以歸。

乙丑　十九年，楚君槐卒于秦。

丙寅　二十年，魏昭王、韓釐王咎元年。趙主父以燕、齊之師滅中山，歸，大赦，酺五日。**考證**「歸，大赦」下當補書「境内」。○謹按：《凡例》曰：「凡恩澤皆書……非正統者，曰赦其境内。」後倣此。○趙故太子章作亂，公子成、李兑誅之，遂弑主父於沙丘。○秦以魏冉爲丞相。

丁卯　二十一年，秦敗魏師于解。

戊辰　二十二年，魏、韓伐秦。秦左更白起敗之，拔五城。

己巳　二十三年，楚君迎婦于秦。

庚午　二十四年，秦伐韓，拔宛。○秦君封魏冉爲穰侯，公子市爲宛侯，公子悝爲鄧侯。

辛未　二十五年，東周君如秦。○秦魏冉伐魏。魏入河東、韓入武遂于秦。

壬申　二十六年，秦大良造白起伐魏，取六十一城。

癸酉　二十七年，冬十月，秦君稱西帝，遣使立齊君爲東帝。已而皆去之。○秦攻趙，拔梗陽。

甲戌 二十八年，秦攻魏，拔新垣、曲陽。

乙亥 二十九年，秦擊魏，魏獻安邑以和。秦出其人，募民徙之。○秦敗韓師于夏山。○齊滅宋。

丙子 三十年，秦會楚于宛，會趙于中陽。○秦蒙武擊齊，拔九城。○齊殺狐咺、陳舉。燕使亞卿樂毅如趙。

丁丑 三十一年，燕上將軍樂毅以秦、魏、韓、趙之師伐齊，入臨淄。齊君地出走，其相淖齒殺之。毅下齊七十餘城。燕封毅爲昌國君。**考證**「殺」當作「弒」。〔一〕○秦、魏、韓會于京師。

戊寅 三十二年，齊襄王法章元年。秦、趙會于穰。○秦拔魏安城，兵至大梁而還。○齊人討殺淖齒，而立其君之子法章，保莒城。**考證**「殺」當作「誅」。○謹按：《凡例》曰：「君出走而弒之，曰某君出走，某弒之。」注云「淖齒之類。」《綱目》特正淖齒之罪，而立此例，可謂著明矣。《凡例》又曰：「非正統而治其臣子之叛亂者，曰討。討而殺之，曰誅。」今諸刊本於齊君書「殺」而不曰「弒」，於淖齒書「殺」而不曰「誅」，此因舊文，未經更定，非朱子之本意也。若弒君者曰殺，討罪者亦曰殺，則《凡例》不必立，《提要》不必書矣。尹氏《發明》曰：「淖齒實弒而書『殺』者，正齊君自取滅亡之罪也。」又曰：「前不書弒者，著齊湣驕暴之罪；後書討殺者，正淖齒弒逆之謀。」豈尹氏不考《凡例》而曲爲之説歟，抑不見《凡例》而附會其説歟？是不可以不正也。苟爲不正，則恐後之爲人臣者，指其君爲驕暴自取滅亡，而妄起叛亂之謀，何以爲亂臣賊子戒哉？今故推本義例以正其誤，殺齊君曰「弒」，

〔一〕蜀藩本誤作「考異」條。

殺淖齒曰「誅」。《綱目》修而亂臣賊子懼，其斯之謂矣。○趙使藺相如獻璧于秦。○衛君卒。

己卯 三十三年，秦伐趙，拔兩城。

庚辰 三十四年，秦伐趙，拔石城。○楚謀入寇，王使東周公喻止之。

辛巳 三十五年，秦白起伐趙，取代光狼城。司馬錯因蜀伐楚，拔黔中。楚獻漢北、上庸於秦。

壬午 三十六年，秦白起伐楚，取鄢、鄧、西陵。○秦、趙會于澠池。○燕君平卒，樂毅奔趙。齊田單襲破燕軍，盡復齊地。齊君入臨淄，封單爲安平君。趙封樂毅爲望諸君。○薛公田文卒。

癸未 三十七年，燕惠王元年。秦白起伐楚，拔郢，燒夷陵。楚徙都陳。秦置南郡，封起爲武安君。

甲申 三十八年，秦置黔中郡。

乙酉 三十九年，魏安釐王元年。秦白起伐魏，拔兩城。○楚復取江南十五邑。○魏封公子無忌爲信陵君。

丙戌 四十年，秦魏冉伐魏，韓救之，大敗。魏納八城於秦。秦復伐魏，圍大梁。魏又割温以和。

丁亥 四十一年，魏復與齊合從。秦魏冉伐魏，拔四城。

戊子 四十二年，趙、魏伐韓，秦救之，大破其軍。魏割南陽以和。

己丑 四十三年，韓桓惠王元年。楚太子完質於秦。○秦置南陽郡。○秦、魏、楚伐燕。

庚寅 四十四年，燕武成王元年。趙伐齊。

辛卯 四十五年，秦伐趙，圍閼與。趙奢擊却之。趙封奢爲馬服君。○秦伐齊，取剛、壽。○秦滅義渠。○秦以范雎爲客卿。

壬辰 四十六年，秦攻趙閼與，不拔。

癸巳 四十七年，秦伐魏，拔懷。

甲午 四十八年，秦太子質於魏而卒。

乙未 四十九年。秦拔魏邢丘。○秦君廢其母不治事，逐魏冉、芈戎、公子市、公子悝，以范雎爲丞相，封應侯。○趙以公子勝爲相。

丙申 五十年，趙孝成王丹元年。秦君母芈氏以憂卒。○秦伐趙，取三城，齊救却之。遂以趙師伐燕，取中陽。伐韓，取注人。○齊君法章卒，子建立，國事皆决於其母太史氏。

丁酉 五十一年，齊王建元年。秦白起伐韓，拔九城。

戊戌 五十二年，秦白起伐韓，取南陽，攻絶太行道。○楚太子完自秦逃歸。楚君横卒，完立，以黄歇爲相，封春申君。

己亥 五十三年，楚考烈王完元年。楚納州于秦。○秦白起伐韓，拔野王。上黨降趙。

庚子 五十四年。

辛丑 五十五年，秦王齕攻趙上黨，拔之。白起代將，大破趙軍，殺其將趙括，坑降卒四十萬。

壬寅 五十六年，秦攻趙，拔武安、皮牢，定太原、上黨。韓、趙又割地以和。○魏以孔斌爲相，尋以病免。

○秦誘執趙公子勝，既而歸之。

癸卯 五十七年，秦伐趙，圍邯鄲。○趙公子勝如楚乞師。楚黄歇帥師救趙。○魏晋鄙帥師救趙，次于鄴。

公子無忌襲殺鄙，奪其軍以進。

甲辰 五十八年，燕孝王元年。秦殺白起。○魏公子無忌大破秦軍邯鄲下。○秦太子之子異人自趙逃歸。

乙巳 五十九年，秦伐韓、趙，王命諸侯討之。秦遂入寇，王入秦，盡獻其地，歸而卒。

資治通鑑綱目考證卷二

起丙午，盡戊戌西楚霸王四年、漢王四年，凡五十三年。

丙午 秦昭襄王五十二、楚考烈王八、燕孝王三、魏安釐王二十二、趙孝成王十一、韓桓惠王十八、齊王建十年。〇凡七國。

考證謹按：司馬公《通鑑》秦自是年繼周，漢自高祖元年繼秦，晋自泰始元年繼魏，唐自武德元年繼隋。《綱目》則秦起於始皇帝并六國之後，漢起於滅楚之後，晋起於平吴之後，唐起於平群盗之後。如隋則《綱目》與《通鑑》同起於開皇九年平陳之後，是謂之正統。古昔帝王之御天下也，典禮命討皆原於天。尊卑有分，内外有制，立綱振紀，人不敢紊。是以六經不言正統，統自正也。周衰，聖賢不作綱淪法斁，禮廢樂崩，馴至强秦入寇王室，七國均敵，不相統一。後若南北朝、五代，戎狄盗賊交於中國，天下無主，不得已同謂之無統。大儒述作之義在於貴正統而賤無統，故曰是書。後之君子，必有取焉。

秦丞相范睢免。〇楚以荀况爲蘭陵令。〇周民東亡，秦取其寶器，遷西周公於憚狐之聚。〇楚人遷魯于莒而取其地。

丁未 秦五十三、楚九、燕王喜元[一]、魏二十三、趙十二、韓十九、齊十一年。秦伐魏，取吴城。〇韓王入朝於秦。

〔一〕蜀藩本作「燕王熹元」。

○魏舉國聽令於秦。

戊申 秦五十四、楚十、燕二、魏二十四、趙十三、韓二十、齊十二年。秦王郊見上帝於雍。○楚遷於鉅陽。

己酉 秦五十五、楚十一、燕三、魏二十五、趙十四、韓二十一、齊十三年。魏人殺衛君而立其弟。

庚戌 秦五十六、楚十二、燕四、魏二十六、趙十五、韓二十二、齊十四年。秋，秦王稷薨，太子柱立。韓王衰絰入弔祠。○燕伐趙，趙敗之，遂圍燕。○趙公子勝卒。

辛亥 秦孝文王柱元、楚十三、燕五、魏二十七、趙十六、韓二十三、齊十五年。冬，十月，秦王薨，子楚立。**考證** 當作「秦王柱薨」。○謹按：《凡例》曰：「凡無統稱王公者，曰某王公某薨。」故名存者，皆當補書。後倣此。○燕伐齊，拔聊城。齊伐取之。

壬子 秦莊襄王楚元、楚十四、燕六、魏二十八、趙十七、韓二十四、齊十六年。秦以呂不韋爲相國，封文信侯。○秦滅東周，遷其君於陽人聚。○秦伐韓，取滎陽、成皋，置三川郡。○楚滅魯，遷其君於卞，爲家人。

癸丑 秦二、楚十五、燕七、魏二十九、趙十八、韓二十五、齊十七年。日食。○秦伐趙，定太原，取三十七城。○楚黃歇徙封於吳。

甲寅 秦三、楚十六、燕八、魏三十、趙十九、韓二十六、齊十八年。秦悉拔上黨諸城，置太原郡。○秦伐魏。魏公子無忌率五國之師敗之，追至函谷而還。○五月，秦王薨，子政立。

乙卯　秦王政元、楚十七、燕九、魏三十一、趙二十、韓二十七、齊十九年。秦鑿涇水爲渠。

丙辰　秦二、楚十八、燕十、魏三十二、趙二十一、韓二十八、齊二十年。趙王薨，廉頗奔魏。

丁巳　秦三、楚十九、燕十一、魏三十三、趙悼襄王偃元、韓二十九、齊二十一年。秦大饑。○秦伐韓，取十二城。○趙李牧伐燕，取武遂、方城。○魏公子無忌卒。

戊午　秦四、楚二十、燕十二、魏三十四、趙二、韓三十、齊二十二年。春，秦伐魏，取暘、有詭。○秋，七月，秦蝗，疫。令民納粟拜爵。

己未　秦五、楚二十一、燕十三、魏景閔王增元、趙三、韓三十一、齊二十三年。秦伐魏，取二十城，置東郡。

庚申　秦六、楚二十二、燕十四、魏二、趙四、韓三十二、齊二十四年。楚、趙、魏、韓、衛合從以伐秦。至函谷，皆敗走。○楚遷于壽春。○秦拔魏朝歌及衛濮陽，衛徙居野王。

辛酉　秦七、楚二十三、燕十五、魏三、趙五、韓三十三、齊二十五年。秦伐魏，取汲。

壬戌　秦八、楚二十四、燕十六、魏四、趙六、韓三十四、齊二十六年。魏與趙鄴。

癸亥　秦九、楚二十五、燕十七、魏五、趙七、韓王安元、齊二十七年。秦伐魏，取垣蒲。○夏，四月，秦大寒，民有凍死者。○秦王冠，帶劍。○秦伐魏，取衍氏。○秋，九月，秦嫪毐作亂伏誅，夷三族，秦王遷其太后於雍。○楚王完薨，盗殺黄歇。

甲子　秦十、楚幽王悍元、燕十八、魏六、趙八、韓二、齊二十八年〔一〕。冬，十月，秦相國呂不韋以罪免，出就國。○秦大索逐客。客卿李斯上書，召復故官，遂除其令。○齊、趙入秦置酒。

乙丑　秦十一、楚二、燕十九、魏七、趙九、韓三、齊二十九年。趙伐燕，取貍陽。秦伐趙，取九城。○趙王偃薨。

丙寅　秦十二、楚三、燕二十、魏八、趙幽繆王遷元、韓四、齊三十年。秦呂不韋徙蜀，自殺。○自六月不雨，至于八月。○秦助魏伐楚。

丁卯　秦十三、楚四、燕二十一、魏九、趙二、韓五、齊三十一年。秦伐趙，殺其將扈輒。趙以李牧爲大將軍，復戰宜安，秦師敗績。

戊辰　秦十四、楚五、燕二十二、魏十、趙三、韓六、齊三十二年。秦伐趙，取宜安、平陽、武城。○韓遣使稱藩於秦。

己巳　秦十五、楚六、燕二十三、魏十一、趙四、韓七、齊三十三年。秦伐趙，取狼孟、番吾，遇李牧而還。○燕太子丹自秦亡歸。

〔一〕蜀藩本誤作「齊二十六年」。

庚午 秦十六、楚七、燕二十四、魏十二、趙五、韓八、齊三十四年。秋，九月，韓獻南陽地於秦。○代地震坼。

辛未 秦十七、楚八、燕二十五、魏十三、趙六、韓九、齊三十五年。○是歲韓亡，凡六國。秦内史勝滅韓，虜王安，置潁川郡。○趙大饑。

壬申 秦十八、楚九、燕二十六、魏十四、趙七、齊三十六年。秦王翦伐趙，下井陘，趙殺其大將軍李牧。

癸酉 秦十九、楚十、燕二十七、魏十五、趙八、齊三十七年。○是歲趙亡，凡五國。秦滅趙，虜王遷。秦王如邯鄲。○秦軍屯中山以臨燕。○趙公子嘉自立爲代王，與燕合兵，軍上谷。○楚王薨，弟郝立。三月，郝庶兄負芻殺之，自立。**考證**[一]「殺」當作「弒」。○謹按：春申君進李園妹爲楚考烈王后，生太子悍，立爲幽王。幽王本春申子也。鬻熊之祀陰絶十年，而幽王死，同母弟立，是爲哀王。哀王，《史記·六國表》名郝，《世家》名猶，《通鑑》本《六國表》，故曰「弟郝立」。此真考烈子，在位三月，庶兄負芻弒而代之。或曰：郝，弟也，負芻，兄也。孰可以弒加之乎？曰：不然。《凡例》曰：「列國弒君，事義不同者，隨事異文。」注曰：「如元魏馮后顯祖之事。雖其主母，亦不得免弒君之名。」[二]負芻親則庶兄，分則臣下。馮后殺子，負芻殺弟，一例也，惡得不謂之弒哉？嗚呼！負芻殺弟，遂負弒君之罪。苟能殺幽王，明其非考烈子，誅李園，立考烈真子，尚足以繼鬻熊之絶世，雪先王之

[一] 蜀藩本誤作「考異」條。

[二] 與原文略異，原文爲「凡事義不同者，隨事異文。」注爲「如呂后廢少帝，幽殺之之類。……雖其主母，亦不得免弒君之名矣。元魏馮后顯祖之事，當以此裁之。」

餘耻。家齊而國治，其功烈豈不韙歟？惜其志不及此，有勇無義而爲亂，哀哉。正君臣之義，明嫡庶之分，故曰「殺」當作「弒」。非特罪負芻也，將以懲勸方來云爾。

甲戌 秦二十、楚王負芻元、燕二十八、魏王假元、齊三十八年。○代王嘉元年。○舊國五，新國一，凡六。燕太子丹使盜劫秦王，不克。秦遂擊破燕、代兵，進圍薊。

乙亥 秦二十一、楚二、燕二十九、魏二、齊三十九、代二年。冬，十月，秦拔薊，燕王走遼東，斬其太子丹以獻於秦。○秦李信伐楚。

丙子 秦二十二、楚三、燕三十、魏三、齊四十、代三年。○是歲魏亡，凡五國。秦王賁伐魏，引河溝以灌其城，魏王假降，殺之，遂滅魏。○楚人大敗秦軍，李信犇還，秦王翦代之。

丁丑 秦二十三、楚四、燕三十一、齊四十一、代四年。秦王翦大敗楚軍，殺其將項燕。

戊寅 秦二十四、楚五、燕三十二、齊四十二、代五年。○是歲楚亡，凡四國。秦滅楚，虜王負芻，置楚郡。

己卯 秦二十五、燕三十三、齊四十三、代六年。○是歲燕、代亡，凡二國。秦王賁滅燕，虜王喜。還，滅代，虜王嘉。○秦王翦遂定江南，降百越，置會稽郡。○五月，天下大酺。

庚辰 秦始皇帝二十六年，王賁襲齊，王建降，遂滅齊。○王初并天下，更號皇帝。○除謚法。○定爲水德，以十月爲歲首。○分天下爲三十六郡，銷兵器，一法度，徙豪傑於咸陽。○築宮咸陽北阪上。

辛巳二十七年，帝巡隴西北地，至雞頭山，過回中。○作信宫及甘泉前殿，治馳道於天下。

壬午二十八年，帝東巡。上鄒嶧山，立石頌功業。封泰山，立石。下禪梁父，遂登琅邪，立石。遣徐市入海求神僊，渡淮浮江，至南郡而還。

癸未二十九年，帝東游至陽武，韓人張良狙擊，誤中副車。令天下大索十日，不得。遂登之罘，刻石而還。

甲申三十年。

乙酉三十一年，使黔首自實田。

丙戌三十二年，帝東巡，刻碣石門，壞城郭，决隄防。○巡北邊，遣將軍蒙恬伐匈奴。

丁亥三十三年，略取南越地，置桂林、南海、象郡，以謫徙民五十萬戍之。○蒙恬收河南地，築長城。○彗星見。

戊子三十四年，燒《詩》、《書》、百家語。

己丑三十五年，除直道。○營朝宫，作前殿阿房。○坑諸生四百六十餘人，使長子扶蘇監蒙恬軍。

庚寅三十六年，隕石東郡。

辛卯 三十七年，冬，十月，帝東巡至雲夢，祀虞舜，上會稽，祭大禹，立石頌德。秋，七月，至沙丘，崩。丞相李斯、宦者趙高矯遺詔，立少子胡亥爲太子，殺扶蘇、蒙恬，還至咸陽，胡亥襲位。九月，葬驪山。

壬辰 二世皇帝元年，楚隐王陳勝元、趙王武臣元、齊王田儋元、燕王韓廣元、魏王咎元年。○是歲，建國凡五。冬，十月，大赦。○春，帝東行到碣石，并海南至會稽而還。○夏，四月，殺諸公子、公主。○復作阿房宫。○秋，七月，楚人陳勝、吴廣起兵於蘄。勝自立爲楚王，以廣爲假王，擊滎陽。○楚遣諸將徇趙、魏，以周文爲將軍，將兵伐秦至戲。秦遣少府章邯拒之，楚軍敗走。○八月，楚將武臣至趙，自立爲趙王。○九月，楚人劉邦起兵於沛，自立爲沛公。○楚人項梁起兵於吴。○齊人田儋自立爲齊王。○趙將韓廣略燕地，自立爲燕王。○燕軍獲趙王，既而歸之。○楚將周市立魏公子咎爲魏王，而相之。○秦廢衛君角爲庶人。

癸巳 二年，楚懷王心元、趙王歇元、齊王田市元、燕王韓廣二、魏王豹元、韓王成元年。○是歲，楚王勝、趙王武臣、齊王儋、魏王咎皆亡。舊國一，新國五，凡六。冬，十月，秦兵圍沛公於豐，沛公出戰，破之。○十一月，章邯追敗楚軍於澠池，周文走死。○楚田臧殺其假王吴廣，進與秦戰，敗死。○趙將李良弑其君武臣。○秦嘉起兵於郯。○秦益遣兵擊楚。臘月，楚莊賈弑其君勝，以降於秦。呂臣討賈，殺之，復以陳爲楚。○春，正月，趙將張耳、陳餘立趙歇爲王。○秦嘉立景駒爲楚王。○秦攻陳，下之。呂臣走，得英布軍，還復取陳。○沛公得張良，以爲厩將。○項梁擊楚王駒，殺之。夏，六月，立楚懷王孫心爲楚懷王，韓公子成爲韓王。○章邯擊魏，齊、楚救之。齊王儋、魏相市敗死，魏王咎自殺。○齊人立田假爲王。○秋，七月，大霖雨。○齊王儋弟榮逐王假，立儋子市爲王而相之。○秦下右丞相馮去疾、左丞相李斯吏。去疾自殺，要斬斯，夷三族。以趙高爲中丞相。○章邯擊破楚軍於定陶，項梁死。○楚立魏豹爲魏王。○章邯擊趙圍趙王於鉅鹿，楚以宋義爲上將軍救之。○楚遣沛公伐秦。

甲午 三年，楚二、趙二、齊二、燕三、魏二、韓二年。冬，十一月，楚次將項籍矯殺宋義而代之，大破秦軍，虜其將王離。○春，二月，沛公擊昌邑，彭越以兵從。○沛公使酈食其説陳留，下之。○夏，四月，沛公攻潁川，略南陽。秋，七月，南陽守齮降。○章邯以軍降楚。○八月，沛公入武關。趙高弑帝于望夷宫，立子嬰爲王。九月，子嬰討殺高，夷三族。**考證**「殺」當作「誅」。○謹按：《凡例》曰：「凡誅叛逆成大罪，曰討某，誅之。」注云「秦趙高、漢韓王信、諸吕、子弘、七國之類。」[一] 夫趙高亡秦，其罪浮於韓王信、諸吕、子弘、七國之叛漢也。如韓王信、諸吕、子弘、七國皆已曰誅，於趙高誤書曰殺，今當正之。○沛公擊嶢關，破之。

乙未 楚義帝心元、西楚霸王項籍元、漢王劉邦元、韓三年。○雍王章邯、塞王司馬欣、翟王董翳、西魏王豹、河南王申陽、

[一] 與原文略異，原文是：「凡誅殺叛逆，或大罪，曰某官某伏誅，或曰誅某官某，或曰討某官某誅之。」注爲「秦趙高、漢韓王信、諸吕、子弘、七國之類。」

殷王司馬卬、代王趙歇、常山王張耳、九江王英布、衡山王吳芮、臨江王共敖、遼東王韓廣、燕王臧荼、膠東王田市、齊王田都、濟北王田安元年。○是歲秦亡。新舊大國三，小國十七，爲二十國，而韓、塞、翟、遼東、膠東、齊、濟北七國皆亡。○又韓王鄭昌、齊王田榮元年，定十五國[一]。冬，十月，沛公至霸上，秦王子嬰奉璽符節以降。○沛公入咸陽，還軍霸上，除秦苛法。○項籍詐坑秦降卒二十餘萬於新安。○沛公遣兵守函谷關，項籍攻破之。遂屠咸陽，殺子嬰，掘始皇帝冢，大掠而東。○春，正月，項籍尊楚懷王爲義帝。○二月，項籍自立爲西楚霸王。○立沛公爲漢王。○章邯爲雍王。○司馬欣爲塞王。○董翳爲翟王。○徙魏王豹爲西魏王。○立申陽爲河南王。○司馬卬爲殷王。○徙趙王歇爲代王。○立張耳爲常山王。○英布爲九江王。○吳芮爲衡山王。○共敖爲臨江王。○徙燕王廣爲遼東王。○燕將臧荼爲燕王。○徙齊王市爲膠東王。○齊將田都爲齊王。○田安爲濟北王。○夏，四月，諸侯罷兵就國。○漢以蕭何爲丞相，遣張良歸韓。○五月，齊田榮擊走齊王都，遂弑膠東王市，自立爲齊王。秋，七月，使彭越擊殺濟北王安，又擊破西楚軍。○西楚殺韓王成，張良復歸漢。○漢王以韓信爲大將，留蕭何給軍食。八月，還定三秦。雍王邯迎戰，敗走廢丘。塞王欣、翟王翳降。○西楚立鄭昌爲韓王。○燕王荼弑遼東王廣。○王陵以兵屬漢。

丙申 西楚二年、漢二年。○是歲楚、常山、河南、韓、殷、雍、魏七國皆亡。凡二大國，及代、九江、衡山、臨江、燕、

[一] 蜀藩本作「共十五國」。

齊六小國，爲八國。又趙王歇後元，代王陳餘、韓王信皆元年，而齊王假王，廣代立，定十二國。冬，十月，西楚霸王項籍弑義帝於江中。○陳餘以齊兵襲常山，王耳走漢。代王歇復爲趙王，立餘爲代王。○漢王如陝，鎮撫關外父老。○河南王陽、韓王昌降漢。○十一月，漢立韓王孫信爲韓王。○漢王還都櫟陽。○春，正月，楚擊齊王榮，敗走，死。楚復立田假爲齊王。○三月，漢王渡河，魏王豹降，虜殷王卬。以陳平爲護軍中尉。○漢王至洛陽，爲義帝發喪，告諸侯討項籍。○夏，四月，齊王榮弟橫立榮子廣爲王，擊王假走之。○漢王率五諸侯兵伐楚，入彭城。項籍還破漢軍，以漢太公、吕后歸。○漢王遣隨何使九江。○五月，漢王至滎陽。○魏王豹叛漢。○漢王還櫟陽，立子盈爲太子。○漢兵圍廢丘，雍王邯自殺，盡定雍地。○關中饑，人相食。○秋，八月，漢王如滎陽，命蕭何守關中，立宗廟社稷。○漢韓信擊魏，虜王豹，遂北擊趙、代。

丁酉　西楚三年、漢三年。○是歲，趙、代、九江三國亡，二大國并衡山、臨江、燕、齊、韓五小國，凡七國。冬，十月，韓信大破趙軍，禽王歇，斬代王餘，遣使下燕。○是月晦，日食。○十一月晦，日食。○十二月，隨何以九江王布歸漢。○漢遣酈食其立六國後，未行而罷。○夏，四月，楚圍漢王於滎陽，亞父范增死。○五月，漢王走入關。彭越擊楚，楚還兵擊之。漢王復軍成皋。○六月，楚破彭越，還拔滎陽及成皋。漢王走渡河，奪韓信軍，遣信擊齊。○秋，七月，有星孛于大角[一]。○八月，漢王軍小脩武，遣人燒

[一] 蜀藩本誤作「天角」。

楚積聚。○彭越下梁十七城，楚復擊取之。○漢王遣酈食其説齊，下之。

戊戌西楚四年、漢四年。冬，十月，漢韓信襲破齊。齊王烹酈食其，走高密。○漢王復取成皋，與楚皆軍廣武。○楚救齊。十一月，漢韓信擊破之，殺其將龍且，虜齊王廣。田横自立爲齊王，戰敗走。信遂定齊地。○漢立張耳爲趙王。○漢王還櫟陽，留四日，復如廣武。○春，二月，漢立韓信爲齊王，徵其兵擊楚。○秋，七月，漢立黥布爲淮南王。**考證**「黥」當作「英」。○謹按：汪氏曰英布誤作黥布。布，姓英氏，秦時坐法黥，故史傳書爲黥布。如「吕臣走[一]，得英布軍」，「英布爲九江王」，既皆以姓名書，豈於漢封立之際，揭其爲刑人？當作「英布」爲是。○八月，漢初爲算賦。○北貉燕人，致梟騎助漢。○漢王令：軍士死者，吏爲棺斂送其家。○漢以周昌爲御史大夫。○楚與漢約，中分天下。九月，歸太公、吕后於漢，解而東歸。

[一] 蜀藩本誤作「吕臣從」。

資治通鑑綱目考證卷三

起己亥漢高帝五年，盡甲申漢文帝後七年，凡四十六年。

己亥 漢太祖高皇帝五年，冬，十月，王追項籍至固陵，齊王信、魏相國越及劉賈誘楚周殷，迎黥布，皆會。十二月，圍籍垓下。籍走自殺，楚地悉定。○王還至定陶，馳入齊王信壁，奪其軍。○遣劉賈擊臨江王共尉，虜之。○春，正月，更立齊王信爲楚王，魏相國越爲梁王。○赦。○二月，王即皇帝位。○更王后曰皇后，王太子曰皇太子，追尊先媪曰昭靈夫人。○立故衡山王芮爲長沙王，故粵王無諸爲閩粵王。○帝西都洛陽。○夏，五月，兵罷歸家。○置酒南宫。○召故齊王横未至，自殺。○以季布爲郎中，斬丁公以徇。○帝西都關中，以婁敬爲郎中，賜姓劉氏。○張良謝病，辟穀。○六月，赦。○秋，七月，燕王臧荼反。帝自將虜擊之。立盧綰爲燕王。○趙王張耳卒。○故楚將利幾反，帝自將擊破之。○後九月，治長樂宫。

庚子 六年，冬，十二月，帝會諸侯於陳，執楚王信以歸。至洛陽，赦爲淮陰侯。○始剖符封功臣爲徹侯。○春，正月，立從兄賈爲荆王，弟交爲楚王，兄喜爲代王，子肥爲齊王。○以曹參爲齊相國。○更以太原郡爲韓國，徙韓王信王之。○封雍齒爲什方侯。○詔定元功位次。賜丞相何劍履上殿，入朝不趨。

○帝歸櫟陽。○夏，五月，尊太公爲太上皇。○秋，匈奴寇邊，圍馬邑，韓王信叛，與連兵。○令博士叔孫通起朝儀。

辛丑 七年，冬，十月，長樂宮成，朝賀置酒。○帝自將討韓王信。信及匈奴皆敗走，帝追擊之，被圍平城，七日乃解。○十二月，還至趙。○匈奴寇代，代王喜棄國自歸，立子如意爲代王。○春，令郎中有罪耏以上請之，民産子復，勿事二歲。○二月，帝至長安，始定徙都。○置宗正官。○夏，四月，帝如洛陽。

壬寅 八年，冬，擊韓王信餘寇於東垣。**考證** 「擊」當作「討」。○謹按：《凡例》曰：「凡正統用兵於臣子之僭叛者，曰征曰討。」後倣此。○十二月，還宮。○春，三月，令賈人毋得衣錦、繡、綺、縠、絺、紵、罽，操兵、乘、馬。

癸卯 九年，冬，遣劉敬使匈奴，結和親。○十一月，徙齊楚大族豪傑於關中。○春，正月，趙王敖廢，徙代王如意爲趙王。○夏，六月晦，日食。○以蕭何爲相國。

甲辰 十年，夏，五月，太上皇崩。秋，七月，葬萬年，令諸侯王國皆立廟。○以周昌爲趙相，趙堯爲御史大夫。○九月，代相國陳豨反，帝自將擊之。

乙巳 十一年，冬，破豨軍。春，正月，后殺淮陰侯韓信，夷三族。○韓王信伏誅。○帝還至洛陽。○立子恒爲代王。○赦。○二月，立王侯朝獻郡國口賦法。○詔郡國求遺賢。○梁王越廢，徙蜀。三月，殺之，夷三族。○立子恢爲梁王，友爲淮陽王。○夏，四月，還宮。○五月，立故秦南海尉趙佗爲南粤王。○帝有疾。○秋，七月，淮南王布反，帝自將擊之。立子長爲淮南王。布擊殺荆王賈，又敗楚軍，遂引兵西。

丙午 十二年，冬，十月，帝破布軍於蘄西，布亡走，長沙王臣誘而誅之。○帝還過沛，復其民，世世無有所與。○太尉周勃誅陳豨，定代地。○立兄子濞爲吴王。○十一月，過魯，以太牢祠孔子。○遂還宮。○下相國何廷尉獄，數日，赦出之。○燕王綰謀反。春，二月，遣樊噲以相國將兵討之，立子建爲燕王。○立南武侯織爲南海王。○詔陳平斬樊噲，以周勃代將其軍。平傳噲詣長安。○夏，四月，帝崩。○盧綰亡入匈奴。○五月，葬長陵。○太子盈即位，尊皇后曰皇太后。○赦樊噲，復爵邑。○令郡國立高廟。

丁未 孝惠皇帝元年，冬，十二月，太后殺趙王如意。○徙淮陽王友爲趙王。○春，正月，始城長安西北方。

戊申 二年，冬，十月，齊王肥来朝。○春，正月，兩龍見蘭陵井中。○隴西地震。○夏，旱。○秋，七月，相國酇侯蕭何卒。以曹参爲相國。

己酉 三年，春，城長安。○與匈奴和親。○夏，五月，立閩越君摇爲東海王。

庚戌四年，冬，十月，立皇后張氏。○春，正月，舉民孝弟力田者，復其身。○三月，帝冠。○赦。○省法令妨吏民者。○除挾書律。○立原廟。○宜陽雨血。

辛亥五年，冬，雷。桃李華，棗實。○春，正月，城長安。○夏，大旱。○秋，八月，相國平陽侯曹參卒。○九月，長安城成。

壬子六年，冬，十月，以王陵爲右丞相，陳平爲左丞相。○夏，留侯張良卒。○以周勃爲太尉。

癸丑七年，春，正月朔，日食。○夏，五月，日食，既。○秋，八月，帝崩。○太后使呂台、呂産將南、北軍。○九月，葬安陵。太子即位，太后臨朝稱制。

甲寅高皇后呂氏元年，冬，十一月，太后以王陵爲帝太傅，陳平爲右丞相，審食其爲左丞相，任敖爲御史大夫。○追尊父呂公爲宣王，兄澤爲悼武王。○春，正月，[一]除三族罪、妖言令。○二月，置孝弟力田二千石者一人。○夏，四月，立張偃爲魯王。○封山、朝、武爲列侯，立强爲淮陽王，不疑爲恒山王。○立呂台爲呂王。○秋，桃李華。

乙卯二年，冬，十一月，呂王台卒。○春，正月，地震，武都山崩。○夏，五月，太后封齊王弟章爲朱虛

[一]《四庫》本原作「春三月」，據蜀藩本改。

侯，令入宿衛。○六月晦，日食。○秋，七月，恒山王不疑卒。○行八銖錢。○太后立山爲恒山王，更名義。

丙辰 三年，夏，江、漢水溢。○秋，星晝見。○伊、洛、汝水溢。

丁巳 四年，夏，四月，太后封女弟嬃爲臨光侯。○廢少帝，幽殺之。五月，立恒山王義爲帝，更名弘。以朝爲恒山王。**考證**「帝」當作「主」。○謹按：《凡例》曰：「凡正統之君曰帝，僭稱帝者曰主。」孝惠既崩，呂后臨朝稱制，故歲首分注高皇后之年，是爲無統也。當是時，呂后命張皇后取他人子養之，而殺其母，以爲太子。立四年，幽殺之[一]。以無統之時立他人之子，是篡賊也。《凡例》又曰：「篡賊，謂篡位干統。如呂后之類。」朱子嘗曰：呂氏所自立，本非孝惠子。當比僭稱帝者，書曰少主云。○以曹窋爲御史大夫。

戊午 五年，春，南越王佗反。○秋，八月，淮陽王强卒，太后立武爲淮陽王。○初令戍卒歲更。

己未 六年，冬，十月，太后廢呂王嘉，立台弟産爲呂王。○春，星晝見。○匈奴寇狄道。○行五分錢。

庚申 七年，冬，十二月，匈奴寇狄道。○春，正月，太后幽殺趙王友。○日食，晝晦。○二月，太后徙梁王恢爲趙王，呂王産爲梁王。○秋，七月，立太爲濟川王。○封營陵侯澤爲琅邪王。○趙王恢自殺，

[一] 蜀藩本誤作「出殺之」。

太后立吕禄爲趙王。○九月，燕王建卒，太后殺其子，國除。○遣將軍周竈將兵擊南越。

辛酉 八年，冬，十月，太后立吕通爲燕王。○夏，江、漢水溢。○秋，七月，太后崩。遺詔産爲相國，禄女爲帝后，審食其爲帝太傅。○齊王襄發兵討諸吕，相國産使大將軍灌嬰擊之。嬰留屯滎陽，與齊連和〔一〕。九月，太尉勃、丞相平、朱虚侯章誅産、禄及諸吕，齊王、灌嬰兵皆罷。○諸大臣迎立代王恒。後九月，至，即位。誅吕后所名孝惠子弘等，赦。

壬戌 太宗孝文皇帝元年，冬，十月，徙琅邪王澤爲燕王，封趙幽王子遂爲趙王。○以陳平爲左丞相，周勃爲右丞相，灌嬰爲太尉，論功益户有差。○十二月，除收孥相坐律令。○春，正月，立子啓爲皇太子。○三月，立竇氏爲皇后。○詔定振窮養老之令。○楚王交卒。○夏，四月，齊、楚地震，山崩，大水潰出。○令四方毋來獻。○封宋昌爲壯武侯。○秋，八月，右丞相勃免。○遣太中大夫陸賈使南越。南越王佗稱臣奉貢。○召河南守吴公爲廷尉，以賈誼爲太中大夫。

癸亥 二年，冬，十月，丞相曲逆侯陳平卒。○詔列侯之國。○十一月，以周勃爲丞相。○是月晦，日食。詔舉賢良方正能直言極諫者。○春，正月，親耕籍田。○三月，立趙幽王子辟彊爲河間王，朱虚侯章爲城陽王，東牟侯興居爲濟北王，子武爲代王，参爲太原王，揖爲梁王。○夏，五月，除誹謗妖言法。

〔一〕蜀藩本作「與齊連兵」。

○秋，九月，賜天下今年田租之半。

三年〔甲子〕，冬，十月晦，日食。十一月晦，又食。○丞相絳侯勃免就國。○以灌嬰爲丞相，罷太尉官。○淮南王長来朝，殺辟陽侯審食其。○夏，五月，匈奴入寇。帝如甘泉，遣丞相嬰將兵擊走之，遂如太原。濟北王興居反，遣大將軍柴武擊之。秋，七月，還宮。八月，興居兵敗自殺。○以張釋之爲廷尉。

四年〔乙丑〕，冬，十二月，丞相嬰卒，以張蒼爲丞相。○召河東守季布至，罷歸郡。○以賈誼爲長沙王太傅。○下絳侯周勃廷尉獄，既而赦之。○作顧成廟。

五年〔丙寅〕，春，二月，地震。○夏，四月，更造四銖錢，除盗鑄令。○徙代王武爲淮陽王。

六年〔丁卯〕，冬，十月，桃李華。○淮南王長謀反，廢，徙蜀，道死。○匈奴冒頓死，子老上單于立，復請和親。○以賈誼爲梁王太傅。

七年〔戊辰〕，夏，四月，赦。○六月，未央宮東闕罘罳災。

八年〔己巳〕，夏，封淮南厲王子四人爲列侯。○長星出東方。

九年〔庚午〕，春，大旱。

十年〔辛未〕，冬，將軍薄昭有罪，自殺。

壬申　十一年，**考證**當補書「絳侯周勃卒」，分注「謚曰武」。○謹按：《凡例》曰：「凡諸臣之卒，〔一〕惟宰相悉書。賢者，曰某官某爵姓名卒，而注其謚。」絳侯從高帝起沛，定天下，屢有功。高帝遺詔「周勃重厚少文，然安劉氏者，必勃也。」卒誅諸呂，立代王爲帝，基漢室四百年之業，皆如言，漢稱平、勃。文帝初并相，而勃位居平上。二年，既書陳平卒，勃之卒豈可無書？《史記》《漢書》皆著「孝文十一年薨」，司馬公《通鑑》不載，先儒亦以爲失。今故推本義例，以補之。夏，梁王揖卒，徙淮陽王武爲梁王。○匈奴寇狄道。○募民徙塞下。

癸酉　十二年，冬，十二月，河決酸棗，東潰金隄。興卒塞之。○春，三月，除關，無用傳。○詔民入粟邊，得拜爵免罪。賜農民今年半租。

甲戌　十三年，春，二月，詔具親耕桑禮儀。○夏，除秘祝。○五月，除肉刑。○六月，除田之租稅。

乙亥　十四年，冬，匈奴入寇，遣兵擊之，出塞而還。○赦作徒魏尚，復爲雲中守。○春，增諸祀壇場珪幣。

丙子　十五年，春，黄龍見成紀。○夏，四月，帝如雍，始郊見五帝。○赦。○秋，九月，親策賢良能直言極諫者，以鼂錯爲中大夫。○作渭陽五帝廟。

丁丑　十六年，夏，四月，親祠之。以新垣平爲上大夫。○分齊地，立悼惠王子六人爲王。○分淮南地，立

〔一〕《四庫》本原作「凡書臣之卒」，據蜀藩本及《凡例》正文改。

厲王子三人爲王。○詔更以明年爲元年。治汾陰廟。

戊寅 後元年，冬，十月，新垣平伏誅。○詔議可以佐百姓者。

己卯 二年，夏，復與匈奴和親。○秋，八月，丞相蒼免，以申屠嘉爲丞相。

庚辰 三年，春，匈奴老上單于死，子軍臣單于立。

辛巳 四年，夏，四月晦，日食。○五月，赦。

壬午 五年。

癸未 六年，冬，匈奴寇上郡、雲中。詔將軍周亞夫等屯兵以備之。○夏，大旱，蝗。詔弛利省費以振民。

甲申 七年，夏，六月，帝崩，遺詔短喪。○葬霸陵。○太子啓即位，尊皇太后曰太皇太后，皇后曰皇太后。

考證當作「尊皇太后薄氏曰太皇太后」。○謹按：《凡例》曰：「凡正統尊立……非正嫡則加姓氏。」後倣此。○九月，有星孛于西方。○長沙王著卒，無子，國除。

資治通鑑綱目考證卷四

起乙酉漢景帝元年，盡庚午漢武帝元鼎六年，凡四十六年。

乙酉　孝景皇帝元年，冬，十月，尊高皇帝爲太祖，孝文皇帝爲太宗，令郡國立太宗廟。○春，正月，詔聽民徙寬大地。○夏，赦。○復收民田半租，三十而税一。○減笞法。○以張歐爲廷尉。

丙戌　二年，冬，十二月，有星孛於西南。○令男子二十始傅。○春，三月，立子德爲河間王，閼爲臨江王，餘爲淮陽王，非爲汝南王，彭祖爲廣川王，發爲長沙王。○夏，四月，太皇太后崩。○六月，丞相嘉卒。○以陶青爲丞相，鼂錯爲御史大夫。○彗星出東北。○秋，衡山雨雹。○熒惑逆行守北辰，月出北辰間，歲星逆行天廷中。

丁亥　三年，冬，十月，梁王武來朝。○春，正月，赦。○長星出西方。○洛陽東宮災。○吴王濞、膠西王卬、膠東王雄渠、菑川王賢、濟南王辟光、楚王戊、趙王遂反。以周亞夫爲太尉，將兵討之。殺御史大夫鼂錯。二月，亞夫大破吴、楚軍，濞亡走越，戊自殺。○是月晦，日食。○越人誅濞。齊王將閭及邛、遂皆自殺，雄渠、賢、辟光皆伏誅，徙濟北王志爲菑川王。○徙淮陽王餘爲魯王，汝南王非爲江都王，立楚元王子禮爲楚王，子端爲膠西王，勝爲中山王。

戊子 四年，春，復置關，用傳出入。○夏，四月，立子榮爲皇太子，徹爲膠東王。○赦。○冬，十月晦，日食。○徙衡山王勃爲濟北王，廬江王賜爲衡山王。

己丑 五年，春，正月，作陽陵邑，募民徙居之。**考證**「五年」當書於「赦」之下，「冬十月」之上。○「賜爲衡山王」下接「春正月」。○遣公主嫁匈奴單于。○徙廣川王彭祖爲趙王。

庚寅 六年，冬，十二月，雷，大霖雨。○秋，九月，廢皇后薄氏。

辛卯 七年，冬，十一月，廢太子榮爲臨江王。○是月晦，日食。○春，丞相青免，以周亞夫爲丞相，罷太尉官。○夏，四月，立夫人王氏爲皇后，膠東王徹爲皇太子。○以郅都爲中尉。

壬辰 中元年，夏，四月，赦。○地震。○衡山原都雨雹。

癸巳 二年，春，三月，徵臨江王榮下吏，榮自殺。○夏，四月，有星孛於西北。○立子越爲廣川王，寄爲膠東王。○秋，九月晦，日食。○梁王武使人殺袁盎。

甲午 三年，冬，十一月，罷諸侯御史大夫官。○夏，四月，地震。○旱，禁酤酒。○立子乘爲清河王。○秋，九月，蝗。○有星孛於西北。○是月晦，日食。○丞相亞夫免。○以劉舍爲丞相。

乙未 四年，夏，蝗。○冬，十月，日食。

丙申五年，夏，立子舜爲常山王。[一]○六月，赦。○大水。○秋，八月，未央宮東闕災。○九月，詔獄疑者讞之。○地震。

丁酉六年，冬，十月，梁王武來朝。○改諸官名。○春，二月，郊五畤。○三月，雨雪。○夏，四月，梁王武卒，分梁地，王其子五人。○更減笞法，定箠令。○六月，匈奴寇雁門、上郡。○秋，七月晦，日食。○以甯成爲中尉。

戊戌後元年，春，正月，詔治獄者務先寬。○三月，赦。○夏，大酺五日，民得酤酒。○地震。○丞相舍免。○秋，七月晦，日食。○八月，以衞綰爲丞相，直不疑爲御史大夫。○下條侯周亞夫獄，亞夫不食死。

己亥[二]二年，春，正月，地一日三動。○禁内郡食馬粟，没入之。○夏，四月，詔戒二千石修職事。○詔訾算四得官。○秋，大旱。

[一] 此條之後，《四庫》本作「考異」，蜀藩本作「考證」。文字爲：「五年」當書於「夏，蝗」之下，「冬，十月」之上。「日食」下接「夏，立子順」。○謹按：秦始皇用鄒衍五運之説，周火德，從所不勝，爲水德，改元、朝賀皆用「冬十月朔」。《提要》書曰：以十月爲歲首，著其實。歷漢高帝至孝武，百十有餘年皆因之。而事於上年夏秋之後乎。蓋因司馬公舊文之誤，而《提要》未經更定，呂成公《大事記》亦及之，今當改正。

[二] 蜀藩本脱「己亥」二字。

庚子三年，冬，十月，日月皆赤。○十二月，雷，日如紫。五星逆行守太微，月貫天廷中。○春，正月，詔勸農桑，禁采黄金珠玉。○帝崩，太子徹即位。○尊皇太后爲太皇太后，皇后爲皇太后。二月，葬陽陵。

辛丑世宗孝武皇帝建元元年，冬，十月，舉賢良方正直言極諫之士。以董仲舒爲江都相，治申、韓、蘇、張之言者，皆罷之。○春，二月，赦。○行三銖錢。○夏，六月，丞相綰免。以竇嬰爲丞相，田蚡爲太尉，趙綰爲御史大夫，王臧爲郎中令，迎申公爲太中大夫。

壬寅二年，冬，十月，淮南王安來朝。○趙綰、王臧下吏，自殺。丞相嬰、太尉蚡免，申公免歸。以石建爲郎中令，石慶爲内史。○春，二月朔，日食。○三月，以許昌爲丞相。○以衛青爲太中大夫。○夏，四月，有星如日，夜出。○置茂陵邑。

癸卯三年，冬，十月，中山王勝來朝。○河水溢於平原。○大饑，人相食。○秋，七月，有星孛於西北。○閩越擊東甌。遣使發兵救之，遂徙其衆於江、淮間。○九月晦，日食。○帝始爲微行，遂起上林苑。

甲辰四年，夏，有風如血。○旱。○秋，九月，有星孛於東北。

乙巳五年，春，罷三銖錢，行半兩錢。○置五經博士。○夏，五月，大蝗。

丙午六年，春，二月，遼東高廟災。○夏，四月，高園便殿火，帝素服五日。五月，太皇太后崩。○六月，丞相昌免。以田蚡爲丞相。**考證**上條「五月」上漏圈子。○秋，八月，有星孛於東方，長竟天。○閩越擊南越。遣大行王恢等將兵擊之。○閩越王弟餘善殺王郢以降，立餘善爲東越王。南越遣太子嬰齊入宿衛。○以汲黯爲主爵都尉。○與匈奴和親。

丁未　元光元年，冬，十一月，初令郡國舉孝廉各一人。○遣將軍李廣、程不識將兵屯北邊。○夏，四月，赦。○五月，詔舉賢良文學，親策之。○秋，七月，日食。

戊申　二年，冬，十月，帝如雍，祠五時。○始親祠竈，遣方士求神仙。○立太一祠。○夏，六月，遣間誘匈奴單于入塞，將軍王恢等伏兵邀之，不獲。恢以罪下吏，自殺。

己酉　三年，春，河徙頓丘。夏，決濮陽。

庚戌　四年，冬，十二月晦，殺魏其侯竇嬰。○春，三月，丞相蚡卒。○夏，四月，隕霜殺草。○五月，以薛澤爲丞相。○地震，赦。

辛亥　五年，冬，十月，河間王德來朝，獻雅樂，對詔策。春，正月，還而卒。○通南夷，置犍爲郡。通西夷，置一都尉。○發卒治雁門險阻。○秋，七月，大風拔木。○皇后陳氏廢。○詔太中大夫張湯、中大夫趙禹定律令。○八月，螟。○以公孫弘爲博士。

壬子　六年，冬，初算商車。○春，穿渭渠。○匈奴寇上谷。遣車騎將軍衛青等將兵擊却之。○夏，大旱，蝗。

癸丑元朔元年，冬，定二千石不舉孝廉罪法。○皇子據生。春，三月，立夫人衛氏爲皇后，赦。考證當去「皇」字。○謹按：《凡例》曰：「漢文帝初立景帝爲太子時，但云子啓」，以後「不應自謂其子爲皇子，只從文帝初例。」後倣此。○秋，匈奴入寇，以李廣爲右北平太守。○東夷薉君降，置蒼海郡。○以主父偃、嚴安、徐樂爲郎中。

甲寅二年，冬，賜淮南王几杖，毋朝。○春，正月，詔諸侯王得分國邑封子弟爲列侯。○匈奴入寇，遣衛青等將兵擊走之。遂取河南地，立朔方郡，募民徙之。○三月晦，日食。○徙郡國豪傑於茂陵。○燕王定國、齊王次昌皆有罪，自殺，國除。誅齊相主父偃，夷其族。○以孔臧爲太常。

乙卯三年，冬，匈奴軍臣單于死，弟伊稚斜單于立。○以公孫弘爲御史大夫。春，罷蒼海郡。○赦。○以張騫爲太中大夫。○匈奴入代郡、雁門。考證「入」當作「寇」。○謹按：《凡例》曰：「凡中國有主，則夷狄曰入寇，或曰寇某郡。事小，曰擾某處。」後倣此。○夏，六月，皇太后崩。○秋，罷西夷。○以張湯爲廷尉。

丙辰四年，夏，匈奴入代郡、定襄、上郡。考證「入」當作「寇」。

丁巳五年，冬，十一月，丞相澤免。以公孫弘爲丞相，封平津侯。○春，大旱。○匈奴寇朔方，遣衛青率六將軍擊之。還，以青爲大將軍。○夏，六月，爲博士置弟子五十人。○秋，匈奴入代。○削淮南二縣，賜衡山王賜書不朝。

戊午六年，春，二月，遣衛青率六將軍擊匈奴。○赦。○夏，四月，衛青復率六將軍擊匈奴。前將軍趙信敗，降匈奴。○六月，詔民得買爵贖罪，置武功爵。

己未元狩元年，冬，十月，祠五畤，獲一角獸以燎，始以天瑞紀元。○淮南王安、衡山王賜謀反，自殺。○夏，四月，赦。○立子據爲皇太子。○五月晦，日食。○遣博望侯張騫使西域。始通滇國，復事西南夷。

庚申二年，春，三月，丞相弘卒。以李蔡爲丞相，張湯爲御史大夫。○以霍去病爲驃騎將軍，擊匈奴，敗之，過焉支至祁連山而還。○秋，匈奴渾邪王降。置五屬國以處其衆。

辛酉三年，春，有星孛于東方。○夏，赦。○秋，匈奴入右北平、定襄。**考證**「入」當作「寇」。○山東大水，徙其貧民於關西、朔方。○減隴西、北地、上郡戍卒之半。○作昆明池。○得神馬於渥洼水中。

壬戌四年，冬，造皮幣、白金，鑄三銖錢，置鹽鐵官，算緡錢舟車。○以卜式爲中郎，賜爵左庶長。○春，有星孛於東北。○夏，長星出西北。○遣衛青、霍去病擊匈奴。青部前將軍李廣失道，自殺。去病封狼居胥山而還。詔以青、去病皆爲大司馬。○匈奴請和親。遣使報之，單于留不遣。○以義縱爲右內史，王温舒爲中尉。○方士文成將軍少翁伏誅。

癸亥 五年，春，三月，丞相蔡有罪，自殺。○罷三銖錢，鑄五銖錢。○以汲黯爲淮陽太守。○徙姦猾吏民於邊。○夏，四月，以莊青翟爲丞相。○帝如甘泉祠神君。

甲子 六年，冬，十月，雨水，無冰。○遣使治郡國緡錢。殺右內史義縱。○夏，四月，廟立子閎爲齊王，旦爲燕王，胥爲廣陵王，初作誥策。○遣博士循行郡國，舉兼并及吏有罪者。○秋，九月，大司馬驃騎大將軍冠軍侯霍去病卒。**考證**當分注「謚景桓」。○謹按：《凡例》曰：宰相「賢者，曰某官某爵姓名卒，而注其謚。」又曰：「凡賢臣特書，依宰相例。」[一] 去病賢將，《史記》云「景，武謚也。桓，廣地謚也」[二]，《謚法》「布義行剛曰景，闢土[三]服遠曰桓」，考其行實，誠非虛美，故當注謚以表之。○殺大農令顏異。

乙丑 元鼎元年，夏，赦。

[一] 與原文略異，原文爲「凡賢臣特書，依賢相例」。

[二] 實出於《史記集解》的「蘇林曰」部分。

[三] 蜀藩本誤作「闢士」。

丙寅二年，冬，十一月，張湯有罪，自殺。十二月，丞相青翟下獄，自殺。○春，起柏梁臺，作承露盤。○以趙周爲丞相。○三月，大雨雪。○夏，大水，人餓死。○置均輸，禁郡國鑄錢。○西域始通，置酒泉、武威郡。

丁卯三年，冬，徙函谷關於新安。○夏，雨雹。○令株送徒入財補郎。○關東饑，人相食。○匈奴伊穉斜單于死，子烏維單于立。

戊辰四年，冬，十一月，立后土祠於汾陰脽上，親祠之。始巡郡國，至滎陽而還。○封周後姬嘉爲子南君。○春，以方士欒大爲五利將軍，尚公主。○夏，六月，汾陰得大鼎。○以兒寬爲左内史。○遣使喻南越入朝。○以方士公孫卿爲郎。

己巳五年，冬，十月，帝祠五畤，遂獵新秦中，以勒邊兵。○立泰一及五帝祠壇於甘泉。十一月朔，冬至，親郊見。○南越相吕嘉殺使者及其王興，更立建德爲王，發兵反。○夏，四月，赦。○是月晦，日食。○秋，遣將軍路博德等將兵擊南越。○賜卜式爵關内侯。○九月，嘗酎，列侯百有六人皆奪爵，丞相周下獄，自殺。○以石慶爲丞相。○欒大伏誅。○西羌反。

庚午六年[一]，冬，討西羌，平之。**考證**「討」當作「伐」。○謹按：《凡例》曰：「凡正統，用兵於夷狄，曰攻，曰伐，曰擊。」[二]後倣此。○路博德等平南越，獲建德、吕嘉，置九郡。○帝如緱氏觀大人迹。○平西南夷，置五郡。○東越王餘善反，遣將軍楊僕等將兵擊之。○置張掖、敦煌郡。○以卜式爲御史大夫。○帝自制封禪儀。

[一] 蜀藩本誤作「八年」。
[二] 與原文略異，原文爲「凡正統……於夷狄，若非其臣子者，曰伐，曰攻，曰擊。」

資治通鑑綱目考證卷五

起辛未漢武帝元封元年，盡己未漢宣帝元康四年[一]，凡四十九年。

辛未 元封元年，冬，十月，帝出長城，登單于臺，勒兵而還。○貶卜式爲太子太傅，以兒寬爲御史大夫。○東越殺王餘善以降，徙其民江、淮間。○春，正月，帝如緱氏，祭中嶽，遂東巡海上求神仙。夏，四月，封泰山，禪肅然。復東北至碣石而還。五月，至甘泉。○賜桑弘羊爵左庶長。○秋，有星孛于東井，又孛于三台。

壬申 二年，冬，十月，帝祠五畤，還祠泰一，以拜德星。○春，如東萊。○夏，還臨塞决河，築宣防宮。○至長安，立越祠。○作蜚廉、桂觀、通天莖臺。○朝鮮襲殺遼東都尉。○甘泉房中産芝九莖。赦。○旱。○秋，作明堂於汶上[二]。○遣將軍楊僕、荀彘將兵伐朝鮮。○遣將軍郭昌發兵擊滇。滇王降，置益州郡。○以杜周爲廷尉。

[一] 蜀藩本誤作「二年」。

[二] 蜀藩本誤作「汶山」。按：《漢書・郊祀志下》言「於是，上令奉高作明堂汶上，如帶圖。」意爲作明堂於汶水之上，故蜀藩本有誤。

癸酉三年，冬，十二月，雷，雨雹。○遣將軍趙破奴擊樓蘭，虜其王姑師，遂擊車師，破之。○初作角抵戲、魚龍曼延之屬。○荀彘執楊僕，并其軍。朝鮮人殺王右渠以降。置樂浪、臨屯、玄菟、真番郡。彘以罪徵，棄市。

甲戌四年，冬，十月，帝祠五畤，遂出蕭關。春，三月，還祠后土。○夏，大旱。○匈奴寇邊，遣郭昌將兵屯朔方。

乙亥五年，冬，帝南巡江、漢，望祀虞舜于九嶷。射蛟，獲之。春，三月，至泰山增封，祀上帝於明堂，配以高祖，因朝受計。○夏，四月，赦。○還，郊泰畤。○大司馬、大將軍、長平侯衛青卒。**考證**當分注「謚曰烈」。○謹按：漢自衛、霍立功，匈奴遠遁，而幕南無王庭。況青爲人仁，喜士退讓，奉法遵職。既謚曰烈，當據《凡例》，注於「卒」之下。○初置刺史。○詔舉茂材異等可爲將相使絶國者。

丙子六年，春，作首山宮。○遣郭昌將兵擊昆明。○秋，大旱，蝗。○以宗室女爲公主，嫁烏孫。○匈奴烏維單于死，子兒單于烏師廬立。

丁丑太初元年，冬，十月，帝如泰山。十一月，甲子朔旦，冬至，祀明堂。益遣方士入海。○柏梁臺災。○十二月，禪蒿里，望祀蓬萊。○春，還，作建章宮。○夏，五月，造《太初曆》，以正月爲歲首。○築受降城。○秋，遣將軍李廣利將兵伐宛。○關東蝗起，飛至敦煌。○中尉王温舒有罪，自殺，夷三族。

戊寅 二年，春，正月，丞相慶卒。以公孫賀爲丞相。○夏，籍吏民馬補車騎。○秋，蝗。○李廣利攻郁成，不克，還屯敦煌。○遣趙破奴擊匈奴，敗没。

己卯 三年，春，帝東巡海上。○匈奴兒單于死，季父呴犁湖單于立。○築塞外城障。秋，匈奴大入，盡破壞之。**考證** 「大入」當作「大入寇」。○睢陽侯張昌有罪，國除。○大發兵，從李廣利圍宛。宛殺其王毋寡以降，得善馬數十匹。

庚辰 四年，春，封李廣利爲海西侯。○秋，起明光宮。○冬，匈奴呴犁湖單于死，弟且鞮侯單于立，使使來獻。

辛巳 天漢元年，春，三月，遣中郎將蘇武使匈奴。○雨白氂。○夏，大旱。○赦。○發謫戍屯五原。

壬午 二年，夏，遣李廣利將兵擊匈奴。別將李陵戰敗，降虜。○遣繡衣直指使者，發兵擊東方盜賊。

癸未 三年，春，二月，初榷酒酤。○三月，帝東巡，還祠常山。○夏，大旱，赦。

甲申 四年，春，正月，遣李廣利等擊匈奴，不利。族誅李陵家。○夏，四月，立子髆爲昌邑王。○令死罪入贖。

乙酉 太始元年，春，正月，徙豪傑于茂陵。○夏，赦。○匈奴且鞮侯單于死，子狐鹿姑單于立。

丙戌 二年，秋，旱。○穿白渠。

丁亥 三年，春，正月，帝東巡琅邪，浮海而還。○皇子弗陵生。**考證**當去「皇」字。○以江充爲水衡都尉。

戊子 四年，春，三月，帝東巡，祀明堂，脩封禪。夏，五月，還宮，赦。○冬，十月晦，日食。

己丑 征和元年，春，三月，趙王彭祖卒。○夏，大旱。○冬，十一月，大搜長安十日。

庚寅 二年，春，正月，丞相賀有罪，下獄死，夷其族。○以劉屈氂爲左丞相。○夏，四月，大風發屋折木。○諸邑、陽石公主及長平侯衛伉皆坐巫蠱死。○帝如甘泉。秋，七月，皇太子據殺使者江充，白皇后發兵反。詔丞相屈氂討之。據敗走湖，皇后衛氏及據皆自殺。○地震。

辛卯 三年，春正月，匈奴寇五原、酒泉。三月，遣李廣利等將兵擊之。○夏，赦。○發西域兵擊車師，盡得其王民衆而還。○六月，丞相屈氂棄市，李廣利妻子下吏，廣利降匈奴，詔族其家。○秋，蝗。○以田千秋爲大鴻臚。族滅江充家。

壬辰 四年，春，正月，帝如東萊。○雍縣無雲如雷者三，隕石二，黑如黳。○三月，帝耕于鉅定，還，至泰山。罷方士候神人者。○夏，六月，還宮。○以田千秋爲丞相，封富民侯；以趙過爲搜粟都尉。○

秋，八月晦，日食。

癸巳 後元元年，春，祀泰畤。○赦。○夏，六月，侍中僕射馬何羅反，伏誅。○秋，七月，地震。○殺鉤弋夫人趙氏。

甲午 二年，春，二月，帝如五柞宮，立弗陵爲皇太子，以霍光爲大司馬、大將軍，金日磾爲車騎將軍，上官桀爲左將軍，受遺詔輔少主。帝崩。**考證**「主」當作「帝」。○謹按：孝武立昭帝爲皇太子，擇臣而輔之。上承高、惠、文、景之統，惡得爲繼世之始，下同僭帝，書曰「少主」哉？故曰「主」當作「帝」。○太子弗陵即位。姊鄂邑長公主共養省中，光、日磾、桀共領尚書事。○三月，葬茂陵。○夏，赦。○秋，七月，有星孛于東方。○追尊鉤弋夫人爲皇太后，起雲陵。○冬，匈奴入朔方。遣左將軍桀行北邊。

乙未 孝昭皇帝始元元年，夏，益州夷反。募吏民，發奔命擊破之。○秋，七月，赦。○大雨，至于十月。○燕王旦謀反，赦弗治。黨與皆伏誅。○以雋不疑爲京兆尹。○九月，車騎将軍、秺侯金日磾卒。○閏月，遣使行郡國，舉賢良，問民疾苦。○冬，無冰。

丙申 二年，春，正月，封大将軍光爲博陸侯。○以劉辟强、劉長樂爲光禄大夫。○三月，遣使振貸貧民種食。○秋，詔所貸勿收責，除今年田租。○匈奴狐鹿姑單于死，子壺衍鞮單于立。

丁酉 三年，春，二月，有星孛于西北。○秋，募民徙雲陵。○冬，十月，遣祠鳳皇于東海。○十一月朔，日食。

戊戌四年，春，三月，立倢伃上官氏爲皇后。赦。○秋，令民勿出馬。○西南夷復反，遣兵擊之。○以上官安爲車騎将軍。

己亥五年，春，正月，男子成方遂詣闕，詐稱衛太子，伏誅。○罷儋耳、真番郡。

庚子六年，春，詔問賢良文學民間疾苦。○蘇武還自匈奴，以爲典屬國。○夏，旱。○秋，七月，罷榷酤官。

辛丑元鳳元年，春，三月，徵有行義者韓福等至長安，賜帛遣歸。○武都氐人反，遣兵擊之。○夏，赦。○秋，七月晦，日食，既。○八月，鄂邑長公主、燕王旦、上官桀、安等謀反，皆伏誅。○冬，以韓延壽爲諫大夫。○以張安世爲右将軍，杜延年爲太僕。○匈奴入寇，邊兵追擊之，獲甌脱王。

壬寅二年，夏，赦。

癸卯三年，春，正月，泰山石立，上林僵柳復起生。○少府徐仁自殺。腰斬廷尉王平。○冬，遼東烏桓反，遣將軍范明友将兵擊之。

甲辰四年，春，正月，帝冠。○丞相千秋卒。○二月，以王訢爲丞相。○夏，五月，孝文廟正殿火。帝素服，遣使作治。○赦。○遣使誘樓蘭王安歸殺之。

乙巳五年，夏，大旱。○發惡少年吏亡者屯遼東。○冬，大雷。○丞相訢卒。

丙午六年，春，正月，築遼東、玄菟城。○夏，赦。○烏桓復犯塞，遣范明友将兵擊之。○冬，十一月，以楊敞爲丞相。

丁未元平元年，春，二月，减口賦錢什三。○有流星大如月，衆星皆随西行。○夏，四月，帝崩。大将軍光承皇后詔，迎昌邑王賀詣長安[一]。六月，入即位，尊皇后曰皇太后。○葬平陵。○昌邑王有罪，大将軍光率群臣奏太后廢之。○秋，七月，迎武帝曾孫病已入即位，尊皇太后曰太皇太后。**考證**「尊皇太后曰太皇太后」九字誤書，當去之。○謹按：《漢書》昭帝始元四年，「立皇后上官氏」。「元平元年，昭帝崩。霍光請皇后徵昌邑王賀，受皇帝璽綬，尊皇后曰皇太后。」[二]已而昌邑無道，光率群臣奏太后廢之，迎宣帝入即位。「皇太后歸長樂宫」。黄龍元年，元帝即位，尊爲太皇太后。建昭二年，閏六月，崩。此上官后之始末也。今提要因《通鑑》舊文，誤書「尊皇太后曰太皇太后」[三]於「病已入即位」之下，宣帝實未嘗尊之。當依《漢書》去此九字，而以黄龍元年元帝尊之爲正。○赦。○丞相敞卒，以蔡義爲丞相。○冬，十一月，立皇后許氏。○太皇太后歸長樂宫。初置屯衛。

[一] 蜀藩本作「入長安」。

[二] 與原文略有異，見《漢書·宣帝本紀》。

[三] 蜀藩本誤作「太皇大后」。

戊申〔一〕中宗孝宣皇帝本始元年，春，大将軍光請歸政，不受。○夏，四月，地震。○鳳凰集膠東。赦，勿收田租賦。○追謚戾太子、戾夫人悼考、悼后，置園邑。○召黃霸爲廷尉正。

己酉二年，春，大司農田延年有罪，自殺。○夏，尊孝武皇帝廟爲世宗，所幸郡國皆立廟。○秋，遣将軍田廣明等将兵，及校尉常惠護烏孫兵擊匈奴。

庚戌三年，春，正月，大将軍光妻顯弑皇后許氏。○葬恭哀皇后於杜陵南園。○夏，五月，田廣明有罪下吏，自殺。封常惠爲長羅侯。○大旱。○六月，丞相義卒。以韋賢爲丞相，魏相爲御史大夫。○以趙廣漢爲京兆尹。

辛亥四年，春，三月，立大将軍光女爲皇后。赦。○夏，四月，地震，山崩，二郡壞祖宗廟。帝素服避殿，詔問經學及舉賢良方正之士。○以夏侯勝爲諫大夫，黃霸爲揚州刺史。○五月，鳳凰集北海。

壬子地節元年，春，有星孛于西方。○冬，十二月晦，日食。○以于定國爲廷尉。

癸丑〔二〕二年，春，三月，以霍禹爲右将軍。大司馬、大将軍、博陸侯霍光卒。○夏，四月，以張安世爲大

〔一〕蜀藩本脱「戊申」二字。
〔二〕蜀藩本脱「癸丑」二字。

司馬、車騎将軍，領尚書事。○鳳凰集魯，大赦。○以霍山爲奉車都尉，領尚書事。御史大夫魏相給事中。○匈奴壺衍鞮單于死，弟虛閭權渠單于立。

甲寅三年，春，三月，賜膠東相王成爵關内侯。○夏，四月，立子奭爲皇太子。○五月，丞相賢致仕。○六月，以魏相爲丞相，丙吉爲御史大夫。○以疏廣爲太子太傅，兄子受爲少傅。○大雨雹。以蕭望之爲謁者。○秋，九月，地震。詔求直言。省京師屯兵，罷郡國宫館，假貸貧民。○以張安世爲衛将軍，諸軍皆屬。以霍禹爲大司馬，罷其屯兵。○冬，十二月，置廷尉平。○侍郎鄭吉擊車師，破之，因田其地。

乙卯四年，春，二月，賜外祖母號爲博平君。○詔有大父母、父母喪者勿繇。○夏，五月，山陽、濟陰雨雹，殺人。○詔自今子匿父母、妻匿夫、孫匿大父母，皆勿治。○秋，七月，霍氏謀反，伏誅，夷其族。皇后霍氏廢。○九月，詔減天下鹽賈。令郡國歲上繫囚掠笞瘐死者，以課殿最。○以朱邑爲大司農。○以龔遂爲水衡都尉。

丙辰元康元年，春，正月，初作杜陵。○三月，赦。○夏，五月，追尊悼考爲皇考，立寢廟。○殺京兆尹趙廣漢。○貶少府宋疇爲泗水太傅。〔一〕○以蕭望之爲平原太守，復徵入守少府。○以尹翁歸爲右扶風。○莎車叛，衛侯馮奉世矯發諸國兵擊破之，以奉世爲光禄大夫。

丁巳 二年，春，正月，赦。○二月，立倢伃王氏爲皇后。○夏，五月，詔二千石察其官屬治獄不平者，郡國被疾疫者，毋出今年租。○帝更名詢。○匈奴擾車師田者。詔鄭吉還屯渠犂。○以蕭望之爲左馮翊。

戊午 三年，春，三月，封故昌邑王賀爲海昏侯。○封丙吉等爲列侯。故人阿保賜物有差。○夏，六月，立子欽爲淮陽王。○疏廣、疏受請老，賜金遣歸。○以潁川太守黄霸守京兆尹，尋罷歸故官。

己未 四年，春，正月，詔年八十以上，非誣告殺傷人，勿坐。○右扶風尹翁歸卒。○求高祖功臣子孫失侯者，賜金復其家。○大司馬、衛將軍、富平侯張安世卒。○以韋玄成爲河南太守。○遣光禄大夫義渠安國行邊兵。

〔一〕《四庫》本原作「泗水太保」，據蜀藩本及《資治通鑑》原文改。按：《資治通鑑》卷二十五載「是歲，少府宋疇坐議『鳳皇下彭城，未至京師，不足美』，貶爲泗水太傅。」因而《四庫》本有誤。

資治通鑑綱目考證卷六

起庚申漢宣帝神爵元年，盡庚子漢成帝陽朔四年，凡四十一年。

庚申
神爵元年，春，正月，帝如甘泉，郊泰畤。三月，如河東，祠后土。遣諫大夫王褒求金馬碧雞之神。○諫大夫王吉謝病歸。○先零羌楊玉叛。夏，四月，遣後將軍趙充國將兵擊之。○六月，有星孛於東方。○秋，七月，充國引兵擊叛羌，叛羌多降。詔復遣將軍辛武賢等將兵擊之。尋詔罷兵，留充國屯田湟中。○以張敞爲京兆尹。

辛酉
二年，春，二月，鳳皇甘露降集京師，赦。○夏，五月，趙充國振旅而還。秋，羌斬楊玉以降，置金城屬國以處之。○秋，九月，司隸校尉蓋寬饒自剄北闕下。○匈奴虛閭權渠單于死，握衍朐鞮單于立，日逐王先賢撣來降。以鄭吉爲西域都護。○烏孫昆彌翁歸靡死，狂王泥靡立。

壬戌
三年，春，三月，丞相高平侯魏相卒。○夏，四月，以丙吉爲丞相。○秋，七月，以蕭望之爲御史大夫。○八月，益小吏俸。○以韓延壽爲左馮翊。

癸亥
四年，春，二月，赦。○夏，四月，賜潁川太守黄霸爵關内侯。○冬，十月，鳳凰集杜陵。○河南太守嚴延年棄市。

甲子 五鳳元年，秋，匈奴亂，五單于爭立。○冬，十二月朔，日食。○殺左馮翊韓延壽。

乙丑 二年，秋，八月，左遷蕭望之爲太子太傅。○匈奴呼韓邪單于擊殺屠耆單于，呼屠吾斯自立爲郅支單于。○免光禄勳平通侯楊惲爲庶人。

丙寅 三年，春，正月，丞相博陽侯丙吉卒。○二月，以黄霸爲丞相。○三月，減天下口錢。○置西河、北地屬國以處匈奴降者。

丁卯 四年，春，匈奴呼韓邪單于稱臣，遣弟入侍。減戍卒什二。○糴三輔近郡穀供京師。初置常平倉。○夏，四月朔，日食。○殺故平通侯楊惲。○匈奴郅支單于攻呼韓邪單于走之，遂都單于庭。

戊辰 甘露元年，春，免京兆尹張敞官，復以爲冀州刺史。○以韋玄成爲淮陽中尉。○匈奴兩單于皆遣子入侍。○夏，四月，黄龍見。○太上皇、太宗廟火，帝素服五日。○烏孫國亂，遣使分立兩昆彌。

己巳 二年，春，正月，赦減民算三十。○珠厓郡反。夏，四月，遣兵擊之。○營平侯趙充國卒。○匈奴款塞請朝。

庚午 三年，春，正月，匈奴呼韓邪單于來朝，還居幕南塞下。○畫功臣於麒麟閣。○鳳凰集新蔡。○丞相霸卒，以于定國爲丞相。○詔諸儒講「五經」異同於石渠閣。○皇孫驁生。○烏孫公主來歸。

辛未 四年，冬，匈奴兩單于俱遣使朝獻。

壬申 黃龍元年，春，匈奴呼韓邪單于來朝，郅支徙居堅昆。〇三月，有星孛於王良、閣道，入紫微宮。〇帝寢疾，以史高爲大司馬，車騎將軍蕭望之爲前將軍，光禄勳周堪爲光禄大夫，受遺詔輔政，領尚書事。冬，十二月，帝崩。〇太子奭即位，尊皇太后曰太皇太后，皇后曰皇太后。

癸酉 孝元皇帝初元元年，春，正月，葬杜陵。〇赦。〇三月，立倢伃王氏爲皇后。〇以公田及苑振業貧民賦貸種食。〇夏，六月，大疫。詔損膳減樂府員，省苑馬，以振困乏。〇秋，九月，關東大水，饑。〇以貢禹爲諫大夫。罷宫館希幸者，減穀食馬，肉食獸。〇置戊己校尉，屯田車師故地。

甲戌 二年，春，正月，帝如甘泉，郊泰畤。〇下蕭望之、周堪及宗正劉更生獄，皆免爲庶人。〇隴西地震。〇罷黃門狗馬，以禁囿假貧民，舉直言極諫之士。〇夏，四月，立子驁爲皇太子。〇賜蕭望之爵關内侯，給事中，朝朔望。〇關東饑。〇秋，七月，地復震。〇以周堪、劉更生爲中郎，尋繫獄，免。冬，十二月，蕭望之自殺。以宦者石顯爲中書令。

乙亥 三年，春，罷珠厓郡。〇夏，赦。〇旱。〇罷甘泉、建章宫衛，令就農。百官各省費條奏。〇以周堪爲光禄勳，張猛爲光禄大夫、給事中。

丙子 四年，春，三月，帝如河東，祠后土。

丁丑 五年，春，正月，以周子南君爲周承休侯。○三月，帝如雍，祠五畤。○夏，四月，有星孛於參。○六月，以貢禹爲御史大夫。罷鹽鐵官、常平倉及博士弟子員數。○匈奴郅支單于殺漢[一]使者，西走康居。

戊寅 永光元年，春，郊泰畤。○詔舉質樸敦厚遜讓有行者。○三月，赦。○雨雪隕霜殺桑。○秋，上酎祭宗廟。○大饑。○丞相定國、御史大夫廣德罷。○城門校尉諸葛豐有罪免。左遷周堪爲河東太守，張猛爲槐里令。○待詔賈捐之棄市。○匈奴呼韓邪單于北歸庭。

己卯 二年，春，二月，赦。○以韋玄成爲丞相。○三月朔，日食。○夏，六月，赦。○以匡衡爲光禄大夫。○秋，七月，隴西羌反，遣右將軍馮奉世將兵擊之。冬，十一月，大破之。

庚辰 三年，春，三月，立子康爲濟陽王。○冬，十一月，地震，雨水。○復鹽鐵官，置博士弟子員千人。

辛巳 四年，夏，六月晦，日食。以周堪爲光禄大夫，張猛爲太中大夫。猛自殺。○冬，十月，罷祖宗廟在郡國者。○作初陵，不置邑徙民。

壬午 五年，秋，潁川大水。○冬，十二月，毁太上皇、孝惠帝寢廟園。○以匡衡爲太子少傅。○河決。

[一] 蜀藩本無「漢」字。

癸未建昭元年，春，正月，隕石於梁。○罷孝文太后寢祠園。

甲申二年，夏，六月，立子興爲信都王。○秋，殺魏郡太守京房。○下御史中丞陳咸獄，髡爲城旦。○閏八月，太皇太后上官氏崩。○冬，齊、楚地震，大雨雪。

乙酉三年，夏，六月，丞相玄成卒。秋，七月，以匡衡爲丞相。○冬，西域副校尉陳湯矯制發兵，與都護甘延壽襲擊匈奴郅支單于於康居，斬之。

丙戌四年，春，正月，傳首至京師，縣稾街十日。○藍田地震，山崩，壅霸水。安陵岸崩，壅涇水逆流。

丁亥五年，夏，六月晦，日食。○秋，七月，復諸寢廟園。○徙濟陽王康爲山陽王。

戊子竟寧元年，春，正月，匈奴單于來朝。○三月，以張譚爲御史大夫。○以召信臣爲少府。○夏，封甘延壽爲義成侯，賜陳湯爵關内侯。○五月，帝崩。○復罷諸寢廟園。○六月，太子鷔即位。○尊皇太后曰太皇太后，皇后曰皇太后。○以元舅王鳳爲大司馬、大將軍，領尚書事。○秋，七月，葬渭陵。

己丑孝成皇帝建始元年，春，正月，石顯以罪免歸故郡，道死。○有星孛於營室。○封舅王崇爲安成侯，賜譚、商、立、根、逢時爵關内侯。○夏，四月，黄霧四塞。○秋，八月，有兩月相承，晨見東方。○冬，作南、北郊，罷甘泉、汾陰祠。

庚寅 二年，春，正月，罷雍五畤及陳寶祠。○始親祠南郊。減天下賦錢算四十。○以渭城延陵亭部爲初陵。○三月，始祠后土於北郊。○立皇后許氏。○夏，大旱。〔一〕○匈奴呼韓邪單于死，子復株累若鞮單于立。

辛卯 三年，春，三月，赦天下徒。○秋，大雨。京師民訛言大水至。○八月，策免大司馬、車騎將軍許嘉。○冬，十二月朔，日食。夜，地震未央宮殿中。詔舉直言極諫之士。○越嶲山崩。○丞相樂安侯匡衡有罪，免爲庶人。

壬辰 四年，春，正月，隕石於亳四，於肥累二。○罷中書宦官，初置尚書員五人。○以王商爲丞相。○夏，四月，雨雪。復召直言極諫之士，詣白虎殿對策。○秋，桃李實。○河決。○以王尊爲京兆尹。○大將軍鳳奏以陳湯爲從事中郎。

癸巳 河平元年，春，以王延世爲河隄使者，塞河决。○夏，四月晦，日食。詔百官陳過失。○秋，復太上皇寢廟園。○減死刑，省律令。

甲午 二年，春，正月，匈奴遣使朝獻。○沛郡鐵官冶鐵飛。○夏，楚國雨雹。○徙山陽王康爲定陶王。○

〔一〕蜀藩本誤作「夏，太旱」。

悉封諸舅爲列侯。○免京兆尹王尊官，復以爲徐州刺史。○西夷相攻，以陳立爲牂牁太守，討平之。

乙未 三年，春，正月，楚王囂來朝。○二月，犍爲地震，山崩，壅江水逆流。○秋，八月晦，日食。○求遺書。○河復決，復命王延世塞之。

丙申 四年，春，正月，匈奴單于來朝。○三月朔，日食。○夏，四月，詔收丞相、樂昌侯商印綬。商以憂卒。○以張禹爲丞相。○罽賓遣使來獻。○山陽火生石中。

丁酉 陽朔元年，春，二月晦，日食。○冬，下京兆尹王章獄，殺之。○以薛宣爲左馮翊。

戊戌 二年，夏，四月，以王音爲御史大夫。○秋，關東大水。○定陶王康卒。○徙信都王興爲中山王。

己亥 三年，春，三月，隕石東郡八。○夏，六月，潁川鐵官徒作亂，討平之。○秋，八月，大司馬、大將軍鳳卒。九月，以王音爲大司馬、車騎將軍。詔王譚位特進，領城門兵。

庚子 四年，夏，四月，雨雪。○以王駿爲京兆尹。

資治通鑑綱目考證卷七

起辛丑漢成帝鴻嘉元年，盡壬戌漢平帝元始二年，凡二十二年。

辛丑 鴻嘉元年，春，正月，以薛宣爲御史大夫。○二月，更以新豐戲鄉爲昌陵縣，奉初陵。○帝始爲微行。○三月，丞相禹罷。夏，四月，以薛宣爲丞相。○匈奴復株累若鞮單于死，弟搜諧若鞮單于立。

壬寅 二年，春，三月，飛雉集未央宮承明殿。○夏，徙郡國豪桀於昌陵。○五月，隕石於杜郵三。

癸卯 三年，夏，大旱。○王氏五侯有罪，詣闕謝，赦不誅。○冬，十一月，廢皇后許氏。○廣漢鄭躬等作亂。

甲辰 四年，秋，河水溢。○冬，以趙護爲廣漢太守，討鄭躬等，平之。○王譚卒。詔王商位特進領城門兵。

乙巳 永始元年，夏，四月，封趙臨爲城陽侯。下諫大夫劉輔獄，爲鬼薪論。○五月，封太后弟子莽爲新都侯。○六月，立倢伃趙氏爲皇后。○秋，七月，詔罷昌陵，反故陵，勿徙吏民。○封蕭何六世孫喜爲酇侯。○八月，太皇太后王氏崩。○九月，黑龍見東萊。○是月晦，日食。

丙午 二年，春，正月，大司馬、車騎將軍音卒。○二月，星隕如雨。是月晦，日食。○三月，以王商爲大司馬、衛將軍。〇侍中張放以罪左遷北地都尉。〇冬，十一月，策免丞相宣及御史大夫翟方進。復以方進爲丞相，孔光爲御史大夫。〇免關内侯陳湯爲庶人，徙燉煌。〇賜淳于長爵關内侯。

丁未　三年，春，正月晦，[一] 日食。〇冬，十月，復泰畤、汾陰、五畤、陳寶祠。〇十一月，陳留樊并、山陽鐵官徒蘇令等作亂，皆捕斬之。〇故南昌尉梅福上書不報。

戊申　四年，春，正月，帝如甘泉，郊泰畤。三月，如河東祠后土。〇夏，大旱。〇秋，七月晦，日食。〇有司奏梁王立罪，寢不治。〇以何武爲京兆尹。

己酉　元延元年，春，正月朔，日食。〇夏，四月，無雲而雷，有流星東南行，四面如雨。〇秋，七月，有星孛於東井。〇冬，十二月，大司馬、衛將軍商卒。以王根爲大司馬、驃騎將軍。〇故槐里令朱雲言事得罪，既而釋之。〇匈奴搜諧若鞮單于死，弟車牙若鞮單于立。〇徵張放入侍中，尋復出之。〇左將軍辛慶忌卒。

庚戌　二年，夏，四月，遣中郎將段會宗誅烏孫太子番邱。康居遣子貢獻。

辛亥　三年，春，正月，岷山崩，壅江三日，江水竭。〇秋，帝校獵長楊射熊館。

[一] 蜀藩本誤作「正月朔」。按：晦爲農曆計日的最後一天，朔爲第一天。《資治通鑑·漢紀二十三》載「（永始三年丁未）春，正月，己卯晦，日有食之」，故蜀藩本有誤。

壬子 四年，春，正月，中山王興、定陶王欣來朝。○隕石於關東二。○大司農谷永免。

癸丑 綏和元年，春，二月，立定陶王欣爲皇太子。○封孔吉爲殷紹嘉侯。三月，與周承休侯皆進爵爲公。○夏，建三公官。大司馬根去將軍號，改御史大夫何武爲大司空。○秋，八月，中山王興卒。○匈奴車牙若鞮單于死，弟烏珠留若鞮單于立。○冬，十月，大司馬根病免。○十一月，立楚孝王孫景爲定陶王。○衛尉淳于長有罪，下獄死。廢后許氏自殺。以王莽爲大司馬。○罷刺史，置州牧。○詔立辟雍，未作而罷。

甲寅 二年，春，二月，丞相方進卒。○三月，帝崩。○以孔光爲丞相。○太后詔罷泰畤、汾陰祠，復南、北郊。○夏，四月，太子欣即位。○尊皇太后曰太皇太后，皇后曰皇太后。○葬延陵。○追尊定陶共王爲定陶共皇。○五月，立皇后傅氏。○尊定陶太后傅氏曰定陶共皇太后，丁姬曰定陶共皇后，封丁明、傅晏皆爲列侯。○六月，罷樂府官。○詔劉秀典領「五經」。○益封河間王良萬户。○詔限民名田，不果行。○罷官織綺繡。除任子令[一]、誹謗詆欺法。出宫人，免官奴婢，益小吏俸。○秋，七月，罷大司馬莽就第，以師丹爲大司馬。○遣曲陽侯王根就國，免成都侯王况爲庶人。○九月，地震。○求能浚川疏河者。○詔定世宗爲不毁之廟。○冬，十月，策免大司空武，遣就國。以師丹爲大司空。

[一] 蜀藩本誤作「任子人」。

○詔還陳湯長安。

乙卯 孝哀皇帝建平元年，春，正月，隕石於北地十六。○新城侯趙欽以罪免，徙遼西。○以傅喜爲大司馬。○秋，九月，隕石於虞二。○策免大司空、高樂侯丹爲庶人，復賜爵關内侯。○冬，十月，以朱博爲大司空。○中山王太后馮氏及其弟宜鄉侯參皆自殺。

丙辰 二年，春，正月，有星孛於牽牛。○策免大司馬喜。罷三公官，復以朱博爲御史大夫，丁明爲大司馬、衛將軍。○夏，遣高武侯傅喜就國。○策免丞相博山侯光爲庶人。以朱博爲丞相。○詔共皇去定陶之號，立廟京師。尊共皇太后傅氏爲帝太太后，共皇后丁氏爲帝太后。○免關内侯師丹爲庶人。遣新都侯王莽就國。○罷州牧，復置刺史。○六月，太后丁氏崩。○大赦。改元太初，更號陳聖劉太平皇帝。○秋，七月，詔以永陵亭部爲初陵，勿徙民。○八月，詔罷改元易號事，待詔夏賀良等伏誅。○盡復諸神祠。○丞相博有罪，自殺。御史大夫趙玄減死論。○冬，十月，以平當爲丞相。

丁巳 三年，春，三月，丞相當卒。○有星孛於河鼓。○夏，四月，以王嘉爲丞相。○冬，十一月，復泰畤、汾陰祠，罷南、北郊。○無鹽危山土起，瓠山石立。東平王雲坐祠祭祝詛自殺。以孫寵爲南陽太守，息夫躬爲光禄大夫。

戊午 四年，春，正月，大旱。○關東民訛言行籌。○封傅商爲汝昌侯。○二月，下尚書僕射鄭崇獄，殺之。

免司隸孫寶爲庶人。○賜董賢爵關内侯。○夏，六月，尊帝太太后傅氏爲皇太太后。○秋，八月，封董賢爲高安侯，孫寵爲方陽侯，息夫躬爲宜陵侯。○左遷執金吾母將隆爲沛郡都尉。○諫大夫鮑宣上書。○匈奴單于上書請朝。

元壽元年（己未），春，正月朔，以傅晏爲大司馬、衛將軍，丁明爲大司馬、驃騎將軍。是日，日食，尋罷晏就第。○皇太太后傅氏崩，合葬渭陵，號孝元傅皇后。○孫寵、息夫躬以罪免就國。○以鮑宣爲司隸。○下丞相新甫侯王嘉獄，殺之。○秋，七月，以孔光爲丞相。八月，以何武爲前將軍，彭宣爲御史大夫。○下司隸鮑宣獄，髡鉗之。○九月，策免大司馬、驃騎將軍明就第。○冬，十二月，以董賢爲大司馬、衛將軍。

二年（庚申），春，正月，匈奴單于、烏孫大昆彌皆來朝。○夏，四月晦，日食。○五月，正三公分職。董賢爲大司馬，孔光爲大司徒，彭宣爲大司空。○六月，帝崩。○董賢以罪罷，即日自殺。○太皇太后以王莽爲大司馬，領尚書事。○秋，七月，迎中山王箕子爲嗣。○貶皇太后爲孝成皇后。○徙孝哀皇后於桂宮，追貶傅太后爲定陶共王母，丁太后爲丁姬。○以甄邯爲侍中，策免將軍何武、公孫禄，遣紅陽侯王立就國。○八月，廢孝成、孝哀皇后，就其園。皆自殺。○策免大司空宣，遣就國。○以王崇爲大司空。○九月，中山王箕子即位。○太皇太后臨朝，大司馬莽秉政，百官總已以聽。○以孔光爲帝太傅，馬宮爲大司徒。○冬，十月，葬義陵。

辛酉孝平皇帝元始元年，春，正月，益州塞外蠻夷獻白雉。二月，以孔光爲太師，王舜爲太保，甄豐爲少傅。王莽爲太傅，號安漢公。褒賞宗室群臣。**考證**當作「王莽自爲太傅」。○置羲和官。○夏，五月朔，日食。○拜帝母衛姬爲中山孝王后。○封公子寬爲褒魯侯，孔均爲褒成侯。

壬戌二年，春，黄支國獻犀牛。○越嶲郡上黄龍游江中。○帝更名衎。○大司空崇免。以甄豐爲大司空。○紹封宗室及功臣後爲王侯者百餘人。○大旱，蝗。○隕石於鉅鹿二。○大夫龔勝、邴漢罷歸。○秋，九月晦，日食。○匈奴單于遣女入侍太皇太后。○頒四條於匈奴。

資治通鑑綱目考證卷八

起癸亥漢平帝元始三年，盡丙戌漢光武帝建武二年，凡二十四年。

癸亥元始三年，春，聘安漢公莽女爲皇后。〇夏，安漢公莽奏定制度。〇安漢公莽殺其子宇，滅中山孝王后家，殺敬武公主及汜鄉侯何武、故司隸鮑宣等數百人。

甲子四年，春，正月，郊祀高祖以配天，宗祀孝文以配上帝。〇改殷紹嘉公曰宋公，周承休公曰鄭公。〇二月，遣大司徒宫等迎皇后入〔一〕未央宫。〇遣太僕王惲等八人行天下，觀風俗。〇加安漢公莽號宰衡。〇起明堂、辟雍、靈臺，立《樂經》，徵天下通經異能之士。〇徵能治河者。〇升宰衡位在諸侯王上。〇尊孝宣廟爲中宗，孝元廟爲高宗。〇置西海郡。〇更定官名及十二州界。

乙丑五年，春，正月，祫祭明堂。〇復南、北郊。〇置宗師。〇夏，四月，太師光卒。以馬宫爲太師。〇五月，加安漢公莽九錫。〇封王惲等八人爲列侯。〇發定陶共王母及丁姬冢，取其璽綬。秋，八月，太師、大司徒宫罷。〇冬，十二月，安漢公莽弑帝。**考證**當加「進毒」於「弑帝」之上。〇按：《漢書》：平

〔一〕蜀藩本無「入」字。

帝崩於未央宫，斂加元服，葬康陵。[一]《綱目》於漢諸帝皆書「葬」，夫何於平帝獨不曰「葬康陵」？無乃失書乎？曰非也。《春秋》弑賊不討不書「葬」，以爲無臣子也。王莽篡賊干統十有四年之久，然後劉玄起，光武中興，衆共誅之。《綱目》不書「葬平帝」，蓋本《春秋》之法也歟。○以平晏爲大司徒。○太皇太后詔徵宣帝玄孫，又詔安漢公莽居攝踐祚。

丙寅　孺子嬰居攝元年，春，正月，王莽祀南郊。○三月，立宣帝玄孫嬰爲皇太子，號曰孺子。○尊皇后曰皇太后。○夏，四月，安衆侯劉崇起兵討莽，不克，死之。○五月，太皇太后詔莽朝見，稱假皇帝。○冬，十月朔，日食。○西羌反。

丁卯　二年，夏，五月，莽更造貨。○秋，九月，東郡太守翟義起兵討莽，立劉信爲天子。三輔豪桀起兵應之。莽遣兵拒擊，義戰不克，死之，信亡走。

戊辰　初始元年，春，地震。○三輔兵皆破滅。○秋，九月，莽母功顯君死。○十一月，太皇太后詔莽號令奏事毋言攝。○十二月，哀章作銅匱以獻莽。莽自稱新皇帝，更號太皇太后爲新室文母太皇太后。

己巳　新莽始建國元年，春，正月，莽廢孺子爲定安公，孝平皇后爲定安太后。○按金匱封拜其黨與。○改諸

[一] 與原文略有不同。見《漢書·平帝本紀》載「冬十二月丙午，帝崩於未央宫。大赦天下。有司議曰：『禮，臣不殤君。皇帝年十有四歲，宜以禮斂，加元服。』奏可。葬康陵。」

官名，降漢諸侯王皆爲公，王子侯皆爲子。○立九廟，以漢高廟爲文祖廟。○禁剛卯金刀。○夏，四月，徐鄉侯劉快起兵討莽，不克，死之。○莽禁不得買賣田及奴婢。○秋，遣五威將帥班符命，更印綬。○冬，雷，桐華，大雨雹。

庚午 二年，春，二月，莽廢漢諸侯王爲民。○立五均司、市錢府官。令民各以所業爲貢，榷酒酤。○匈奴擊車師。戊己校尉官屬殺尉應之。○冬，莽罷漢廟及諸劉爲吏者。○更號定安太后曰黄皇室主。○十二月，雷。○莽改匈奴單于爲降奴服于，遣其將軍孫建等擊之。○更作寶貨。○莽将軍甄豐自殺，莽遂殺劉棻、甄尋、丁隆等數百人。○起八風臺。

辛未 三年，匈奴諸部分道入寇，殺守尉，略吏民，州郡兵起。○莽太師王舜死。○莽迎龔勝爲太子師友祭酒，勝不食而卒。○瀕河郡蝗生。○河決。

壬申 四年，春，莽殺匈奴順單于登。○定東、西都[一]及諸侯員數。○令民得賣田。○西南夷殺牂牁大尹。○貉人入邊。

癸酉 五年，春，二月，太皇太后王氏崩。○烏孫大、小昆彌遣使入貢。○焉耆殺莽都護但欽。○十一月，

[一]《四庫》本原作「定東、西郡」，據蜀藩本及《資治通鑑·漢紀二十九》原文改。原文爲：「以洛陽爲東都，常安爲西都。邦畿連體，各有采、任。」

彗星出。○匈奴烏珠留單于死，烏累若鞮單于咸立。

甲戌 天鳳元年，春，正月，莽遣其太傅平晏之洛陽相宅。○三月晦，日食。○莽策免其大司馬逯并。○夏，四月，隕霜殺草木。○六月，黄霧四塞。○秋，七月，大風，雨雹。○莽置萬國。○北邊大饑，人相食。莽與匈奴和親。○益州蠻夷殺其大尹，莽發兵擊之。○莽改錢貨法。

乙亥 二年，春，民訛言黄龍死。○莽改匈奴單于曰恭奴善于。○五原、代郡兵起。○邯鄲以北大雨，水出。

丙子 三年，春，二月，地震。○大雨雪。○夏，莽始賦吏禄。○長平岸崩，壅涇水。莽復發兵擊匈奴。○秋，七月晦，日食。○冬，莽大發兵擊益州蠻，不克。越嶲蠻亦殺其太守。○莽遣五威将王駿出西域，焉耆襲殺之。

丁丑 四年，夏，六月，莽更授諸侯茅土於明堂。○秋，鑄威斗。○臨淮、琅邪及荆州緑林兵起。

戊寅 五年，春，北軍南門災。○莽以費興爲荆州牧，未行，免。○莽考吏致富者，收其財以給軍。○莽孫宗自殺。○莽大夫揚雄死。○琅邪樊崇、東海刁子都等兵皆起。○烏累單于死，弟呼都而尸道皋若鞮單于輿立。

己卯 六年，春，莽立須卜當爲單于。大募兵，擊匈奴。○關東饑，旱。

庚辰 地皇元年，春，正月，莽令犯法者論斬，毋須時。○秋，七月，大風毁莽王路堂。○九月，莽起九廟於長安城南。○大雨六十餘日。○鉅鹿男子馬適求等謀誅莽，不克，死。○莽更鑄錢法。○以唐尊爲大傅。○收郅惲繫獄。

辛巳 二年，春，正月，莽妻死。太子臨謀殺莽，事覺自殺。○秋，隕霜殺菽。○關東大饑，蝗。○莽毀漢高廟。○南郡秦豐兵起。○莽以田况爲青、徐二州牧，既而罷之。

壬午 三年，春，二月，關東人相食。○夏，四月，樊崇兵自號「赤眉」。莽遣其太師王匡、將軍廉丹擊之。○緑林兵分爲下江、新市兵。莽遣其將軍嚴尤、陳茂擊之。○蝗飛蔽天。○流民入關者數十萬人。○秋，七月，荆州平林兵起。○赤眉破廉丹，誅之。○漢宗室劉縯及弟秀起兵舂陵，興復帝室。新市、平林兵皆附之。○下江兵與莽荆州牧戰，大破之。○冬，十一月，有星孛於張。○漢兵與莽守將甄阜、梁丘賜戰，不利。遂與下江合兵，襲取〔一〕其輜重。

癸未 漢帝玄更始元年，春，正月，攻阜、賜，誅之。又破嚴尤、陳茂於淯陽下，遂圍宛。○二月，新市、平林諸將共立更始將軍劉玄爲皇帝，大赦，改元。○三月，劉秀徇昆陽、定陵、郾，皆下之。○莽遣其司徒王尋、司空王邑大發兵，會嚴尤、陳茂。夏，五月，圍昆陽。○莽棘陽長岑彭以宛城降漢，玄入都之。○六月，劉秀大破莽兵於昆陽下，殺王尋。**考證** 「殺」當作「誅」。○謹按：《凡例》曰「凡得其罪人，

〔一〕蜀藩本無「取」字。

於臣子者，曰誅。」〔一〕王尋，篡賊之臣也，例當書「誅」。諸本曰「殺」，誤也。前此「赤眉破廉丹，誅之」；厥後嚴尤、陳茂爲劉望將相，更始「遣兵擊之，殺望，誅尤、茂。」《提要》備書如此。光武誅王尋，豈獨書「殺」乎？○

劉秀徇潁川，馮異以五縣降。○玄殺大司徒縯，以劉秀爲破虜大將軍。○秋，莽將軍王涉、國師劉秀自殺。○成紀隗囂起兵應漢。○公孫述起兵成都。○劉望稱帝於汝南，以嚴尤、陳茂爲將相。玄遣兵擊之，殺望，誅尤、茂。○遣上公王匡攻洛陽，大將軍申屠建攻武關。析人鄧曄起兵，開關迎建。九月，入長安。孝平皇后自焚，崩。衆共誅莽，傳首詣宛。○王匡拔洛陽，誅莽守將王匡、哀章。○冬，十月，玄北都洛。○分遣使者徇郡國。○以彭寵爲漁陽太守。○樊崇降漢，既而逃歸。○莽廬江連率李憲據郡稱淮南王。○玄封劉永爲梁王。○以劉秀行大司馬事，遣徇河北。○劉賜爲丞相，令入關脩宗廟宮室。○大司馬秀至河北，除莽苛政，復漢官名。○十二月，王郎稱帝於邯鄲，徇下幽、冀。

甲申

二年，春，正月，大司馬秀北徇薊。○二月，玄遷都長安。○封諸功臣。遣大司馬朱鮪、將軍李軼鎮撫關東。○以李松爲丞相，趙萌爲右大司馬。○徵隗囂爲右將軍。○大司馬秀以耿弇爲長史。○薊城反，應王郎。大司馬秀走信都、和戎，發兵擊邯鄲。○延岑據漢中，漢中王嘉擊降之。○大司馬秀以賈復、祭遵爲將軍。○玄遣尚書僕射鮑永安集河東。○大司馬秀拔廣阿。○耿弇以上谷、漁陽兵行定郡縣，會大司馬秀於廣阿。秀以其將寇恂、吳漢等爲將軍。夏，四月，進拔邯鄲，斬王郎。○玄立大

〔一〕與原文略有差異。原文爲「凡得其罪人者，於臣子，曰誅。」

司馬秀爲蕭王。○秋，蕭王擊銅馬諸賊，悉收其衆。南徇河内，降之。○公孫述自稱蜀王。○冬，赤眉西攻長安。○蕭王遣將軍鄧禹將兵入關，寇恂守河内，馮異拒洛陽，自引兵徇燕、趙。○玄以隗囂爲御史大夫。○梁王永據國起兵。○秦豐據黎丘，自號楚黎王。○田戎陷夷陵。轉寇郡縣。

乙酉 世祖光武皇帝建武元年，春，正月，方望以前定安公嬰稱帝於臨涇。玄遣兵擊斬之。○赤眉至弘農，玄遣兵擊之，大敗。赤眉進至湖。○夏，四月，公孫述稱成帝。○蕭王擊尤來、大槍、五幡，敗之。○朱鮪殺李軼，攻温、平陰，馮異、寇恂擊破之。○蕭王遣將追尤來等，又大破之。○六月，蕭王即皇帝位，改元，大赦。○鄧禹擊定河東。○長安亂，玄奔新豐。○赤眉以劉盆子稱帝。○秋，七月，以鄧禹爲大司徒，王梁爲大司空，吴漢爲大司馬，伏湛爲尚書令。○鄧禹渡河，破左輔兵。○帝如懷，遣吴漢等圍洛陽。○八月，玄復入長安。○九月，赤眉入長安，玄奔高陵。○封玄爲淮陽王。○以卓茂爲太傅，封褒德侯。○朱鮪以洛陽降。冬，十月，帝入都之。○淮陽王降於赤眉。○鄧禹引軍屯栒邑。○十一月，梁王永稱帝。○十二月，赤眉殺淮陽王。○隗囂據天水，自稱西州上將軍。○竇融據河西，自稱五郡大將軍〔一〕。○盧芳據安定，自稱西平王。匈奴迎之，立以爲漢帝。○將軍馮愔反。○鄧禹承制，以隗囂爲西州大將軍。○田邑以上黨降。

〔一〕蜀藩本誤作「五部大將軍」。

丙戌二年，春，正月朔，日食。○遣吴漢等破檀鄉賊於鄴東。○悉封諸功臣爲列侯。○立宗廟郊社於洛陽。○赤眉大掠長安，西入安定北地。○鄧禹入長安。○真定王楊謀反，伏誅。○鮑永來降。○大司空梁罷，以宋弘爲大司空。○漁陽太守彭寵反。○延岑反，據漢中。公孫述擊取之。○遣執金吾賈復擊郾，破之。○夏，四月，遣將軍蓋延等擊劉永，圍睢陽。○遣吴漢擊宛，宛王賜降。○封兄縯子章爲太原王，興爲魯王，淮陽王子三人爲列侯。○六月，立貴人郭氏爲皇后，子强爲皇太子。○秋，賈復擊召陵、新息，皆平之。○八月，帝自將征五校，降之。○遣將軍鄧隆討彭寵，不克。○蓋延克睢陽，劉永走湖陵。○青、徐群盗張步等降。○將軍鄧奉反。○九月，赤眉發掘諸陵，復入長安。鄧禹戰不利，走雲陽。延岑屯杜陵。○冬，遣將軍岑彭、王常等討鄧奉。○遣將軍馮異入關，徵鄧禹還京師。○遣光禄大夫伏隆拜張步爲東萊太守。○十二月，詔復宗室、列侯爲莽所絶者。○三輔大饑。赤眉東出，馮異與戰，破之。

資治通鑑綱目考證卷九

起丁亥漢光武帝建武三年，盡乙亥漢明帝永平十八年，凡四十九年。

丁亥三年，春，正月，以馮異爲征西大將軍。○鄧禹、馮異與赤眉戰，敗績。○立四親廟於洛陽。○鄧禹上大司徒印綬，以爲右將軍。○馮異大破赤眉於崤底，賊衆東走，帝勒軍宜陽降之，得傳國璽綬。○二月，[一]劉永立董憲爲海西王，張步爲齊王。步執伏隆殺之。○三月，以伏湛爲大司徒。○涿郡太守張豐反，彭寵自稱燕王。○帝自將征鄧奉。夏，四月，奉降，斬之。○馮異擊延岑，破之。岑走南陽，關中平。○吴漢圍劉永將蘇茂於廣樂，大破之。○睢陽人反城迎劉永，蓋延引兵圍之。○五月，帝還宫。是月晦，日食。○六月，大將軍耿弇擊延岑，走之。其將鄧仲况以陰降。○秋，七月，遣岑彭擊秦豐於鄧，破之。進圍黎丘，别遣兵徇江東，揚州平。○睢陽人斬劉永以降，諸將立其子紆復稱梁王。○冬，十月，帝如舂陵，祠園廟。○十一月，還宫。○李憲稱帝。○遣大中大夫來歙使隗囂。

戊子四年，春，遣鄧禹將兵擊延岑，破之，岑奔蜀。公孫述以爲大司馬。○夏，四月，帝如鄴，遣吴漢擊

[一] 蜀藩本誤作「三月」。

五校於臨平，破之。遣耿弇、祭遵等討張豐，斬之。弇遂進擊彭寵。○六月，帝還宮。○秋，七月，如譙遣將軍馬武、王霸圍劉紆於垂惠。董憲將賁休以蘭陵降，憲攻拔之。○八月，帝如壽春，遣將軍馬成擊李憲。九月，圍舒。○以侯霸爲尚書令。○冬，十月，帝還宮。○隗囂遣馬援奉書入見。○太傅褒德侯卓茂卒。○十二月，帝如黎丘，遣將軍朱祐圍秦豐，岑彭擊田戎。○公孫述遣兵屯陳倉，隗囂遣兵助馮異擊破之。述遣使招囂，囂斬其使。○以陳俊爲泰山太守。

己丑

五年，春，正月，帝還宮。○遣來歙送馬援歸隴右。○二月，蘇茂救垂惠，馬武、王霸擊破之。劉紆奔佼强。○帝如魏郡。○彭寵奴斬寵來降，夷其族。封奴爲不義侯。○遣使迎上谷太守耿況還京師，封牟平侯。○吴漢、耿弇擊富平、獲索於平原，大破之。弇遂進討張步。○遣將軍龐萌、蓋延擊董憲。萌反，帝自將討之。○岑彭攻拔夷陵，田戎奔蜀，彭留屯津鄉。○夏，四月，旱，蝗。○竇融遣使奉書入見，詔以融爲凉州牧。○六月，秦豐降，斬之。○董憲、劉紆使蘇茂、佼强救龐萌。帝自將擊破之。秋，七月，强以衆降，茂犇張步，憲、萌犇朐。梁人斬紆以降。○冬，十月，帝如魯，聞〔一〕耿弇拔祝阿、濟南、臨淄，與張步戰，大破之。帝勞弇軍。步斬蘇茂以降，齊地悉平。○初起太學，帝還視之。○十一月，大司徒伏湛免，以侯霸爲大司徒。○十二月，盧芳入塞，掠據五郡。○隗囂遣子入侍。○交阯牧鄧讓等遣使貢獻。○徵處士周黨、嚴光、王良至京師。黨、光不屈，以良爲諫議大夫。

〔一〕蜀藩本無「聞」字。

○竇融承制，以莎車王康爲西域大都尉。

庚寅 六年，春，正月，以舂陵鄉爲章陵縣，復其傜役。○吳漢等拔朐，斬董憲、龐萌。江淮、山東悉平。○馮異入朝。○夏，四月，帝如長安，謁園陵。○遣耿弇等七將軍從隴道伐蜀。○五月，還宮。○隗囂反，使其將王元據隴坻，諸將與戰，大敗而還。○六月，并省縣國，減損吏員。○秋，九月晦，日食。○冬，十二月，大司空弘免。○復田租舊制。○隗囂遣兵下隴，馮異、祭遵擊破之。○馮異擊盧芳匈奴兵，破之。北地、上郡、安定皆降。○竇融遣弟上書。○隗囂降蜀。

辛卯 七年，春，三月，罷郡國車騎材官，還復民伍。○公孫述立隗囂爲朔寧王。○是月晦，日食。詔百僚各上封事，不得言聖。○夏，五月，以李通爲大司空。○冬，盧芳朔方、雲中郡降。○以杜詩爲南陽太守。

壬辰 八年，春，遣中郎將來歙伐隗囂，取略陽，斬其守將。夏，閏四月，帝自將征囂，竇融等率五郡兵以從。囂衆皆降，囂奔西城，吳漢引兵圍之。**考證**「伐」當作「討」。○謹按：鄧奉爲漢破虜將軍，彭寵漁陽太守，隗囂以鄧奉承制爲西州上將軍，皆漢之臣子。故曰「誅」曰「討」。○潁川盜起。秋，九月，帝還宮六日，自將討平之。○冬，公孫述遣兵救隗囂，吳漢引兵下隴。○大水。

癸巳 九年，春，正月，征虜將軍、潁陽侯祭遵卒。於軍詔馮異領其營。○隗囂死，諸將立其子純。○公孫述遣兵陷夷陵，據荆門。○夏，六月，吴漢等擊盧芳，匈奴救之，漢等不利。○遣來歙、馬援護諸將馮異等屯長安。○秋，八月，歙率異等討隗純於天水。○以牛邯爲護羌校尉。○封陰就爲宣恩侯。

甲午 十年，春，正月，吴漢等擊盧芳將賈覽，破走之。○夏，征西大將軍、夏陽侯馮異卒於軍。○秋，八月，帝如長安，遂至汧。隗囂將高峻降。○冬，十月，來歙等攻破落門，隗純降，王元奔蜀。隴右悉平。○先零羌寇金城，來歙擊破之。○帝還宫。

乙未 十一年，春，三月，遣吴漢等將兵會岑彭伐蜀，破其浮橋，遂入江關。○夏，先零羌反，以馬援爲隴西太守擊破之。○公孫述遣王元拒河池。六月，諸將擊破之。述使盗殺監護使者來歙，詔以將軍馬成代之。○帝自將征蜀。秋，七月，次長安。**考證** 「征」當作「伐」。○謹按：公孫述據蜀，固未嘗臣於光武。《凡例》曰，用兵「若非其臣子，曰伐，曰攻，曰擊。」故當曰「伐蜀」。○岑彭及將軍臧宫大破蜀兵，延岑走，王元以其衆降。○帝還宫。○冬，十月，公孫述使盗刺殺征南大將軍、舞陰侯岑彭。○馬成等破河池，平武都，遂與馬援擊破先零羌。○以郭伋爲并州牧。

丙申 十二年，春，正月，吴漢大破蜀兵，遂拔廣都。○秋，七月，將軍馮駿拔江州，獲田戎。○吴漢進攻成都。九月，入其郛。臧宫拔綿竹，引兵與漢會。○大司空通罷。○冬，十一月，公孫述引兵出戰，吴漢擊殺之。延岑以成都降，蜀地悉平。○參狼羌寇武都，馬援擊破之。○詔邊吏料敵戰守，不拘以逗留法。○盧芳與匈奴、烏桓連兵寇邊。遣將軍杜茂將兵築亭障以備之。○竇融及五郡太守入朝，以融爲冀州牧。○雍奴侯寇恂卒。

丁酉 十三年，春，正月，大司徒霸卒。○詔太官勿受郡國異味。○盧芳犇匈奴。○詔諸王皆降爲公侯。○以紹嘉公孔安爲宋公，承休公姬常爲衛公。○以韓歆爲大司徒。○夏，四月，吴漢軍還。大饗將士，諸功臣皆增邑更封。○以竇融爲大司空。○五月，匈奴寇河東。

戊戌 十四年，莎車、鄯善遣使奉獻，請置都護，不許。○太中大夫梁統請更定律，不報。

己亥 十五年，春，正月，免大司徒歆歸田里，歆自殺。○有星孛於昴。○以歐陽歙爲大司徒。○二月，徙邊郡吏民避匈奴。○夏，四月，追謚兄縯爲齊武公。○詔州郡檢覈墾田户口。○冬，十一月，大司徒歙有罪，下獄死。○以戴涉爲大司徒。○盧芳復入居高柳。○遣馬成繕治障塞。以張湛爲漁陽太守。

庚子 十六年，春，二月，交阯女子徵側、徵貳反。○三月晦，日食。○秋，九月，河南尹、諸郡守十餘人皆有罪，下獄死。○群盜起。冬，十月，詔許相斬除罪，遂皆解散。○盧芳降，立以爲代王。○復行五銖錢。

辛丑 十七年，春，正月，以趙憙爲平原太守。○二月晦，日食。○冬，十月，廢皇后郭氏，立貴人陰氏爲皇后。○進右馮翊公輔爲中山王。○帝如章陵。○十二月，還宫。○以莎車王賢爲漢大將軍。○以馬援爲伏波將軍，討交阯。

壬寅 十八年，春，二月，蜀郡守將史歆反，遣吴漢等討之。○三月，帝如河東，祠后土。○馬援與徵側、徵貳戰，大破之。○夏，四月，帝還宫。○五月，旱。○盧芳復反，奔匈奴。○秋，七月，吴漢拔成都，誅史歆。○罷州牧，置刺史。

癸卯 十九年，春，正月，尊孝宣皇帝廟爲中宗，始祠元帝以上於太廟，成帝以下於長安，徙四親廟於章陵。○馬援斬徵側、徵貳。○妖賊單臣等據原武。夏，四月，臧宫破斬之。○六月，廢皇太子强爲東海王，立東海王陽爲皇太子，改名莊。○賜雒陽令董宣錢三十萬。○秋，九月，帝如南頓，賜復二歲。

甲辰 二十年，春，二月，還宫。○夏，四月，大司徒涉下獄死，大司空融坐免。○五月，大司馬、廣平侯吴漢卒。○匈奴寇上黨、天水、扶風。○六月，以蔡茂爲大司徒，朱浮爲大司空。○徙中山王輔爲沛王。○以郭況爲大鴻臚。○冬，十二月，遣馬援屯襄國。

乙巳 二十一年，春，正月，烏桓與匈奴、鮮卑連兵入寇。○鮮卑寇遼東，太守祭彤擊走之。○冬，匈奴寇上谷、中山。○西域十八國遣子入侍，請都護，不許。

丙午 二十二年，春，閏正月，帝如長安，祠高廟，上陵。○二月，還宫。○夏，五月晦，日食。○秋，九月，地震。○冬，大司空浮免，以杜林爲大司空。○以劉昆爲光禄勳。○青州蝗。○匈奴單于輿死，子蒲奴立。求和親，許之。○詔罷邊郡亭候，招降烏桓。○西域復請都護，不許，遂附於匈奴。

丁未二十三年，夏，五月，大司徒茂卒。○秋，八月，大司空林卒。○以玉況爲大司徒。○冬，十月，以張純爲大司空。○武陵蠻反，遣將軍劉尚擊之，敗没。○鬲侯朱祐卒。

戊申二十四年，春，正月，匈奴南邊八部立日逐王比爲南單于，款塞内附[一]。○秋，七月，遣馬援征武陵蠻。○冬，十月，匈奴南單于遣使入貢。

己酉二十五年，春，正月，貊人、鮮卑、烏桓并入朝貢。○南單于擊北單于，破之，來請使者監護。○三月晦，日食。○夏，新息侯馬援卒於軍，詔收其印綬。○冬，十月，監軍謁者宗均矯制告諭群蠻，降之。○遼西烏桓内屬，置校尉以領之。

庚戌二十六年，春，正月，詔增百官俸。○初作壽陵。○立南單于庭，置使匈奴中郎將以領之。○秋，南單于遣子入侍。○冬，徙南單于居西河美稷。

辛亥二十七年，夏，大司徒況卒。○五月，詔三公去「大」名，改司馬曰太尉。○以趙憙爲太尉，馮勤爲司徒。○北匈奴求和親，不許。○壽張侯樊宏卒。

壬子二十八年，春，以魯益東海。○夏，六月，沛太后郭氏薨。○秋，八月，遣諸王就國。○以張佚爲太

[一] 蜀藩本誤作「疑塞内附」。

子太傅，桓榮爲少傅。○北匈奴乞和親，許之。

癸丑 二十九年，春，二月朔，日食。

甲寅 三十年，春，二月，帝東巡。○閏月，還宮。○有星孛於紫宮。○夏，大水。○膠東侯賈復卒。

乙卯 三十一年，夏，五月，大水。○晦，日食。○蝗。

丙辰 建武中元元年，春，正月，以第五倫爲會稽太守。○二月，帝東巡，封泰山，禪梁陰。○三月，司空純卒。○夏，四月，帝還宮。○赦，改元。○六月，以馮魴爲司空。○司徒勤卒。○京師醴泉出，赤草生，郡國言甘露降。○秋，蝗。○冬，十月，以李訢爲司徒。○尊薄太后曰高皇后，遷吕太后主於園，薄后配食地祇，吕后四時上祭。○十一月晦，日食。○起明堂、靈臺、辟雍，宣布圖讖於天下。

○南單于比死，弟莫立。

丁巳 二年，春，正月，初立北郊，祀后土。○二月，帝崩。○太子莊即位，尊皇后曰皇太后。○三月，葬原陵。○夏，四月，以鄧禹爲太傅，東平王蒼爲驃騎將軍。○燒當羌反，遣兵擊之，敗没。冬，復遣馬武等討之。

戊午 顯宗孝明皇帝永平元年，春，正月，朝原陵。○夏，五月，太傅高密侯鄧禹卒。○東海王强卒。○秋，七月，馬武等擊羌，破之。○祭肜討烏桓，大破之。罷緣邊屯兵。○好時侯耿弇卒。

二年，春，正月，宗祀光武皇帝於明堂，始服冠冕玉佩，登靈臺，望雲物。〇三月，臨辟雍，行大射禮。〇冬，十月，行養老禮。〇中山王焉就國。〇帝如長安。〇十一月，遣使者以中牢祠蕭何、霍光。帝過，式其墓。是月，還宫。己未

三年，春，二月，太尉憙、司徒訢免。以郭丹爲司徒，虞延爲太尉。〇立貴人馬氏爲皇后，子炟爲皇太子。〇圖畫中興功臣於雲臺。〇夏，六月，有星孛於天船北。〇大起北宫，既而罷之。〇秋，八月晦，日食。〇冬，十月，帝奉皇太后如章陵。〇大水。庚申

四年，春，帝如河内，不至而還。〇冬，十月，司徒丹、司空魴免。以范遷爲司徒，伏恭爲司空。〇陵鄉侯梁松下獄死。〇于寘攻莎車王賢，殺之。辛酉

五年，春，二月，驃騎將軍蒼罷歸藩。〇冬，十月，帝如鄴。是月，還宫。〇十一月，北匈奴寇五原、雲中，南單于擊却之。〇安豐侯竇融卒。壬戌

六年，春，二月，王雒山出寶鼎。詔禁章奏浮詞。癸亥

七年，春，正月，皇太后陰氏崩。二月，葬光烈皇后。〇北單于求合市，許之。〇以宋均爲尚書令。甲子

八年，春，正月，司徒遷卒，以虞延爲司徒。〇以吴棠爲度遼將軍。〇秋，大水。〇冬，十月，詔聽有罪亡命者贖。〇是月晦，日食，既。詔群司極言，復以示百官。〇以鄭衆爲軍司馬。乙丑

丙寅 九年，夏，四月，詔司隸刺史，歲考長吏殿最以聞。○大有年。○匈奴遣子入學。

丁卯 十年，春，二月，廣陵王荆有罪，自殺，國除。○夏，閏四月，帝如南陽。○冬，十二月，還宮。○以丁鴻爲侍中。

戊辰 十一年，春，正月，東平王蒼來朝。

己巳 十二年，春，哀牢内附。○夏，四月，修汴渠隄。○秋，七月，司空恭罷，以牟融爲司空。

庚午 十三年，夏，四月，汴渠成。○冬，十月晦，日食。○十一月，楚王英有罪，廢徙丹陽。

辛未 十四年，春，三月，司徒延有罪，自殺。○夏，四月，以邢穆爲司徒。○故楚王英自殺。○初作壽陵。

壬申 十五年，春，二月，帝東巡，耕於下邳。三月，至魯，詣孔子宅。○封皇子六人爲王。○冬，遣都尉耿秉、竇固將兵屯凉州。

癸酉 十六年，春，二月，遣太僕祭肜及竇固等伐北匈奴。固取伊吾盧地，肜不見虜而還，下獄，免，卒。○西域諸國遣子入侍。○夏，五月，司徒穆有罪，下獄死。○是月晦，日食。○以王敏爲司徒。○秋，七月，徙淮陽王延爲阜陵王。○北匈奴大入雲中。

甲戌 十七年，春，正月，謁原陵。○北海王睦卒。○司徒敏卒，以鮑昱爲司徒。○白狼等國入貢。○竇固司馬班超執疏勒王兜題，而更立其故王子忠。〇夏，五月，百官上壽。〇冬，十一月，遣竇固等擊車師，降之，復置西域都護、戊己校尉。

十八年乙亥，春，二月，竇固軍還。〇北匈奴擊車師後王安得，殺之。遂攻戊己校尉耿恭，恭擊却之。〇夏，六月，有星孛於太微。〇秋，八月，帝崩。〇太子炟即位，尊皇后曰皇太后。葬顯節陵。〇冬，十月，以趙憙爲太傅，牟融爲太尉，并録尚書事。〇十一月，以第五倫爲司空。〇西域攻没都護陳睦，北匈奴圍己校尉關寵，車師叛，與匈奴共圍耿恭。詔酒泉太守段彭將兵救之。〇是月晦，日食。〇以馬廖爲衛尉，防爲中郎將，光爲越騎校尉。〇大旱。

資治通鑑綱目考證卷十

起丙子漢章帝建初元年，盡乙丑漢安帝延光四年，凡五十年。

丙子　肅宗孝章皇帝建初元年，春，正月，詔廩贍饑民。○詔二千石勸農桑，慎選舉，順時令，理冤獄。○關寵敗没，段彭擊車師，匈奴走，車師復降。罷都護及戊己校尉官，班超留屯疏勒。○地震。○秋，七月，詔以上林池籞賦與貧民。○八月，有星孛於天市。○哀牢王反，郡兵擊斬之。

丁丑　二年，春，三月，詔三公糾非法。○罷伊吾盧屯兵，匈奴復守其地。○夏，四月，還坐楚、淮陽事徙者四百餘家。○大旱。○詔齊國省冰紈方空縠。○燒當羌反。秋，八月，遣將軍馬防、校尉耿恭擊之。○冬，十二月，有星孛於紫宮[一]。

戊寅　三年，春，宗祀明堂。○馬防、耿恭擊羌，大破之。詔徵防還，下恭獄，免其官。○三月，立貴人竇氏爲皇后。○夏，四月，罷治虖沱、石臼河。○冬，十二月，以馬防爲車騎將軍。○有司奏遣諸王歸國，不許。

[一] 蜀藩本作「觜宮」。

己卯四年，春，二月，太尉融卒。○夏，四月，立子慶爲皇太子。○五月，封馬廖等爲列侯，以特進就第。○以鮑昱爲太尉，桓虞爲司徒。○六月，皇太后馬氏崩。○秋，七月，葬明德皇后。○冬，十一月，詔諸儒會白虎觀，議「五經」異同〔一〕。

庚辰〔二〕五年，春，二月朔，日食。舉直言極諫。○夏，五月，以直言士補外官。○太傅憙卒。○遣弛刑義從就班超平西域。

辛巳六年，夏，六月，太尉昱卒。○是月晦，日食。○秋，七月，以鄧彪爲太尉。○以廉范爲蜀郡太守。

壬午七年，春，正月，沛王輔等來朝。○三月，歸國。詔留東平王蒼於京師。○夏，六月，廢太子慶爲清河王，立子肇爲皇太子。○秋，八月，東平王蒼歸國。○九月，帝如偃師，遂至河内。○封蕭何末孫熊爲鄼侯。

癸未八年，春，正月，東平王蒼卒。○下梁竦獄，殺之。○馬廖、馬防有罪，免官就國。○下雒陽令周紆獄，尋赦出之。○以班超爲西域将兵長史。○以鄭弘爲大司農。

〔一〕蜀藩本作「同異」。
〔二〕蜀藩本誤作「戊辰」。

甲申元和元年，夏，六月，詔議貢舉法。○秋，七月，詔禁治獄慘酷者。○八月，太尉彪罷，以鄭弘爲太尉。○帝南巡。○冬，十月，至宛。以朱暉爲尚書僕射。○十一月，還宫。○以孔僖爲蘭臺令史。○賜毛義、鄭均穀各千斛。○詔除妖惡禁錮者。

乙酉二年，春，正月，詔賜民胎養穀，著爲令。○詔戒俗吏矯飾者。○二月，行《四分曆》。○帝東巡。○耕於定陶。柴告岱宗，宗祀明堂。三月，至魯，祠孔子。○至東平，祠獻王陵。○夏，四月，還宫。○假於祖禰。○秋，七月，詔定律，毋以十一月、十二月報囚。○冬，南單于與北單于戰，破之。

丙戌三年，春，正月，詔嬰兒無親屬及有子不能養者，廩給之。○帝北巡耕於懷。○三月，還宫。○夏，四月，收太尉弘印綬。弘自繫獄，出之而卒。○以宋由爲太尉。○五月，司空倫罷。○以袁安爲司空。○燒當羌反。○疏勒王忠詐降，班超斬之。○詔侍中曹褒定漢禮。

丁亥章和元年，春，三月，護羌校尉傅育擊羌，敗死。○夏，六月，司徒虞免。以袁安爲司徒，任隗爲司空。○秋，鮮卑擊北匈奴，斬優留單于。○護羌校尉張紆擊羌，斬其帥迷吾。其子迷唐據大、小榆谷以叛。○改元。○八月晦，日食。○北匈奴五十八部來降。○曹褒奏所撰制度。○班超發諸國兵擊莎車，降之。

戊子二年，春，正月，濟南王康、中山王焉來朝。○帝崩。○太子肇即位。○尊皇后曰皇太后。○三月，葬敬陵。○太后臨朝。○以鄧彪爲太傅、録尚書事，百官總己以聽。○諸王始就國。○夏，四月，以遺詔罷鹽鐵之禁。○旱。○冬，十月，侍中竇憲殺都鄉侯暢。太后以憲爲車騎将軍，使擊北匈奴以贖罪。**考證**當加「舅」於「侍中」之上。○謹按：《凡例》曰：「凡親戚貴重者，書其屬。以著與政之禍。」[一]後倣此。

○以鄧訓爲護羌校尉，擊迷唐，破之。

己丑 孝和皇帝永元元年，春，鄧訓掩擊迷唐，大破之，諸羌來降。○下尚書僕射郅壽吏，壽自殺。○夏，六月，竇憲擊北匈奴，大破之。登燕然山，刻石勒功而還。○秋，七月，會稽山崩。○九月，以竇憲爲大将軍。○大水。

庚寅 二年，春，二月，日食。○竇憲遣兵復取伊吾地。車師遣子入侍。○月氏遣使奉獻。○封齊武王孫無忌爲齊王，威爲北海王。○秋，七月，竇憲出屯凉州。○九月，北匈奴款塞求朝。冬，竇憲遣使迎之，復遣兵襲擊破之。

辛卯 三年，春，正月，帝冠。○二月，竇憲遣兵擊北匈奴於金微山，大破之。單于走死。○竇憲殺尚書僕射樂恢。○冬，十月，帝如長安，竇憲來會。○龜兹、姑墨、温宿諸國來降。○十二月，以班超爲西域都護、騎都尉。○帝還宮。

[一] 與原文稍異。正文爲「凡以親戚貴重者，書其屬。」注曰「如元舅王鳳之類，以著外家與政之禍。」

壬辰四年，春，正月，立北匈奴於除鞬爲單于。○三月，司徒安卒，以丁鴻爲司徒。○夏，四月，竇憲還京師。○六月朔，日食。○地震。○旱，蝗。○大將軍竇憲伏誅。○以宦者鄭衆爲大長秋。○秋，七月，太尉由有罪策免，自殺。○八月，司空隗卒。以尹睦爲太尉、録尚書事，劉方爲司空。○護羌校尉鄧訓卒。迷唐復反。

癸巳五年，春，正月，太傅彪卒。○隴西地震。○北單于畔，遣兵追斬滅之。○鮮卑徙據北匈奴地。○冬，十月，太尉睦卒，以張酺爲太尉。○梁王暢有罪，詔削二縣。○護羌校尉貫友攻迷唐，走之。○南匈奴單于屯屠何死，單于宣弟安國立。

甲午六年，春，正月，使匈奴中郎將杜崇等殺安國，立左賢王師子爲單于。○司徒鴻卒。以劉方爲司徒，張奮爲司空。○秋，旱。○班超發八國兵討焉耆，斬其王廣。**考證**「討」當作「伐」。○北匈奴降者脇立屯屠何子逢侯叛，走出塞。遣將軍鄧鴻等擊之，不及。鴻及杜崇等皆坐誅。○以陳寵爲廷尉。

乙未七年，夏，四月朔，日食。○秋，七月，易陽地裂。○九月，地震。

丙申八年，春，二月，立貴人陰氏爲皇后。○夏，蝗。

丁酉九年，春，三月，隴西地震。○夏，六月，旱，蝗。除田租及山澤税。○秋，閏八月，皇太后竇氏崩。○葬章德皇后。○迷唐寇隴西，遣將軍劉尚討破之。**考證**「討」當作「擊」。○九月，司徒方策免，自殺。

○冬，十月，追尊梁貴人爲恭懷皇太后，葬西陵。○以吕蓋爲司徒。司空奮罷，以韓稜爲司空。

戊戌十年，夏，五月，大水。○秋，七月，司空稜卒，以巢堪爲司空。○冬，十月，雨水。○十二月，迷唐詣闕貢獻。○以劉愷爲郎。○南單于師子死，單于長之子檀立。

己亥十一年，春，二月，遣使循行廩貸。

庚子十二年，夏，四月，秭歸山崩。○秋，七月朔，日食。○太尉酺免，以張禹爲太尉。○迷唐復叛。

辛丑十三年，春，正月，帝幸東觀。○秋，迷唐寇金城，郡兵擊破之。○雨水。○冬，詔邊郡舉孝廉。○鮮卑寇右北平、漁陽。○司徒蓋致仕，以魯恭爲司徒。○巫蠻反，寇南郡。

壬寅十四年，春，安定羌反，郡兵擊滅之，復置西海郡。○夏，四月，荆州兵討巫蠻，大破降之。○六月，皇后陰氏廢死。○大水。○徵班超還京師。○冬，十月，立貴人鄧氏爲皇后。○司空堪罷，以徐防爲司空。○封鄭衆爲鄛鄉侯。**考證**當加「宦者」於「鄭衆」之上。○謹按：《凡例》曰，凡「宦者封爵，皆加宦者字。」注云「如鄭衆之屬。」朱子特立此例，以著有功之禍。○夫害政亂國者，非外戚則宦官也。竇憲伏誅，鄭衆因而封侯，其用人如此，則朝廷何自而清？忠賢何自而進？東漢之亂，實基於此。惜乎！光武之業，三傳而遂微，朱子立此一例，豈無意哉？故孝和即位之後，竇憲擅殺書「舅」，鄭衆封侯書「宦者」，用昭鑑戒於方來也。

癸卯十五年，夏，四月晦，日食。○雨水。○冬，十月，帝如章陵。十一月，還宫。○詔太官勿受遠國珍羞。

甲辰 十六年，秋，七月，旱。○司徒恭免，以張酺爲司徒。八月，卒。以徐防爲司徒，陳寵爲司空。○北匈奴請和親。

乙巳 元興元年，春，高句驪寇遼東。○冬，十二月，帝崩，太子隆即位。**考證** 當作「皇后迎子隆即位」。○謹按：《凡例》曰：「繼世，曰太子某即位。有故，則隨事書之。」和帝失子十數，後生者養於民間。帝崩，鄧后迎立子隆爲太子，即位。和帝在位時，固未嘗立也。當隨事書之，以著其實。當作「皇后迎子隆即位」。○尊皇后曰皇太后，太后臨朝。○雒陽令王渙卒。

丙午 孝殤皇帝延平元年，春，正月，以張禹爲太傅，徐防爲太尉，參録尚書事。○封帝兄勝爲平原王。○以梁鮪爲司徒。○三月，葬慎陵。**考證**「慎」當作「順」。○謹按：《漢書・帝紀》：「葬孝和皇帝於慎陵。[一]」章懷注云「俗本作『順』者，誤。」考之《皇后紀》，和熹皇后「合葬順陵」，而靈帝父孝仁皇稱慎陵。世之相去不遠，豈應襲慎陵之號？蓋孝和實葬順陵，而《皇后紀》可證也。章懷因正文傳寫，以順爲慎，遂注爲俗本之誤者，非是。當作「順陵」爲正。○清河王慶就國，特加殊禮。○夏，四月，罷祀官不在禮典者。○鮮卑寇漁陽，太守張顯戰没。○以鄧騭爲車騎将軍，儀同三司。○司空寵卒。○五月，河東垣山崩。○以尹勤爲司空。

[一] 東漢事，書《漢書》者，實爲現之《後漢書》。

○雨水。○減用度，遣宮人。○秋，七月，詔實覈傷害，除其田租。○八月，帝崩。太后迎清河王子祜入即位，太后猶臨朝。○詔檢敕鄧氏賓客。○九月，大水。○葬康陵。**考證**謹按：《漢書》：殤帝葬康陵。《質帝紀》叙康陵在恭陵上，而前漢平帝已名康陵。或曰，康本作庚，庚與康字相似，但少不同，遂誤爲康。章懷注云「在慎陵塋中庚地。」今詳或人之説及章懷注語，則當作「庚陵」。姑録於下，以俟博學君子正焉。○隕石於陳留。○冬，十月，大水，雨雹。○十二月，清河王慶卒。○罷魚龍曼延戲。○詔舉隱逸，選博士。

丁未 孝安皇帝永初元年，春，二月，司徒鮪卒。○三月，日食。○夏，四月，封鄧隲及弟悝、弘、閶皆爲列侯。隲辭不受。○五月，以魯恭爲司徒。○六月，罷西域都護及伊吾盧、柳中屯田。○諸羌復叛。○秋，九月，以寇賊雨水，策免太尉防、司空勤。○詔減黄門鼓吹及廄馬半食。○冬，十一月，司空周章自殺。○十二月，詔鄧隲及校尉任尚将兵屯漢陽以備羌。○地震，大水，大風，雨雹。

戊申 二年，春，正月，鄧隲擊鍾羌，大敗。隲以公田賦與貧民，遣使禀貸冀、兖流民。○夏，旱。五月，太后親録囚徒。○六月，大水，大風，雨雹。○秋，七月，太白入北斗。○冬，任尚與先零羌滇零戰，大敗。詔遣謁者龐參督諸軍屯。○十一月，徵鄧隲爲大将軍。○滇零僭稱天子，寇鈔三輔。校尉梁慬破走之。○地震。

己酉 三年，春，正月，帝冠。○京師大饑，民相食。○司徒恭罷。○夏，四月，令吏民入錢穀，得拜官賜爵有差。○南匈奴反。○秋，九月，海賊張伯路寇濱海九郡。○烏桓、鮮卑、南匈奴合兵寇五原。○

冬，十一月，南匈奴圍中郎将耿种於美稷。遣中郎将龐雄将兵討之。〇十二月，地震。〇有星孛於天苑。〇雨水。〇并、涼大饑，人相食。〇詔饗遣衛士勿設戲作樂，減逐疫侲子之半。

庚戌 四年，春，正月，元會，徹樂，不陳充庭車。〇遣御史中丞王宗、青州刺史法雄討張伯路。〇度遼将軍梁慬、遼東太守耿夔擊南匈奴，破走之。〇詔以涼州牧守子弟爲郎。〇以虞詡爲朝歌長，討縣境群盜，平之。〇三月，南匈奴降。〇先零羌寇漢中，太守鄭勤戰死。〇地震。〇夏，蝗。〇張伯路降，復叛，入海島。〇秋，七月，大水。九月，地震。〇冬，十月，太后母新野君卒。

辛亥 五年，春，正月朔，日食。〇地震。〇羌寇河内。詔遣兵屯孟津。三月，徙緣邊郡縣避寇。遣侍御史任尚擊羌，破之。〇法雄擊張伯路，破斬之。**考證**「擊」當作「討」，「斬」當作「誅」。〇秋，漢陽人杜季貢寇陷上邽。〇蝗，雨水。

壬子 六年，春，正月，省薦新物二十三種。〇三月，蝗。〇夏，詔封建武功臣。〇五月，旱。〇六月，豫章員谿原山崩。〇滇零死，子零昌以杜季貢爲将軍。

癸丑 七年，春，正月，太后率大臣命婦謁宗廟。〇二月，地震。〇夏，四月晦，日食。〇秋，蝗。

甲寅 元初元年，春，二月，日南地坼。〇三月，日食。〇遣兵屯河内以備羌。〇夏，旱，蝗。〇六月，河東地陷。〇羌豪號多掠漢中，斷隴道。校尉侯霸與戰，破之。〇冬，十月朔，日食。〇地震。

乙卯 二年，春，號多降。○零昌寇益州，遣中郎将尹就討之。○夏，四月，立貴人閻氏爲皇后。○五月，旱，蝗。○秋，八月，遼東鮮卑圍無慮。○九月晦，日食。○校尉班雄等擊零昌，大敗。○冬，遣中郎将任尚屯三輔。○以虞詡爲武都太守，擊羌，破之。○十一月，地震。○前虎賁中郎将鄧弘卒。

丙辰 三年，春，地震。○三月，日食。○夏，四月，旱。○度遼将軍鄧遵率南單于擊零昌，破之。任尚又擊破之。○冬，初聽大臣行三年喪。○地震。○十二月，任尚擊零昌，殺其妻子。

丁巳 四年，春，二月朔，日食。○武庫災。○任尚遣羌殺杜季貢。○夏，四月，策免司空袁敞，敞自殺。○遼西鮮卑入寇，郡兵擊破之。○六月，雨雹。○益州刺史張喬討叛羌，羌皆降散。○秋，七月，雨水。○任尚募羌殺零昌。○越嶲夷封離等反。○任尚擊先零羌狼莫，大破，走之。西河虔人種羌降，隴右平。○地震。

戊午 五年，春，旱。○永昌、益州、蜀郡夷叛。○秋，八月朔，日食。○冬，十月，鮮卑寇上谷。○鄧遵募羌殺狼莫，封遵爲武陽侯。徵任尚，棄市。○地震。

己未 六年，春，二月，地震。○夏，四月，大風，雨雹。○旱。○秋，七月，鮮卑寇馬城塞，鄧遵率南單于擊破之。○冬，十二月朔，日食，既。○地震。○豫章芝草生。○益州夷降。○敦煌遣吏屯伊吾，車師、鄯善復降。

庚申　永寧元年，春，三月，北匈奴、車師後王共殺漢吏。詔復置都護屯兵。○沈氏[一]、當煎、燒當羌入寇。○夏，四月，立子保爲皇太子。○校尉馬賢討羌，破之。○秋，七月朔，日食。○大水。○以楊震爲司徒。○遼西鮮卑降。○地震。○免越騎校尉鄧康官，遣就國。

辛酉　建光元年，春，三月，皇太后鄧氏崩。封鄧隲爲上蔡侯。○葬和熹皇后。○追尊清河孝王曰孝德皇，皇妣曰孝德后。○夏，高句驪、鮮卑寇遼東，太守蔡諷戰殁。○尊嫡母耿姬爲甘陵大貴人。○詔舉有道之士。○以薛包爲侍中，不拜。○徙封鄧隲爲羅侯，遣就國。隲自殺。貶平原王翼爲都鄉侯。○詔許鄧隲還葬。○以耿寶監羽林車騎。封宋楊四子及宦者江京、李閏皆爲列侯。○秋，八月，燒當羌麻奴入寇，馬賢追擊破之。○以劉愷爲太尉。○鮮卑寇居庸關，殺雲中太守。○帝幸衛尉馮石府，留飲十日。○雨水。○冬，十一月，地震。○復斷大臣行三年喪。○十二月，高句驪王宮圍玄菟，州郡討破之，宮死。

壬戌　延光元年，夏，四月，雨雹。○遼東都尉龐奮承僞詔，斬玄菟太守姚光，徵抵罪。○秋，七月，地震。○高句驪王遂成降。○虔人羌與上郡胡反，邊兵擊破之。○九月，地震。○冬，鮮卑寇邊。○麻奴降。○雨水。○遣宦者及乳母王聖女伯榮詣甘陵。○汝南黃憲卒。

〔一〕蜀藩本誤作「沈氏」。

癸亥二年，夏，四月，封王聖爲野王君。○以班勇爲西域長史，将兵屯柳中。○秋，七月，丹陽山崩。○雨水。○冬，以楊震爲太尉。○十二月，地震。○聘處士周燮、馮良，不至。

甲子三年〔一〕，春，正月，班勇擊走匈奴田車師者，西域復通。○二月，帝東巡。三月，還，未入宫。策收太尉震印綬，遣歸故郡〔二〕，震自殺。○夏，四月，閬中山崩。○秋，八月，以耿寶爲大将軍。○九月，廢太子保爲濟陰王。○是月晦，日食。○地震，大水，雨雹。

乙丑四年，春，二月，帝南巡。○三月朔，日食。○帝崩於葉，還宫發喪。○尊皇后曰皇太后。太后臨朝，以閻顯爲車騎将軍，儀同三司。迎北鄉侯懿入即位。**考證**當加「兄」於「閻顯」之上。○樊豐等下獄死，耿寶自殺，王聖、伯榮徙雁門。○葬恭陵。○秋，七月，班勇擊斬車師後王軍就及匈奴使者。○冬，十月，越嶲山崩。○北鄉侯薨。○十一月，地震。○中黄門孫程等迎濟陰王保入即位。誅閻顯等，遷太后於離宫。封程等十九人爲列侯。○葬北鄉侯。○司空劉授策免。○改葬故太尉楊震，祠以中牢。

〔一〕蜀藩本誤作「二年」。
〔二〕蜀藩本作「故鄉」。

資治通鑑綱目考證卷十一

起丙寅漢順帝永建元年，盡丙午漢桓帝延熹九年，凡四十一年。

丙寅 孝順皇帝永建元年，春，正月，帝朝太后於東宮。○皇太后閻氏崩。○二月，葬安思皇后。○隴西鍾羌反，馬賢擊破之。○秋，七月，以來歷爲車騎將軍。○下〔一〕司隸校尉虞詡獄，尋赦出之，以爲尚書僕射。○左雄爲尚書。○遣孫程等十九侯就國。○增置緣邊兵屯。○班勇發諸國兵擊匈奴，呼衍王走之。

丁卯 二年，春，二月，鮮卑寇遼東郡兵，擊破之。○三月，旱。○夏，六月，追尊母李氏爲恭愍皇后。○遣敦煌太守張朗與班勇討焉耆，降之。徵勇下獄，免。○秋，七月朔，日食。○以許敬爲司徒。○聘處士樊英以爲五官中郎將。○以處士楊厚、黄瓊爲議郎。

戊辰 三年，春，正月，地震。○夏，六月，旱。○秋，九月，鮮卑寇漁陽。

己巳 四年，春，正月，帝冠。○夏，五月，桂陽獻大珠，還之。○雨水。○秋，九月，詔復安定、北地、

〔一〕《四庫》原作「卜」，據蜀藩本改。

上郡。○冬，鮮卑寇朔方。

庚午 五年，夏，四月，旱，蝗。○定遠侯班始棄市。

辛未 六年，春，二月，以沈景爲河間相。○三月，復置伊吾司馬，開屯田。○秋，九月，起太學。

壬申 陽嘉元年，春，正月，立貴人梁氏爲皇后。○旱。○三月，揚州妖賊章河等作亂，殺長吏。○夏，四月，以梁商爲執金吾。○冬，護烏桓校尉耿曄遣烏桓擊鮮卑，大獲。○立孝廉限年課試法。○閏十二月，恭陵百丈廡災。

癸酉 二年，春，正月，徵郎顗以爲郎中，不就。○封乳母宋娥爲山陽君。○夏，四月，京師地震，詔公卿直言，舉敦樸之士。○京師地拆，詔引敦樸士對策。○秋，七月，太尉龐參免。○鮮卑寇馬城。

甲戌 三年，夏，四月，車師後部擊破北匈奴，獲單于母。○五月，旱。○秋，七月，鍾羌寇隴西、漢陽。冬，十月，校尉馬續擊破之。○十一月，司徒劉琦、司空孔扶免。

乙亥 四年，春，二月，初聽中官得以養子襲爵。○旱。○遣謁者馬賢擊鍾羌，大破之。○夏，四月，以梁商爲大將軍。○秋，閏八月朔，日食。○冬，十月，烏桓寇雲中。○十二月，地震。

丙子 永和元年，冬，十二月，以王龔爲太尉。○以梁冀爲河南尹。○武陵蠻反。

丁丑二年，春，以李進爲武陵太守，討平之。○夏，四月，地震。○象林蠻反。○冬，十月，帝如長安。徵處士法真，不至。○地震。○十二月，還宮。

戊寅三年，春，二月，地震，金城、隴西山崩。○夏，閏四月，地震。○以祝良爲九真太守，張喬爲交阯刺史。招降蠻寇，嶺外悉平。○秋，九月，詔舉武猛任將帥者。○冬，十月，燒當羌那離寇金城，校尉馬賢擊破之。○十二月朔，日食。

己卯四年，春，正月，中常侍張逵等伏誅。○三月，地震。○夏，四月，馬賢擊那離等，斬之。○秋，八月，太原旱。

庚辰五年，春，二月，地震。○南匈奴吾斯車紐等反。夏，五月，詔度遼將軍馬續招降之。○是月晦，日食。○且凍、傅難種[一]羌寇三輔，以馬賢爲征西將軍討之。○羌寇武都，燒隴關。○匈奴吾斯立車紐爲單于，引烏桓、羌、胡寇邊。冬，十二月，遣中郎將張耽將兵擊降之。

辛巳六年，春，正月，馬賢與羌戰，敗没。東西羌遂大合。○閏月，鞏唐羌寇三輔，燒園陵。○二月，有星孛于營室。○武都太守趙冲擊破鞏唐羌。詔冲督河西四郡兵。○鞏唐羌寇北地。○秋，八月，大將軍

[一] 蜀藩本誤作「傳難種」。

梁商卒。○以梁冀爲大將軍，不疑爲河南尹。○以周舉爲諫議大夫。○九月，諸羌寇武威。○是月晦，日食。○冬，十月，徙安定北地郡。○十一月，遣車騎將軍張喬屯三輔。○徙荊州刺史李固爲泰山太守。

壬午 漢安元年，秋，八月，吾斯等復反。○遣八使分行州郡。○以李固爲將作大匠。○以張綱爲廣陵太守。○冬，罕羌降，罷張喬軍屯。

癸未 二年，夏，四月，以趙冲爲護羌校尉，擊燒當羌，破之。○冬，十一月，使匈奴中郎將馬實遣人刺吾斯，殺之。○地震。○增孝廉爲四科。

甲申 建康元年，春，趙冲討羌，戰没。○夏，四月，馬寔擊南匈奴左部，破之。胡、羌、烏桓悉降。○立皇子炳爲太子。○秋，八月，揚、徐群盗范容等作亂，遣御史中丞馮緄督州兵討之。○帝崩，太子炳即位。○尊皇后曰皇太后，太后臨朝。○以李固爲太尉、録尚書事。○九月，葬憲陵。○地震。詔舉賢良方正之士策問之。○揚州刺史尹耀討范容，敗没。○冬，十月，交趾蠻夷復反，刺史夏方降之。○九江盗馬勉稱帝於當塗。○群盗發憲陵。

乙酉 孝冲皇帝永嘉元年，春，正月，帝崩。○徵清河王蒜及渤海孝王子纘至京師。大將軍冀白太后，迎纘入即位，罷蒜歸國。○葬懷陵。○廣陵張嬰據郡反。○二月，叛羌皆降，隴右復平。○三月，九江都尉滕撫擊馬勉、范容等，斬之。○詔康陵在恭陵上。○冬，十一月，歷陽盜華孟稱帝。滕撫進擊張嬰及孟，皆破斬之。東南悉平。

丙戌　孝質皇帝本初元年，夏，四月，詔郡國舉明經詣太學受業者，歲滿課試，拜官有差。○海水溢。○閏六月，大將軍冀進毒弑帝。白太后，策免太尉固。迎蠡吾侯志入即位，太后猶臨朝。○秋，七月，葬静陵。○九月，追尊河間孝王爲孝穆皇，蠡吾先侯曰孝崇皇。冬，十月，尊母匽氏爲博園貴人。

丁亥　孝桓皇帝建和元年，春，正月朔，日食。○三月，黄龍見譙。○夏，四月，地震。○六月，以杜喬爲太尉。○秋，論定策功，益封梁冀萬三千户，又封其子弟及宦者劉廣等，皆爲列侯。○八月，立皇后梁氏。○九月，地震。策免太尉喬。○冬，十一月，貶清河王蒜爲尉氏侯，徙桂陽。蒜自殺。下李固、杜喬獄，殺之。

戊子　二年，春，正月，帝冠。○三月，白馬羌寇廣漢。○夏，五月，北宫火，帝徙居南宫。○改清河爲甘陵。○秋，大水。

己丑　三年，夏，四月晦，日食。○秋，八月，有星孛于天市。○大水。○九月，地再震，山崩。○前朗陵侯相荀淑卒。

庚寅　和平元年，春，正月，太后歸政。二月，崩。○三月，帝還北宫。○葬順烈皇后。○封大將軍冀妻孫壽爲襄城君。○夏，五月，尊博園匽貴人曰孝崇后。○秋，七月，梓潼山崩。

辛卯 元嘉元年，春，正月朔，尚書張陵劾大將軍冀罪，詔以俸贖。○夏，四月，帝微行至河南尹梁胤府舍。是日，大風拔樹，晝昏。**考證** 「至」當改作「幸」。○謹按：《凡例》曰，凡「官府第宅，曰幸。」後倣此。○京師旱，任城、梁國饑民相食。○北匈奴寇伊吾。○冬，十一月，地震。詔舉獨行之士。○詔加大將軍冀殊禮，增封四縣，賜以甲第。

壬辰 二年，春，正月，西域長史王敬殺于寘王建。于寘攻敬，殺之。○地震。○夏，四月，孝崇皇后匽氏崩。○五月，葬博陵。○秋，七月，日食。○冬，十月，地震。

癸巳 永興元年，秋，七月，蝗。○河溢，民饑。以朱穆爲冀州刺史，尋徵下獄，輸作左校。

甲午 二年，春，二月，復聽刺史二千石行三年喪。○地震。○夏，蝗。○東海朐山崩。○封乳母馬惠子初爲列侯。○秋，九月朔，日食。○冬，十一月，帝校獵上林苑，遂至函谷關。○泰山、琅邪盜起。

乙未 永壽元年，春，二月，司隸冀州饑，人相食。○夏，南陽大水。○巴、益郡山崩。○秋，南匈奴左薁鞬臺耆等反，屬國都尉張奐擊破降之。

丙申 二年，春，三月，蜀郡屬國夷反。○秋，鮮卑檀石槐寇雲中，以李膺爲度遼將軍。○以韓韶爲嬴長。○遣中郎將段熲擊泰山、琅邪群盜，平之。○冬，十二月，地震。

丁酉 三年，夏，四月，九真蠻夷反，討破之。〇閏月晦，日食。〇蝗。〇長沙蠻反。

戊戌 延熹元年，夏，五月晦，日食。〇蝗。〇大雩。〇秋，七月，太尉黄瓊免。〇冬，十月，帝校獵廣成，遂至上林苑。〇十二月，南匈奴、烏桓、鮮卑入寇，以陳龜爲度遼將軍，除并、凉一年租賦。〇以張奂爲北中郎將。〇徵陳龜還，龜不食而卒。〇以种暠爲度遼將軍。

己亥 二年，春，二月，鮮卑寇雁門。〇蜀郡夷寇蠶陵。〇三月，復斷刺史二千石行三年喪。〇夏，大水。〇秋，七月，皇后梁氏崩。〇葬懿獻皇后于懿陵。〇八月，大將軍梁冀伏誅。太尉胡廣、司徒韓縯、司空孫朗皆以罪免爲庶人。〇立貴人鄧氏爲皇后，追廢梁后爲貴人。〇封宦者單超等五人爲列侯。〇以黄瓊爲太尉。〇徵處士徐穉、姜肱、袁閎、韋著、李曇，皆不至。〇封皇后兄子鄧康、宦者侯覽等爲列侯，殺白馬令李雲、弘農掾杜衆。〇冬，十月，以宦者單超爲車騎將軍。〇燒當羌反，校尉段熲擊破之。〇以陳蕃爲光禄勳。〇以楊秉爲河南尹，尋坐論作左校。〇以爰延爲五官中郎將。

庚子 三年，春，正月，詔求故太尉李固後。〇單超卒。〇閏月，西羌寇張掖，段熲破降之。〇夏，五月，漢中山崩。〇秋，七月，長沙零陵蠻反。〇冬，十一月，九真餘寇復反，以夏方爲交阯刺史，降之。〇泰山賊殺都尉。以皇甫規爲太守，討平之。

辛丑 四年，春，正月，南宮嘉德殿火。〇大疫。〇二月，武庫火。〇夏，以劉矩爲太尉。〇五月，有星孛于心。○雨雹。○六月，地震。○岱山及博尤來山裂。○秋，七月，減百官俸，貣王侯半租，賣關內侯以下官。○九月，以劉寵爲司空。○冬，諸羌復反。徵段熲下獄，遣中郎將皇甫規擊破降之。

壬寅 五年，春，三月，皇甫規討沈氐羌，降之。○夏，零陵賊入桂陽，艾縣賊攻長沙。○地震。○冬，十月，武陵蠻反。○以馮緄爲車騎將軍，討諸蠻降之。○以楊秉爲太尉。○下皇甫規獄，論輸左校。

癸卯 六年，夏，五月，鮮卑寇遼東。○秋，武陵蠻復反，郡兵討平之。馮緄坐免。○冬，十月，上校獵廣成，遂至上林苑。○十二月，以周景爲司空。○以張奂爲度遼將軍，皇甫規爲使匈奴中郎將。○以段熲爲護羌校尉。○尚書朱穆卒。

甲辰 七年，春，二月，邟鄉侯黄瓊卒。○三月，隕石于鄠。○夏，五月，雨雹。○荆州刺史度尚擊桂陽、艾縣賊，平之。○冬，十月，帝如章陵。○段熲擊當煎羌，破之。○十二月，還宫。

乙巳 八年，春，正月，遣中常侍左悺之苦縣祠老子。○是月晦，日食。詔舉賢良方正。○中常侍侯覽免，左悺自殺，貶具瑗爲都鄉侯。○廢皇后鄧氏，幽殺之。○詔李膺、馮緄、劉祐，輸作左校。○詔壞諸淫祀。○夏，五月，太尉秉卒。以劉瑜爲議郎。○桂陽賊攻零陵，度尚擊斬之。○段熲擊西羌，破之。○秋，七月，以陳蕃爲太尉。○八月初，歛田畝税錢。○九月，地震。○立貴人竇氏爲皇后。○以李膺爲司隸校尉。○以劉寛爲尚書令。

丙午九年，春，正月朔，日食。詔舉至孝。○司隸、豫州饑。○以皇甫規爲度遼將軍。○夏，四月，河水清。○帝親祠老子於濯龍宫。○六月，南匈奴、烏桓、鮮卑寇掠九郡。○秋，七月，諸羌復反。○復以張奂爲護匈奴中郎將，督幽、并、凉州。○殺南陽太守成瑨、太原太守劉瓆，捕司隸校尉李膺、太僕杜密，部黨二百餘人下獄。遂策免太尉蕃。○以竇武爲城門校尉。○匈奴、烏桓降，鮮卑走出塞。

資治通鑑綱目考證卷十二

起丁未漢桓帝永康元年，盡癸酉漢獻帝初平四年〔一〕，凡二十七年。

丁未 永康元年，春，正月，東羌復反，段熲擊破之。○夫餘寇玄菟。○夏，四月，羌寇三輔。○五月，地裂。○是月晦，日食。○六月，赦黨人歸田里，禁錮終身。○秋，八月，巴郡言黄龍見。○大水，海溢。○冬，十月，羌寇三輔，張奂遣司馬董卓擊破之。○十二月，帝崩。尊皇后曰皇太后，太后臨朝。○遣使迎解瀆亭侯宏詣京師。

戊申 孝靈皇帝建寧元年，春，正月，以竇武爲大將軍，陳蕃爲太傅，與司徒胡廣參録尚書事。○解瀆亭侯宏至，入即位。○二月，葬宣陵。○段熲擊東羌於高平，大破之。以熲爲破羌將軍。○閏月，追尊皇祖爲孝元皇，夫人爲孝元后，考爲孝仁皇，尊母董氏爲慎園貴人。○夏，五月朔，日食。○六月，大水。○録定策功，封竇武爲聞喜侯。○封陳蕃爲高陽鄉侯，不受。○段熲追擊東羌，連戰破之。○秋，九月，太傅陳蕃、大將軍竇武奏誅宦者曹節等，節等殺之，遂遷太后於南宫。○冬，十月晦，日食。

〔一〕 蜀藩本誤作「丙午」。

○十二月，鮮卑、濊貊寇幽、并。○烏桓稱王。

己酉二年，春，正月，尊慎園貴人董氏爲孝仁皇后，以其兄子重爲五官中郎將。○夏，四月，青蛇見御座上。大風，雨，雷，雹。詔公卿言事。○六月，以劉囂爲司空。○秋，七月，段熲大破東羌，平之。封熲爲新豐侯。○九月，江夏蠻反，州郡討平之。○丹陽山越反，郡兵擊破之。○冬，十月，復治鉤黨，殺前司隸校尉李膺等百餘人。○是月晦，日食。○鮮卑寇并州。

庚戌三年，春，三月晦，日食。○徵段熲爲侍中。

辛亥四年，春，正月，帝冠。赦。○二月，地震，海溢。○三月朔，日食。大疫。○秋，七月，立貴人宋氏爲皇后。○冬，十月朔，帝朝太后於南宮。○鮮卑寇并州。

壬子熹平元年，春，正月，帝謁原陵。○三月，太傅胡廣卒。○夏，宦者侯覽有罪自殺。○六月，大水。○皇太后竇氏崩。秋，七月，葬桓思皇后。○詔司隸校尉劉猛論輸左校。○冬，十月，殺渤海王悝。○十一月，會稽妖賊許生稱帝。○鮮卑寇并州。

癸丑二年，春，正月，大疫。○夏，六月，地震。○秋，七月，以唐珍爲司空。○冬，十二月，鮮卑寇幽、并。○是月晦，日食。

甲寅三年，冬，十一月，吴郡司馬孫堅討許生，斬之。○十二月，鮮卑入北地，又寇并州。

乙卯四年，春，三月，立石經于太學門外。○夏，四月，大水。○鮮卑寇幽州。○六月，螟。

丙辰五年，夏，益州夷反。○大雩。○殺永昌太守曹鸞。更考黨人，禁錮五屬。○鮮卑寇幽州。

丁巳六年，夏，四月，大旱，蝗。○鮮卑寇三邊。○以宣陵孝子爲太子舍人。○秋，八月，遣校尉夏育等擊鮮卑，敗績。○冬，十月朔，日食。○地震。○鮮卑寇遼西，太守趙苞破之。

戊午光和元年，春，正月，合浦、交阯烏滸蠻反。○二月朔，日食。○地震。○置鴻都門學。○以張顥爲太尉。○夏，四月，地震。○侍中寺雌雞化爲雄。○六月，有黑氣墮温德殿庭中。○秋，七月，青虹見玉堂殿庭中。○八月，有星孛于天市。○冬，十月，廢皇后宋氏，幽殺之。○是月晦，日食。○鮮卑寇酒泉。○初開西邸賣官。

己未二年，春，大疫。○太尉橋玄罷。○地震。○夏，四月朔，日食。○宦者王甫伏誅。太尉段熲有罪自殺。○封中常侍吕强爲都鄉侯，不受。○詔黨錮從祖以下皆釋之。○中郎將張修殺匈奴單于。秋，七月，徵下獄，死。○冬，十二月，殺司徒劉郃、少府陳球、尚書劉納、衛尉陽球。○巴郡板楯蠻反。○鮮卑寇幽、并。

庚申三年，夏，四月，江夏蠻反。○秋，地震。○冬，有星孛于狼弧。○鮮卑寇幽、并。○十二月，立貴人何氏爲皇后。○作罼圭、靈昆苑。○蒼梧、桂陽賊攻零陵，大守楊琁擊破之。

辛酉 四年，春，正月，調郡國馬，置騄驥廄丞以領之。○夏，交阯梁龍反，以朱儁爲刺史擊斬之。○六月，雨雹。○秋，九月朔，日食。○鮮卑檀石槐死。○作列肆於後宮。

壬戌 五年，春，正月，詔公卿舉刺史二千石爲民害者。○二月，大疫。○夏，四月，旱。○秋，七月，有星孛于太微。○板楯蠻寇巴郡，以曹謙爲太守，降之。○八月，起四百尺觀。○冬，帝校獵上林苑。○以桓典爲侍御史。

癸亥 六年，夏，大旱。○秋，金城河溢。○五原山岸崩。

甲子 中平元年，春，二月，黄巾賊張角等起。○三月，以何進爲大將軍，屯都亭。○赦黨人，遣中郎將盧植討張角。皇甫嵩、朱儁討潁川黄巾。○殺中常侍吕强、侍中向栩、郎中張鈞。○夏，四月，太尉楊賜免。○汝南太守趙謙討黄巾，敗績。○五月，皇甫嵩、朱儁與騎都尉曹操合軍討三郡黄巾，破平之。○交阯吏民作亂，以賈琮爲刺史，平之。○盧植圍張角於廣宗，檻車徵還，遣中郎將董卓代之。○秋，七月，巴郡張脩反。○八月，遣皇甫嵩討張角，角死。冬，十月，與角弟梁、寶戰，皆破斬之。以嵩爲車騎將軍，領冀州牧。○先零羌及涼州群盜北宮伯玉等反。○朱儁擊南陽黄巾，連破之。○豫州刺史王允討黄巾，破之。徵下獄，減死論。

乙丑 二年，春，正月，大疫。○二月，南宮雲臺災。○黑山賊褚燕降。○三月，以崔烈爲司徒。○北宮伯玉等寇三輔，遣皇甫嵩討之。○夏，四月，大雨雹。○六月，封宦者張讓等十三人爲列侯。○秋，七月，螟。○八月，罷皇甫嵩，遣車騎將軍張温代之。○冬，十月，司空、臨晋侯楊賜卒。○殺諫議大夫劉陶、前司徒陳耽。○張温擊凉州賊邊章、韓遂，不利。十一月，將軍董卓破走之。○造萬金堂。

丙寅 三年，春，二月，江夏兵趙慈反。○遣使就拜張温爲太尉。○以宦者趙忠爲車騎將軍。○脩南宫，鑄銅人。○夏，五月晦，日食。○六月，荆州刺史討趙慈，斬之。○冬，十月，武陵蠻反，郡兵討破之。○鮮卑寇幽、并。○徵張温還。

丁卯 四年，春，二月，滎陽盜起，河南尹何苗討破之。以苗爲車騎將軍。○韓遂圍隴，西凉州殺刺史以應之，遂圍漢陽，太守傅燮與戰死之。○漁陽張舉、張純反。○冬，十月，長沙區星反。以孫堅爲太守，討平之。封堅烏程侯。○前太丘長陳寔卒。

戊辰 五年，春，二月，有星孛于紫宫。○黄巾餘賊寇太原、河東。○屠各胡寇并州，殺刺史張懿。○以劉焉爲益州牧，劉虞爲幽州牧。○南匈奴右部反，殺其單于羌渠。○大水。○冀州刺史王芬自殺。○秋，八月，置西園八校尉。○冬，十月。青、徐黄巾復起。○講武平樂觀。○十一月，凉州賊王國圍陳倉，以皇甫嵩爲左將軍討之。○遣騎都尉公孫瓚討漁陽賊，走之。

己巳 六年，春，二月，皇甫嵩擊王國，大破之。○三月，劉虞討漁陽賊，斬張純，餘衆降散。○夏，四月朔，日食。○即拜劉虞爲太尉。○遣大將軍進討韓遂。○帝崩，皇子辯即位，尊皇后曰皇太后。太后臨朝，封皇弟協爲陳留王。**考證**皆當去「皇」字。○以袁隗爲太傅，與大將軍進參録尚書事。進收宦者蹇碩，誅之。○五月，遷孝仁皇后於河間。驃騎將軍董重自殺。六月，后暴崩。○葬文陵。○大水。○秋，七月，大將軍進召董卓將兵詣京師。太后詔罷諸宦官。八月，宦官張讓等入宮殺進，劫太后。帝出至河上。司隷校尉袁紹捕宦者，悉誅之。帝還宮，以卓爲司空。○九月，袁紹出奔冀州。卓廢帝爲弘農王，奉陳留王協即位，遂弑太后何氏。○除公卿子弟爲郎，補宦官侍殿上。○即拜劉虞爲大司馬。○卓自爲太尉，領前將軍事[一]。○遣使吊祭陳蕃、竇武及諸黨人復其爵位。○自六月雨，至于是月。○冬，十月，葬靈思皇后。○十一月，卓自爲相國，贊拜不名，入朝不趨，劍履上殿。○十二月，徵處士申屠蟠，不至。以黄琬爲太尉[二]，楊彪爲司徒，荀爽爲司空。○以袁紹爲勃海太守。

庚午　孝獻皇帝初平元年，春，正月，關東州郡起兵討卓，推袁紹爲盟主。○卓弑弘農王。○卓奏免太尉琬、司徒彪，以王允爲司徒。殺城門校尉伍瓊、尚書周毖。○卓徵蓋勛爲議郎，皇甫嵩爲城門校尉。○三月，卓遷都長安，燒洛陽宮廟，發諸帝陵，車駕西遷。○卓殺太傅袁隗，滅其家。○長沙太守孫堅舉

[一] 蜀藩本無「事」字。
[二] 蜀藩本誤作「大尉」。

兵討卓。將軍袁術據南陽，表堅領豫州刺史。○以劉表爲荆州刺史。○曹操與卓兵戰于滎陽，不克，還屯河内。○袁紹以臧洪領青州。○夏，四月，以劉虞爲太傅。○司空荀爽卒。○卓壞五銖錢，更鑄小錢。○省孝和以下廟號。○以公孫度爲遼東太守。

辛未 二年，春，正月，關東諸將奉大司馬劉虞爲帝，虞不受。○二月，卓自爲太師。○孫堅進兵擊卓，卓敗，西走。堅入洛陽，修塞諸陵而還。○夏，四月，卓至長安。○六月，地震。○袁紹逐冀州牧韓馥，自領州事。○袁紹表曹操爲東郡太守。○卓以張楊爲河内太守。○冬，十月，卓殺衛尉張温。○黄巾寇勃海，校尉公孫瓚擊破之。○公孫瓚攻袁紹，以劉備爲平原相。○袁術使孫堅擊劉表，表軍射殺之。○河南尹朱儁移書州郡，徵兵討卓。○劉焉殺漢中太守，斷斜谷閣。○管寧、邴原、王烈適遼東。

壬申 三年，春，正月，卓遣校尉李傕、郭汜、張濟擊朱儁於中牟，破之，遂掠潁川。○袁紹繫公孫瓚於界橋，大敗之。○夏，四月，王允使中郎將吕布誅董卓。詔允録尚書事，以布爲奮威將軍，共秉朝政。○黄巾寇兖州，殺刺史劉岱。曹操入據之，自稱刺史。○李傕、郭汜等舉兵犯闕，殺司徒王允，吕布走出關。○秋，七月，遣太傅馬日磾、太僕趙岐和解關東。○九月，李傕、郭汜、樊稠、張濟自爲將軍。○以馬騰爲將軍，屯郿。○冬，十月，以劉表爲荆州牧。○曹操遣使上書。○徵朱儁爲太僕。

癸酉

四年，春，正月朔，日食。○袁術進兵封丘，曹操擊破之。術走壽春，自領揚州事。○袁紹以其子譚爲青州刺史。○三月，魏郡兵與黑山賊于毒等共覆鄴城。○以陶謙爲徐州牧。○夏，六月，大雨雹。○華山崩裂。○袁紹擊于毒、左髭丈八等，皆斬之。○秋，曹操擊徐州，陶謙走保郯。○冬，十月，地震。○有星孛于天市。○大司馬劉虞討公孫瓚，不克，見殺。○十一月，地震。

資治通鑑綱目考證卷十三

起甲戌漢獻帝興平元年，盡戊子漢獻帝建安十三年，凡十五年。

甲戌 興平元年，春，正月，帝冠。○二月，追尊母王夫人爲靈懷皇后。○劉備救陶謙，謙表備爲豫州刺史。○夏，四月，曹操復攻陶謙，還擊劉備，破之。陳留太守張邈迎吕布以拒操，操還攻之。○五月，將軍郭汜、樊稠并開府如三公。**考證** 當作「郭汜、樊稠自開府如三公」。○謹按：《漢書》[一]：李傕與郭汜、樊稠，皆董卓故將。卓既誅，傕與汜、稠等以兵入長安，脅制天子，共秉朝政，開府，與三公合爲六府，并參選舉。是時，漢室衰微，紀綱廢壞，其開府也，豈獻帝之意哉？當本《凡例》，依范《史》直以「自爲」書之。故當去「將軍」號，書曰「郭汜、樊稠自開府如三公。」○六月，分涼州，置雍州。○京師地再震。○是月晦，日食。○秋，七月，以楊定爲將軍開府。○自四月不雨，至於是月。○九月，曹操攻吕布不克，還走鄄城。○劉焉卒，以其子璋爲益州牧。○陶謙卒，劉備兼領徐州。○馬日磾卒於壽春。○袁術表孫策爲懷義校尉。○以劉繇爲揚州刺史。

[一] 當是而今的《後漢書》。見《後漢書》卷七十二《董卓傳》。

（乙亥）二年，春，正月，曹操敗吕布於定陶。○即拜袁紹爲右將軍。○二月，李傕殺樊稠，攻郭汜，劫帝入其營。○夏，四月，立貴人伏氏爲皇后。○郭汜攻李傕，傕遷帝於北塢。○李傕自爲大司馬。○曹操攻拔定陶，吕布走歸劉備，留廣陵太守張超守雍丘。○六月，將軍張濟迎帝東歸。秋，七月，發長安，以濟爲驃騎將軍開府。○八月，曹操圍雍丘，張邈爲其下所殺。○冬，十月，以曹操爲兖州牧。○十二月，帝至弘農，張濟與傕、汜合追帝至陝，帝渡河入李樂營。○孫策擊劉繇於曲阿，破走之。○劉繇攻豫章，笮融走死。以華歆爲太守。○孫策遣其將朱治據吴郡。○雍丘潰，張超自殺。袁紹圍東郡，執太守臧洪殺之。○劉虞故吏鮮于輔迎虞子和，攻公孫瓚，破之。

（丙子）建安元年，春，二月，脩雒陽宫。○夏，六月，劉備與袁術戰於盱眙。吕布襲取下邳，備降於布，遂與并兵擊術。○秋，七月，帝還雒陽。○曹操入朝，自爲司隸校尉、録尚書事。○曹操遷帝于許，自爲大將軍，封武平侯。○孫策取會稽，太守王朗降。○冬，十月，曹操攻楊奉，走之。○以袁紹爲太尉，曹操自〔一〕爲司空。○曹操以荀彧爲侍中、尚書令，荀攸爲軍師，郭嘉爲祭酒。○以孔融爲將作大匠。○募民屯田許下，州郡并置田官。○吕布復攻劉備，備走歸許。詔以爲豫州牧，遣東屯沛。○張濟攻穰城，敗死。族子繡以其衆歸荆州。○劉表立學校，作雅樂。

〔一〕蜀藩本無「自」字。

丁丑　二年，春，正月，曹操擊張繡，降之。繡叛襲操，殺其子昂。○以鍾繇爲司隸校尉，督關中諸軍。○袁術稱帝，殺故兗州刺史金尚。○三月，以袁紹爲大將軍，兼督冀、青、幽、并四州。○夏，五月，蝗。○以吕布爲左將軍。布擊袁術兵，破之。○袁術遣盜殺陳王寵。○以孫策爲會稽太守，討袁術。○秋，九月，曹操擊袁術，走破之。○下故太尉楊彪獄，尋赦出之。○以金尚子瑋爲郎中。○劉備誘楊奉，殺之。

戊寅　三年，春，曹操復擊張繡。○夏，四月，詔將軍段煨等討李傕，夷三族。○曹操引兵還。五月，劉表救張繡，操擊破之。繡復追敗操軍。○秋，九月，吕布復攻劉備。冬，曹操擊布，殺之。○以劉備爲左將軍。○以孫策爲討逆將軍，封吴侯。○袁紹攻公孫瓚，圍之。

己卯　四年，春，三月，瓚自焚死。○詔漁陽太守鮮于輔都督幽州。○袁紹承制，以烏桓蹋頓爲單于。○以董承爲車騎將軍。○夏，袁術北走，詔劉備將兵邀之，術還走，死。○秋，八月，曹操進軍黎陽。九月，還許，分兵守官渡。○冬，十一月，張繡來降。○復置鹽官。徙司隸校尉治弘農。○劉表遣從事中郎韓嵩詣許。○孫策襲廬江，取之。徇豫章，太守華歆降。○曹操復屯官渡。○劉備起兵徐州討曹操，操遣兵擊之。

庚辰　五年，春，正月，操殺車騎將軍董承，遂擊備，破之。備奔冀州。○二月，曹操還官渡。袁紹進軍黎陽。夏，四月，紹遣兵攻白馬，操擊破之，斬其將顔良、文醜。○孫策卒，弟權代領其衆。○秋，袁紹遣劉備略汝、潁，曹操擊走之。備復以紹兵至汝南。○九月朔，日食。○袁紹攻曹操於官渡。冬，十月，操襲破其輜重，紹軍大潰。○有星孛于大梁。○以劉馥爲揚州刺史。○以孫權爲討虜將軍。○劉表攻長沙、零陵、桂陽，皆下之。○益州司馬張魯據漢中，從事趙韙作亂。

辛巳六年，春，三月朔，日食。○夏，四月，曹操擊袁紹倉亭，破之。○秋，九月，擊劉備於汝南，備奔荆州。○趙韙圍成都，敗死。○張魯取巴郡。詔以魯爲漢寧太守。

壬午七年，春，正月，曹操復進軍官渡。夏，五月，袁紹卒，幼子尚襲行州事，長子譚出屯黎陽，操攻敗之。○袁尚遣郭援、高幹徇河東，鍾繇擊破之，斬援。○曹操責孫權任子，權不受命。

癸未八年，春，二月，曹操攻黎陽，譚尚敗走。夏，四月，操追至鄴而還。譚攻尚，不克。○秋，八月，操擊劉表。尚圍譚於平原。冬，十月，操還救却之。○孫權遣兵討山越，平之。

甲申九年，春，二月，袁尚復攻譚。夏，四月，曹操攻鄴。秋，七月，尚還戰，敗走幽州。操遂入鄴，自領冀州牧。○冬，十月，有星孛于東井。○高幹以并州降，復以爲刺史。○十二月，曹操攻平原，拔之。袁譚走保南皮。○公孫度卒，子康襲行郡事。○丹陽郡吏殺其太守孫翊，翊妻徐氏討殺之。

乙酉十年，春，正月，曹操攻南皮，克之，斬袁譚。○幽州將吏逐刺史袁熙，遣使降操。熙、尚俱奔烏桓。

○夏，四月，黑山賊帥張燕降。○冬，十月，高幹復叛，詔以杜畿爲河東太守。○以荀悦爲侍中。

丙戌 十一年，春，正月，有星孛于北斗。○曹操擊高幹，斬之。以梁習爲并州刺史。○以仲長統爲尚書郎。○烏桓寇邊。

丁亥 十二年，春，二月，曹操封功臣爲列侯。○夏，操擊烏桓。秋，八月，破之，斬蹋頓。袁熙、袁尚奔遼東，公孫康斬之。○冬，十月，有星孛于鶉尾。○孫權母吴氏卒。○劉備見諸葛亮於隆中。

戊子 十三年，春，正月，曹操還鄴，作玄武池以肄舟師。○孫權擊江夏太守黄祖，破斬之。○夏，六月，罷三公官。曹操自爲丞相。○以馬騰爲衛尉。○秋，七月，曹操擊劉表。○八月，操殺大中大夫[一]孔融，夷其族。○劉表卒。九月，操至新野，表子琮舉州降。○劉備奔江陵，操追至當陽，及之，備走夏口。○操進軍江陵。○冬，十月朔，日食。○曹操東下，孫權遣周瑜、魯肅等與劉備迎擊於赤壁，大破之。操引還。○十二月，孫權圍合肥。○劉備徇荆州、江南諸郡，降之。○孫權使其將賀齊討黟賊，平之。

[一] 蜀藩本作「太中大夫」。

資治通鑑綱目考證卷十四

起己丑漢獻帝建安十四年，盡丁未漢後主建興五年。**考證**「盡丁未漢後主建興五年」，十五卷起，盡十六卷[一]，凡曰「後主」，皆當作「帝禪」。○謹按：《凡例》曰，凡正統之君曰帝，僭稱帝者曰主。牧菴姚氏曰：「《綱目》書『漢中王即皇帝位』，統斯正矣，而於其子獨曰『後主』，何哉？且自建興以及炎興，用天子制以臨四方者實四十年，……豈於即位正始之年不『帝』，乃曰『後主』乎？……諸曰後主者，皆溺於熟口順耳，不思而失於刊正也。《凡例》又曰『有被廢無謚者，但曰帝某，而不用後人所貶之爵。』建興之帝未嘗被廢，亦鈞於無謚者，故下取晋帝奕例，書曰『帝禪』。」[二]

凡十九年。

己丑 十四年，春，三月，孫權引兵還。○秋，七月，曹操軍合肥，開芍陂屯田。○冬，十月，荆州地震。

○十二月，操軍還譙。○孫權表劉備領荆州牧。

庚寅 十五年，春，曹操下令求才。○二月朔，日食。○冬，曹操作銅爵臺於鄴。○十二月，操讓還三縣。

○孫權南郡守將周瑜卒，權以魯肅代領其兵。○劉備以龐統爲治中從事。○孫權以步隲爲交州刺史。

[一]《四庫》本原作「盡十六卷起」，衍「起」字，據蜀藩本改。

[二] 此處引姚燧《國統離合表序》，最後一句與原文稍有差異。

辛卯　十六年，春，正月，曹操以其子丕爲五官中郎將，爲丞相副。○三月，遣鍾繇擊張魯。○馬超、韓遂等反。秋，曹操擊破之。○冬，劉璋遣使迎劉備，備留兵守荆州而西。璋使備擊張魯。

壬辰　十七年，春，正月，曹操還鄴。贊拜不名，入朝不趨，劍履上殿。○夏，五月，誅馬騰，夷三族。○六月晦，日食。○秋，七月，螟。○鄜賊梁興作亂，左馮翊鄭渾討平之。○孫權徙治建業。○權長史張紘卒。○權作濡須塢。○冬，十月，曹操擊孫權，至濡須。侍中、光禄大夫、參軍事荀彧自殺。○十二月，有星孛于五諸侯。○劉備據涪城。

癸巳　十八年，春，正月，曹操引兵還。○并十四州爲九州。○徙濱江郡縣[一]。○夏，五月，曹操自立爲魏公，加九錫。○大雨水。○劉璋遣將吴懿等拒劉備，敗績，皆降。備進圍雒城。○秋，七月，魏始建宗廟社稷。○魏公操納三女爲貴人。○八月，馬超入凉州，殺刺史。九月，參軍事楊阜起兵攻之，超奔漢中。○冬，十一月，魏初置尚書、侍中、六卿。

甲午　十九年，春，張魯遣馬超圍祈山，夏侯淵擊却之。○三月，魏公操進位諸侯王上。**考證**當加「自」字於「進位」之上。○謹按：《凡例》曰：「凡簒國，其事不同，故隨事異文，而猶謹其始。」注云：「曹操等自其得政，遷官、建國皆依范《史》，直以『自爲』『自立』書之。」其後，司馬懿、師、昭、劉裕以下，皆倣此。○夏，四月，

[一] 蜀藩本作「徙濱江縣」。

旱。○五月，雨水。○閏月，孫權使其將呂蒙攻皖城，破之。○馬超奔劉備。備入成都，自領益州牧，以諸葛亮爲軍師將軍。○秋，七月，魏公操擊孫權。○魏荀攸卒。○枹罕宋建反。冬，十月，討斬之，諸羌皆降。○十一月，魏公操弑皇后伏氏及皇子二人。○十二月，操以高柔爲丞相理曹掾。

乙未 二十年，春，正月，立貴人曹氏爲皇后。○三月，魏公操擊張魯。○夏，五月，韓遂爲其下所殺。○劉備、孫權分荆州。備使關羽守江陵，權使魯肅屯陸口。○秋，七月，魏公操取漢中，走張魯，留將軍夏侯淵、張郃守之而還。○八月，孫權攻合肥，大敗而還。○冬，十月，始置名號侯以賞軍功。○十一月，張魯出降，以爲鎮南將軍，封其屬閻圃爲列侯。○劉備遣兵擊巴賨，破之。

丙申 二十一年，夏，四月，魏公操進爵爲王，操殺尚書崔琰。**考證** 當書「自」字於「進爵」之上。○五月朔，日食。○以裴潛爲代郡太守。○秋，七月，南匈奴單于入朝于魏，遂留居鄴。○八月，魏以鍾繇爲相國。

丁酉 二十二年，春，正月，魏王操擊孫權軍[一]。三月，權降。○夏，四月，魏王操用天子車服，出入警蹕。○六月，魏以華歆爲御史大夫。○冬，十月，魏以世子丕爲王太子。○劉備進兵漢中，魏王操遣將軍曹洪拒之。○孫權陸口守將魯肅卒，權以呂蒙代之。○權遣陸遜討丹陽山越，平之。

[一] 蜀藩本無「軍」字。

戊戌 二十三年，春，正月，少府耿紀、司直韋晃起兵討魏王操，不克，死之。○三月，有星孛于東方。○夏，四月，代郡上谷烏桓反。魏王操遣其子彰擊破之。○劉備擊張郃，不克。○秋，七月，魏王操擊劉備。九月，至長安。

己亥 二十四年，春，正月，劉備擊夏侯淵，破斬之。○二月晦，日食。○三月，魏王操出斜谷，劉備將趙雲擊其軍，敗之。夏，五月，操引還，備遂取漢中。○秋，七月，劉備自立爲漢中王。○魏王操號其夫人爲王后。○八月，漢中將關羽取襄陽。○魏王操殺丞相主簿楊脩。○關中營帥許攸降。○冬，十月，孫權使呂蒙襲取江陵。魏王操帥師救樊，關羽走還。權邀斬之。十二月，蒙卒。○以孫權爲驃騎將軍，領荆州牧。

庚子 二十五年，魏文帝曹丕黄初元年。○是歲僭國一。春，正月，丞相、冀州牧、魏王曹操還至洛陽，卒。太子丕立，自爲丞相、冀州牧。○二月朔，日食。○魏以賈詡爲太尉，華歆爲相國，王朗爲御史大夫。○魏王丕遣其弟鄢陵侯彰等皆就國。○魏立法，自今宦者官不得過諸署令。○魏立九品法，置州郡中正。○夏，六月，魏王丕南巡至譙，大饗軍士、父老。○漢中將孟達以上庸降魏。○以賈逵爲豫州刺史。○冬，十月，魏王曹丕稱皇帝，廢帝爲山陽公。○十二月，魏主丕如洛陽營宫室。○魏徙冀州士卒家實河南。

辛丑 昭烈皇帝章武元年，魏黄初二年。春，正月，魏封孔羨爲宗聖侯。○魏復五銖錢。○夏，四月，漢中王即皇帝位。〇孫權徙治武昌。〇立宗廟，祫祭高皇帝以下。〇五月，立夫人吳氏爲皇后，子禪爲皇太子。〇六月，魏殺夫人甄氏。〇魏祀太祖於建始殿。〇是月晦，日食。〇秋，七月，帝自將伐孫權。〇車騎將軍張飛爲其下所殺。〇孫權請和，不許。遂遣陸遜督諸將拒守。〇魏築凌雲臺。〇八月，孫權遣使降魏。魏封權爲吳王。〇孫權城武昌。〇冬，十月，魏以楊彪爲光禄大夫。〇魏罷五銖錢。〇孫權遣使如魏。〇魏遣使求珍物於孫權。〇孫權立子登爲太子。〇魏置護鮮卑、烏桓校尉。

壬寅 二年，魏黃初三年。〇吳大帝孫權黃武元年。〇舊國一，新國一，凡二僭國。春，正月朔，日食。〇魏除貢士限年法。〇二月，魏復置戊己校尉。〇帝進軍猇亭。〇三月，魏立子弟爲王。〇夏，六月，吳陸遜進攻猇亭，諸軍敗績[一]，帝還永安。〇秋，七月，魏冀州大蝗，饑。〇八月，將軍黃權叛降魏。〇九月，魏立法，自今后家不得輔政。〇魏立貴嬪郭氏爲后。〇魏遣將軍曹休等擊孫權。〇冬，十月，魏作壽陵。〇吳王權改元，拒魏。十一月，魏主丕自將擊之。〇是月晦，日食。〇吳人來聘。遣大中大夫[二]宗瑋報之。

癸卯 後主建興元年，魏黃初四年，吳黃武二年。**考證** 當去此六字，補書「三年」，分注「帝禪建興元年」。〇春，魏師攻濡須，別將圍江陵，皆不克，引還。〇夏，四月，帝崩於永安。丞相亮受遺詔輔政。五月，太子禪

[一] 蜀藩本作「諸軍敗」。
[二] 蜀藩本作「太中大夫」。

即位，尊皇后曰皇太后，封亮爲武鄉侯，領益州牧。**考證**「五月」下當補書「奉喪還成都」〔一〕五字。〇六月，魏大水。〇益州郡耆帥雍闓等以四郡叛。〇秋，八月，魏以鍾繇爲太尉。**考證**「秋八月」下當補書「葬惠陵」三字。〇謹按：《凡例》曰：「正統之君葬，皆隨事書之。」紹復正統，此盖漏耳。〇遣尚書鄧芝使吴。

〇立皇后張氏。

甲辰 二年，魏黄初五年，吴黄武三年。**考證**當補書「帝禪建興」於「二年」之上。夏，四月，魏立太學。〇吴人來聘，復遣鄧芝報之。〇秋，八月，魏主丕以舟師擊吴，臨江而還。〇吴尚書暨豔、郎徐彪有罪，自殺。

〇冬，十一月晦，日食。

乙巳 三年，魏黄初六年，吴黄武四年。春，三月，丞相亮南征。〇夏，五月，魏主丕以舟師伐吴。〇六月，吴以顧雍爲丞相。〇秋，七月，丞相亮討雍闓，斬之。遂平四郡。**考證**「斬」當作「誅」。〇冬，十月，魏師臨江而還。〇十二月，吴番陽賊彭綺反。

丙午 四年，魏黄初七年，吴黄武五年。春，正月，中都護李嚴移屯江州。〇吴令諸將屯田。〇魏殺其執法鮑勛，免將軍曹洪官。〇夏，五月，魏主丕卒。**考證**下當補書「子叡立」三字。〇謹按：《凡例》曰：「凡僭國

〔一〕蜀藩本作「奉葬還成都」。

稱帝者，……繼世，曰太子某立。」〔一〕○秋，八月，吴王權圍魏江夏，不克。○吴攻襄陽，魏撫軍司馬懿擊破之。○冬，吴王權令陸遜、諸葛瑾損益科條。○魏徵處士管寧，不至。○吴吕岱誘交趾守士徽，殺之。

丁未 五年，魏明帝曹叡太和元年，吴黄武六年。春，正月，吴討彭綺，禽之。○二月，魏大營宫室。○三月，丞相亮率諸軍出屯漢中，以圖中原。○夏，四月，魏復行五銖錢。○冬，十二月，魏立貴嬪毛氏爲后。○魏議復肉刑，不果行。○魏孟達以新城來歸。魏將軍司馬懿帥兵攻之。

〔一〕與原文略異，原文爲「凡僭國始稱帝者，……繼世，曰太子某立。」

資治通鑑綱目考證卷十五

起戊申漢後主建興六年，盡壬申漢後主延熙十五年，凡二十五年。

戊申六年，魏太和二年，吴黄武七年。春，正月，魏陷新城，孟達死之。○丞相亮伐魏，戰于街亭，敗績。詔貶亮右將軍，行丞相事。○夏，四月，魏以徐邈爲凉州刺史。○五月，大旱。○吴人誘魏揚州牧曹休戰于石亭，大敗之。○冬，十二月，右將軍亮伐魏圍陳倉，不克而還。斬其追將王雙。○魏以公孫淵爲遼東太守。○吴大司馬吕範卒。

己酉七年，魏太和三年，吴黄龍元年。春，右將軍亮伐魏，拔武都、陰平，復拜丞相。○夏，四月，吴王孫權稱皇帝。○遣衛尉陳震使吴，及吴主權盟。○吴以張昭爲輔吴將軍。○秋，七月，魏制，後嗣有由諸侯入奉大統者，不得顧私親。○九月，吴遷都建業，使上大將軍陸遜輔太子登守武昌。○冬，十月，魏立聽訟觀，置律博士。○十二月，築漢、樂二城。

庚戌八年，魏太和四年，吴黄龍二年。春，吴發兵浮海，求夷洲、亶洲。○二月，魏立郎吏課試法。尚書諸葛誕等有罪免。○秋，七月，魏寇漢中，丞相亮出次成固。九月，魏師還。○魏主叡如許昌。○冬，十二月，吴人攻魏合肥，不克。○丞相亮以蔣琬爲長史。○吴廷尉監隱蕃作亂，伏誅。

辛亥 九年，魏太和五年，吴黄龍三年。春，二月，吴武陵蠻叛，吴主權遣潘濬擊之。○丞相亮伐魏，圍祁山。○自十月不雨，至于三月。○夏，五月，亮敗魏司馬懿于鹵城，殺其將張郃。○秋，八月，魏令其宗室王侯朝明年正月。○中軍護李平有罪，廢徙梓潼。○冬，十月，吴人誘敗魏兵於阜陵。○十一月晦，日食。

壬子 十年，魏太和六年，吴嘉禾元年。春，三月，魏主叡東巡。○吴遣使如遼東，徙其騎都尉虞翻於蒼梧。○秋，九月，魏治許昌宮。○魏伐遼東，不克。還，擊吴使者，斬之。○魏以劉曄爲大鴻臚。○吴人擊魏廬江，不克。

癸丑 十一年，魏青龍元年，吴嘉禾二年。春，正月，青龍見魏摩陂井中。二月，魏主叡往觀之。○吴遣使拜公孫淵爲燕王。○夏，閏五月朔，日食。○六月，魏洛陽宮鞠室災。○公孫淵斬吴使者，獻首於魏。魏封淵爲樂浪公。○吴主權自將攻魏新城，不克。○以馬忠爲庲降都督。

甲寅 十二年，魏青龍二年，吴嘉禾三年。春，二月，丞相亮伐魏。○三月，魏山陽公卒。**考證**下當分注「謚曰漢孝獻皇帝」。○謹按：《凡例》曰：「凡正統之君，廢爲王公[一]而死者，書卒而注其謚。」後倣此。○夏，四月，魏大疫。崇華殿災。○丞相亮進軍渭南。魏大將軍司馬懿引兵拒守，亮始分兵屯田。○五月，吴主權擊

[一] 蜀藩本誤作「廢爲陽公」。

魏。秋，七月，魏主叡自將擊却之。○八月，魏葬漢孝獻皇帝于禪陵。○丞相武鄉侯諸葛亮卒于軍。長史楊儀引軍還。前軍師魏延作亂，儀擊斬之。**考證**「擊斬」當作「討誅」。○以吴懿爲車騎將軍，督漢中；蔣琬爲尚書令，總統國事。○遣中郎將宗預使吴。○吴以諸葛恪爲丹陽太守。○冬，十一月，魏洛陽地震。○吴潘濬平武陵蠻。

乙卯 十三年，魏青龍三年，吴嘉禾四年。春，正月，魏太后郭氏卒。○中軍師楊儀有罪廢，徙漢嘉，自殺。○夏，四月，以蔣琬爲大將軍、録尚書事；費禕爲尚書令。○魏作洛陽宫。○秋，七月，魏崇華殿災。○八月，魏立子芳爲齊王，詢爲秦王。○魏復立崇華殿。○冬，十月，魏中山王衮卒。○魏殺鮮卑軻比能。○魏張掖涌石負圖。○魏以馬易珍物於吴。

丙辰 十四年，魏青龍四年，吴嘉禾五年。春，吴鑄大錢。○三月，吴婁侯張昭卒。○夏，四月，帝如湔，觀汶水。旬日而還。○武都氐王苻健降。○冬，十月，有星孛于大辰，又孛于東方。○魏司空陳群卒。○魏令公卿舉才德兼備之士。

丁巳 十五年，魏景初元年，吴嘉禾六年。春，正月，魏黄龍見，以三月爲夏四月。○夏，六月，魏地震。○魏以陳矯爲司徒。○魏制三祖爲不毁之廟。○秋，七月，魏擊遼東，不利。公孫淵自稱燕王。○皇后張氏崩。**考證**下當補書「葬敬哀皇后於南陵」。○謹按：《凡例》曰：「凡正統之后，特葬，曰葬某謚皇后于某陵。」[一]陳壽《志》云，後主敬哀皇后建興「十五年薨，葬南陵」。[二]○九月，魏大水。○魏主叡殺其后毛氏。○冬，十月，魏營圓、方丘，南、北郊。○吴以諸葛恪爲威北將軍。○魏鑄銅人，起土山於芳林園。○魏光禄勛高堂隆卒。○魏作考課法，不果行。

戊午 延熙元年，魏景初二年，吴赤烏元年。春，正月，魏遣太尉司馬懿擊遼東。○二月，魏以韓暨爲司徒。○立皇后張氏。**考證**當作「立貴人張氏爲皇后」。○謹按：《凡例》曰：「凡正統立后，非正嫡[三]，曰立某氏爲皇后。」陳壽《志》云：「後主張皇后，前后敬哀之妹也。建興十五年，入爲貴人。」延熙元年，春，正月，策貴人爲皇后。○立子璿爲皇太子。○吴鑄當千大錢。○秋，八月，魏司馬懿克遼東，斬公孫淵。○吴中書郎吕壹伏誅。○冬，十二月，蔣琬出屯漢中。○魏主叡有疾，立郭夫人爲后，召司馬懿入朝，以曹爽爲大將軍。

己未 二年，魏景初三年，吴赤烏二年。春，正月，魏司馬懿至洛陽，與爽受遺輔政。魏主叡卒，太子芳立。○二月，魏以司馬懿爲太傅，何晏爲尚書。○夏，以蔣琬爲大司馬。○冬，十月，吴遣將軍吕岱屯武昌。○吴將周胤有罪，廢徙廬陵。○十二月，魏復以建寅之月爲正。

[一] 比原文衍一「陵」字。

[二] 見《三國志·後主敬哀張皇后傳》。

[三] 蜀藩本誤作「妃正嫡」。

庚申三年，魏主曹芳正始元年，吴赤烏三年。春，以張嶷爲越嶲太守。○冬，吴饑。

辛酉四年，魏正始二年，吴赤烏四年。夏，四月，吴人攻魏，魏擊却之。○吴太子登卒。○蔣琬徙屯涪。○魏置淮南、北屯田，廣漕渠。○管寧卒於魏。

壬戌五年，魏正始三年，吴赤烏五年。春，正月，中監軍姜維自漢中徙屯涪。○吴立子和爲太子，霸爲魯王。

癸亥六年，魏正始四年，吴赤烏六年。夏，五月朔，日食，既。○冬，十月，遣前監軍王平督漢中。○十一月，以費禕爲大將軍、録尚書事。○魏揚豫都督王昶徙屯新野。

甲子七年，魏正始五年，吴赤烏七年。春，正月，吴以陸遜爲丞相。○三月，魏曹爽寇漢中。閏月，費禕督諸軍救之。○夏，四月朔，日食。○五月，魏軍退走。○冬，以費禕兼益州刺史，董允守尚書令。

乙丑八年，魏正始六年，吴赤烏八年。春，吴殺其太子太傅吾粲。○吴丞相陸遜卒。○秋，八月，皇太后吴氏崩。**考證**下當補書「葬穆皇后」。○謹按：《凡例》曰：「凡正統之后，合葬不地。」注云：「如漢光武、昭烈之類。」陳壽《志》云：先主穆皇后，延熙八年，合葬惠陵。○謹按：《綱目》於漢曰「即皇帝位」者三，始書漢王，中書蕭王，終書漢中王，以著創業、中興、紹承正統之例也。朱子嘗曰：温公以魏爲主，其理都錯，熹所作《綱目》以蜀爲主。[一] 見於語略如此，而大經大法已粲然可見。今所存諸刊本，自章武至延熙二十餘年間，得其脱誤者六七，故當補正。表章武於末年，以定父子之倫也。「葬惠陵」，以正昭烈之終也。書「帝禪」，以尊正統也。合葬吳太后，特葬張皇后，以正二后之終也。加「貴人」於立張后之上，以著其非正嫡也。昭文[二]生於大賢既没之後，幸其書存，得求義例，究明君臣、父子、夫婦之大綱，庶幾有補於垂世立教之微意也歟。○冬，十一月，大司馬蔣琬卒。○十二月，尚書令董允卒。以宦者黄皓爲中常侍。

丙寅 九年，魏正始七年，吳赤烏九年。春，魏擊高句驪，克丸都。○秋，九月，吳以步隲爲丞相。○吳分荆州爲二部。○赦。○吳罷大錢。○以姜維爲衛將軍，與費禕并録尚書事。

丁卯 十年，魏正始八年，吳赤烏十年。春，二月，日食。○吳作太初宫。○魏遷其太后於永寧宫。

戊辰 十一年，魏正始九年，吳赤烏十一年。夏，四月，魏以徐邈爲司空，不受。○五月，費禕出屯漢中。

己巳 十二年，魏嘉平元年，吳赤烏十二年。春，正月，魏司馬懿殺曹爽及何晏等，夷其族。○魏以司馬懿爲丞相，加九錫，不受。**考證**當作「魏司馬懿自爲丞相，加九錫，復辭不受」。○謹按：古者國家大臣，受遺輔政，安

[一] 見《朱子語類》一書，卷一百五。與原文略有不同。

[二] 《四庫》本原作「昭又」，據蜀藩本改。

危之所繫焉。漢武帝命霍光，昭烈命孔明，君能知臣，臣能盡忠，可謂兩得矣。以唐太宗賢明，猶不知李勣，致有武氏之亂，况僭國嗣主，安能知其臣乎？當曹魏時，司馬懿雖有無君之心，而未得專國之權。明帝屬以後事者，是授以國命也。因而廢弑三主，卒簒其國，皆由卧内一言以召之。《凡例》曰：「凡書簒國，隨事異文，而尤謹其始。」[一]今故追原事義，推本《凡例》，當於「司馬懿爲丞相，加九錫」特以「自」爲書之。然亦不足以著其罪也。○魏護軍夏侯霸來奔。○三月，吴大司馬朱然卒。○秋，姜維伐魏雍州，不克。○冬，十二月，魏即拜王淩爲太尉。○魏光禄大夫徐邈卒。

庚午 十三年，魏嘉平二年[二]，吴赤烏十三年。秋，吴廢其太子和，殺魯王霸及將軍朱據。冬，十一月，立子亮爲太子。○吴作堂邑塗塘。○十二月，魏擊吴，戰於江陵，大破之。

辛未 十四年，魏嘉平三年，吴太元元年[三]。夏，四月，魏司馬懿殺王淩及楚王曹彪，遂置諸王公於鄴。○秋，八月，魏太傅司馬懿卒。以其子師爲撫軍大將軍、録尚書事。○魏分匈奴部爲二國。○冬，十一月，

[一] 與原文略異，原文爲「凡簒國，其事不同，故隨事異文，而尤謹其始。」
[二] 蜀藩本誤作「三年」。
[三] 《四庫》本原作「吴大元元年」，據蜀藩本改。

吴以諸葛恪爲太子太傅，總統國事。〇費禕北屯漢壽，以陳祇守尚書令。

壬申 十五年，魏嘉平四年，吴主孫亮建興元年。春，正月，魏以司馬師爲大將軍。〇吴立故太子和爲南陽王。〇夏，四月，吴主權卒。太子亮立，以諸葛恪爲太傅。〇吴徙其齊王奮於豫章。〇冬，十月，吴諸葛恪脩東興隄。十二月，魏人擊之，恪與戰于徐塘，魏人敗走。

資治通鑑綱目考證卷十六

起癸酉漢後主延熙十六年，盡己亥晉武帝咸寧五年，凡二十七年。

癸酉 十六年，魏嘉平五年，吳建興二年。春，正月，盜殺大將軍費禕。○二月，吳諸葛恪擊魏。○夏，四月，姜維伐魏，圍狄道。○吳師圍魏新城，不克。○冬，十月，吳殺其太傅諸葛恪，以孫峻爲丞相。○吳殺其南陽王和。

甲戌 十七年，魏主曹髦正元元年，吳五鳳元年。春，二月，魏司馬師殺中書令李豐及太常夏侯玄、光禄大夫張緝，遂廢其后張氏。○夏，姜維伐魏。○秋，九月，魏司馬師廢其主芳爲齊王，遷之河内。冬，十月，迎高貴鄉公髦立之。

乙亥 十八年，魏正元二年，吳五鳳二年。春，正月[一]，魏揚州都督毌丘儉、刺史文欽起兵討司馬師，師擊敗之。欽奔吳，儉走死。○魏大將軍司馬師卒。二月，師弟昭自爲大將軍、録尚書事。○秋，七月，吳孫峻殺朱公主。○八月，姜維伐魏，敗其兵於洮西，遂圍狄道，不克而還。○冬，吳始作太廟。

[一]《四庫》本原作「二月」，據蜀藩本改。

丙子 十九年，魏甘露元年，吴太平元年。春，正月，以姜維爲大將軍。○夏，四月，魏司馬昭始服衮冕赤舄。○魏主髦視學。○秋，七月，姜維伐魏，與其將鄧艾戰，敗績。○八月，魏司馬昭自爲大都督，奏事不名，假黄鉞。○吴孫峻卒。以其從弟綝爲侍中，輔政。○吴大司馬吕岱卒。○冬，十月，吴孫綝殺大司馬滕胤、將軍吕據。○魏以盧毓爲司空。○吴孫綝殺將軍王惇。

丁丑 二十年，魏甘露二年，吴太平二年。夏，四月，吴主亮始親政。○魏揚州都督諸葛誕起兵討司馬昭。六月，昭奉其主髦攻之。吴人救之，不克而還。○姜維伐魏。

戊寅 景耀元年，魏甘露三年，吴景帝孫休永安元年。春，二月，魏司馬昭拔壽春，殺諸葛誕。○姜維引兵還。○夏，五月，魏司馬昭自爲相國，封晋公，加九錫，復辭不受。○秋，八月，魏主髦養老乞言於太學。○九月，吴孫綝廢其主亮爲會稽王。冬，十月，迎立琅邪王休。休以綝爲丞相，封兄子皓爲烏程侯。○十二月，吴孫綝伏誅。○詔漢中兵屯漢壽，守漢、樂二城。

己卯 二年，魏甘露四年，吴永安二年。春，正月，黄龍二見魏寧陵井中。○秋，八月，陳祗卒。以董厥爲尚書令，諸葛瞻爲僕射。

庚辰 三年，魏元帝曹奂景元元年，吴永安三年。春，正月朔，日食。○夏，五月，魏司馬昭弑其主髦於南闕下，尚書王經死之。○六月，魏主奂立。○吴作浦里塘。○吴會稽王亮自殺。○冬，魏以王沈爲豫州刺史。

辛巳　四年，魏景元二年，吴永安四年。春，三月，魏遣兵迎吴降將，未行而罷。○冬，以董厥、諸葛瞻爲將軍，共平尚書事；樊建爲尚書令。○鮮卑索頭貢質于魏。

壬午　五年，魏景元三年，吴永安五年。秋，八月，吴立子爲太子。○冬，十月，姜維伐魏洮陽，不克。○吴以濮陽興爲丞相。○魏司馬昭殺中散大夫嵇康。○魏以鍾會都督關中軍事。

癸未　炎興元年，魏景元四年，吴永安六年。○是歲漢亡。春，詔立故丞相亮廟於沔陽。○夏，五月，吴交阯殺其太守以降魏。○秋，魏遣鄧艾、鍾會將兵入寇，關口守將傅僉死之。姜維戰敗，還守劍閣。○冬，十月，吴人來援。○魏司馬昭始稱相國、晋公，受九錫。○衛將軍諸葛瞻及鄧艾戰於綿竹，敗績，及其子尚皆死之。○鄧艾至成都，帝出降，皇子北地王諶死之，漢亡。○吴兵還。○吴以鍾離牧爲武陵太守。○魏赦益州，復半租五年。○魏以鄧艾爲太尉，鍾會爲司徒。

甲申　魏咸熙元年，吴主孫皓元興元年。○凡二國。春，正月，魏以檻車徵鄧艾。鍾會謀反，伏誅。監軍衛瓘襲艾，殺之。○三月，魏晋公昭進爵爲王。○魏封故漢帝禪爲安樂公。○夏，五月，魏復五等爵。○秋，七月，魏以羅憲爲陵江將軍。○魏使荀顗定禮儀，賈充正法律，裴秀議官制。○吴主休殂，烏程侯皓立。○八月，魏晋王昭以其子中撫軍炎爲副相國。冬，十月，立爲晋世子。○十一月，吴殺其丞相濮陽興、左將軍張布。○魏罷屯田官。

乙酉　魏咸熙二年，晉世祖武皇帝司馬炎泰始元年，吳甘露元年。○是歲魏亡晉代，凡二國。夏，五月，魏晉王昭號其妃曰后，世子曰太子。○秋，七月，吳主殺景后及其二子。○八月，魏晉王昭卒，太子炎嗣。○冬，吳遷都武昌。○十二月，晉王[一]炎稱皇帝，廢魏主爲陳留王。○晉大封宗室。○晉除漢魏宗室禁錮，罷將吏質任。○晉以傅玄[二]、皇甫陶爲諫官。

丙戌　晉泰始二年，吳寶鼎元年。春，正月，晉立七廟。○晉除郊祀五帝座。○三月，吳遣使如晉吊祭。○吳殺其散騎常侍王蕃。○夏，六月晦，日食。○秋，八月，晉主謁崇陽陵。○吳以陸凱、萬彧爲左、右丞相。○冬，十月朔，日食。○十一月，晉并圓、方丘之祀於南、北郊。○晉罷山陽督軍，除其禁制。○十二月，吳還都建業。

丁亥　晉泰始三年，吳寶鼎二年。春，正月，晉立子衷爲太子。○晉殺其故立進令劉友。○晉徵犍爲李密，不至。○夏，六月，吳作昭明宮。○秋，九月，晉增吏俸。○晉禁星氣、讖緯之學。○晉遣索頭質子歸國。

戊子　晉泰始四年，吳寶鼎三年。春，正月，晉律令成。○晉詔立考課法，不果行。○晉主親耕耤田。○三月，

[一] 蜀藩本誤作「晉主」。

[二] 《四庫》本原避清聖祖諱，作「傅元」，據蜀藩本改。

晋太后王氏殂。○夏，四月，晋太保王祥卒。○秋，七月，衆星西流如雨而隕。○九月，晋大水。○晋揚州都督石苞罷。

己丑 晋泰始五年，吴建衡元年。春，二月，晋以胡烈爲秦州刺史。○晋青、徐、兖州大水。○晋以羊祜都督荆州軍事。○晋録用故漢名臣子孫。○秋，九月，有星孛于紫宫。○冬，十月，吴左丞相陸凱卒。

庚寅 晋泰始六年，吴建衡二年。夏，四月，吴以陸抗都督諸軍，治樂鄉。○六月，晋胡烈討鮮卑秃髮樹機能，敗死。

辛卯 晋泰始七年，吴建衡三年。春，正月，晋匈奴右賢王劉猛叛走出塞。○晋豫州刺史石鑒有罪免。○吴主大舉兵游華里，不至而還。○夏，四月，晋涼州胡叛，刺史牽弘[一]討之，敗死。○秋，七月，吴復取交阯。○冬，十月朔，日食。○十一月，劉猛寇晋并州。○晋安樂公劉禪卒。

壬辰 晋泰始八年，吴鳳凰元年。春，正月，匈奴殺劉猛降晋。○二月，晋太子衷納妃賈氏。○晋太宰安平王孚卒。○晋散騎常侍鄭徽以罪免。○夏，晋益州殺其刺史，廣漢太守王濬討平之。以濬爲益州刺史。○秋，七月，晋以賈充爲司空。○九月，吴步闡據西陵叛降晋。○冬，十月朔，日食。○十一月，吴陸抗拔西陵，誅步闡。晋羊祜等救之不及。○晋免其國子祭酒庾純官，尋復用之。○吴殺其丞相萬彧、

[一]《四庫》本原避清高宗諱，作「牽宏」，據蜀藩本改。

將軍留平、大司農[一]樓玄。

癸巳晉泰始九年，吳鳳凰二年。夏，四月朔，日食。○晉以鄧艾孫朗爲郎中。○吳主殺其侍中韋昭。○秋，七月朔，日食。○晉選公卿女備六宮。○九月，吳殺其司市陳聲。

甲午晉泰始十年，吳鳳凰三年。春，正月，日食。○晉詔自今不得以妾媵爲正嫡。○三月，日食。○晉取良家女入宮。○吳殺其章安侯奮。○秋，七月，晉后楊氏殂。○晉以山濤爲吏部尚書。○晉以嵇紹爲秘書丞。○吳大司馬、荆州牧陸抗卒。○晉作河橋。○晉邵陵公曹芳卒。○吳比三年大疫。

乙未晉咸寧元年，吳天册元年。春，正月，吳殺其中書令賀邵。○夏，六月，索頭遣子入貢於晉。○秋，七月晦，日食。○冬，晉追尊祖宗廟。○晉大疫。

丙申晉咸寧二年，吳天璽元年。春，晉徙河南尹夏侯和爲光禄勛。○秋，八月，吳臨平湖開，石印封發。○吳殺其郡守張詠、車浚、尚書熊睦。○冬，十月，晉加羊祜征南大將軍。○晉立后楊氏，以后父駿爲車騎將軍。

丁酉晉咸寧三年，吳天紀元年。春，正月朔，日食。○三月，晉討樹機能，破之，降諸胡二十萬口。**考證**[二]

[一] 蜀藩本作「太司農」。

[二] 蜀藩本誤作此條爲「考異」。

「討」當作「擊」。○秋，七月，有星孛于紫宮。○晉詔遣諸王就國，封功臣爲公侯。○晉大水。○冬，十二月，吴人襲晉江夏、汝南，大略而還。○吴司直中郎將張俶伏誅。○索頭拓跋力微死。

戊戌 晉咸寧四年，吴天紀二年。春，正月朔，日食。○夏，六月，晉羊祜入朝。○秋，晉大水，螟。○吴殺其中書令張尚。○冬，晉以衛瓘爲尚書令。○吴人大佃皖城，晉人攻破之。○十一月，晉詔毋得獻奇技異服。○晉以杜預爲鎮南大將軍，都督荆州諸軍事。鉅平侯羊祜卒。○晉司空何曾卒。○晉清泉侯傅玄卒。

己亥 晉咸寧五年，吴天紀三年。春，正月，樹機能陷晉涼州，晉遣將軍馬隆討之。**考證** 「陷」當作「入」，「討」當作「擊」。○謹按：《凡例》曰：「凡非正統而相攻，先發者，不曰寇陷；後應者，不曰征討。其他悉從本文。」後倣此。○晉以匈奴劉淵爲左部帥。○冬，十一月。晉大舉兵。分道伐吴。○十二月，晉馬隆破樹機能，斬之。涼州平。○晉詔議省員吏。

資治通鑑綱目考證卷十七

起庚子晉武帝太康元年，盡甲子晉惠帝永興元年，凡二十五年。

庚子 晉世祖武皇帝太康元年，春，諸軍并進吴，丞相張悌迎戰死之。三月，龍驤將軍王濬以舟師入石頭，吴主皓出降。○夏，四月，賜孫皓爵歸命侯，遣使行荆、揚，除吴苛政。○封拜平吴功臣。○冬，十月，尚書胡威卒。○初置司州。○詔罷州郡兵。

辛丑 二年，春，三月，選吴伎妾五千人入宫。○冬，十月，鮮卑慕容涉歸寇昌黎。○揚州刺史周浚移鎮秣陵。

壬寅 三年，春，正月朔，帝親祀南郊。○以張華都督幽州軍事。○夏，四月，魯公賈充卒。○冬，十二月，以齊王攸爲大司馬，都督青州軍事。○散騎常侍薛瑩卒。

癸卯 四年，春，正月，除祭酒曹志等名，賜齊王攸備物殊禮。○三月朔，日食。○大司馬齊王攸卒。○夏，琅邪王伷卒。○冬，河南、荆、揚大水。○歸命侯孫皓卒。

甲辰 五年，春，正月，龍見武庫井中。

乙巳　六年，春，正月，尚書左僕射劉毅卒。○以王渾爲尚書左僕射。○旱。○秋，八月朔，日食。○冬，慕容廆寇遼西。

丙午　七年，春，正月朔，日食。○司徒魏舒罷。

丁未　八年，春，正月朔，日食。○太廟殿陷。秋，九月，改營之。

戊申　九年，春，正月朔，日食。○夏，六月朔，日食。○旱。○秋，八月，星隕如雨。○地震。

己酉　十年，夏，四月，太廟成。○慕容廆降，以爲鮮卑都督。○冬，十月，復明堂及南郊五帝位。○十一月，尚書令荀勗卒。○遣諸王假節之國，督諸州軍事，封子孫六人爲王。○以劉淵爲匈奴北部都尉。

庚戌[一]　孝惠皇帝永熙元年，**考證**當去此八字，補書「十一年」，分注「惠帝永熙元年」。○謹按：是年四月，晉武帝崩，歲首即太康十一年也。當依章武三年例，以前爲正。或曰，愍帝亦四月即位，元帝三月即晉王位，夫何以後爲正乎？曰，不同也。是年書太康十一年者，正武帝之終；次年書元康元年者，正惠帝之始。此《綱目》之正例也。愍、元二帝即位之年，即書元年，本《春秋》之法也。魯昭公在外薨，定公六月即位，故於歲首即書元年。晉懷帝永嘉五年，漢人遷帝於平陽。明年，漢封爲會稽郡公，晉已曠歲無君矣。又明年，被弑，懷帝不得正其終，而愍帝雖四月即位，

[一] 蜀藩本脱「庚戌」二字。

故必於歲首追書建興之號。至四年復降於漢，愍帝又不得正其終。明年三月，元帝即晉王位，亦必於歲首追書建武元年。二者非惟本《春秋》之法，抑所以正其統也。夏，四月，以楊駿爲太尉，輔政。○帝崩。太子衷即位，尊皇后曰皇太后，立皇后賈氏。○五月，葬峻陽陵。詔群臣增位賜爵有差。○以楊駿爲太傅、大都督，假黄鉞，録朝政，百官總己以聽。○秋，八月，立廣陵王遹爲太子。○以劉淵爲匈奴五部大都督。○琅邪王覲卒。

辛亥 元康元年，春，三月，皇后賈氏殺太傅楊駿，廢皇太后爲庶人。**考證** 當補書「孝惠皇帝[一]」於「元康」之上。○徵汝南王亮爲太宰，與太保衛瓘録尚書事。○夏，六月，皇后殺太宰亮、太保瓘及楚王瑋。○以賈模、張華、裴頠爲侍中，并管機要。

壬子 二年，春，二月，皇后賈氏弑故皇太后楊氏于金墉城。

癸丑 三年，夏，六月，弘農雨雹。

甲寅 四年，大饑。○司隸校尉傅咸卒。○慕容廆徙居大棘城。

乙卯 五年，夏，六月，東海雨雹。○荆、揚、兖、豫、青、徐州大水。○冬，十月，武庫火。○索頭分其

[一] 蜀藩本脱「皇」字。

國爲三部。

丙辰 六年，春，以張華爲司空。○夏，匈奴郝度元反。○秋，八月，秦雍氏羌齊萬年反。冬，十一月，遣將軍周處等討之。○關中饑疫。○十二月，略陽氏楊茂搜據仇池。

丁巳 七年，春，正月，將軍周處及齊萬年戰，敗死之。○秋，七月，雍、秦旱，疫。○九月，以王戎爲司徒。○索頭猗㐌西略諸國。

戊午 八年，秋，九月，荆、豫、徐、揚、冀州大水。○遣侍御史李苾慰勞漢川流民。○遣將軍孟觀討齊萬年。

己未 九年，春，正月，觀擊萬年，獲之。**考證**「觀」上漏「孟」字，「萬」上漏「齊」字。○以成都王穎爲平北將軍，鎮鄴；河間王顒爲鎮西將軍，鎮關中。○秋，八月，侍中賈模卒。以裴頠爲尚書僕射。○冬，十一月朔，日食。○十二月，廢太子遹爲庶人。

庚申 永康元年，春，正月，幽故太子遹于許昌。○三月，尉氏雨血，妖星見南方，太白晝見，中台星坼。○皇后殺故太子遹。○夏，四月朔，日食。○趙王倫廢皇后賈氏爲庶人，殺之。遂殺司空張華、僕射裴頠，自爲相國，追復故太子位號。○五月，立臨淮王臧爲皇太孫。○秋，八月，淮南王允討趙王倫，不克而死。○趙王倫殺黄門郎潘岳、衛尉石崇等。○以齊王冏爲平東將軍，鎮許昌。○趙王倫自加九錫。○冬，十一月，立皇后羊氏。○前益州刺史趙廞反。

辛酉 永寧元年，春，正月，以張軌爲凉州刺史。○趙王倫自稱皇帝，遷帝于金墉城，殺太孫臧。○巴氏李特殺趙廞。詔以羅尚爲益州刺史。○三月，齊王冏及成都王穎、河間王顒等舉兵討倫，倫遣兵拒之。○閏月朔，日食。○自正月至于是月，五星互經天，縱横無常。○夏，四月，成都王穎擊敗倫兵，帥師濟河，左衛將軍王輿等迎帝復位，倫伏誅。**考證**「擊」當作「討」。○六月，以齊王冏爲大司馬，輔政；成都王穎爲大將軍；河間王顒爲太尉，各還鎮。○冬，十月，李特據廣漢，進攻成都。

壬戌 太安元年，夏，河間王顒遣兵討李特，不克。○立清河王覃爲皇太子。○秋，八月，廣漢太守張微討李特，敗死。羅尚擊之，亦敗。○冬，十二月，河間王顒使長沙王乂殺齊王冏。○陳留王曹奂卒。晋人葬之，謚曰魏元皇帝。**考證**「謚曰」以下當分注。○謹按：《凡例》曰：「凡正統之君，廢爲王公而死者，書卒而注其謚。」魏主奂雖非正統，亦鈞於被廢而死者，大書其謚不合正例，故當分注。○鮮卑宇文部圍棘城，慕容廆擊破之。

癸亥 二年，春，二月，羅尚大破李特，斬之。李流代領其衆。○夏，五月，義陽蠻張昌反。詔以劉弘都督荆州軍事。○李雄攻陷郫城。○秋，七月，劉弘遣陶侃討張昌，昌走，衆降。別將石冰據臨淮不下。○河間王顒、成都王穎舉兵反。九月，帝自將討穎，顒將張方入城大掠。○李流死，雄代領其衆。○冬，十月，長沙王乂奉帝及穎兵戰於建春門，大破之。○十一月，長沙王乂奉帝討張方，不克。穎進兵逼京師，詔雍州刺史劉沈討顒。○十二月，議郎周玘等起兵討石冰〔二〕。○閏月，李雄攻走羅尚，遂入成都。○封鮮卑段務勿塵爲遼西公。

甲子
永興元年，漢高祖劉淵元熙元年。○成太宗李雄建興元年。○是歲僭國二，大一，小一。春，正月，尚書令樂廣卒。○東海王越使張方殺長沙王乂，穎入京師，自爲丞相。尋還鎮鄴。○雍州刺史劉沈及顒戰，敗死之。○詔羅尚權統巴東三郡。○二月，穎廢皇后羊氏及太子覃。○廣陵度支陳敏及周玘擊石冰於建康，斬之。○顒表穎爲皇太弟，自爲太宰、雍州牧。○秋，七月，東海王越奉帝征穎，復皇后、太子。○穎遣兵拒戰蕩陰，侍中嵇紹死之。帝遂入鄴，越走歸國。○幽州都督王浚，并州刺史、東嬴公騰起兵討穎。○八月，穎殺東安王繇，琅邪王睿走歸國。○張方復入京城，廢皇后、太子。○劉淵自稱大單于。○幽、并兵至鄴，穎奉帝還洛陽，浚大掠鄴中而還。○冬，十月，李雄自稱成都王。○劉淵自稱漢王。○十一月，張方遷帝於長安。僕射荀藩立留臺於洛陽。復皇后羊氏。○十二月，太宰顒廢太弟穎，更立豫章王熾爲皇太弟。○漢寇太原、西河郡。

〔二〕 蜀藩本作「攻石冰」。

資治通鑑綱目考證卷十八

起乙丑晉惠帝永興二年，盡戊寅晉元帝太興元年，凡十四年。

乙丑二年，漢元熙二年。夏，四月，張方復廢羊后。〇秋，七月，東海王越自領徐州都督，傳檄討張方。〇成都故將公師藩寇掠趙、魏。〇八月，東海王越、范陽王虓發兵西，豫州刺史劉喬拒之，太宰顒遣張方助喬。冬，十月，襲虓，破之。〇有星孛于北斗。〇十一月，將軍周權矯詔立羊后，事覺，伏誅。〇十二月，成都王穎據洛陽。〇范陽王虓自領冀州刺史，擊穎將石超，斬之。劉喬衆潰。〇東海王越進屯陽武，王浚遣將祁弘將兵助之。〇陳敏據江東，劉弘遣江夏太守陶侃將兵討破之。〇漢離石大饑。

丙寅光熙元年，漢元熙三年，成晏平元年。〇春，正月朔，日食。〇太宰顒殺張方。成都王穎奔長安。〇三月，五苓夷寇寧州，刺史李毅卒。〇夏，四月，東海王越進屯温，遣祁弘入長安，奉帝東還。〇六月，至洛陽，復羊后。〇成都王雄稱成皇帝〔一〕。〇秋，七月朔，日食。〇八月，以東海王越爲太傅、録尚書事；范陽王虓爲司空，鎮鄴。〇荆州都督新城公劉弘卒。〇九月，頓丘太守馮嵩執成都王穎，送

〔一〕蜀藩本脱「王」字。

鄴。兗州刺史苟晞擊斬公師藩。冬，十月，范陽王虓卒。長史劉輿誅穎。○十一月，帝中毒崩。太弟熾即位，尊皇后曰惠皇后，立妃梁氏爲皇后。○十二月朔，日食。○南陽王模誅河間王顒。○葬太陽陵。○以劉琨爲并州刺史。

丁卯 孝懷皇帝永嘉元年，漢元熙四年。春，二月，群盜王彌寇青、徐。○三月，陳敏將顧榮、周玘殺敏以降。○西陽夷寇江夏。○立清河王覃弟詮爲皇太子。○太傅越出鎮許昌。○以南陽王模都督秦、雍等州軍事。○夏，五月，群盜汲桑、石勒入鄴，殺都督新蔡王騰，復攻兗州。太傅越遣苟晞討之。○秋，七月，以琅邪王睿爲安東將軍，都督揚州諸軍事，鎮建業。○苟晞擊汲桑、石勒，大破之。桑走死，勒降漢。○冬，十一月朔，日食。○以王衍爲司徒。○太傅越自領兗州牧，徙苟晞爲青州刺史。○王彌及其黨劉靈降漢。○慕容廆自稱鮮卑大單于。○拓跋禄官卒。

戊辰 二年，漢永鳳元年。春，正月朔，日食。○漢劉聰據太行，石勒下趙、魏。王浚擊勒，破之。○二月，太傅越殺清河王覃。○夏，五月，漢王彌寇洛陽。張軌遣督護北宮純入衛，擊破走之。○秋，七月，漢徙都蒲子。○冬，十月，漢王淵稱皇帝。○十二月，漢石勒、劉靈寇魏、汲、頓邱。○成尚書令楊褒卒。

己巳[一]三年，漢河瑞元年。春，正月朔，熒惑犯紫微。○漢徙都平陽。○三月，以山簡都督荆、湘等州軍事。○太傅越入京師，殺中書令繆播、帝舅王延等十餘人。○太尉劉寔罷就第。○以王衍爲太尉。○太傅越使將軍何倫領國兵入宿衛。○漢寇黎陽，陷之。○夏，大旱。○漢石勒寇鉅鹿、常山。○漢寇壺關，陷之。○秋，八月，漢寇洛陽，弘農太守垣延襲敗之。○冬，十月，漢復寇洛陽，北宮純擊敗之。

庚午四年，漢烈宗劉聰光興元年。春，正月，漢寇徐、豫、兖、冀諸郡。○琅邪王睿以周玘爲吴興太守。○漢曹嶷寇東平、琅邪。○夏，四月，王浚擊漢劉靈，殺之。○蝗。○秋，七月，漢寇河内，陷之。○漢主淵卒，太子和立，其弟聰弑而代之。○氐酋蒲洪自稱略陽公。○流民王如寇南陽以附漢。○冬，十月，漢寇洛陽。○以拓跋猗盧爲大單于，封代公。○遣使徵天下兵入援。○漢石勒擊并王如兵，遂寇襄陽。○十一月，太傅越率兵討之，次于項。○寧州刺史王遜滅五苓夷。○漢主聰殺其兄恭。○漢太后單氏卒。

辛未五年，漢嘉平元年，成玉衡元年。春，正月，漢曹嶷寇青州，苟晞敗走。○石勒寇江夏，陷之。○成寇陷涪、梓潼，内史譙登死之。○湘州流民作亂，推杜弢爲刺史。○琅邪王睿逐揚州都督周馥，以王敦爲

[一] 蜀藩本誤作「丁巳」。

刺史，都督征討諸軍事。○三月，太傅越卒于項。以荀晞爲大將軍，督六州。○夏，四月，漢石勒追敗越軍於苦縣，執王衍等殺之。○五月，杜弢陷長沙。○漢人入寇。六月，陷洛陽，殺太子詮，遷帝於平陽，封平阿公。**考證**「封」當作「廢爲」[一]。○司空荀晞奉豫章王端建行臺於蒙城。荀藩奉秦王業趣許昌。○琅邪王睿遣兵擊江州刺史華軼，斬之。○秋，七月，大司馬王浚自領尚書令。○漢劉曜寇長安，南陽王模出降，曜斬之，遂據長安，模世子保保上邽。○漢石勒陷蒙城，執荀晞及豫章王端。○冬，十月，漢石勒誘王彌殺之。○馮翊太守索綝等擊敗漢兵於長安。十二月，迎秦王業入雍城。○琅邪王睿以周顗爲軍諮祭酒。○劉琨遣劉希合衆於中山，王浚殺之。○慕容廆擊破鮮卑素喜、木丸部。

壬申 六年，漢嘉平二年。春，正月，漢主聰納劉殷二女爲貴嬪。○胡亢起兵竟陵。○二月朔，日食。○琅邪王睿遣將軍紀瞻討石勒於葛陂，勒引兵退。○漢封帝爲會稽郡公。○張軌遣兵詣長安。○夏，漢封王彰爲定襄郡公。○雍州刺史賈疋等進圍長安，漢劉曜敗走，秦王業入長安。○漢太保劉殷卒。○石勒引兵據襄國。○漢劉曜襲晉陽，陷之。劉琨奔常山。○秋，九月，賈疋等奉秦王業爲皇太子，建行臺。○冬，十月，代公猗盧攻晉陽，劉曜敗走，猗盧追擊，大敗之。○十二月，盜殺賈疋，麴允領雍州刺史。○王浚攻石勒於襄國，大敗而還。○大疫。○王敦殺其兄荊州都督澄。○王如詣王敦降。○前太子洗馬衛玠卒。○羌酋姚弋仲自稱扶風公。

[一] 蜀藩本誤作「發爲」。

癸酉 孝愍皇帝建興元年，漢嘉平三年[一]。春，二月，漢主劉聰弑帝於平陽，庾珉、王雋死之。○三月，漢立其貴嬪劉娥爲后。○夏，四月，太子業即位於長安，索綝領太尉。○漢寇長安，僕射麴允拒之。○石勒遣石虎攻陷鄴而據之。○琅邪王睿以華譚爲軍諮祭酒，陳頵爲譙郡太守。○吴興太守周玘卒。○慕容廆攻段氏，取徒河。○五月，以琅邪王睿爲左丞相，南陽王保爲右丞相，分督陝東、西諸軍事。○左丞相睿以祖逖爲豫州刺史。○陶侃破走杜弢，王敦表侃爲荆州刺史。○冬，十月，氐楊難敵寇陷梁州，刺史張光卒。○陶侃復擊杜弢，大破之。○漢劉曜寇長安。十一月，麴允破走之。○十二月，石勒遣使奉表於王浚。○左丞相睿遣世子紹鎮廣陵。○代城盛樂及平城。

甲戌 二年，漢嘉平四年。春，正月，有如日隕于地。又有三日，相承東行。○有流星隕于平陽北，化爲肉。○漢石勒復遣使奉表於王浚。○梁州人張咸逐楊難敵，以州降成。○二月，以張軌爲太尉、涼州牧，劉琨爲大將軍。○三月，漢石勒襲薊，陷之，殺王浚。師還，薊降於段匹磾。○左丞相睿以邵續爲平原太守。○襄國大饑。○夏，五月，太尉、涼州牧、西平公張軌卒，子寔嗣。○六月，漢寇長安，索綝大破之。○漢石勒命州郡閲實户口。○冬，漢主聰以子粲爲相國。

乙亥 三年，漢建元元年。春，正月，左丞相睿以周札爲吴興太守。○二月，以左丞相睿爲丞相，都督中外諸

[一] 蜀藩本誤作「二年」。

軍事；南陽王保爲相國；劉琨爲司空。○進代公猗盧爵爲王。○三月，杜弢將張彦陷豫章，尋陽太守周訪擊斬之。○漢太子太傅崔瑋、少保許遐伏誅。○漢曹嶷據臨淄。○漢立三后。○夏，六月，盜發漢霸、杜二陵。○陶侃擊杜弢，破之，弢走死，湘州平。丞相睿加王敦都督江、揚等州軍事。○王敦徙陶侃爲廣州刺史。○冬，十月，漢寇馮翊，陷之。○張寔得璽，獻之。

丙子 四年，漢麟嘉元年。春，二月，漢殺其少府陳休等七人。○代六脩弒其君猗盧，普根討之而立，尋卒，鬱律立。○張寔遣兵入援。○石勒寇廩邱，陷之。○夏，六月朔，日食。○秋，七月，漢劉曜陷北地，進至涇陽。○漢主聰立婢樊氏爲后。○漢大蝗。○冬，十一月，漢劉曜陷長安，帝出降，御史中丞吉朗死之。漢封帝爲懷安侯。**考證**「封」當作「廢」。○石勒寇樂平，劉琨救之，大敗。樂平遂陷。○十二月朔，日食。○劉琨長史以并州叛降石勒，琨奔薊。○石勒以李回爲高陽守。○丞相睿出師露次，移檄北征。○丞相睿以邵續爲冀州刺史，劉遐爲平原内史。

丁丑 中宗元皇帝建武元年，漢麟嘉二年。○涼元公張寔稱建興五年〔一〕。○舊大國一，并成小國一，新小國一，凡三僭國。春，正月，張寔遣司馬韓璞將兵伐漢。○二月，漢寇滎陽，太守李矩擊敗之。○三月，丞相睿即晉王位。**考證**下當補書「立宗廟社稷」。○謹按：《凡例》曰：「凡宗廟之禮、建置、更革皆書。」東漢之興也，建武

〔一〕《四庫》本原作「丑年」，據蜀藩本改。

二年，立宗廟郊社於洛陽。昭烈即位，立宗廟，祫祭高皇帝以下。東晋開百年之基，立宗廟社稷，但見于分注。今故歷考事例，當大書，以備一代之禮也。○劉琨、慕容廆皆遣使勸進。○夏，四月，漢主聰殺其太弟乂。○五月，日食。○六月，豫、冀、青、寧等州皆上表勸進。○祖逖取譙城。漢石虎入寇，逖擊走之。○秋，七月，大旱，蝗。河、汾溢。○漢立子粲爲太子。○劉琨、段匹磾討石勒，未行而罷。○杜曾攻陷楊口，周訪討破之。○冬，十一月朔，日食。○以劉琨爲太尉。○立太學。○十二月，漢主劉聰弒帝於平陽，辛賓死之。○王命課督農功。○河南王吐谷渾卒。

戊寅大興元年，漢主劉曜光初元年。春，遼西公段疾陸眷卒。○三月，王即皇帝位。○立王太子紹爲皇太子。○

考證 「立」當作「更」。○謹按：《凡例》曰：「更，曰更某爲某。」注云：「漢更王太子爲皇太子。」此當比漢例，「立」當作「更」。○以慕容廆爲龍驤將軍、大單于。○以李矩都督河南軍事。○漢螽斯則百堂災。○張寔遣使上表。○夏，四月朔，日食。○加王導驃騎大將軍、開府儀同三司。○成丞相范長生卒。○漢殺其尚書令王鑒、中書監令崔懿之、曹恂。○五月，段匹磾殺太尉、廣武侯劉琨。○青州刺史曹嶷叛降石勒。○六月，以刁協爲尚書令。○秋，七月，代王鬱律擊劉虎，破之。○漢主聰卒，太子粲立。○八月，靳準弒而代之。石勒引兵討準。冬，十月，劉曜自立於赤壁，封勒爲趙公。○十一月，日夜出，高三丈。○以王敦爲荆州刺史。○詔州郡秀、孝復試經策。○十二月，漢將軍喬泰討靳準，斬之。○琅邪王焕卒。○彭城内史周撫叛降石勒。詔下邳内史劉遐、泰山太守徐龕討之。○石勒攻拔平陽，靳明奔赤壁，漢主曜族誅之。

資治通鑑綱目考證卷十九

起己卯晋元帝太興二年，盡丁酉晋成帝咸康三年，凡十九年。

己卯二年，漢改號趙光初二年。○後趙高祖石勒元年。舊大國一，成、凉小國二，新大國一，凡四僭國。春，二月，劉遐、徐龕擊周撫，斬之。○石勒獻捷於漢，漢斬其使。○三月，合祭天地於南郊。○詔琅邪恭王爲皇考，既而罷之。**考證**「詔」當作「尊」。○謹按：《凡例》曰：「凡正統尊立，皆當書尊，曰尊某爲某。」○夏，四月，將軍陳川以浚儀叛降石勒。○徐龕以泰山叛降石勒。○漢徙都長安，立妃羊氏爲后，子熙爲太子。○南陽王保自稱晋王。○江東大饑，詔百官言事。○祖逖討陳川，石勒遣兵救之。逖退屯淮南，勒兵守蓬關。○石勒寇幽州，陷之。段匹磾奔樂陵。○梁州刺史周訪擊杜曾，斬之。○漢改號趙。○徐龕寇濟、岱，以羊鑒爲都督討之。○冬，十一月，石勒稱趙王。○十二月，宇文氏攻慕容廆，廆大敗之，遂取遼東，遣長史裴嶷來獻捷。○蒲洪降趙。

庚辰三年，趙光初三，後趙二年。春，二月，後趙寇冀州，執刺史邵續。詔以其子緝代之。○趙將尹安等降。○三月，以慕容廆爲平州刺史。○夏，五月，上邽諸將殺晋王保。保故將陳安降漢，以討賊殺之。**考證**「漢」當作「趙」。○謹按：漢於太興二年已改號趙，諸本於此誤書「漢」，當改正之。○羊鑒有罪除名，以徐州刺史蔡豹代之。○凉州殺其刺史張寔，寔弟茂立。**考證**「立」當作「代之」。○氐、羌、巴、羯叛趙，趙討平之。○趙立太學。○趙以喬豫、和苞爲諫議大夫。○秋，七月，後趙兵退走，祖逖進屯雍丘。詔加號鎮西將軍。○八月，梁州刺史周訪卒，詔以甘卓代之。○蔡豹與徐龕戰敗，伏誅，龕遂降後趙。○後趙定九品，舉六科。○冬，十二月，以譙王丞爲湘州刺史。

辛巳 四年，趙光初四，後趙三年。春，正月，徐龕復降。○三月，日中有黑子。○後趙陷幽、冀、并州，撫軍將軍、幽州刺史段匹磾死之。○夏，五月，免揚州僮客，以備征役。○終南山崩。○秋，七月，以戴淵都督司、豫，劉隗都督青、徐諸軍事；王導爲司空、録尚書事。○八月，常山崩。○九月，豫州刺史祖逖卒，以其弟約代之。○後趙以李陽爲都尉。○後趙禁釀酒。○以慕容廆爲車騎將軍、平州牧、遼東公。○代弒其君鬱律，子賀傉立。**考證**「立」當作「嗣」。○謹按：《凡例》曰：「凡僭國……稱王者，其繼世曰嗣。」後皆倣此。

壬午 永昌元年，趙光初五，後趙四年。春，正月，王敦舉兵反，譙王丞、甘卓移檄討之。敦分兵寇長沙。○封子昱爲琅邪王。○趙封楊難敵爲武都王。○陳安叛趙。○三月，敦據石頭殺驃騎將軍戴淵、尚書僕射周顗。甘卓還襄陽。夏，四月，敦還武昌。○敦兵陷長沙，湘州刺史譙王丞死之。○五月，敦殺甘卓。○秋，七月，後趙拔泰山，殺徐龕。兗州刺史郗鑒退屯合肥。○冬，十月，後趙寇譙，祖約退屯壽春。○閏十一月，帝崩。司空導受遺詔輔政，太子紹即位。○後趙右長史張賓卒。○張茂取隴西、南安，置秦州。

癸未 肅宗明皇帝太寧元年，趙光初六，後趙五年。春，正月，成寇臺登，陷越巂、漢嘉郡。○二月，葬建平陵。○三月，後趙寇彭城、下邳，徐州刺史卞敦退保盱眙。○夏，四月，敦移屯姑孰，自領揚州牧。以王導爲司徒。○寧州刺史王遜卒。○六月，立皇后庾氏，以庾亮爲中書監。○秋，七月，趙擊陳安，斬之。封姚弋仲爲平襄公。○八月，敦表江西都督郗鑒爲尚書令。○後趙寇青州，陷之。○趙擊涼州，張茂降，趙封茂爲涼王[一]。○楊難敵降成，復叛，殺成將李玲、李稚。○趙封故世子胤爲永安王。○趙涼王張茂城姑臧。○冬，十一月，敦以王含督江西軍。

甲申 二年，趙光初七，後趙六年。春，正月，敦殺其從事周嵩、周筵及會稽內史周札。○後趙陷東莞、東海，攻趙河南，斬其守將。○成主雄立其兄子班爲太子。○夏，五月，趙涼王張茂卒，世子駿嗣。○六月，加司徒導大都督、揚州刺史，督諸軍討敦。敦復反。秋，七月，至江寧。帝親征破之，敦死，衆潰，其黨錢鳳、沈充伏誅。○代王賀傉徙居東木根山。

乙酉 三年，趙光初八，後趙七年。春，二月，贈故譙王丞、戴淵、周顗等官有差。○許昌叛降後趙。○立子衍爲皇太子。○夏，五月，以陶侃都督荊、湘等州軍事。○後趙石生寇河南，司州降趙，趙主曜擊生，

[一]《四庫》本原作「涼主」，據蜀藩本改。

大敗。司、豫、徐、兖皆陷於後趙。○秋，閏七月，帝崩。司徒導、中書令庾亮、尚書令卞壼受遺詔輔政。太子衍即位，尊皇后爲皇太后，太后臨朝稱制。○葬武平陵。○冬，十一月朔，日食。○十二月，段遼弑其君牙而自立。○代王賀傉卒，弟紇那嗣。

丙戌　顯宗成皇帝咸和元年，趙光初九，後趙八年。夏，四月，後趙石生寇汝南，執内史祖濟。○六月，以郗鑒爲徐州刺史。○秋，八月，以温嶠爲都督江州軍事，王舒爲會稽内史。○冬，十月。殺南頓王宗，降封西陽王羕爲弋陽縣王。○後趙使世子弘[一]守鄴。○十一月，後趙寇壽春，歷陽内史蘇峻擊走之。○十二月，下邳叛降後趙。○後趙始定九流，立秀、孝試經之制。

丁亥　二年，趙光初十，後趙九年。夏，五月朔，日食。○張駿遣兵攻趙，趙擊敗之，遂取河南地。○冬，徵蘇峻爲大司農。峻與祖約舉兵反。○十二月，峻襲陷姑孰。詔庾亮督諸軍討之。宣城内史桓彝起兵赴難。

戊子　三年，趙光初十一，後趙太和元年。春，正月，温嶠以兵赴難，至尋陽。二月，尚書令成陽公卞壼督軍討峻，戰敗，死之。庾亮奔尋陽，峻兵犯闕。○三月，皇太后庾氏以憂崩。峻南屯于湖。○葬明穆皇后。○夏，五月，温嶠以陶侃入討峻，峻遷帝於石頭。郗鑒、王舒來赴難。○峻分兵陷宣城，内史桓彝死

[一]《四庫》本原避清高宗諱，作「世子宏」，據蜀藩本改。

之。○秋，七月，後趙攻壽春，約衆潰，奔歷陽。○八月，後趙攻趙蒲阪，趙主曜擊破走之，遂攻金墉。○九月，陶侃、温嶠討峻於石頭，斬之。峻弟逸代領其衆。○冬，十二月，後趙王勒大破趙兵於洛陽，獲趙主曜以歸，殺之。

己丑 四年，趙光初十二，後趙太和二年。○是歲趙亡，大一，小二，凡三僭國。春，正月，逸殺右衛將軍劉超、侍中鍾雅。○冠軍將軍趙胤攻拔歷陽，約奔後趙。○趙太子熙奔上邽，後趙取長安。○二月，諸軍討逸，斬之及西陽王羕。**考證** 「斬」當作「誅」。○謹按：蘇峻以庾亮之隙與祖約反，遂至舉兵犯闕，逼遷乘輿，陷姑孰，陷宣城。不有陶侃、温嶠効忠赴難，晋室安能久乎？故斬其兄弟，當書曰「誅」。下文「趙誅祖約，夷其族」，夫約之反，由峻誘之也，石勒於約猶曰「誅」，峻，倡亂之首，侃、嶠，晋大臣，討誅叛賊，豈不書曰「誅」乎？○以褚翜爲丹陽尹。○三月，以陶侃爲太尉，郗鑒爲司空，温嶠爲驃騎將軍、開府儀同三司，庾亮爲豫州刺史。○夏，四月，驃騎將軍始安公温嶠卒。以劉胤爲江州刺史。○秋，八月，後趙石虎攻拔上邽，殺趙太子熙，遂取秦、隴。○冬，十二月，將軍郭默殺劉胤。○代王紇那出奔宇文部，翳槐立。○羌殺河南王吐延。

庚寅 五年，趙建平元年。春，正月，太尉侃討郭默，斬之。○二月，趙王勒稱趙天王。以石虎爲太尉，封中山王。○趙誅祖約，夷其族。○夏，三月，詔太尉侃兼督江州。○六月，趙以張駿爲涼州牧。○秋，九月，趙王勒稱皇帝。○趙寇陷襄陽〔一〕。○更造新宮。

辛卯六年，趙建平二年。春，三月朔，日食。○夏，趙舉賢良方正，起明堂、辟雍、靈臺。○秋，九月，趙營鄴宮。○冬，有事于太廟。○慕容廆遣使詣太尉侃。

壬辰七年，趙建平三年。春，正月，趙大饗群臣。○趙命太子弘省可尚書奏事。○秋，太尉侃遣南中郎將桓宣攻拔襄陽，遂留鎮之。○趙涼州牧張駿立其子重華爲世子。

癸巳八年，趙建平四年。春，趙遣使來修好，詔焚其幣。○三月，寧州叛降于成。○夏，五月，遼東公慕容廆卒，世子皝嗣。○秋，七月，趙主勒卒，太子弘立。○八月，趙石虎自爲丞相、魏王。九月，弑其太后劉氏。冬，十月，趙河東王石生等舉兵討之，不克而死。○慕容皝兄翰奔段氏，弟仁據遼東。○張駿遣張淳来上表。

甲午九年，趙主石弘延熙元年。春，正月，仇池王楊難敵卒，子毅嗣，遣使來稱藩。○二月，以張駿爲大將軍。○段遼遣兵攻柳城，破之。○夏，六月，太尉、長沙公陶侃卒。○成主雄卒，太子班立。○以庾亮都督江、荊等州軍事。○秋，以慕容皝爲鎮軍大將軍、平州刺史、遼東公。○冬，十月，成李越弑其主班而立其弟期。○十一月，趙石虎弑其主弘，自立爲居攝天王。○慕容皝攻遼東，克之。

〔一〕蜀藩本誤作「襄州」。

咸康元年，乙未 趙太祖石虎建武元年。○成主李期玉恒元年。春，正月朔，帝冠。○三月，幸司徒導府。○夏，四月，趙王虎南游臨江而還。帝親勒兵戒嚴，六日罷。○大旱。○秋，九月，趙遷都鄴。○趙聽其民事佛。○成殺其臣羅演及故主班母羅氏。○冬，十月朔，日食。○建安君荀氏卒。○代王紇那復入，翳槐奔趙。○張駿遣使上疏，請北伐。

二年，丙申 趙建武二年。春，正月，彗星見奎婁。○慕容皝討其弟仁，殺之。○二月，立皇后杜氏。○前廷尉孔坦卒。○趙作太武殿，東、西宫。

三年，丁酉 趙建武三年。春，正月，趙王虎稱趙天王。○立太學。○秋，七月，趙王虎殺其太子邃，更立子宣爲太子。○慕容皝自稱燕王。○燕稱藩于趙。○趙納代王翳槐于代，紇那奔燕。○楊初殺楊毅，自稱仇池公，附於趙。

資治通鑑綱目考證卷二十

起戊戌晋成帝咸康四年，盡己未晋穆帝升平三年，凡二十二年。

戊戌四年，趙建武四年。○成改號漢，中宗李壽漢興元年。○代高祖什翼犍建國元年。○舊大國一，漢、凉小國二，新小國一，凡四僭國。春，趙王虎、燕王皝合兵攻段氏，破之。虎拔令支，悉取其地。○夏，四月，成李壽弑其主期而自立，改國號漢。○五月，趙王虎擊燕不克。燕慕容恪追擊，大敗之。○趙冀州大蝗。○以司徒導爲太傅，都督中外諸軍事；郗鑒爲太尉；庾亮爲司空。六月，更以導爲丞相，罷司徒官。○秋，漢霖雨。○冬，十月，光禄勛顔含致仕。○代王翳槐卒，弟什翼犍立。○十二月，趙遣兵迎段遼，燕慕容恪擊敗之，以遼歸，殺之。

己亥五年，趙建武五年。春，三月，庾亮表請伐趙，詔諭止之。○代王什翼犍求昏於燕。○秋，七月，丞相始興公王導卒。以何充爲護軍將軍，庾冰爲中書監、揚州刺史，參録尚書事。○八月，改丞相爲司徒。○大尉、南昌公郗鑒卒。以蔡謨都督徐、兗軍事。○九月，趙人入寇，攻沔南及邾城，陷之。○趙以李巨爲御史中丞。○漢殺其臣李演。○冬，燕王皝遣長史劉翔來獻捷。○張駿立辟雍、明堂。

庚子六年，趙建武六年。春，正月，司空庾亮卒。以何充爲中書令，庾翼都督江、荆等軍州事。○慕容翰自宇文部歸於燕。○有星孛于太微。○三月，代始都雲中。○秋，漢大閲於成都。○冬，趙大發兵以伐燕。燕人襲之，入趙高陽，趙師還。○趙命其太子宣及弟韜迭省尚書奏事。○漢遣使如趙，趙人報之。

辛丑 七年，趙建武七年。春，正月，燕築龍城。○二月朔，日食。○封慕容皝爲燕王。○三月，皇后杜氏崩。夏，四月，葬恭皇后。○詔正土斷、白籍。○秋，代築盛樂城。○燕慕容恪鎮平郭。○漢殺其僕射蔡興、李嶷。

壬寅 八年，趙建武八年。春，正月朔，日食。○二月，豫州刺史庾懌有罪，自殺。○夏，六月，帝崩，琅邪王岳即位。○封成帝子丕爲琅邪王，奕爲東海王。○秋，七月，葬興平陵。以何充都督徐州軍事。○冬，十月，燕遷都龍城。○十一月，燕王皝擊高句麗，入丸都，載其王釗父屍及母以歸。○十二月，立皇后褚氏。○趙作長安、洛陽宫。○趙徵兵入寇。

癸卯 康皇帝建元元年，趙建武九年。春，二月，高句麗王釗朝貢於燕。○秋，七月，詔議經略中原。庾翼表遣梁州刺史桓宣伐趙。○漢主壽卒，太子勢立。○庾翼移鎮襄陽。詔以翼都督征討軍事，庾冰都督荆、江等州軍事，徵何充爲揚州刺史、録尚書事。

甲辰 二年，趙建武十年。○漢主李勢太和元年。春，正月，趙大閲罷兵。○燕主皝擊滅宇文部，逸豆歸走死。皝還，殺其兄翰。○熒惑守房心。趙殺其中書監王波。○桓宣及趙兵戰于丹水，敗績。秋，九月，帝崩。太子聃即位，尊皇后曰皇太后，太后臨朝稱制。**考證**「秋，九月」下當補書「立子聃爲皇太子」。謹按：康帝有疾，何充請立太子，乃立子聃爲皇太子，是爲穆帝。穆帝即位，紹承正統，而於建儲之始，豈可無書乎？○冬，十月，葬崇平陵。○荆江都督庾冰卒。翼還鎮夏口。

乙巳 孝宗穆皇帝永和元年，趙建武十一年。○燕王慕容皝十二年。○舊大國一，漢、凉、代小國三，新小國一，凡五僭國。春，正月，趙大發民[一]，治長安、洛陽宫。○燕罷苑囿以給新民。○以會稽王昱爲撫軍大將軍，録尚書六條事。○二龍見于燕之龍山。○秋，七月[二]，江州都督庾翼卒。以桓温都督荆、梁等州軍事。○漢主勢殺其弟廣。○冬，十二月，張駿自稱凉王。○趙以姚弋仲爲冠軍大將軍。

丙午 二年，趙建武十二年，漢嘉寧元年。春，正月，揚州刺史、都鄉侯何充卒。○燕襲夫餘，拔之，虜其王玄以歸。○二月，以光禄大夫蔡謨領司徒。○三月，以顧和爲尚書令，殷浩爲揚州刺史。○夏，四月朔，日食。○五月，凉王張駿卒，世子重華立。**考證**「立」當作「嗣」。○趙殺其尚書朱軌，立私論朝政法。○趙攻凉州，張重華遣主簿謝艾將兵逆戰，大破之。○冬，漢李奕舉兵攻成都，不克而死。○十一月，桓温帥師伐漢。

[一] 蜀藩本作「趙大發兵」。

[二] 蜀藩本誤作「十月」。

丁未三年，趙建武十三年。○是歲漢亡，大一，小三，凡四僭國。春，三月，桓温敗漢兵于笮橋，進至成都，漢主勢降，詔[一]以爲歸義侯。○夏，四月，趙攻凉州，張重華遣謝艾將兵擊破之。○趙築華林園。○冬，十月，以張重華爲凉州刺史、西平公。○楊初遣使稱藩，詔以初爲雍州刺史、仇池公。

戊申四年，趙建武十四年。秋，八月，趙太子宣殺其弟韜，伏誅。○加桓温征西大將軍。○九月，燕王皝卒，世子儁立。**考證**「立」當作「嗣」。○趙立子世爲太子。○冬，十二月，以蔡謨爲司徒。

己酉五年，趙太寧元年。春，正月，趙王虎稱皇帝。○趙謫戍梁犢反，虎遣兵擊斬之。○夏，四月，趙主虎卒，太子世立。其兄遵弑之及其太后劉氏，而自立。○蒲洪遣使來降。○燕以慕容恪爲輔國將軍。○秋，七月，征討都督褚裒率師伐趙，不克而還。○九月，張重華自稱凉王。○梁州刺史司馬勛伐趙，拔宛城。○冬，十一月，趙石鑒弑其主遵而自立。○秦、雍流民立蒲洪爲主。○十二月，徐、兗都督褚裒卒，以荀羡監徐、兗軍事。○趙石閔幽其主鑒，殺胡、羯二十萬人。○燕遣使如凉州。

庚戌六年，趙主石祗永寧元年。○魏主冉閔永興元年。○舊大國一，凉、代、燕小國三，新大國一，凡五僭國。春，閏正月，趙石閔殺鑒而自立，改國號魏。○以殷浩督揚、豫等州。○蒲洪自稱三秦王，改姓苻。○二月，燕王儁擊趙，拔薊城，徙都之。○魏主閔復姓冉氏。○故趙將麻秋殺苻洪。洪子健斬秋，遣使來請命。

[一] 蜀藩本無「詔」字。

○趙石祗稱帝於襄國。○魏殺其太宰李農。○夏，五月，廬江太守袁真攻魏合肥，克之。○杜洪據長安，苻健擊敗之。○故趙將張賀度等會兵討魏，不克。○魏主閔徵故散騎常侍辛謐爲太常，謐不食而卒。○秋，九月，燕徇冀州，取章武、河間。○冬，十一月，苻健入長安，遣使來獻捷。○十二月，免蔡謨爲庶人。

辛亥七年，趙永寧二，魏永興二年。○秦主苻健皇始元年。○是歲趙亡，舊大國一，凉、代、燕小國三，新大國一，凡五僭國。春，正月，日食。○鮮卑段龕以青州來降。○苻健自稱秦天王。○二月，魏主閔圍趙主祗於襄國，姚弋仲及燕王儁遣兵救之。○三月，魏主閔及趙、燕、姚襄之兵戰，敗績。○趙遣其將劉顯伐魏，不克。○秦遣使問民疾苦。○夏，四月，司馬勛會杜洪等兵擊秦，敗還。○趙劉顯弒其主祗而自立。○秋，八月，魏徐、兗、荆、豫、洛州來降。○燕慕容恪取中山。○姚弋仲遣使來降。○冬，十二月，桓温移軍武昌，尋復還鎮。

壬子八年，魏永興三，秦皇始二年。○燕主慕容儁元璽元年。○是歲魏亡，大二，小二，凡四僭國。春，正月朔，日食。○秦王健稱皇帝。○杜洪司馬張琚殺洪，自稱秦王。○魏克襄國，殺劉顯，遷其民於鄴。○趙汝陰王琨來奔，斬之。○殷浩使督統謝尚、荀羨進屯壽春。張遇據許昌叛，降于秦。○三月，姚弋仲卒，子襄率衆來歸，詔屯譙城。○夏，四月，燕慕容恪等擊魏，大破之，執其主閔以歸，殺之。○五月，秦主健擊張琚，斬之。○魏人遣使請降。○六月，謝尚得傳國璽，獻之。○謝尚攻張遇于許昌，秦人救之，尚等敗績。殷浩退屯壽春。○秋，八月，燕慕容評攻鄴，克之，遂留守鄴。○九月，殷浩進屯泗口。○罷遣太學生徒。○冬，十月，謝尚攻許昌，克之。○十一月，燕王儁稱皇帝。

癸丑 九年，秦皇始三，燕元璽二年。夏，五月，張重華攻秦上邽，拔之。詔進重華涼州牧。○秋，七月，秦殺其司空張遇。○殷浩遣兵襲姚襄，不克。冬，十月，遂率諸軍北伐。襄邀敗之，浩走譙城。○十一月，西平公張重華卒，子曜靈立。○十二月，姚襄徙屯盱眙。○以謝尚都督江西、淮南軍事。○涼州廢其主曜靈，立張祚爲涼公。○燕以慕容霸守常山。

甲寅 十年，秦皇始四，燕元璽三年[一]，涼王張祚和平元年。春，正月，張祚自稱涼王。○殷浩以罪免爲庶人，徙信安。以王述爲揚州刺史。○二月，桓温帥師伐秦。○姚襄叛降於燕。○夏，四月，桓温大敗秦兵于藍田，進軍灞上，三輔皆降。○燕以慕容恪爲大司馬。○五月，江西流民叛降姚襄。詔屯兵中堂，謝尚入衛。○桓温及秦兵戰不利。六月，師還。○秦東海王苻雄卒。○秦大饑。

乙卯 十一年，秦主苻生壽光元，燕元璽四年。○涼去年號。春，二月，秦大蝗。○夏，秦立子生爲太子。○姚襄據許昌。○六月，秦主健卒，太子生立。○秋，九月，秦殺其后梁氏及太傅毛貴等。○閏月，涼州弑其君祚，立張玄靚爲涼王。○冬，十月，詔謝尚鎮壽春。○十一月，燕慕容恪擊段龕。○十二月，秦

[一] 蜀藩本誤作「二年」。

殺其丞相雷弱兒。

丙辰十二年，秦壽光二年，燕元璽五年。春，正月，燕慕容恪大破段龕兵，進圍廣固。○秦殺其司空王墮。○涼州遣使稱藩于秦。○以桓温爲征討大都督，督諸軍討姚襄。○夏，四月，秦太后强氏以憂卒。○秋，八月，桓温敗姚襄于伊水，遂入洛陽。修謁諸陵，置戍而還。○姚[一]襄北走，據襄陵。○冬，十月朔，日食。○十一月，段龕降燕，慕容恪悉定齊地。○遣司空車灌如洛陽，修五陵。

丁巳升平元年，秦主苻堅永興元，燕光壽元年。春，正月朔，帝冠。太后歸政，徙居崇德宫。○燕以乙逸爲左光禄大夫。○二月，太白入東井。○夏，四月，姚襄據黄落，秦遣兵擊斬之。弟萇以衆降秦。○六月，秦苻堅弑其君生，自立爲天王。○秋，七月，秦冀州牧張平降。○八月，立皇后何氏。○冬，十一月，燕徙都鄴。○秦王堅殺其兄東海公法。○秦以王猛爲尚書左丞。○燕作銅雀臺。○以王彪之爲左僕射。

戊午二年，秦永興二，燕光壽二年。春，正月，秦王堅擊張平，降之。○秋，八月[二]，以謝萬監司、豫等州軍事。○秦大旱。○秦殺其特進樊世。○燕擊張平，平復降燕。○冬，燕陷河南。○荀羡伐燕，不克而

[一]　蜀藩本無「姚」字。

[二]　《四庫》本原作「七月」，據蜀藩本及《資治通鑑》原文改。《資治通鑑·漢紀二十二》載：「秋，八月……壬申，以吴興太守謝萬爲西中郎將，監司、豫、冀、并四州諸軍事，豫州刺史。」

還。以郗曇督徐、兗軍事。○燕使慕容垂守遼東。

己未三年，秦甘露元〔一〕，燕光壽三年。春，二月，燕主宴群臣于蒲池。○涼宋混誅張瓘。○秦以王猛爲京兆尹。○泰山太守諸葛攸伐燕，敗績。冬，十月，謝萬、郗曇復伐之，曇病引還，萬衆潰，免爲庶人。○十二月，大旱。○秦以王猛兼司隸校尉。

〔一〕蜀藩本誤作「秦甘露三」。

資治通鑑綱目考證卷二十一

起庚申晋穆帝升平四年，盡甲申晋孝武帝太元九年，凡二十五年。

庚申 四年，秦甘露二，燕幽帝慕容暐建熙元年。春，正月，燕主儁卒，太子暐立。○二月，燕以慕容恪爲太宰，專録朝政。太師慕輿根伏誅。○三月，燕遣慕容垂守蠡臺。○匈奴劉衛辰降秦。○秋，八月朔，日食，既。○桓温以謝安爲征西司馬。○冬，十月，烏桓獨孤部鮮卑没弈干降秦。○燕李績卒。

辛酉 五年，秦甘露三，燕建熙二年。是歲涼奉升平之號。春，正月，劉衛辰叛秦降代。○燕河内太守吕護遣使來降，燕人圍之。○夏，四月，涼宋混卒。○五月，帝崩，琅邪王丕即位。○秋，七月，葬永平陵。○燕拔野王，吕護奔滎陽。○九月，立皇后王氏。○尊何皇后爲穆皇后。○涼張邕殺宋澄。冬，十月，張天錫誅之。詔以張玄靚爲凉州刺史、西平公。○秦滅張平。○秦舉四科。○吕護復奔燕。

壬戌 哀皇帝隆和元年，秦甘露四，燕建熙三年。春，正月，減田租，畝收二升。○二月，以庾希爲徐、兖刺史，袁真監豫、司等州軍事。○拜母貴人周氏爲皇太妃。○燕吕護攻洛陽，桓温遣兵救之。秋，七月，燕師引還。○秦王堅臨太學。○冬，十二月朔，日食。○庾希退屯山陽，袁真退屯壽陽。

癸亥[一]興寧元年，秦甘露五，燕建熙四年。春，三月，皇太妃周氏薨。○夏，五月，加桓温大司馬、都督中外諸軍、録尚書事。○秋，八月，有星孛于角、亢。○涼張天錫弑其君玄靚而自立。**考證**「自立」當作「代之」。○汝南太守朱斌襲燕許昌，克之。

甲子二年，秦甘露六[二]，燕建熙五年。○涼西平悼公張天錫元年[三]。春，二月，燕慕容評略地河南。○三月，大閲户口，令所在土斷。○帝寢疾，皇太后臨朝攝政。○夏，四月，燕陷許昌、汝南、陳郡。○五月，以王述爲尚書令。○加大司馬温揚州牧。○六月，秦以張天錫爲西平公。○秋，七月，大司馬温城赭圻。○秦苻騰謀反，伏誅。○燕徙其宗廟百官於鄴。○燕陷河南諸城。○秦平陽公融等降爵爲侯。

乙丑三年，秦建元元，燕建熙六年。春，正月，皇后王氏崩。○劉衛辰復叛代，代王什翼犍擊走之。○大司馬温移鎮姑孰，以弟豁監荆、揚等州軍事。○三月，帝崩，琅邪王弈即位。○燕陷洛陽，將軍沈勁死之。○葬安平陵。○夏，四月，燕以陽騖爲太尉。○六月，益州刺史周撫卒。○秋，七月，會稽王昱爲琅邪王。**考證**當作「更立會稽王昱爲琅邪王，固讓不受。」○謹按：《凡例》：「更立，曰更立。」是時，昱固讓不受，稱會稽王。故當補書「固讓不受」，以著其實。○立皇后庾氏。○匈奴曹轂、劉衛辰叛秦，秦擊降之。○冬，

[一]《四庫》本脱，據蜀藩本補。

[二]蜀藩本誤作「秦甘露八」。

[三]蜀藩本誤作「一年」。

十一月，梁州刺史司馬勛反，圍成都。大司馬温遣江夏相朱序救之。○以王彪之爲僕射。

丙寅 帝奕太和元年，秦建元二，燕建熙七年。○夏，五月，皇后庾氏崩。○朱序及益州刺史周楚擊司馬勛，斬之。○代王什翼犍遣使入貢于秦。○秋，七月，葬孝皇后。○秦寇荊州，掠萬餘户而還。○冬，十月，以會稽王昱爲丞相、録尚書事，加殊禮。○燕寇兖州，陷魯、高平數郡。○南陽督護趙億以宛城叛，燕遣趙盤戍之。

丁卯 二年，秦建元三，燕建熙八年。春，二月，燕太宰慕容恪卒。○匈奴曹轂遣使如燕。○桓豁攻宛，拔之，獲趙盤。○秋，九月，以郗愔都督徐、兖等州軍事。○冬，十月，秦苻柳、雙、庾、武舉兵反，秦遣兵討之。○代王什翼犍擊匈奴劉衛辰，走之。

戊辰 三年，秦建元四，燕建熙九年。春，二月，燕以慕容沖爲大司馬[一]。○秦苻庾以陜城降燕。○三月朔，日食。○秋，七月，秦討苻雙、武、柳，皆斬之。○冬，燕罷蔭户。○十二月，秦拔陜城，斬苻庾。○加大司馬温殊禮。○秦以仇池公楊世爲秦州刺史。

己巳 四年，秦建元五，燕建熙十年。夏，四月，大司馬温帥師伐燕，秦人救之。秋，九月，温及燕人戰于枋頭，不利而還。袁真以壽春叛降于燕。○燕遣郝晷、梁琛如秦。○冬，十一月，燕慕容垂出奔秦，秦

[一] 蜀藩本脱「馬」字。

以爲冠軍將軍。○秦遣使如燕。○秦遣王猛等伐燕。十二月，取洛陽。○大司馬温徙鎮廣陵。

庚午

五年，秦建元六，燕建熙十一年。○是歲燕亡，大一，小二，凡三僭國。春，正月，慕容令自秦奔燕。○燕慕容臧將兵拒秦師，秦王猛擊走之。○二月，袁真死，子瑾代領其衆。燕、秦皆遣兵助之。夏，四月，大司馬温遣兵擊破之。○五月，慕容令襲燕龍城，不克而死。○六月，秦王猛督諸軍復伐燕。○秋，七月朔，日食。○八月，秦克壺關。○大司馬温敗袁瑾于壽春，遂圍之。○九月，秦王猛入晋陽。冬，十月，及燕慕容評戰于潞川，敗之，遂圍鄴。○十一月，秦王堅入鄴執燕主暐。以王猛爲冀州牧，都督關東六州軍事。○十二月，秦遷故燕主暐及鮮卑四萬户於長安。

辛未

太宗簡文皇帝咸安元年，秦建元七年。**考證**當補書「六年」，分注「簡文帝咸安元年」。○謹按：是歲，實帝奕太和六年也。十一月，桓温搆誣辭廢帝，立會稽王昱，是爲簡文帝。今諸本於歲首即去太和之年，大書簡文之號，則是於帝奕在位之日已追廢之矣。《通鑑》舊文以後爲正者，欲從簡便耳。《凡例》曰：「漢建安二十五年十月，魏始稱帝，改元黄初。」《通鑑》於是年之首，即書黄初，非惟失其事實，而於君臣之義所害尤大，今當正之。夫以太和、咸安而不正，則是遂桓温之非傷人倫之教，豈立言之本意哉？故當改書「六年」於〔一〕歲首，而分注簡文謚年於其下云。○春，正月，大司馬温拔壽春，獲袁瑾，斬之。○秦徙關東豪傑及雜夷十五萬户于關中。○涼州張天錫

〔一〕蜀藩本「於」作「終」字。

稱藩于秦。○吐谷渾入貢于秦。○代世子寔卒。○秦伐仇池，克之，執楊纂以歸。○秦以鄧羌爲鎮軍將軍[一]。○冬，十月，秦王堅如鄴。○十一月，大司馬温入朝，廢帝爲東海王，迎會稽王昱入即位。○十二月，降封東海王爲海西縣公。

壬申 二年，秦建元八年。**考證**當書「太宗簡文皇帝」於「二年」之上。春，二月，秦以慕容評爲范陽太守。○三月，秦命關東禮送經藝之士。○夏，四月，遷海西公於吴縣。○六月，秦以王猛爲丞相，苻融爲冀州牧。○秋，七月，帝崩。太子昌明即位。**考證**下當補書「立子昌明爲皇太子」。○謹按：簡文有疾，召大司馬入輔，不至。詔立皇子昌明爲皇太子，生十年矣。帝崩，王彪之正色謂群臣曰：「天子崩，太子代立，何容得異。」[二]朝議乃定太子昌明即位。太子立於簡文在位之日，故當補書，以正孝武之始。○八月，秦加王猛都督中外諸軍事。○冬，十月，葬高平陵。○三吴大旱，饑。

癸酉 [三]烈宗孝武皇帝寧康元年，秦建元九年。春，二月，大司馬温來朝。○秋，七月，大司馬温卒。以桓沖都督揚、豫、江州軍事。○皇太后臨朝攝政，以王彪之爲尚書，令謝安爲僕射。○冬，秦寇梁、益，

[一] 蜀藩本作「鎮東將軍」。
[二] 見《晋書·王廙传附彬子彪之传》，與原文略異，原文爲「及簡文崩，群臣疑惑，未敢立嗣。……彪之正色曰：『君崩，太子代立，大司馬何容得異。』」
[三] 蜀藩本脱「癸酉」二字。

陷之。○以王坦之爲中書令，領丹陽尹。○彗星見。

（甲戌）二年，秦建元十年。春，二月，以王坦之都督徐、兖等州軍事，詔謝安總中書。

（乙亥）三年，秦建元十一年。夏，五月，徐、兖都督藍田侯王坦之卒。○以桓沖爲徐州刺史，謝安領揚州刺史。○秋，七月，秦丞相清河侯王猛卒。○八月，立皇后王氏。○九月，以徐邈爲中書舍人。○冬，十月朔，日食。○秦置聽訟觀。遣太子入學。禁老、莊、圖讖之學。

（丙子）太元元年，秦建元十二年。○是歲涼、代皆亡，僭國一。春，正月朔，帝冠。太后歸政，以謝安爲中書監、録尚書事。○秦遣侍臣分巡郡縣。○秋，七月，秦遣兵擊涼州。八月，敗其兵，涼將掌據死之，張天錫降。**考證**[一]「降」當作「降秦」。○詔除度田收租之制。○冬，十一月朔，日食。○秦遣兵擊代，敗之。十二月，代寔君弑其君什翼犍。秦討殺之，遂分代爲二部。

（丁丑）二年，秦建元十三年。春，高句麗、新羅、西南夷皆遣使朝貢于秦。○秦以熊邈爲將作長史。○以朱序爲梁州刺史，鎮襄陽。○秋，七月，以謝安都督揚、豫等州軍事。○冬，十月，以桓沖都督江、荆等州軍事，謝玄監江北軍事。○散騎常侍王彪之卒。○臨海太守郗超卒。

[一] 此處《四庫》本將「考證」誤書作「老證」。

戊寅　三年，秦建元十四年。春，二月，作新宮。○秦寇涼州。夏，四月，陷南陽。○秋，七月，新宮成。○秦遣兵分道寇盱眙、彭城、魏興。○九月，秦王堅宴群臣。○冬，十月，大宛獻馬于秦，不受。○秦豫州刺史苻重謀反，赦就第。

己卯　四年，秦建元十五年。春，二月，秦陷襄陽，執刺史朱序以歸。○秦陷彭城、淮陰。○三月，詔減省用度。○夏，四月，秦陷魏興，太守吉挹死之。○五月，秦陷盱眙，進圍三阿，謝玄連戰敗走之。○秦大饑。

庚辰　〔一〕五年，秦建元十六年。春，秦復以苻重爲鎮北大將軍，守薊。○秦作教武堂。○夏，四月，秦幽州刺史苻洛及苻重舉兵反，秦遣兵擊之，斬重，擒洛，赦之。○以謝安爲衛將軍，與桓沖并開府儀同三司。○六月，秦以苻融爲中書監、都督諸軍、録尚書事；苻丕爲冀州牧；苻暉爲豫州牧。○秋，九月，皇后王氏崩。冬，十一月，葬定皇后。

辛巳　六年，秦建元十七年。春，正月，立佛精舍於殿内。○二月，東夷、西域六十二國朝貢于秦。○夏，六月朔，日食。○冬，十一月，秦寇竟陵，桓沖擊破之，遂拔管城，獲其將閻振、吴仲。○江東大饑。

〔一〕蜀藩本誤書「庚辰」於「秦大饑」之上。

壬午　七年，秦建元十八年。春，三月，秦司農苻陽、侍郎王皮、尚書郎周虓謀反，事覺，徙邊。○秦徙鄴銅駝、馬，飛廉，翁仲于長安。○秦以苻融爲征南大將軍。○夏，五月，幽州蝗。○八月，秦以裴元略爲巴西、梓潼太守。○九月，秦遣將軍吕光將兵擊西域。○桓沖遣兵伐襄陽。○冬，十月，秦會群臣于太極殿。○秦大熟。

癸未　八年，秦建元十九年。夏，五月，桓沖帥師伐秦，拔筑陽。○秋，八月，秦王堅大舉入寇。詔征討都督謝石、冠軍將軍謝玄等帥師拒之。○以琅邪王道子録尚書六條事。○冬，十一月，謝石、謝玄等大破秦兵于肥水，殺其大將苻融，秦王堅走還長安。○以謝石爲尚書令。進謝玄號前將軍，固讓不受。○以王國寶爲尚書郎。○初開酒禁，增民稅米口五石。○秦吕光攻龜兹。○秦將軍乞伏國仁叛，據隴右。○丁零翟斌起兵攻洛陽，秦使慕容垂討之，垂叛秦，與斌合。

甲申　九年，秦建元二十年。○燕世祖慕容垂元年。○後秦太祖姚萇白雀元年。○舊大國一，新大國二，凡三僭國。春，正月，慕容垂自稱燕王，大破秦兵，斬其將石越。○遣將軍劉牢之伐秦，拔譙城。桓沖伐秦，拔魏興、上庸、新城。○二月，荆江都督、豐城公桓沖卒。○燕王垂圍鄴。○燕擊秦枋頭、館陶，取之。○三月，以謝安爲太保。○燕慕容泓起兵華陰，慕容沖起兵平陽。秦遣苻叡擊泓，敗死。夏，四月，叡司馬姚萇起兵北地，自稱秦王。**考證**當分注「是爲後秦」。○謹按：《凡例》曰：「凡諸國號，從其本稱。或屢更易，即從史家所稱，而於建國之始，即注云是爲某國。」○秦苻定、苻紹以信都、高城降燕。○秦遣兵擊慕容沖，破之。沖奔華陰，泓遂逼長安〔一〕。○竟陵太守趙統伐襄陽，克之。○梁州刺史楊亮帥兵伐蜀，屯巴郡。○五月，秦洛州刺史張五虎據豐陽來降。○六月，崇德太后褚氏崩。○秦王堅擊後秦，敗之。○燕諸將殺慕容泓，立沖爲皇太弟。**考證**當去「皇」字。○謹按：古者立嗣必子，立子必嫡，禮也。不幸君死無子，而統不可絶，或子幼未足承統，然後立弟，亦禮之宜。況古無「皇太弟」之名，其名始見於西晋，已非禮矣。慕容垂因苻堅之敗而復國，慕容泓及弟沖亦皆起兵，諸將殺泓，立沖爲皇太弟，焉有殺其兄而弟爲太弟者乎？當是時，沖能率衆聽命於垂，共成燕業可也。何必自立西燕之號，紛紜簒弑，卒滅於垂？是以非禮之名，未有能傳世者矣。《綱目》據事直書，以監後世。燕非正統例，故當去「皇」號云。○燕將軍慕容麟拔常山、中山，慕容沖大破秦兵，遂據阿房城。○秋，七月，秦梓潼太守壘襲以涪城來降。○葬康獻皇后。○燕殺丁零翟斌。○秦呂光大破龜兹，入據其城。○八月，燕王垂解鄴圍，趨新城。○遣都督謝玄率師伐秦，取河南。○加太保安都督十五州諸軍事，假黄鉞。○慕容沖進逼長安。○冬，十月朔，日食。○謝玄遣兵攻秦青州，降之。○燕慕輿文殺劉庫仁。○加謝玄都督七州軍事。○後秦王萇攻新平。○十二月，秦殺其新興侯慕容暐。○燕王垂復圍鄴。謝玄遣劉牢之救之，且餽之粟。○秦梁州刺史潘猛棄漢中走。

〔一〕 蜀藩本作「泓遂進逼長安」。

資治通鑑綱目考證卷二十二

起乙酉晋孝武帝太元十年，盡戊戌晋安帝隆安二年，凡十四年。

乙酉十年，秦王苻丕大安元，燕二，後秦白雀二年。○西燕王慕容沖更始元年。○西秦王乞伏國仁建義元年。○舊大國三，新大國一，小國一，凡五僭國。春，正月，燕慕容沖稱帝于阿房。○西燕主沖襲長安。秦王堅與戰，敗之。○秦益州刺史王廣棄成都走。○燕將軍平規攻薊，拔之。○西燕馮翊太守韋謙來奔。○滎陽郡降。○燕遣將軍慕容麟屯信都，温屯中山。○夏，四月，劉牢之進兵至鄴，燕王垂逆戰，敗走中山。○牢之追擊，大敗而還。○太保安出鎮廣陵。○蜀郡太守任權攻拔成都，復取益州。○後秦攻秦新平，拔之。○五月，西燕攻長安，秦王堅出奔五將山。○六月，秦太子宏奔下辨，西燕主沖入長安。○秋，七月，旱，饑，井竭。○後秦圍五將山，執秦王堅以歸。○秦太子宏來奔，處之江州。○八月，太保、建昌公謝安卒。○以琅邪王道子領揚州刺史，録尚書，都督中外諸軍事。○後秦王萇弒秦王堅。○秦苻丕稱帝于晋陽。○燕遣南中郎將慕容和守鄴。○劉顯弒其君頭眷而自立。○九月，秦呂光還自龜茲，擊涼州，殺其刺史梁熙而代之。○乞伏國仁自稱單于。○河北州郡復降於秦。○冬，十一月，燕以慕容農爲幽州牧，守龍城。○十二月，燕慕容麟攻秦博陵，守將王兖[一]死之。○燕定都中山。

丙戌　十一年，秦王苻登太初元，燕建興元，後秦建初元，西燕王慕容永中興元年。○魏太祖道武帝拓跋珪登國元年。○涼王呂光天安元年。○舊大國四，西秦小國一，新大國一，小國一，凡七僭國。春，正月，拓跋珪復立爲代王。○燕王垂稱皇帝。○丁零翟遼據黎陽。○二月，西燕弑其主沖，立段隨爲燕王。○張大豫起兵攻姑臧。○代徙都盛樂。○三月，泰山太守張願叛，謝玄退屯[二]淮陰。○燕主垂追尊母蘭氏爲文昭皇后。○西燕人殺段隨而東，至聞喜，立慕容忠復稱帝。○夏，四月，代改稱魏。○後秦王萇取長安，稱皇帝。○六月，以楊亮爲雍州刺史，鎮衛山陵。荆州刺史桓石民取弘農，初置湖、陝二戍。○西燕弑其主忠，立慕容永爲河東王。○秦河北州郡復降於燕。○關、隴諸郡復起兵爲秦。○秋，八月，秦以苻登爲南安王。○冬，十月，西燕擊秦，敗之。秦主丕奔東垣，將軍馮該擊殺之。○西燕慕容永稱帝於長子。○海西公奕薨於吴。○秦苻登及後秦主萇戰，大破之。○十一月，秦苻登稱帝於南安。○十二月，呂光自稱酒泉公。○秦主登伐後秦。

丁亥　十二年，秦太初二，燕建興二，後秦建初二，魏登國二年。春，正月，以朱序爲青、兖刺史，鎮淮陰；謝玄爲會稽内史。○燕寇東阿，陷之。○秦封苻纂爲魯王。○燕擊張願，破之。以慕容紹爲青州刺史，守

[一] 《四庫》本原作「王兗」，據蜀藩本改。
[二] 蜀藩本無「屯」字。

歷城。○夏，四月，尊帝母李氏爲皇太妃。○燕慕容柔等自長子歸于燕。○五月，燕使其太原王楷擊翟遼，降之。○徵處士戴逵，不至。○秋，七月，西秦擊鮮卑三部，降之。○後秦主萇軍陰密，以太子興守長安。○魏王珪以燕師擊劉顯，大破之。顯奔西燕。○呂光殺張大豫。○八月，立子德宗爲皇太子。○秦苻師奴殺其兄纂，後秦擊走之，而降其衆。○秦主登進據將軍胡空堡。○冬，十月，翟遼復叛燕。○十二月，後秦攻秦，拔將軍徐嵩壘，嵩死之。○涼州大饑，人相食。

戊子 十三年，秦太初三，燕建興三，後秦建初三，魏登國三年。○西秦王乞伏乾歸太初元年。春，正月，康樂公謝玄卒。○秦主登軍朝那，後秦主萇軍武都。○翟遼自稱魏天王。○呂光殺其武威太守杜進。○夏，四月，以朱序都督司、雍等州軍事，戍洛陽；譙王恬都督兗、冀等州軍事，鎮淮陰。○六月，西秦王乞伏國仁卒，弟乾歸立。**考證**當去「乞伏」二字。○秋，七月，兩秦兵各引還。○八月，魏遣使如燕。

己丑 十四年，秦太初四，燕建興四，後秦建初四，魏登國四年。○涼麟嘉元年。春，正月，燕以慕容隆爲幽州牧，守龍城。○二月，呂光自稱三河王。○秋，八月，秦主登擊安定，後秦主萇襲破其輜重。秦后毛氏死之。○冬，十一月，以范甯爲豫章太守。○秦將軍雷惡地降於後秦。

庚寅 十五年，秦太初五，燕建興五，後秦建初五，魏登國五年。春，正月，西燕主永寇洛陽，朱序擊走之。還擊翟遼，又走之。○二月，以王恭都督青、兗等州軍事。○夏，四月，秦將軍魏揭飛攻後秦之杏城，雷惡地應之。後秦主萇擊斬揭飛，惡地降。○秋，七月，馮翊人郭質起兵應秦，不克。○八月，劉牢之擊翟遼，敗之。張願來降。○九月，以王國寶爲中書令，王珣爲尚書僕射。

辛卯十六年，秦太初六，燕建興六，後秦建初六，魏登國六年。夏，五月，秦主登及後秦主萇戰，秦師敗績。○西燕寇河南，太守楊佺期擊破之。○魏王珪遣其弟觚如燕。○秋，九月，黜博士范弘之爲餘杭令。○冬，十月，魏王珪擊柔然，大破之，徙之雲中。○翟遼死，子釗代領其衆。○劉衛辰攻魏南部，魏王珪大破之。衛辰走死，諸部悉降。○十二月，秦主登攻安定，後秦主萇擊敗之。

壬辰十七年，秦太初七，燕建興七，後秦建初七，魏登國七年。春，三月，後秦殺其將軍王統、徐成。○夏，五月朔，日食。○燕主垂擊翟釗，釗奔西燕。○秋，七月，秦主登引兵逼安定，後秦主萇拒卻之。○冬，十一月，以殷仲堪都督荆、益、寧州軍事。○立子德文爲琅邪王，徙道子爲會稽王。○李遼表請脩孔子廟，不報。

癸巳十八年，秦太初八，燕建興八，後秦建初八，魏登國八年。秋，七月，秦竇衝叛，秦主登討之。後秦使太子興救衝，遂襲平涼。○冬，十月，燕主垂擊西燕。○十二月，後秦主萇卒，太子興帥兵擊秦。

甲午十九年，秦主苻崇延初元，燕建興九，後秦主姚興皇初元，魏登國九年。○是歲秦及西燕亡。大三，小二，凡五僭國。春，正月，三河王光以禿髮烏孤爲河西都統。○夏，四月，秦主登及後秦戰，敗績，奔平涼。○五月，西燕主永及燕戰，敗績。○後秦主興立。○六月，追尊會稽太妃鄭氏曰簡文宣太后。○秋，七月，後秦主興擊秦主登，殺之。秦太子崇立，奔湟中。○八月，尊太妃李氏爲皇太后。○燕主垂圍長子，拔之。殺西燕主永。○冬，秦主崇及隴西王楊定攻西秦，兵敗皆死。定弟盛遣使來稱藩。○秦遣使如燕。

乙未二十年，燕建興十，秦皇初二，魏登國十年。春，正月，燕遣使如秦。○三月朔，日食。○以丹陽尹王雅領太子少傅。○夏，五月，燕遣其太子寶擊魏。秋，七月，降其別部，進軍臨河。○禿髮烏孤徙都廉川。○長星見。○九月，魏主〔一〕珪將兵拒燕。冬，十月，燕軍夜遁。十一月，追至參合陂，大敗之。

丙申二十一年，燕主慕容寶永康元，秦皇初三，魏皇始元年。○涼龍飛元年。春，閏三月，燕主垂襲魏平城，克之。夏，四月，還，卒于上谷。太子寶立。○五月，燕以慕容德爲冀州牧，守鄴；慕容農爲并州牧，守晉陽。○燕主寶弑其太后段氏。○六月，燕定士族舊籍。○三河王光自稱涼天王。○秋，八月，魏王珪擊燕。○燕立子策爲太子。○九月，燕慕容農及魏師戰，敗走，魏遂取并州。○貴人張氏弑帝於清暑殿。太子德宗即位，會稽王道子進位太傅。冬，十月，葬隆平陵。○魏王珪拔常山。○魏別將拓跋儀攻鄴，燕慕容德擊破之。○封楊盛爲仇池公。○秦陷蒲阪。

〔一〕蜀藩本誤作「魏王」。

丁酉安皇帝隆安元年，燕永康二，秦皇初四，魏皇始二年[一]。○南涼王禿髮烏孤太初元年。○北涼王段業神璽元年。○舊大國三，西秦、涼小國二，新小國二，凡七僭國。春，正月，帝冠。○以王珣爲尚書令，王國寶爲左僕射。○魏拓跋儀軍潰，燕慕容德追擊，破之。○魏王珪擊信都，降之。○涼王光擊西秦，西秦與戰，殺其弟延。○禿髮烏孤自稱西平王，攻涼，取金城。○二月，燕主寶襲擊魏軍，大敗，奔還。○三月，燕幽、平牧慕容會引兵至薊。慕容麟作亂，出走。魏王珪進圍中山，燕主寶奔會軍，慕容詳城守拒魏。○尊皇太后李氏爲太皇太后，立皇后王氏。○魏兵追燕主[二]寶，慕容會擊却之。夏，四月，寶至龍城。會作亂，不克，奔中山，伏誅。○王恭舉兵反。詔誅僕射王國寶、將軍王緒。恭罷兵還鎮。○以會稽世子元顯爲征虜將軍。○涼沮渠蒙遜叛，拔臨松，據金山。○燕慕容詳稱帝於中山。○涼段業叛，自稱建康公。沮渠蒙遜以衆歸之。○秋，七月，燕慕容麟襲殺詳而自立。魏襲中山，入其郛而還。○八月，涼郭麐、楊軌叛。○九月，秦太后虵氏卒。○秦寇陷湖、陜。○冬，十月，魏王珪及燕慕容麟戰，大破走之，遂克中山。

戊戌二年，燕主慕容盛建平元，秦皇初五，魏天興元年。○南燕主慕容德元年。○舊大國三。○西秦、涼、南涼、北涼小國四，新小國一，凡八僭國。春，正月，燕慕容德徙居滑臺，稱燕王。麟謀反，伏誅。魏拓跋儀入鄴。○

[一] 蜀藩本誤作「三年」。
[二] 蜀藩本誤作「燕王」。

魏置行臺于鄴、中山，以和跋、拓跋儀守之。○魏王珪北還，徙山東民夷十餘萬口以實代。○二月，燕主寶將兵發龍城，衛卒段速骨作亂，衆潰而還。○以王愉都督江、豫州軍事。○魏給新徙民田及牛。○魏封爾朱羽健於秀容川。○三月，燕段速骨攻陷龍城，燕主寶出奔，尚書蘭汗誘而弑之。○北涼攻涼，取西郡、晋昌、敦煌、張掖。○夏，六月，涼吕纂擊楊軌、郭麐，破之。○秋，七月，燕長樂王盛討殺蘭汗，攝行統制。○魏遷都平城。○王恭、殷仲堪及南郡公桓玄反，玄陷江州。○魏遣使循行郡國。○九月，加會稽王道子黄鉞，討王恭。恭司馬劉牢之執恭以降，斬之。以牢之都督青、兖七州軍事。桓玄爲江州刺史。楊佺爲雍州刺史。敕殷仲堪使回軍。○南凉取嶺南五郡。○冬，十月，燕長樂王稱皇帝。**考證** 「長樂王」當作「長樂王盛」。○復以殷仲堪督荆、益軍，仲堪等罷兵還鎮。○十二月，魏王珪稱皇帝。○妖人孫泰謀亂，伏誅。

資治通鑑綱目考證卷二十三

起己亥晋安帝隆安三年，盡庚戌晋安帝義熙六年，凡十二年。

己亥三年，燕長樂元，秦弘始元，魏天興二年。凉主呂纂咸寧元，北凉天璽元年。春，正月，南凉徙治樂都。○二月，魏主珪襲高車，大破之。○段業自稱凉王。○三月，魏分尚書諸曹，置五經博士。○南燕苻廣叛，南燕王德擊斬之。滑臺降魏，德遂東寇青、兗。○追尊所生母陳氏爲德皇太后。○夏，四月，以會稽世子元顯爲揚州刺史。○燕除公侯金帛贖罪法。○秋，七月，秦寇洛陽。八月，魏人來救。○魏殺其御史中丞崔逞。○南凉王烏孤卒，弟利鹿孤立，徙治西平。**考證**「立」當作「嗣」。○南燕王德陷廣固，殺幽州刺史辟閭渾，遂都之。○九月，燕遼西太守李朗謀叛其主，盛討誅之。○秦主興降號稱王。○冬，十月，秦陷洛陽。○孫恩寇陷會稽，殺内史王凝之。詔徐州刺史謝琰及劉牢之討破之。以琰爲會稽太守。○以會稽世子元顯録尚書事。○桓玄舉兵攻江陵，殺殷仲堪、楊佺期。○凉王光卒，太子紹立，庶兄纂殺而代之。**考證**「立」當作「嗣」。○謹按：呂光據凉建國十有四年，諄諄遺命，授其世嫡諸子。果如其言，弟兄輯睦以禦外侮，則凉祚豈易量哉？紹受國於先君者也，君也；纂受先君遺命輔嗣皇，爲其太尉，臣也。違先君命，殺紹而奪其國，以臣弑君，以庶奪嫡，有國有家者可不監哉？故當曰「太子紹嗣，庶兄纂弑而代之。」

庚子 四年，燕長樂二，秦弘始二，魏天興三年。○南燕建平元，南涼王禿髮利鹿孤建和元年。○西涼公李暠庚子元年。○是歲，西秦降秦。舊大國三，涼、南涼、北涼、南燕小國四，新小國一，凡八僭國。春，正月，燕主盛自貶號爲庶人天王。○西秦遷都苑川。○二月，燕主盛襲高句麗，拔二城。○三月，魏立慕容氏爲后。○詔桓玄都督荊、江八州軍事，荊、江州刺史。○涼呂弘作亂，涼王纂殺之。○北涼以李暠爲敦煌太守。○夏，五月，孫恩復寇會稽，太守謝琰敗死。恩轉寇臨海，遣兵討之，不克。○六月朔，日食。○秋，七月，太皇太后李氏崩。○秦擊西秦，西秦王乾歸戰敗，奔南涼，遂降秦[一]。○九月，地震。○冬，十一月，詔劉牢之討孫恩，走之。○以會稽世子元顯都督揚、豫等十六州軍事。○李暠自稱涼公。○十二月，有星孛于天津。會稽世子元顯解録尚書事。○魏置僊人博士。○魏殺其左將軍李粟。○南燕王德稱帝，更名備德。

辛丑 五年，燕王慕容熙光始元，秦弘始三，魏天興四年。○涼王呂隆神鼎元，北涼王沮渠蒙遜永安元年。春，正月，南涼置都督中外、録尚書官。○二月，孫恩寇句章，劉牢之擊走之。○秦使乞伏乾歸還鎮苑川。○涼呂超弒其君纂而立其兄隆，纂后楊氏自殺。○三月，孫恩攻海鹽，劉牢之參軍劉裕擊破之。○南涼擊涼，徙其民二千户以歸。○夏，五月，北涼沮渠蒙遜弒其君業[二]。○孫恩陷滬瀆，殺吴國內史袁崧。○六

[一] 蜀藩本作「遂奔秦」。

[二] 蜀藩本無「業」字。

月，孫恩寇丹徒，劉裕擊破之。恩北走，陷廣陵。**考證**「擊」當作「討」。[一]○沮渠蒙遜自稱張掖公。○秋，七月，魏徇許昌，東至彭城。○秦伐涼，大破之。西涼、南涼、北涼皆遣使入貢於秦。○八月，以劉裕爲下邳太守，討孫恩於郁洲，大破之。○燕段璣弑其君盛，太后丁氏立盛叔父熙，討璣，殺之。○九月，涼王隆遣使降秦。○冬，十一月，劉裕追擊孫恩，破之。○涼攻魏安，南涼救之。○桓玄表桓偉鎮夏口，刁暢鎮襄陽。

壬寅元興元年，燕光始二，秦弘始四，魏天興五。○南涼王禿髮傉檀弘昌元年。春，正月，以尚書令元顯爲征討大都督，加黃鉞，討桓玄。○柔然據漠北，自稱可汗。○南涼攻涼顯美，克之。○桓玄舉兵反。○二月，魏襲没奕干，没奕干奔秦。○秦立子泓爲太子。○北涼攻涼姑臧，不克。○玄兵至姑孰。三月，劉牢之叛，附於玄，元顯軍潰。玄入建康，自以太尉，總百揆。殺元顯等，以牢之爲會稽内史，牢之自殺。○孫恩寇臨海，郡兵擊破之，恩赴海死。玄以恩黨盧循爲永嘉太守。○南涼王利鹿孤卒，弟傉檀立。○夏，四月，玄出屯姑孰。○三吴大饑。○五月，盧循寇東陽，劉裕擊走之。○秦王興攻魏，敗績，其將姚平死之。○將軍司馬休之、劉敬宣、高雅之奔南燕。○燕王熙殺其太后丁氏。○玄殺會稽王道子。○北涼梁中庸奔西涼。○秦遣使授南涼、北涼、西涼官爵。

〔一〕蜀藩本此條作「考異」。

二年癸卯，燕光始三，秦弘始五，魏天興六年。○是歲涼亡。大三，小四，凡七僭國。春，盧循使其黨徐道覆寇東陽，建武將軍劉裕擊破之。○桓玄自爲大將軍。○夏，四月朔，日食。○南燕遣使隱覈蔭户。○五月，燕作龍騰苑。○秋，七月，魏殺其平原太守和跋。○秦徵呂隆爲散騎常侍，以王尚爲涼州刺史。○劉裕追盧循至晋安，破之。○九月，玄自爲相國，封楚王，加九錫。○南燕講武城西。○冬，十一月，楚王玄稱皇帝，廢帝爲平固王，遷於尋陽。○益州刺史毛璩起兵討玄。○魏初制冠服。

三年甲辰，燕光始四[一]，秦弘始六，魏天賜元年。春，二月，劉裕起兵京口討玄，玄使弟謙拒之。○南涼去年號，罷尚書官。○三月，劉裕及桓謙戰于覆舟山，大破之。玄出走，裕立留臺於石頭。○魏詔縣户不滿百者罷之。○玄至尋陽，逼帝西上，劉毅等率兵追之。○劉裕推武陵王遵承制行事。○劉敬宣、司馬休之自南燕來歸。○夏，四月，玄挾帝入江陵。○何無忌等及玄兵戰于桑落洲，大破之，得太廟神主送建康。○玄挾帝東下。○以劉敬宣爲江州刺史。○燕起逍遥宫。○五月，劉毅等及玄戰于崢嶸洲，大破之。玄復挾帝入江陵。寧州督護馮遷擊玄，誅之。帝復位。○閏月，桓振襲江陵，陷之。劉毅等進兵討之，不克。○六月，毛璩遣兵攻梁州，誅玄所署刺史桓希。○秋，七月，永安皇后何氏崩。○九月，魏改官制。○冬，十月，盧循陷番禺，徐道覆陷始興。○劉毅等復攻桓振諸城壘，皆克之。○

[一] 蜀藩本誤作「燕光始西」。

十一月，魏命宗室州郡各置師。○燕王熙與其后苻氏游白鹿山。○十二月，劉毅等進克巴陵。

乙巳義熙元年，燕光始五，秦弘始七，魏天賜二年。○南燕主慕容超太上元，西涼建初元年。春，正月，入江陵，桓振亡走，謙奔秦。○燕伐高句麗，不克而還。○秦以鳩摩羅什爲國師。○西涼公暠遣使來上表。○二月，帝東還。○益州參軍譙縱殺其刺史毛璩，自稱成都王。○三月，桓振復襲江陵，將軍劉懷肅與戰，誅之。○帝至建康，除拜琅邪王德文、武陵王遵、劉裕以下有差。○以劉敬宣爲宣城内史。○夏，四月，以劉裕都督十六州軍事，出鎮京口。○以盧循爲廣州刺史。○南燕主備德封其兄子超爲北海王。○五月，劉毅、何無忌討滅桓玄餘黨，荆、湘、江、豫皆平。○秋，七月，劉裕遣使求和於秦，得南鄉等十二郡。○九月，南燕主備德卒，太子超立。○西涼徙都酒泉。

丙午二年，燕光始八，秦弘始八，魏天賜三年。春，正月，魏增置刺史、守、令。○燕王熙襲高句麗，不克。○夏，六月，秦姚碩德自上邽還長安。○秦以禿髮傉檀爲涼州刺史，守姑臧。○魏築灅南宫。○秋，八月，劉裕遣將軍毛脩之討譙縱。○南燕段宏奔魏，慕容鍾奔秦。○冬，十月，論建義功，封賞劉裕等有差。○西秦乞伏乾歸如秦。

丁未三年，秦弘始九，魏天賜四年。○燕王高雲正始元年。○夏主赫連勃勃龍升元年。○是歲，燕慕容熙亡。舊大國二[一]，南涼、北涼、南燕、西涼小國四，新小國二，凡八僭國。春，正月，秦以乞伏乾歸爲主客尚書。○閏二月，劉裕殺東陽太守殷仲文及桓沖孫胤，夷其族。○夏，四月，燕后苻氏卒。○燕主熙廢其太后段氏。○六月，赫連勃勃自稱大夏天王。○秋，七月朔，日食。○燕高雲弒其主熙，自立爲天王。○南燕遣使稱藩，獻太樂伎于秦。冬，秦遣其母妻還之。○夏王勃勃破薛干等部，降之。遂進攻秦及南涼，大破之。○涼公暠復遣使來上表。

戊申 四年，秦弘始十，魏天賜五年。○南涼嘉平元年。春，正月，劉裕自爲揚州刺史、録尚書事。○南燕祀南郊。○夏，五月，譙縱稱藩于秦。○秦遣兵襲南涼，討夏，皆敗績。○遣將軍劉敬宣督毛脩之討譙縱，不克引還。○冬，十一月，南涼復稱王。○南燕汝水竭。

己酉 五年，秦弘始十一，魏太宗拓跋嗣永興元年。○燕王馮跋太平元年。○西秦更始元年。○舊大國二，南涼、北涼、南燕、西涼、燕、夏小國六，新小國一，凡九僭國。春，正月，秦封譙縱爲蜀王。○二月，南燕寇掠宿豫。○乞伏乾歸自秦逃歸。○三月，恒山崩。○夏，四月，雷震魏天安殿。○劉裕伐南燕。六月，及燕師戰於臨朐，大破之，遂圍廣固。○秋，七月，西秦復稱王。九月，秦王興伐夏。夏王勃勃襲而敗之。○冬，十月，西秦以焦遺爲太子太師。○燕弑其君雲，馮跋自立爲天王。○魏清河王紹弑其君珪，齊王

[一] 蜀藩本誤作「舊大國一」。

嗣討紹殺之而自立。**考證**謹按：拓跋紹以其母氏一言，遽行弑逆。齊王聞變，救之不及，討得罪人而誅之。今觀諸本，誤書曰「殺」。如燕慕容會，秦姚弼、姚愔作亂，既皆曰「伏誅」，况道武身死於其臣子之手乎？考之《凡例》，參以列國，故曰「殺」當作「誅」。○十二月，太白犯虚危。

庚戌 六年，秦弘始十二，魏永興二年。○是歲南燕亡。大二，小六，凡八僭國。春，正月，魏伐柔然。○二月，魏寇盜群起，魏主嗣赦其罪，遣兵討餘寇，平之。○劉裕拔廣固，執南燕主超，送建康，斬之。○盧循寇長沙、南康、廬陵、豫章，陷之。劉裕引軍還。○三月，江、荆都督何無忌討徐道覆，戰敗死之。○南凉擊北凉，敗績，遂遷于樂都。○夏，四月，劉裕至建康。○五月，豫州都督劉毅及盧循戰于桑落洲，敗績。循進逼建康。○柔然圍魏師於牛川，魏主嗣救之。可汗社崘走死，弟斛律立。○六月，劉裕自爲太尉、中書監，加黄鉞，復辭官而受黄鉞。○宗室司馬國璠自弋陽奔秦。○秋，七月，盧循退還尋陽，劉裕遣兵追之。○劉裕遣將軍孫處等率兵襲番禺。○譙縱使桓謙會秦將苟林入寇荆州，刺史劉道規大破斬之。○西秦攻秦略陽、隴西諸郡，克之。○冬，十月，劉裕南擊盧循。○徐道覆寇江陵，劉道規大破之。○十一月，孫處攻番禺，拔之。○十二月，劉裕及盧循戰於大雷，又戰于左里，大破之。循及道覆南走，裕遣將軍劉藩等追之。

資治通鑑綱目考證卷二十四

起辛亥晋安帝義熙七年，盡丁卯宋文帝元嘉四年[一]、魏太武帝始光四年，凡十七年。

辛亥 七年，秦弘始十三，魏永興三年。春，正月，秦王興以其子弼爲尚書令。○西秦復降于秦。○秦王興命群臣舉賢才。○夏攻秦杏城，斬其守將姚詳。遂攻安定、東鄉，皆克之。○劉藩等克始興，斬徐道覆。○北凉拔姑臧，遂攻南凉，不克。○南凉攻北凉，大敗而還。○三月，劉裕始受太尉、中書監之命。○夏，四月，盧循寇番禺，不克，走交州，刺史杜慧度擊斬之。○詔劉毅兼督江州軍事。○秋，七月，柔然獻馬求昏於燕。○西秦攻南凉，敗其兵。○北凉襲西凉，不克。○西秦攻秦柏陽堡、水洛城，皆克之。

壬子 八年，秦弘始十四，魏永興四年。○西秦王乞伏熾磐永康元，北凉玄始元年。夏，四月，以劉毅都督荆、寧、秦、雍軍事。○六月，西秦乞伏公府弒其君乾歸。秋，世子熾磐討殺之而自立。○皇后王氏崩。○葬僖皇后。○冬，太尉裕帥師襲荆州，殺都督劉毅。○秦雍州刺史楊佛嵩攻夏，夏王勃勃與戰，破之。

[一] 蜀藩本後有「年」字。

○北涼遷于姑臧。○十二月，遣益州刺史朱齡石帥師伐蜀。○太尉裕自加太傅、揚州牧，復辭不受。

癸丑 九年，秦弘始十五，魏永興五年。○夏鳳翔元年。春，太尉裕還建康，殺豫州刺史諸葛長民。○詔申土斷之法，并省流寓郡縣。○秦太尉索稜以隴西降西秦。○夏，築統萬城。○秋，七月，朱齡石入成都，譙縱走死。詔齡石監六郡軍事。○冬，魏遣使請昏于秦。○以索邈爲梁州刺史。

甲寅 十年，秦弘始十六，魏神瑞元年。○是歲，南涼亡。大二，小五，凡七僭國。春，三月，太尉裕廢譙王文思爲庶人。○夏，五月，秦尚書令姚弼有罪免。○西秦襲滅南涼，以傉檀歸，殺之。○柔然步鹿真逐其可汗斛律而自立，大檀殺而代之。○秋，八月，魏遣于什門如燕。○九月朔，日食。○冬，十一月，魏遣使者巡行諸州。○十二月，柔然侵魏。

乙卯 十一年，秦弘始十七，魏神瑞二年。春，太尉裕帥師擊荆州，都督司馬休之拒戰，衆潰。○秦遣姚弼將兵守秦州。○夏攻秦杏城，拔之。○北涼攻西秦，拔廣武。○青、冀參軍司馬道賜殺其刺史劉敬宣。○司馬休之出奔秦，秦以爲揚州刺史。○太尉裕劍履上殿，入朝不趨，贊拜不名。○北涼遣使上表内附。○秋，七月晦，日食。○八月，太尉裕還建康。○以劉穆之爲左僕射。○魏荐饑。○秦姚弼謀作亂，其黨唐盛等伏誅。○熒惑不見八十餘日，復出東井。秦大旱。○冬，十月，秦送女于魏，魏以爲夫人。

丙辰 十二年，秦主姚泓永和元，魏泰常元年。春，正月，太尉裕自加都督二十二州軍事。○秦姚弼、姚愔作亂，伏誅。秦王興卒，太子泓立。**考證**「立」當作「嗣」。〇三月，太尉裕自加中外大都督，戒嚴伐秦。詔遣琅邪王德文脩敬山陵。〇氐王[一]楊盛攻秦，拔祁山，殺其守將姚嵩。〇夏攻秦，克上邽、陰密、安定、雍城。秦遣兵擊卻之，復取安定。〇秋，八月，太尉裕督諸軍發建康。〇冀州刺史王仲德入魏滑臺。〇冬，十月，將軍檀道濟克洛陽。〇詔遣司空高密王恢之脩謁五陵。〇十二月，太尉裕自加相國、揚州牧，封宋公，備九錫，復辭不受。〇西秦遣使內附。〇秦蒲坂守將姚懿反，伏誅。〇魏丁零翟猛雀作亂，魏討平之。

丁巳 十三年，秦永和二，魏泰常二年。〇西涼公李歆嘉興元年。〇是歲，秦亡。大一，小五，凡六僭國。春，正月朔，日食。〇秦安定守將姚恢反，伏誅。〇太尉裕引水軍發彭城。〇二月，西涼公李暠卒，世子歆立。**考證**當去「李」姓。〇吐谷渾樹洛干死，弟阿柴立。〇三月，將軍王鎮惡攻潼關，與秦太宰姚紹戰，大破之。〇太尉裕遣使假道於魏，魏遣兵屯河北，裕遂引兵入河。〇弘農人送義租給王鎮惡等軍。〇夏，四月，太尉裕遣兵擊魏於河上，大破之。〇將軍沈林子擊秦姚紹，破之。紹病卒。〇太尉裕入洛陽。〇魏置六部大人。〇秋，七月，將軍沈田子入武關。八月，秦主泓自將擊之，大敗而還。〇太尉裕至潼關，遣王鎮惡帥水軍自河入渭，大破秦兵，遂入長安，秦主泓出降。〇九月，太尉裕至長安，送姚泓詣建康，斬之。〇夏人進據安定。〇冬，十月，魏遣將軍刁雍屯固山。〇太尉裕自進爵爲王，增封

[一] 蜀藩本作「氐主」。

十郡，復辭不受。○十一月，劉穆之卒。○十二月，太尉裕東還，留子義真都督雍、梁、秦州軍事。○魏置南雍州。○夏王勃勃遣兵向長安。

戊午

十四年，魏泰常三年，夏昌武元年。春，正月，王鎮惡、沈田子帥師拒夏兵。田子矯殺鎮惡，安西長史王脩討田子，斬之。參軍傅弘之擊夏兵，却之。○太尉裕至彭城，解嚴。琅邪王德文還建康。**考證**謹按：汪氏曰：「劉裕至彭城，『戒嚴』誤作『解嚴』。」夫整兵謂之戒嚴，若「戒嚴西討」「京城戒嚴」之類。罷兵謂之解嚴，若「曹仁解嚴」之類。劉裕滅秦，東還至彭城，罷兵，故曰「解嚴」。汪氏以爲誤者，非也，猶恐惑於其説，敢并及之。○以劉義隆爲荆州刺史。○三月，遣使如魏。○夏，五月，魏人襲燕，不克。○六月，太尉裕始受相國、宋公、九錫之命。○冬，十月，以西涼公李歆爲鎮西大將軍。○魏天部大人、白馬公崔宏卒。○劉義真殺其長史王脩。關中大亂。十一月，夏王勃勃陷長安，義真逃歸。○夏王勃勃稱皇帝。○彗星見。○十二月，宋公劉裕弑帝于東堂，奉琅邪王德文即位。○以北涼王蒙遜爲涼州刺史。

己未

恭皇帝元熙元年，魏泰常四年，夏真興元年。春，正月，立皇后褚氏。○葬休平陵。○夏人陷蒲坂。○夏主勃勃殺隱士韋祖思。○夏主勃勃還統萬。○宗室司馬楚之據長社。○夏，四月，魏主嗣有事於東廟。○西涼地震，星隕。○秋，七月，宋公裕始受進爵之命，移鎮壽陽。○冬，十月，以劉義真爲揚州刺史。○十一月朔，日食。○十二月，宋王裕加殊禮，進太妃爲太后，世子曰太子。

庚申

二年，宋高祖武帝劉裕永初元年，魏太宗明元帝拓跋嗣泰常五年，西秦文昭王乞伏熾磐建弘元年，夏世祖赫連勃勃真興二年，燕太祖馮跋太平十一年，北凉武宣王沮渠蒙遜玄始八年，西凉公李恂永建元年。○是歲，晉亡宋代，凡七國。

夏，四月，長星出竟天。六月，宋王裕還建康，稱皇帝。廢帝爲零陵王，以兵守之。**考證**「裕」當作「劉裕」。○謹按：《凡例》曰：「凡僭國稱帝者，曰某號姓名稱皇帝。」注云：「如魏王曹丕、宋王劉裕、梁王朱晃之類。」又曰：「凡無統，……自漢晉以後，用僭國例。但稱帝者不書姓。」注云：「如晉王炎、齊王道成之類。」或曰，鈞爲僭國稱帝也，何書姓不書姓之異乎？曰，漢、晉、唐有天下，用天子制以臨四方，遠者四百年，近者百有餘年。曹丕、劉裕、朱晃爲其臣下，受其官爵，乃恃僭賊之强，廢正統而篡其位，特書姓名，昭罪惡也。若司馬炎、蕭道成、衍、高洋、宇文覺、陳霸先、楊堅之類，以僭國廢僭國，故不書姓者，非予之也，所以甚曹丕等之惡也。朱子脩是書，主在正統，嘗曰「《綱目》義例益精密，亂臣賊子真無所匿其形」。其是之謂乎。○宋尊王太后爲皇太后。○宋改晉封爵，封拜功臣子弟有差。○秋，宋交州刺史杜慧度[一]擊林邑，大破降之。○北凉王蒙遜誘西凉公歆與戰，殺之，遂滅西凉。○八月，宋立子義符爲皇太子。○宋爲晉諸陵置守衛。○冬，凉李恂入敦煌，稱刺史。

辛酉 宋永初二年，魏泰常六年。○是歲西凉亡，凡六國。春，二月，宋祀南郊，大赦。**考證**下當書「境内」。○宋以廬陵王義真爲司徒，徐羡之爲尚書令，揚州刺史傅亮爲僕射。○魏築苑。○北凉屠敦煌，殺李恂。○夏，四月，宋毁淫祠。○秋，九月，宋主劉裕弑零陵王於秣陵。○冬，十一月，葬晉恭帝于沖平陵。

[一] 蜀藩本誤作「杜慧慶」。

○涼晋昌守唐契叛。○宋豫章太守謝瞻卒。

壬戌　宋永初三年，魏泰常七年。春，宋以徐羡之爲司空、録尚書事。○宋以廬陵王義真都督雍、豫等州軍事。○秦、雍流民入梁州，宋遣使賑之。○夏，四月，宋封楊盛爲武都王。○五月，宋主裕殂，太子義符立。○魏立子燾爲太子，監國。○六月，宋以傅亮爲中書監、尚書令，謝晦爲中書令，謝方明爲丹陽尹。○冬，魏遣司空奚斤督諸將擊宋，取青、兖諸郡。宋遣南兖州刺史檀道濟救之。

癸亥　宋主義符景平元年，魏泰常八年。春，正月，魏取宋金墉。○宋以蔡廓爲吏部尚書，不受。○魏以刁雍爲青州刺史。○二月，魏築長城。○涼吐谷渾入貢于宋。○魏攻宋虎牢，不克。殺其將公孫表。○魏攻宋東陽城，宋檀道濟帥師救之。○夏，四月，魏主攻虎牢，不克。○魏攻東陽城，不克而退，留刁雍戍尹卯。○諸蠻入貢于魏。○涼攻晋昌，克之。○秦遣使入貢于魏。○閏月，魏拔虎牢，執宋司州刺史毛德祖，遂取司、豫諸郡。○秋，七月，柔然攻北涼，殺其世子政德。○冬，十月，魏廣西宫。○十一月，魏取宋許昌、汝陽。○魏主嗣殂，太子燾立。○魏立天師道塲。

甲子　宋景平二，太祖文帝義隆元嘉元年，魏世祖太武帝燾始光元年。春，正月，宋廢其廬陵王義真爲庶人。○夏，五月，宋徐羡之、傅亮、謝晦廢其主義符爲營陽王，遷于吴。六月，弑之。迎宜都王義隆于江陵，殺前廬陵王義真。以謝晦行都督荆、湘等州軍事。○秋，秦攻涼，敗之。○八月，宋主義隆立。○柔然寇魏。○冬，十一月，吐谷渾王阿柴卒，弟慕璝立。**考證**「立」當作「嗣」。○謹按：汪氏《考異》曰，宋魏間五代稱王者，何以不書薨。夫七國之時，周已亡，秦未帝，王非爵也，上無天子，故因其臣子之辭，而書薨。秦以後，王[一]亦爵也，故《凡例》曰，諸侯王「當依陸淳例，書卒」。温公已[二]覺書薨之失，恨不可請本追改，况南北朝五代稱王者，非蠻夷君長則盜賊酋帥，例當書死，上無天子，亦因舊文書卒云。○十二月，魏伐柔然，大獲。○宕昌朝貢于魏。○夏世子璝殺其弟倫，倫兄昌討璝，殺之。

乙丑 宋元嘉二年，魏始光二年，夏主赫連昌承光元年。春，正月，宋主始親聽政。○二月，燕有女子化爲男。○三月，魏主尊保母竇氏爲保太后。○魏以長孫嵩爲太尉，長孫翰爲司徒，奚斤爲司空。○夏，四月，秦襲涼于臨松，敗之。○魏遣使如宋。○六月，武都王楊盛卒，子玄立。**考證**當去「楊」姓。○秋，秦擊黑水羌，破之。○八月，夏主勃勃殂，世子昌立。○冬，十月，魏主伐柔然，走之。

丙寅 宋元嘉三年，魏始光三年。春，正月，宋討徐羨之、傅亮，殺之。以王弘爲司徒、揚州刺史、録尚書事；彭城王義康都督荆、湘等州軍事。謝晦舉兵反江陵。○閏月，宋子劭生。○宋主自將討謝晦。二月，殺之。○三月[三]，宋以謝靈運爲秘書監，顔延之爲中書侍郎。○夏，五月，宋以檀道濟爲江州刺史，到彦之爲南豫州刺史。○宋遣使巡行郡縣。○宋主親臨聽訟。○六月，宋以王華、王曇首、殷景仁、

[一] 蜀藩本誤作「主」。
[二] 蜀藩本誤作「以」。
[三] 蜀藩本誤作「三月」。

劉湛爲侍中，謝弘微爲黄門侍郎。○宋遣使如魏。○秋，秦攻凉，夏襲秦苑川，秦師還。○宋大旱，蝗。○冬，十月，魏主自將攻夏。○十一月，夏攻秦，入枹罕。○魏主入統萬，别將取蒲阪及長安。○魏罷漏户繒，以屬郡縣。

丁卯宋元嘉四年，魏始光四年。春，正月，魏主還平城。○宋主謁京陵。○夏，四月，魏遣使如宋。○宋前交州刺史杜弘文卒。○五月，魏主發平城。○宋中護軍王華卒。○六月朔，日食。○夏主及魏主戰于統萬，敗走上邽，魏取統萬。○秦遣使入貢于魏。○秋，八月，魏主還平城。○夏安定降魏。○冬，十一月，魏封楊玄爲南秦王。○晉徵士陶潛卒。

資治通鑑綱目考證卷二十五

起戊辰宋文帝元嘉五年、魏太武帝神𪉖元年，盡庚寅宋文帝元嘉二十七年、魏太武帝太平真君十一年，凡二十三年。

戊辰 宋元嘉五年，魏神𪉖元年。○西秦王乞伏暮末永弘元年，北凉承玄元年，夏主赫連定勝光元年。春，二月，魏人及夏戰于上邽，執其主昌以歸。夏赫連定稱帝於平凉，魏人追之，敗績。夏復取長安。○夏，五月，秦王乞伏熾磐卒，世子暮末立。**考證**當去「乞伏」二字。○六月，宋以王弘爲衛將軍、開府儀同三司。○凉侵秦。秋，秦及凉平。○冬，十一月朔，日食。○凉復攻秦。

己巳 宋元嘉六年，魏神𪉖二年。春，正月，宋以彭城王義康爲司徒、録尚書事；江夏王義恭都督荆、湘等州軍事。○丁零降魏。○三月，宋立子劭爲太子。○宋以殷景仁爲中領軍。○秦殺其尚書辛進。○夏，四月，魏主伐柔然。○五月朔，日食。○宋以王敬弘爲光禄大夫。○凉及吐谷渾侵秦，秦敗之，獲凉世子興國。○柔然紇升蓋可汗大檀出走，魏主追至涿邪山。秋，七月，引還。大檀死，子敕連可汗吴提立。○武都王楊玄卒，弟難當廢其子保宗而自立。**考證**「自立」當作「代之」。○八月，魏遣兵擊高車，降之。○冬，十月，魏以崔浩爲撫軍大將軍。○十一月朔，日食，星晝見。秦地震。

庚午　宋元嘉七年，魏神䴥三年。春，三月，宋遣將軍到彥之等伐魏。○魏敕勒叛，擊滅之。○夏，六月，宋以楊難當爲武都王。○秋，七月，魏河南諸軍退屯河北。宋到彥之等取河南。○八月，魏遣將軍安頡擊宋師。○林邑入貢于宋。○九月，燕王馮跋殂，弟弘殺其太子翼自立。○魏主如統萬。○西秦自正月不雨，至于是月。○冬，十月，宋鑄四銖錢。○宋到彥之保東平。魏攻宋金墉、虎牢，取之。○秦遷保南安。○十一月，魏主襲平涼，夏主與戰，敗績。○宋遣將軍檀道濟伐魏，到彥之棄軍走。○夏主及魏人戰，敗走上邽。魏取安定、隴西。○魏攻宋滑臺。○涼遣使入貢于魏。○十二月，宋以長沙王義欣爲豫州刺史。○魏人克平涼，復取長安。○宋以垣護之爲高平太守。

辛未　宋元嘉八年，魏神䴥四年。○燕王馮弘太興元年，北涼義和元年。○是歲，秦、夏皆亡，凡四國。春，正月，宋檀道濟救滑臺，敗魏師于壽張。○夏滅秦，以秦王暮末歸殺之。○二月，魏克滑臺。○魏主還平城，復境内租一歲。○宋檀道濟引兵還，青州刺史蕭思話棄城走。○魏以王慧龍爲滎陽太守。○夏，六月，夏主定擊涼，吐谷渾襲敗之，執定以歸。○閏月，柔然請平于魏。○魏遣使如宋求昏。○宋以劉湛爲太子詹事、給事中。○秋，八月，涼遣子入侍于魏。○吐谷渾奉表于魏。○九月，魏以崔浩爲司徒，長孫道生爲司空。○魏遣使授涼王蒙遜官爵。○魏徵世胄遺逸。○冬，十月，魏使崔浩定律令。

壬申　宋元嘉九年，魏延和元年。春，正月，魏尊保太后爲皇太后，立子晃爲太子。○三月，宋以王弘爲太保。檀道濟爲司空，還鎮尋陽。○吐谷渾送故夏主定于魏，魏人殺之。○魏改代爲萬年，尋復舊號。○夏，五月，宋太保王弘卒。○宋遣使如魏。○六月，宋以司徒義康領揚州刺史。○秋，七月，宋以殷景仁爲尚書僕射，劉湛爲領軍將軍。○吐谷渾告捷于宋。○宋益州人趙廣作亂，圍成都。○魏主攻燕，圍和龍。○冬，十二月，燕長樂公崇以遼西叛降魏。○宋益州參軍裴方明討趙廣，破之。○魏遣太常李順如涼。

癸酉 宋元嘉十年[一]，魏延和二年。○北涼王沮渠牧犍永和元年。春，正月，魏以樂安王範爲長安鎮都大將。○二月，魏以馮崇爲遼西王。○魏以陸俟爲散騎常侍。○宋荆州遣兵救成都，擊賊，破之。○夏，四月，涼王蒙遜卒，子牧犍立。○五月，林邑遣使入貢于宋。○宋裴方明擊趙廣等，大破平之。○魏人攻燕。○秋，九月，宋以甄法崇爲益州刺史。○冬，十一月，楊難當襲宋漢中，據之。○宋謝靈運有罪，誅。

甲戌 宋元嘉十一年，魏延和三年。春，宋梁、秦刺史蕭思話討楊難當，破之。○魏及柔然和親。○宋復取漢中。○燕王弘稱藩于魏。○涼遣使奉表于宋。○六月，魏人伐燕。○秋，魏主擊山胡，克之。

乙亥 宋元嘉十二年，魏太延元年。春，正月朔，日食。○燕王弘稱藩于宋。○涼有神投書于敦煌東門。○夏，四月，宋以殷景仁爲中書令、中護軍。○五月，魏以穆壽爲宜都王。○西域九國遣使入貢于魏。○六月，高麗王璉遣使入貢于魏。○宋大水，設酒禁。○秋，七月，魏伐燕。○宋禁擅鑄像造寺者。

[一] 蜀藩本誤作「宋元加十年」。

丙子　宋元嘉十三年，魏太延二年。○是歲，燕亡，凡三國。春，三月，宋殺其司空檀道濟。○楊難當自稱大秦王。○夏，魏伐燕，燕王弘奔高麗。○秋，七月，魏伐楊難當于上邽，降之。○冬，魏置野馬苑。○宋鑄渾儀。○柔然絕魏和親，寇其邊。**考證**「寇」當作「入」。

丁丑　宋元嘉十四年[一]，魏太延三年。春，三月，魏以南平王渾爲鎮東大將軍，鎮和龍。○夏，五月，魏詔吏民告守令罪。○西域朝貢于魏。○涼遣子入侍於魏[二]，遣使如宋。

戊寅　宋元嘉十五年，魏太延四年。春，二月，宋以吐谷渾慕利延爲隴西王。○三月，魏罷沙門五十以下者。○高麗殺故燕王弘。○秋，七月，魏伐柔然，不見虜而還。○冬，十一月朔，日食。○宋立四學。以雷次宗爲給事中，不受。

己卯　宋元嘉十六年，魏太延五年。○是歲，涼亡，凡二國。春，二月，宋以衡陽王義季都督荊、湘等州軍事。○楊保宗奔魏，魏以爲武都王，守上邽。○夏，六月，魏主伐涼。秋，九月，姑臧潰，涼王牧犍降。○柔然寇魏，不克。**考證**「寇」當作「入」。○謹按[三]：《凡例》曰：「中國無主，則夷狄但云入邊，或云入塞，或

[一] 蜀藩本誤作「元加十四年」。
[二] 蜀藩本無「於」字。
[三] 《四庫》本誤寫作「安」，改之。

云入某郡殺掠吏民。」後倣此。○冬，十月，魏以樂平王丕鎮涼州。○魏張掖王禿髮保周據郡叛。○十二月，宋太子劭冠。○魏主還平城。○魏命崔浩、高允脩國史。○魏除田禁。

庚辰 宋元嘉十七年，魏太平真君元年。春，正月，沮渠無諱寇魏酒泉。**考證**「寇」當作「入」。○夏，四月朔，日食。○六月，魏大赦，改元。**考證**「赦」下當書「境内」。○秋，七月，魏討禿髮保周，殺之。沮渠無諱降。○冬，十月，宋領軍劉湛有罪，誅。以彭城王義康爲江州刺史，江夏王義恭爲司徒、録尚書事，始興王濬爲揚州刺史。

辛巳 宋元嘉十八年[一]，魏太平真君二年[二]。春，正月，宋以彭城王義康爲都督江、交、廣州軍事。○魏新興王俊謀反，伏誅。○魏人伐酒泉，克之。○楊難當寇宋漢川，宋遣兵討之。**考證**「寇」當作「入」，「討」當作「擊」。○宋晉寧郡反，討平之。

壬午 宋元嘉十九年，魏太平真君三年。春，正月，魏主詣道壇受符籙。○夏，四月，沮渠無諱西據鄯善。李寶入據敦煌。○五月，宋討楊難當，平之。魏人救之，不克。**考證**「討」當作「擊」。○秋，七月晦，日食。

[一] 蜀藩本誤作「宋元加十八年」。
[二] 蜀藩本誤作「魏太平貞君二年」。

○九月，沮渠無諱襲據高昌，宋以無諱爲河西王。○冬，十月，柔然遣使如宋。○十二月，宋脩孔子廟。○魏以李寶爲敦煌公。○宋雍州蠻反。○魏尚書李順有罪，誅。

癸未 宋元嘉二十年，魏太平真君四年。春，正月，魏擊宋仇池，取之。○烏洛侯國遣使如魏。○夏，四月，魏殺其武都王楊保宗。秋，七月，宋立楊文德爲武都王。○九月，魏主襲柔然，走之。○冬，十一月，宋人攻魏濁水戍，敗績。○十二月，魏主還平城。

甲申 宋元嘉二十一年[一]，魏太平真君五年。春，正月，宋主耕籍田，大赦。魏太子晃總百揆。**考證**「魏」上當以圈隔。[二]「太子」上漏「以」字。○魏禁私養沙門、巫覡。○魏令公卿子弟皆入太學。○二月，魏尚書令劉絜有罪，誅。樂平王丕以憂卒。○宋以江夏王義恭爲太尉。○夏，六月，河西王沮渠無諱卒，弟安周代立。**考證**當去「沮渠」二字。○魏罷舊俗所祀胡神。○秋，八月，魏主畋于河西。○宋以衡陽王義季爲兖州刺史，南譙王義宣爲荆州刺史。○柔然敕連可汗死，子處羅可汗吐賀真立。○敦煌公李寶入朝于魏，魏人留之。

乙酉 宋元嘉二十二年，魏太平真君六年。春，正月朔，宋行《元嘉曆》。○宋以武陵王駿爲雍州刺史。○三月，

[一] 蜀藩本誤作「宋元加二十一年」。
[二] 蜀藩本無此句。

魏詔中書以經義決疑獄。○夏，四月，魏伐鄯善。○秋，七月，宋討群蠻，平之。○鄯善降魏，西域復通。○八月，魏徙雜民於北邊。○魏伐吐谷渾，慕利延走據于闐。○九月，魏盧水胡蓋吳反。○冬，十一月，魏人侵宋。○十二月，宋太子詹事范曄謀反，伏誅。○宋廢其彭城王義康爲庶人，徙安成郡。○宋始備郊廟之樂。

丙戌 宋元嘉二十三年[一]，魏太平真君七年。春，正月，魏主討蓋吳，宋發兵援之。○宋伐林邑。○三月，魏誅沙門，毁佛書、佛像。○魏人侵宋。○魏上邽東城反，州兵討平之。○宋師克林邑。○夏，六月朔，日食。○魏築塞圍。○宋築北隄，立玄武湖，起景陽山於華林園。○秋，七月，宋以杜坦爲青州刺史。○八月，魏長安鎮將陸俟討蓋吳，斬之。安定胡劉超反，俟又斬之。○吐谷渾復還故土。

丁亥 宋元嘉二十四年，魏太平真君八年。春，三月，魏殺沮渠牧犍。○宋鑄大錢。○宋衡陽王義季卒。○冬，十月，宋胡誕世據豫章反，討平之。○楊文德據葭蘆，五郡氐皆應之。

戊子 宋元嘉二十五年，魏太平真君九年。春，正月，魏人擊楊文德，文德敗走漢中。宋免其官，削爵土。○魏山東饑，罷塞圍役者。○宋吏部[二]尚書庾炳之有罪免。○夏，四月，宋以武陵王駿爲徐州刺史。○宋

[一] 蜀藩本誤作「宋元加二十三年」。

[二] 蜀藩本無「宋吏部」三字。

罷大錢。○秋，悦般國遣使如魏。○魏擊焉耆、龜茲。冬，十二月，破之，西域平。○魏主伐柔然，不見虜而還。

己丑　宋元嘉二十六年，魏太平真君十年。春，正月，魏主復伐柔然，可汗遁走。○秋，七月，宋以隨王誕爲雍州刺史。○九月，魏主伐柔然，大獲。○冬，宋雍州蠻反。

庚寅　宋元嘉二十七年[一]，魏太平真君十一年。春，正月，宋將軍沈慶之討蠻，平之。○二月，魏主侵宋，圍懸瓠。○三月，宋減百官俸。○夏，四月，魏師還。○宋以江湛爲吏部尚書。○六月，魏殺其司徒崔浩，夷其族。○秋，宋人大舉侵魏，取碻磝，圍滑臺。冬，十月，魏主自將救之。宋將軍王玄謨退走。○十一月，魏主進至魯郡，以太牢祠孔子。○雍州參軍柳元景大破魏師于陝，斬其將張是連提，進據潼關而還。**考證**當加「宋」字於「雍州」之上。○謹按：《凡例》曰：「凡無統……略如《春秋》書他國事，事各冠以國號，不連書。」後倣此。○魏永昌王仁克懸瓠，遂敗宋師于尉武，殺其將劉康祖，進逼壽陽。○魏主攻彭城，不克。○宋取陰平、平武郡。○十二月，魏主引兵南下，攻盱眙，不克。進次瓜步，宋人戒嚴守江。○魏及宋平。

〔一〕蜀藩本誤作「宋元加二十七年」。

資治通鑑綱目考證卷二十六

起辛卯宋文帝元嘉二十八年、魏太武帝太平真君十二年，盡乙巳宋明帝泰始元年、魏文成帝和平六年，凡十五年。

辛卯　宋元嘉二十八年，魏太平真君十二年。春，正月，魏師還。○宋主殺其弟義康。○魏復取碻磝。○魏主攻盱眙，宋將軍臧質拒之，魏師退走。二月，過彭城，宋人追之，不及。○宋令民遭寇者蠲其税調。○宋以三月，魏主還平城。○魏以盧度世爲中書侍郎。○夏，四月，魏荆州刺史魯爽及其弟秀奔宋。○宋以何尚之爲尚書令，徐湛之爲僕射。○魏更定律令。○六月，魏太子晃卒。○秋，宋青冀刺史蕭斌、將軍王玄謨以罪免。○宋、魏復通好。○宋以王僧綽爲侍中。

壬辰　宋元嘉二十九年，魏高宗文成帝濬興安元年。春，二月，魏中常侍宗愛弑其君燾而立南安王余。○夏，五月，宋人侵魏。○宋尚書令何尚之致仕，尋復起之。○宋太子劭、始興王濬巫蠱事覺，赦不誅。○秋，八月，宋攻碻磝，不克而退。雍州兵進至虎牢，亦還。○吐谷渾王慕利延卒，拾寅立。**考證**「拾寅立」當作「兄子拾寅嗣」。○冬，十月，魏宗愛弑其君余，魏主濬立，討愛，誅之。○宋西陽蠻反，遣沈慶之討之。○魏殺其外都大官古弼、張黎。○魏隴西屠各叛，討平之。○魏復建佛圖，聽民出家。○魏以周忸爲太尉，陸麗爲司徒，杜元寶爲司空。忸尋坐事賜死。○魏行《玄始曆》。

癸巳　宋元嘉三十年，魏興安二年。春，正月，宋以始興王濬爲荆州刺史。○宋遣武陵王駿統諸軍討西陽蠻。○二月，宋太子劭弑其君義隆及其左衛率袁淑、僕射徐湛之、尚書江湛而自立，以何尚之爲司空。○魏尊保太后爲皇太后。○三月[一]，宋劭殺其吏部尚書王僧綽。○夏，四月，宋江州刺史武陵王駿舉兵討劭。宋人立駿。五月，劭及弟濬皆伏誅。○宋復以何尚之爲尚書令。○宋以柳元景爲護軍將軍。○宋以南郡王義宣爲荆、湘刺史。○秋，七月朔，日食。○宋主殺其弟南平王鑠。○宋廣州反，討平之。

甲午　宋世祖孝武帝駿孝建元年，魏興光元年。春，正月，宋鑄孝建四銖錢。○宋立子子業爲太子。○二月，宋江州刺史臧質以南郡王義宣舉兵反。夏，宋主遣兵討質，誅之。○宋置東揚州、郢州。○宋省録尚書事官。○宋以朱修之爲荆州刺史。劉義宣伏誅。○秋，七月朔，日食。

乙未　宋孝建二年，魏太安元年。春，宋鎮北大將軍沈慶之罷就第。○秋，八月，宋主殺其弟武昌王渾。○宋郊廟初設備樂。○冬，十月，宋裁損王侯制度。○宋以楊元和、楊頭爲將軍。

丙申　宋孝建三年[二]，魏太安二年。春，正月，魏立貴人馮氏爲后。○二月，魏主立其子弘爲太子。○宋以宗慤爲豫州刺史。○秋，七月，宋以西陽王子尚爲揚州刺史。○八月，魏擊伊吾，克之。○冬，十月，宋

[一]《四庫》本原作「二月」，據蜀藩本改。

[二] 蜀藩本誤作「宋孝建二年」。

以江夏王義恭爲太宰。○十一月，魏以源賀爲冀州刺史。○十二月，宋移青、冀并鎮歷城。○魏定州刺史許宗之有罪誅。○宋金紫光禄大夫顔延之卒。

丁酉 宋大明元年，魏太安三年。春，正月，魏以尉眷爲太尉、録尚書事。○魏侵宋，入兖州。○夏，六月，宋以顔竣爲東揚州刺史。○秋，七月，宋并雍州爲一郡。○八月，宋以竟陵王誕爲南兖州刺史，劉延孫爲南徐州刺史。

戊戌 宋大明二年，魏太安四年。春，正月，魏設酒禁，置候官。○二月，魏以高允爲中書令。○夏，六月，宋以謝莊、顧覬之爲吏部尚書。○宋沙門曇標謀反，伏誅。○秋，八月，宋殺其中書令王僧達。○冬，十月，魏主伐柔然，刻石紀功而還。○魏侵宋清口，宋青、冀刺史顔師伯連戰破之。○宋以戴法興、戴明寶、巢尚之爲中書舍人。

己亥 宋大明三年，魏太安五年。夏，四月，宋竟陵王誕反廣陵，宋主遣兵討之。○五月，宋殺其東揚州刺史顔竣。○秋，七月，宋克廣陵，劉誕伏誅。○宋以沈慶之爲司空。○九月，宋築上林苑。○宋徙郊壇，造五路。

庚子 宋大明四年，魏和平元年。春，正月，宋主耕籍田。三月，后親蠶西郊，太后觀禮。○夏，六月，魏伐吐谷渾。○魏復置史官。○冬，十月，宋殺其廬陵内史周朗。○宋以顔師伯爲侍中。○柔然攻高昌，殺沮渠安周。

辛丑　宋大明五年，魏和平二年。春，正月，雪。〇夏，宋立明堂。〇宋雍州刺史海陵王休茂反襄陽，爲其下所殺。〇秋，九月朔，日食。〇宋司空沈慶之罷就第。〇冬，十月，宋以新安王子鸞爲南徐州刺史。〇十二月，宋制民歲輸布户四匹。〇宋禁士族雜昏。

壬寅　宋大明六年，魏和平三年。春，正月，宋始祀五帝於明堂。〇宋策孝、秀于中堂。〇二月，宋復百官禄。〇宋殺其廣陵太守沈懷文。〇夏，四月，宋淑儀殷氏卒。〇秋，九月，宋制沙門致敬人主。〇宋祖冲之請更造新曆，不報。

癸卯　宋大明七年，魏和平四年。春，正月，宋吏部郎江智淵卒。〇夏，宋制非臨軍毋得專殺，非手詔毋得興軍。〇宋以蔡興宗、袁粲爲吏部尚書。〇六月，宋以劉德願爲豫州刺史。〇宋大脩宫室。〇冬，十月，宋主校獵姑孰。〇魏遣散騎常侍游明根如宋。〇十一月，宋主習水軍于梁山。

甲辰　宋大明八年，魏和平五年。夏，閏五月，宋主駿殂，太子子業立。〇秋，七月，柔然處羅可汗死，子受羅部真可汗予成立。〇宋以蔡興宗爲新昌太守，王玄謨爲南徐州刺史。〇八月，宋太后王氏殂。〇冬，宋饑。

乙巳　宋主子業景和元年、太宗明帝彧泰始元年，魏和平六年。春，宋鑄二銖錢。〇夏，五月，魏主濬殂，太子弘立。○魏車騎大將軍乙渾殺司徒陸麗。○六月，魏開酒禁。○秋，七月，魏乙渾自爲丞相。○八月，宋主殺其太宰江夏王義恭、尚書令柳元景、僕射顔師伯。○九月，宋主殺其弟新安王子鸞。○宋義陽王昶出奔魏。○宋以袁顗爲雍州刺史，蔡興宗爲吏部尚書。○宋聽民私鑄錢。○冬，十月，宋主殺其會稽太守孔靈符。○十一月，宋主殺其寧朔將軍何邁。○宋主殺其太尉沈慶之。○宋主幽其諸父湘東王彧等於殿内。○宋江州刺史晉安王子勛舉兵尋陽。○宋主殺其南平王敬猷、廬陵王敬先、安南侯敬淵。○宋弑其君子業，而立湘東王彧。○宋罷二銖錢，禁鵝眼、綖環錢。○宋雍、郢、荆州、會稽郡皆舉兵應尋陽。

資治通鑑綱目考證卷二十七

起丙午宋明帝泰始二年、魏獻文帝天安元年，盡癸亥齊武帝永明元年、魏孝文帝太和七年，凡十八年。

丙午 宋泰始二年，魏顯祖獻文帝弘天安元年。春，正月，宋遣建安王休仁討江州。晉安王子勛遂稱帝。二徐、司、豫、青、冀、湘、廣、梁、益州皆應之。○宋兗州刺史殷孝祖帥兵赴建康。○宋分兵討豫州、會稽。○宋太后路氏殂。○二月，宋臺軍克義興。○魏丞相太原王乙渾謀反，伏誅。太后稱制。○宋臺軍克晉陵、吴興、吴郡。○宋以蔡興宗爲僕射，褚淵爲吏部尚書。○宋臺軍克會稽。○三月，宋臺軍敗于赭圻，殷孝祖死。沈攸之代將擊尋陽軍，大破之。○宋斷新錢，專用古錢。○夏，四月，宋臺軍拔赭圻。○五月，宋臺軍圍壽陽。○秋，七月，宋以楊僧嗣爲武都王。○八月，宋臺軍克江州，殺子勛。○九月，魏立郡學。○冬，十月，宋主殺其兄之子安陸王子綏等十三人。○宋徐州刺史薛安都、汝南太守常珍奇叛降于魏。○宋立子昱爲太子。○魏將軍尉元救彭城，入懸瓠。宋兗州刺史畢衆敬降魏師。○宋豫州平。○宋益州平。○宋僑立兗、徐、青、冀州。○魏取彭城。

丁未 宋泰始三年，魏皇興元年。春，正月，魏取宋淮北四州及豫州淮西地。○魏東平王道符反長安，伏誅。○宋青、冀州平。○魏將軍慕容白曜侵宋青州，取四城。○宋以蔡興宗爲郢州刺史。○魏取升城。○宋以袁粲爲僕射。○秋，八月，宋遣中領軍沈攸之擊彭城，將軍蕭道成鎮淮陰。○魏作大像。○魏人拒擊宋師走之，遂取下邳。○魏主始親政事。○冬，十月，宋以金贖義陽王昶于魏。○十二月，常珍奇叛魏歸宋。

戊申 宋泰始四年，魏皇興二年。春，正月，魏侵宋。宋豫州刺史劉勔擊却之，斬其將闕于拔。○宋東徐、兖州降魏。魏以尉元爲徐州刺史。○二月，魏拔宋歷城。○常珍奇奔宋。○宋車騎大將軍王玄謨卒。○夏，四月，宋減民田租之半。○宋劉勔敗魏兵於許昌。○魏以李惠爲征南大將軍，馮熙爲太傅。○秋，七月，宋以蕭道成爲南兖州刺史。○冬，十二月，宋改葬路太后。○宋以阮佃夫爲游擊將軍。

己酉 宋泰始五年，魏皇興三年。春，正月，魏拔宋青州，執其刺史沈文秀。○二月，魏以慕容白曜爲青州刺史。○魏立三等輸租法，除其雜調。○宋以太尉廬江王禕爲南豫州刺史。○夏，五月，魏置僧祇、佛圖户。○六月，魏立子宏爲太子。○宋主殺其兄廬江王禕。○冬，十月朔，日食。○十一月，魏遣使如宋脩好。○十二月，宋以桂陽王休範爲揚州刺史。○宋置三巴校尉。○宋臨海賊起。

庚戌 宋泰始六年，魏皇興四年。春，正月，宋定南郊明堂歲祀。○宋納太子妃江氏。○魏擊吐谷渾，敗之。○夏，六月，宋以王景文爲僕射、揚州刺史。○宋以南兖州刺史蕭道成爲黄門侍郎，尋復本任。○宋立總明觀[一]。○柔然侵魏，魏主自將擊敗之。○魏殺其青州刺史慕容白曜。○宋討臨海賊，平之。

辛亥 宋泰始七年，魏高祖孝文帝拓跋宏延興元年。春，二月，宋主殺其弟晋平王休祐，以巴陵王休若爲南徐州刺史。○魏西部敕勒叛，討之，不克。○夏，五月，宋主殺其弟建安王休仁。○宋以袁粲爲尚書令，褚淵爲僕射。○秋，七月，宋主殺其弟巴陵王休若，以桂陽王休範爲江州刺史。○宋主殺其豫州都督吴喜。○宋以蕭道成爲散騎常侍。○八月，魏主弘傳位於太子宏，自稱太上皇帝。○冬，十月，魏敕勒叛，討破之。○宋人侵魏，魏人擊却之。○宋作湘宮寺。

壬子 宋泰豫元年，魏延興二年。春，正月，宋蠻酋桓誕以沔北降魏。○二月，柔然侵魏，魏擊走之。○宋殺其揚州刺史、江安侯王景文。○夏，四月，宋主彧殂，太子昱立。○宋以安成王準爲揚州刺史。○秋，七月，宋以沈攸之都督荆、襄八州軍事。○八月，宋中書監樂安公蔡興宗卒。○冬，十月[二]，柔然侵魏，魏擊走之。○宋以劉秉爲僕射。○宋以阮佃夫爲給事中。○魏制小祀勿用牲。

癸丑 宋主昱元徽元年，魏延興三年。春，正月，魏詔守令勸農事，除盜賊。○二月。宋以晋熙王燮爲郢州刺史。○吐谷渾寇魏，魏遣兵討降之。○魏以孔乘爲崇聖大夫。○秋，七月，魏制河南六州賦法。○冬，

[一] 蜀藩本誤作「聰明觀」。
[二] 蜀藩本誤作「十二月」。

十月，武都王楊僧嗣卒，弟文度立，降魏。○宋尚書令袁粲以母喪去職。○十二月朔，日食。○柔然侵魏。○魏州鎮十一水旱。

甲寅 宋元徽二年，魏延興四年。夏，五月，宋江州刺史桂陽王休範舉兵反，攻建康。右衛將軍蕭道成擊斬之。○柔然遣使如宋。○六月，宋以蕭道成爲中領軍。○宋荆州刺史沈攸之等攻江州，克之。○魏罷門、房之誅。○秋，七月，柔然寇魏敦煌。○九月，宋以袁粲爲中書監、領司徒，褚淵爲尚書令，劉秉爲丹陽尹。○冬，十一月，宋主冠。○魏建安王陸馛卒。

乙卯 宋元徽三年，魏延興五年。春，三月，宋以張敬兒都督雍、梁二州軍事。○夏，六月，魏初禁殺牛馬。○宋南徐州刺史建平王景素有罪，奪官。

丙辰 宋元徽四年，魏承明元年。夏，六月，魏太后馮氏弑其主弘，復稱制。○宋加蕭道成左僕射，劉秉中書令。○秋，七月，宋建平王景素起兵京口，不克而死。

丁巳 宋順帝準昇明元年，魏太和元年。春，正月，魏略陽氏作亂。二月，討平之。○三月，魏以東陽王丕爲司徒。○秋，七月，宋中領軍蕭道成弑其主昱而立安成王準，自爲司空、録尚書事。○魏詔工商賤族有役者止本部丞。○九月，魏更定律令。○宋封楊玉夫等二十五人爵有差。○冬，十月，武都王楊文度襲魏仇池，陷之。○魏殺其徐州刺史李訢。○十一月，魏懷州亂，討平之。○宋荆、襄都督沈攸之舉兵江陵，討蕭道成。○宋中書監袁粲、尚書令劉秉謀誅蕭道成，不克而死。○沈攸之攻郢城，不克。○宋以楊運長爲宣城太守。○魏拔葭蘆，斬楊文度，以其弟文弘爲武都王。○宋蕭道成假黄鉞，出頓新亭。

戊午宋昇明二年，魏太和二年。春，正月，宋沈攸之軍潰，走死。蕭道成自爲太尉，都督十六州諸軍事。○夏，四月，宋蕭道成殺南兗州刺史黄回。○五月，魏禁宗戚士族與非類昏偶，以違制論。○秋，八月，宋禁公私奢侈。○宋以蕭賾爲領軍將軍，蕭嶷爲江州刺史。○九月朔，日食。○宋蕭道成自爲太傅、揚州牧，加殊禮。○冬，十月，宋以蕭映爲南兗州刺史，蕭晃爲豫州刺史。○十二月，魏太后殺其青州刺史南郡王李惠。○宋定音樂。○魏以高允爲中書監。

己未宋昇明三年，齊太祖高帝蕭道成建元元年，魏太和三年。○是歲，宋亡齊代。春，正月，宋以蕭嶷爲荆州刺史，蕭賾爲僕射。○宋以謝朏爲侍中。○三月朔，日食。○宋蕭道成自爲相國，封齊公，加九錫。○齊公道成殺宋臨川王綽。○齊以王儉爲僕射。○夏，四月，齊公道成進爵爲王。**考證**「進爵」上當書「自」字。○齊王道成殺宋武陵王贊。○齊王道成稱皇帝，廢宋主爲汝陰王，徙之丹陽，以褚淵爲司空。○齊主以其子嶷爲揚州刺史。○齊主令群臣言事。○魏罷候官。○齊褚淵、王儉等進爵有差。○五月，齊主道成弑汝陰王，滅其族。○齊以垣崇祖爲豫州刺史。○魏葭蘆鎮主楊廣香降齊。○齊立世子賾爲太子，諸子皆封王。○秋，九月，魏隴西王源賀卒。○冬，十月，齊以王玄邈爲梁州刺史。○魏遣梁郡王嘉奉丹陽王〔二〕劉昶以伐齊。○魏使高允議定律令。○契丹入附于魏。

庚申　齊建元二年，魏太和四年。春，二月，魏師攻齊壽陽，不克而還。○齊檢定民籍。○齊置巴州。○齊以蕭鸞爲郢州刺史。○夏，五月，齊立建康都墻。○秋，齊甬城、汝南降魏。○九月朔，日食。○柔然遣使如齊。○魏攻朐山，齊人擊敗之。○冬，十月，齊以何戢爲吏部尚書。○魏徐、兖州民作亂，遣兵討之。○十一月，齊制病囚診治之法。○齊以楊後起爲武都王。○十二月，齊以褚淵爲司徒。○魏封尚書令王叡爲中山王。

辛酉　齊建元三年，魏太和五年。春，正月，魏人圍甬城，齊擊敗之。○二月，齊敗魏師于淮陽。○魏沙門法秀作亂，伏誅。○齊罷南蠻校尉官。○夏，五月，鄧至羌入貢于魏。○魏尚書令王叡卒。○秋，七月朔，日食。○齊遣使如魏。○九月，魏徐、兖州平，以薛虎子爲徐州刺史。○吐谷渾王拾寅卒，子度易侯立。**考證**「立」當作「嗣」。○魏新律成。

壬戌　齊建元四年，魏太和六年。春，三月，齊以張緒爲國子祭酒。○齊主道成殂，太子賾立。○齊以褚淵録尚書事，王儉爲尚書令，王奂爲僕射，豫章王嶷爲太尉。○魏罷虎圈。○夏，六月，齊立子長懋爲太子。○秋，齊南康公褚淵卒。○齊罷國子學。○魏以李崇爲荊州刺史。○冬，十一月，魏主始親祀七廟。

〔二〕蜀藩本無「王」字。

癸亥 齊世祖武帝賾永明元年，魏太和七年。春，齊復郡縣官田秩，遷代以小滿爲限。○夏，四月，齊殺其尚書垣崇祖、散騎常侍荀伯玉。○閏月，魏子恂生。○五月，齊殺其車騎將軍張敬兒。○秋，七月，齊以王僧虔爲特進光禄大夫。○冬，十月，熒惑逆行入太微。○齊遣將軍劉纘如魏。○十二月朔，日食。○魏始禁同姓爲昏。○魏秦州刺史于洛侯有罪，伏誅。

資治通鑑綱目考證卷二十八

起甲子齊武帝永明二年、魏孝文帝太和八年，盡丙子齊明帝建武三年、魏孝文帝太和二十年，凡十三年。

甲子 齊永明二年，魏太和八年。春，正月，齊以竟陵王子良爲司徒。○夏，六月，齊以茹法亮〔一〕爲中書舍人。○秋，魏始班禄。○冬，十月，齊以長沙王晃爲中書監。○高麗王璉入貢于魏，亦入貢于齊。○十一月，齊以始興王鑑爲益州刺史。○齊增封豫章王嶷四千户。

乙丑 齊永明三年，魏太和九年。春，正月，魏禁讖緯巫卜。○齊復立國學。○三月，魏主封諸弟皆爲王。○夏，五月，齊以王儉領國子祭酒。○秋，七月，魏以梁彌承爲宕昌王。○冬，十月，魏詔均田。○魏以任城王澄爲都督梁、益、荆州軍事。○唐富陽民唐寓之作亂。○柔然部真可汗死，子伏名敦〔二〕可汗豆崘立。

丙寅 齊永明四年，魏太和十年。春，正月朔，魏主朝會，始服衮冕。○齊討唐寓之，平之。○武都王楊後起

〔一〕蜀藩本脱「亮」字。

〔二〕蜀藩本作「伏古敦」。

卒，種人集始立。**考證**當去「楊」姓，「立」當作「代之」。○魏置三長，定民户籍。○三月，柔然遣使如魏。○夏，四月，魏制五等公服。○秋，九月，魏作明堂辟雍。○魏改中書學爲國子學。○魏分置州郡。

丁卯 齊永明五年，魏太和十一年。春，正月，魏定樂章。○齊南陽降魏。○魏光禄大夫咸陽公高允卒。○二月，齊敗魏師，取舞陽。○夏，五月，魏詔宗戚有服者復勿事。○魏大旱。秋，七月，詔有司賑貸。○八月，柔然侵魏，魏人擊敗之。高車阿伏至羅自立爲王。○九月，魏出宫人，罷末作。○冬，十二月，魏以高祐爲西兖州刺史。

戊辰 齊永明六年，魏太和十二年。春，正月，魏詔犯死刑而親老無他子旁親者以聞。○夏，四月，魏侵齊，據隔城，齊擊破之。○齊侵魏，攻沘陽，魏擊却之。○冬，十月，齊始讀時令於太極殿。○齊詔糴買穀帛。○齊吴興饑。○魏主訪群臣言事。

己巳 齊永明七年，魏太和十三年。春，正月，魏主祀南郊，始備大駕。○齊以王晏爲吏部尚書。○夏，五月，齊中書監、南昌公王儉卒。○魏汝陰王天賜、南安王楨有罪，免死奪爵。○秋，八月，魏遣使如齊。○冬，十二月，齊遣使如魏。○齊以張緒領揚州中正，江斆爲都官尚書。

庚午 齊永明八年，魏太和十四年。春，正月，齊人歸魏隔城之俘〔一〕。○秋，七月，齊以蕭緬爲雍州刺史。○齊荆州刺史巴東王子響有罪，伏誅。○九月，魏太后馮氏殂。○冬，十月，齊以伏登之爲交州刺史。○齊議鑄錢，不果行。○齊免前坐〔二〕却籍戍邊者。○高車遣使如魏。

辛未 齊永明九年，魏太和十五年。春，正月，魏主始聽政。○齊太廟加薦□味，別祀于清溪故宅。○二月，齊遣使如魏。○三月，魏主謁永固陵。○魏自正月不雨，至于夏四月。○魏遣使如齊。○魏作明堂太廟。○五月，魏主更定律令，親決疑獄。○秋，七月，魏定廟祧之制。○八月，魏正祀典。○九月，魏主祥祭于廟。冬，十月，謁永固陵。十一月，魏主禫祭，遂祀圜丘、明堂，饗群臣，遷神主于新廟。○魏正官品，考牧守。○十二月，高麗王璉卒。○魏主始迎春于東郊。○魏置樂官。○齊律書成。○魏以咸陽王禧爲司州牧。○魏以宦者符承祖爲悖義將軍，封佞濁子。○魏封李安祖等四人爲侯。

壬申 齊永明十年，魏太和十六年。春，魏主始祀明堂。○魏定行次爲水德。○魏罷租課。○魏詔疏屬異姓王公遞降一等。○魏主初朝日于東郊。○魏脩堯、舜、禹、周公、孔子之祀。○夏，四月，魏班新律。○齊大司馬、太傅、豫章王嶷卒。○齊以竟陵王子良爲揚州刺史。○秋，七月，吐谷渾遣子入朝于魏。

〔一〕蜀藩本脱「魏」字。
〔二〕《四庫》原脱「坐」字，據蜀藩本改。

○魏遣使如齊。○八月，魏敗柔然于大磧。柔然殺伏名敦[一]可汗。○魏主養老于明堂。○九月，魏主謁永固陵。○冬，齊遣使如魏。○齊詔太子家令沈約撰《宋書》。○魏南陽公鄭羲卒。

癸酉 齊永明十一年，魏太和十七年。春，正月，齊以陳顯達爲江州刺史，崔慧景爲豫州刺史。○齊太子長懋卒。○二月，魏主始耕籍田。○齊雍州刺史王奂有罪，伏誅。○夏，四月，齊主立其孫昭業爲太孫。○五月，魏主親録囚徒。○秋，七月，魏主立其子恂爲太子。○魏詔大舉伐齊。○齊主賾殂，太孫昭業立。以竟陵王子良爲太傅，蕭鸞爲尚書令。○魏山陽公尉元卒。○魏主發平城。○齊中書郎王融有罪，伏誅。○九月，魏主追尊其父爲文皇帝[二]。○魏主至洛陽，罷兵。○魏關中亂，討平之。○冬，十月，魏營洛都。○魏以王肅爲輔國將軍。○齊益州刺史劉悛坐贓禁錮。

甲戌 齊主昭業隆昌元，昭文延興元，高宗明帝鸞建武元[三]，魏太和十八年。[四] 春，正月，齊以隨王子隆爲撫軍將軍。○魏主南巡，祭比干墓。○齊蕭鸞殺直閣將軍周奉叔。○魏以韓顯宗爲中書侍郎。○三月，魏主還平城。○夏，四月，魏罷西郊祭天。○竟陵王子良以憂卒。○五月朔，日食。○魏遣使如齊。○秋，七

[一] 蜀藩本作「伏古敦」。

[二] 蜀藩本無「皇」字。

[三] 蜀藩本有「年」字。

[四] 此處《四庫》本衍「年」字，改之。

月，魏以宋王劉昶都督吴、越、楚諸軍事，鎮彭城。〇魏安定王休卒。〇齊蕭鸞弑其君昭業，而立新安王昭文，自爲驃騎大將軍、録尚書事，封宣城公。〇齊以始安王遥光爲南郡太守。〇九月，魏主考績黜陟百官。〇齊宣城公鸞殺鄱陽王鏘等七人。〇冬，十月，齊宣城公鸞自爲太傅、揚州牧，進爵爲王。〇齊宣城王鸞殺衡陽王鈞等四人。〇魏主發平城。〇齊宣城王鸞廢其主昭文爲海陵王而自立。〇齊禁牧守薦獻。〇魏禁蠻毋得侵掠齊境。〇十一月，齊以始安王遥光爲揚州刺史，聞喜公遥欣爲荆州刺史。〇齊立子寶卷爲太子。〇魏主至洛陽。〇魏主置牧塲于河陽。〇齊主鸞弑海陵王。〇魏賜郢州刺史韋珍穀帛。〇十二月，魏禁胡服。〇魏主自將伐齊。

乙亥 齊建武二年，魏太和十九年。春，二月，魏主攻鍾離，不克。遣使臨江，數齊主之罪而還。〇魏太師馮熙卒。〇夏，四月，魏圍齊南鄭，不克而還。〇魏主如魯城，祠孔子，封其後爲崇聖侯。〇魏攻齊赭陽，齊擊敗之。〇五月，魏廣川王諧卒。〇魏主至洛陽。〇魏減冗官之禄。〇六月，魏禁胡語，求遺書，法度量。〇齊殺其領軍蕭諶及西陽王子明等。〇秋，八月，魏置羽林虎賁。〇魏立國子太學，四門小學。〇魏以薛聰爲直閣將軍。〇九月，魏六宫、文武遷于洛陽。〇魏以高陽王雍爲相州刺史。〇冬，十月，魏詔州牧，考其官屬得失品第以聞。〇十一月，魏主祀圜丘。〇十二月，魏班品令，賜冠服。〇齊脩晋諸陵，增置守衛。〇魏行太和五銖錢。

丙子 齊建武三年，魏太和二十年。春，正月，魏改姓元氏，初定族姓。〇二月，魏詔群臣聽終三年喪。〇三月，魏宴群臣及國老、庶老於華林園。〇齊詔去乘輿金銀飾。〇魏詔漢、魏、晋諸陵皆禁樵蘇。〇夏，五月，魏主祭方澤。〇秋，七月，魏主廢其后馮氏。〇魏旱。〇八月，魏太子恂有罪，廢爲庶人。〇冬，十月，魏吐京胡反，州兵討平之。〇魏置常平倉。〇魏恒州刺史穆泰、定州刺史陸叡謀反，魏主遣任城王澄討擒之。〇魏除逋亡緣坐法。

資治通鑑綱目考證卷二十九

起丁丑齊明帝建武四年、魏孝文帝太和二十一年，盡甲申梁武帝天監三年、魏宣武帝正始元年，凡八年。

丁丑 齊建武四年，魏太和二十一年。春，正月，魏立子恪爲太子。○齊主殺其尚書令王晏，以徐孝嗣爲尚書令。○二月，魏主如平城。穆泰、陸叡伏誅，新興公丕以罪免死爲民。○三月，魏主殺其故太子恂。○魏宋王劉昶卒。○魏主還洛陽。○秋，七月，魏立昭儀馮氏爲后。○八月，魏主自將伐齊。○氐帥楊靈珍叛魏。○九月，魏主攻齊南陽，不克。○魏伐氐，克武興，楊靈珍奔齊。○冬，十一月，魏主圍新野，遂敗齊兵于沔北。○十二月，齊侵魏太倉口，魏豫州刺史王肅敗之。○齊以劉季連爲益州刺史。○高昌弒其君馬儒。

戊寅 齊永泰元年，魏太和二十二年。春，正月，魏拔新野。齊沔北守將皆棄城走。○齊主殺其河東王鉉等十人。○二月，魏人克宛。三月，敗齊兵于鄧城。○魏攻齊義陽，齊圍魏渦陽以救之。義陽圍解，齊師亦潰。○魏中尉李彪免，僕射李沖卒。○魏以彭城王勰爲宗師。○夏，四月，齊大司馬王敬則反會稽，至曲阿敗死。○秋，七月，魏省宮掖費用以給軍賞。○齊以蕭衍爲雍州刺史。○齊主鸞殂，太子寶卷立。○八月，高車叛魏。九月，魏主引兵還，討降之。

己卯　齊主寶卷永元元年，魏太和二十三年。春，正月，齊遣太尉陳顯達帥師侵魏。〇魏主還洛陽。〇魏后馮氏有罪，退處後宮。〇魏以彭城王勰爲司徒。〇二月，齊師取魏馬圈、南鄉。三月，魏主自將禦之，齊師敗績。〇夏，四月，魏主宏殂于穀塘原，后馮氏伏誅，太子恪立。〇魏以彭城王勰爲驃騎大將軍，都督冀、定七州軍事。〇魏僕射任城王澄免。〇魏主追尊其母高氏爲后。〇秋，八月，齊主殺其僕射江祏、侍中江祀。始安王遥光起兵東城，右將軍蕭坦之討平之。〇魏南徐州刺史沈陵奔齊。〇閏月，齊主殺其僕射蕭坦之、領軍劉暄。〇九月，魏主謁長陵。〇冬，十月，齊主殺其司空徐孝嗣、將軍沈文季。〇十二月，齊太尉陳顯達舉兵襲建康，敗死。〇魏以郭祚爲吏部尚書。

庚辰　齊永元二年，魏世宗宣武帝恪景明元年。春，正月，齊豫州刺史裴叔業以壽陽叛降于魏，魏遣司徒彭城王勰鎮之。〇三月，齊巴西亂，討平之。〇魏敗齊師于壽陽，遂取合肥、建安。〇夏，四月，齊遣將軍崔慧景將兵討壽陽。慧景還兵，奉江夏王寶玄，逼建康，兵敗皆死。〇齊以蕭懿爲尚書令。〇齊曲赦建康、徐、兖。〇秋，八月，齊攻魏壽陽，魏人擊敗之，遂取淮南地。〇齊後宫火。〇冬，十月，齊主殺其尚書令蕭懿。〇魏以彭城王勰爲司徒、録尚書事。〇十一月，齊雍州刺史蕭衍起兵襄陽，行荆州事蕭穎胄亦以南康王寶融起兵江陵。

辛巳　齊和帝寶融中興元年，魏景明二年。春，正月，齊南康王寶融稱相國，蕭衍發襄陽。〇魏彭城王勰歸第，以咸陽王禧爲太保，北海王詳爲大將軍、録尚書事，于烈爲領軍。〇二月，齊蕭衍圍郢城。〇三月，齊相國南康王寶融廢其君寶卷爲涪陵王而自立。○夏，五月，魏咸陽王禧謀反，伏誅。○齊巴東、巴西郡遣兵擊荆州。○齊涪陵王遣軍救郢州，屯加湖。○秋，七月，齊雍州刺史張欣泰謀立建安王寶寅，不克而死。○齊蕭衍克加湖，魯山、郢城降。○魏揚州刺史、安國侯王肅卒。○齊殺其寧朔將軍崔偃。○八月，齊蕭衍克尋陽。○齊巴東、西軍至上明。○九月，齊蕭衍引兵東下。○魏築洛陽諸坊。○魏立后于氏。○冬，十月，齊蕭衍圍建康。○十一月，魏以北海王詳爲司徒。○齊尚書令、巴東公蕭穎胄卒。○魏以任城王澄都督淮南軍事。○魏東豫州刺史田益宗侵齊，戰于赤亭，齊人敗績。○十二月，齊人弑涪陵王寶卷。蕭衍入建康，以太后令追廢寶卷爲東昏侯，自爲大司馬、承制。○齊大司馬衍執豫州刺史馬僊琕、吴興太守袁昂，既而釋之。○齊大司馬衍入鎮殿中。○齊始興内史王僧粲襲湘州，不克。

壬午　齊中興二年，梁高祖武帝蕭衍天監元年，魏景明三年。○是歲，齊亡梁代。春，正月，齊大司馬衍迎宣德太后入宫稱制。二月，衍自爲相國，封梁公，加九錫。○梁公衍殺齊湘東王寶晊。○梁以沈約爲僕射，范雲爲侍中。○梁公衍進爵爲王。**考證**「進爵」上當書「自」字。○三月，梁王衍殺齊邵陵王寶攸〔一〕等三人，鄱陽王寶寅出奔魏。○齊王發江陵，以蕭憺都督荆、湘六州軍事。○夏，四月，梁王衍稱皇帝，廢齊主爲巴陵王，遷太后于别宫，封拜其功臣有差。○梁主衍弑巴陵王于姑孰，齊御史中丞顔見遠死之。

〔一〕蜀藩本作「寶脩」。

○梁立贖刑條格。○梁以蕭寶義爲巴陵王。○梁徵謝朏、何胤、何點，不至。○梁置謗木、肺石函。○魏滅魯陽蠻。○五月，盜入梁宮，捕得，伏誅。○梁江州刺史陳伯之反，兵敗奔魏。○六月，梁益州刺史劉季連反。○秋，八月，梁定正雅樂。○冬，十一月，梁立子統爲太子。○梁大旱，饑。

癸未 梁天監二年，魏景明四年。春，正月，梁以沈約、范雲爲左、右僕射，尚書令王亮廢爲庶人。○劉季連降梁。○夏，四月，魏以蕭寶寅爲齊王。○梁頒新律。○五月，梁僕射范雲卒，以左丞徐勉、將軍周捨同參國政。○梁斷郡縣獻奉。○六月，魏發兵伐梁。○梁以謝朏爲司徒。○秋，七月，魏復鹽池之禁。○魏以彭城王勰爲太師。○冬，十月，魏都督元英攻梁義陽，拔數城。攻阜陵，不克。○魏以僕射源懷爲行臺，巡北邊。○梁吉翂請代父死，梁主赦之。○魏散騎常侍趙脩有罪，伏誅。

甲申 梁天監三年，魏正始元年。春，正月，梁襲魏壽陽，不克。○魏攻梁鍾離，梁遣兵救之，大敗。○夏，五月，魏司徒北海王詳有罪，幽死。○梁司州刺史蔡道恭卒。○魏大旱。○秋，七月，梁角城降魏。○八月，梁義陽降魏，魏立元英爲中山王。○九月，魏築九城于北邊。○魏詔群臣議樂。○冬，十一月，魏營國學。○梁除贖刑法。○十二月，魏更定律令。

資治通鑑綱目考證卷三十

起乙酉梁武帝天監四年、魏宣武帝正始二年，盡乙巳梁武帝普通六年、魏孝明帝孝昌元年，凡二十一年。

乙酉 梁天監四年，魏正始二年。春，正月，梁置五經博士，立州郡學。○梁漢中太守夏侯道遷以郡叛降于魏，魏遣將軍邢巒入漢中，遂取梁州。○夏，四月，梁益州刺史蕭淵藻殺前刺史鄧元起。州民作亂，淵藻討平之。○六月，梁初立孔子廟。○秋，七月，魏統軍王足攻涪城。八月，大敗梁軍，殺其將魯方達等三十九人。○魏有芝生於太極殿。○冬，十月，梁遣臨川王宏、僕射柳惔帥師伐魏，次于洛口。○武興氐王楊紹先叛魏。○十一月，魏王足奔梁。○巴西叛魏降梁。○梁大有年。

丙戌 梁天監五年，魏正始三年。春，正月，魏邢巒討武興氐，滅之，置東益州。○魏秦、涇二州亂。○二月，魏求直言。○三月朔，日食。○魏豫州刺史陳伯之叛，復歸梁。○夏，四月，魏罷鹽池之禁。○魏遣中山王英督諸軍以拒梁師。五月，梁取宿預、梁城、小峴、合肥等城。○魏以邢巒都督東討軍事。○魏驃騎大將軍馮翊公源懷卒。○秋，七月，魏討秦、涇二州，平之。○九月，魏邢巒擊梁師，敗之，復取宿預。梁蕭宏逃歸。○冬，十月，魏徵邢巒還，遣齊王蕭寶寅與元英圍鍾離。○柔然庫者可汗死，子佗汗可汗伏圖立。○魏以羊祉爲梁州刺史，傅豎眼爲益州刺史。

丁亥 梁天監六年，魏正始四年。春，三月，梁將軍曹景宗、豫州刺史韋叡大敗魏師于鍾離。○夏，六月，梁馮翊等七郡叛降魏。○秋，八月，魏中山王英、齊王蕭寶寅以罪除名。○魏以李崇爲揚州刺史。○冬，十月，梁以徐勉爲吏部尚書。○閏月，梁以臨川王宏爲司徒，沈約爲尚書令，袁昂爲僕射。○魏尚書令高肇弒其主之后于氏及其子昌。

戊子 梁天監七年，魏永平元年。春，正月，梁定官品。○二月，梁置州望、郡宗、鄉豪。○梁以領軍蕭昺爲雍州刺史。○夏，五月，梁以安成王秀爲荆州刺史。○秋，七月，魏立貴嬪高氏爲后。○梁右衛將軍竟陵公曹景宗卒。○八月，魏京兆王愉反信都，魏遣尚書李平將兵討之。○九月，魏主殺其叔父彭城王勰。○魏李平克信都，執元愉[一]，高肇陰殺之，奏除平名。○魏郢州叛降于梁，魏遣兵討之。○冬，十月，魏懸瓠叛降梁。十二月，魏復取之。○魏敗梁師于義陽，復取郢州。○高車敗柔然于蒲類海，殺佗汗可汗。其子豆羅伏跋豆伐可汗醜奴立。

己丑 梁天監八年，魏永平二年。春，正月，梁主祀南郊。○魏復取三關。○梁主遣使求成于魏，魏主不肯。○三月，魏侵梁雍州，梁州兵擊敗之。○秋，九月，魏詔太常卿劉芳造樂器。○冬，十一月，魏主親講佛書，作永明、閑居寺。

[一] 蜀藩本作「執王愉」。

庚寅 梁天監九年，魏永平三年。春，正月，梁以沈約爲光禄大夫。○梁作緣淮塘。○三月，魏主之子詡生。○梁主視學。○夏，四月，梁制尚書令史初用士流。○六月，梁宣城郡吏作亂，吴興太守蔡撙討平之。○冬，十月，魏中山王英卒。○梁行《大明曆》。

辛卯 梁天監十年，魏永平四年。春，正月，魏元會始用新舞。○梁以張稷爲青、冀刺史。○魏汾州山胡反，討平之。○三月，梁朐山叛降魏。夏，五月，梁遣兵圍朐山。冬，十二月，取之。○魏以甄琛爲河南尹。○

壬辰 梁天監十一年，魏延昌元年。春，正月，梁免老小質作。○魏以高肇爲司徒，清河王懌爲司空。○冬，十月，魏立子詡爲太子。○十一月，梁五禮成，行之。

癸巳 梁天監十二年，魏延昌二年。春，二月，梁鬱洲叛降魏，梁討平之。○閏月，梁侍中沈約卒。○夏，五月，魏壽陽大水。○六月，梁新作太廟。○秋，八月，魏恒、肆二州地震山鳴。○魏以崔光爲太子少傅。

甲午 梁天監十三年，魏延昌三年。春，二月，梁主耕籍田。○魏東豫州亂，討平之。○冬，十一月，魏遣司徒高肇督諸軍侵梁益州。○梁築淮堰。○魏以楊津爲華州刺史。○魏免其侍御史陽固官。

乙未 梁天監十四年，魏延昌四年。春，正月，魏主恪殂，太子詡立。○魏侍中王顯伏誅，以太保高陽王雍、尚書令任城王澄同總國事。○二月，魏司徒高肇伏誅。○魏以高陽王雍爲太尉，清河王懌爲司徒，廣平王懷爲司空。○魏尊貴嬪胡氏爲太妃，廢其太后高氏爲尼。○魏復百官禄，蠲綿麻税。○夏，四月，梁淮堰潰，復築之。○魏破叛氐于沮水。○六月，魏冀州沙門作亂，討平之。○秋，八月，魏侍中于忠殺僕射郭祚、尚書裴植，免太保高陽王雍，遣就第。○魏尊太妃胡氏爲太后。○魏以清河王懌爲太尉，廣平王懷爲司徒，任城王澄爲司空，于忠爲尚書令，元乂爲散騎侍郎，乂妻胡氏爲女侍中。○九月，魏太后稱制，以于忠爲冀州刺史，司空澄領尚書令。○梁攻魏西硤石，據之。○魏以胡國珍爲中書監。○冬，十月，魏奪常山公于忠、博平公崔光爵。十二月，以高陽王雍爲太師、録尚書事。○魏晋壽郡叛降梁。○魏太后攝行祭事。○大寒，淮、泗皆冰。

丙申　梁天監十五年，魏肅宗孝明帝詡熙平元年。春，二月，魏攻硤石，克之。○魏侍中侯剛有罪，削户三百。○三月朔，日食。○夏，四月，梁淮堰成。○魏復封于忠爲靈壽公，崔光爲平恩侯。○梁圍魏武興。秋，七月，魏擊敗之，遂復取東益州。○九月，梁淮堰壞。○魏詔議邊鎮選舉法。○冬，魏作永寧寺。○柔然大破高車，殺其王彌俄突。

丁酉　梁天監十六年，魏熙平二年。春，正月，魏制諸錢，新舊通行，巧僞者罪之。○魏考勛籍。○三月，梁詔文錦不得爲人獸之形。○魏司徒廣平王懷卒，以胡國珍爲司徒。○夏，四月，梁罷宗廟牲牢，薦以蔬果。○冬，十二月，柔然遣使如魏。○梁以馮道根爲豫州刺史。○魏採銅鑄錢。

戊戌　梁天監十七年，魏神龜元年。春，二月，梁安成王秀卒。○夏，四月，魏司徒胡國珍卒，追號太上秦公。

○魏復徵綿麻稅。○魏主始月一視朝。○五月，梁司徒臨川王宏有罪免，尋復其位。○魏補《三字石經》。○秋，七月，魏河州羌反，討平之。○九月，魏太后胡氏弒其故太后高氏。○魏遣使如西域求佛書。○魏復鹽禁。

己亥 梁天監十八年，魏神龜二年。春，正月，梁以袁昂爲尚書令，王暕、徐勉爲僕射。○魏太后始稱詔。○二月，魏羽林虎賁作亂，殺將軍張彝。○魏以崔亮爲吏部尚書。立停年格。○魏以任城王澄爲司徒，京兆王繼爲司空。○魏復減百官禄。○魏陳仲儒奏律準法，不行。○秋，八月，魏中尉元匡免，復以爲平州刺史。○九月，魏太后游嵩高。○冬，十二月，魏司徒任城王澄卒。○高麗王雲卒。○魏汰郎官。

庚子 梁普通元年，魏正光元年。春，正月，日食。○梁左將軍馮道根卒。○高麗入貢于梁。○秋，七月，魏侍中元乂殺太傅清河王懌，幽太后於北宮。○江、淮海溢。○魏相州刺史中山王熙起兵討元乂，不克而死。弟略奔梁，梁以爲中山王。○梁車騎將軍永昌侯韋叡卒。○魏以高陽王雍爲丞相。○柔然殺伏跋可汗，其弟阿那瓌立，尋出奔魏，國人立婆羅門爲可汗。○冬，十月，魏以汝南王悦爲太尉。○十一月，魏立阿那瓌爲蠕蠕王。○魏以京兆王繼爲司徒。○魏遣使如梁。

辛丑 梁普通二年，魏正光二年。春，正月，梁置孤獨園。○魏發兵納阿那瓌于柔然，不克。○三月，魏元乂殺將軍奚康生。以宦者劉騰爲司空，京兆王繼爲太保，崔光爲司徒。○秋，七月，梁以裴邃爲豫州刺史。

○高車擊柔然，柔然可汗婆羅門降魏。冬，十月，魏分柔然爲二國，以處阿那瓌、婆羅門。○十一月，魏討叛氐，不克。

壬寅 梁普通三年，魏正光三年[一]。夏，四月，高車王弟越居殺其王伊匐而自立。**考證**「殺」當作「弑」，「自立」當作「代之」。○五月朔，日食，既。○冬，十一月，魏行《正光曆》。○梁西豐侯正德奔魏，既而逃歸。○柔然王婆羅門叛魏，魏討而執之。

癸卯 梁普通四年，魏正光四年。春，二月，柔然大饑，魏遣使撫之。○三月，魏司空劉騰卒。○夏，四月，柔然王阿那瓌執魏使者，犯魏邊。魏發兵擊之，不及而還。○魏沃野鎮民破六韓拔陵反。○冬，魏司徒崔光卒。○十一月朔，日食。○十二月，梁鑄鐵錢。

甲辰 梁普通五年，魏正光五年。○春，三月，魏遣臨淮王彧督諸軍討拔陵。夏，四月，高平敕勒胡琛反。拔陵陷武川、懷朔鎮。五月，彧兵敗績。魏復遣都督李崇討之。○魏秦州莫折大提反，陷高平。大提死，子念生代領其衆。魏遣兵討之。○秋，七月，魏將軍崔暹討拔陵，戰于白道，敗績。○莫折念生寇魏東益州，不克。○八月，梁徐州刺史成景儁拔魏僮城。○魏都督元志討莫折念生，戰于隴口，敗績。

[一] 蜀藩本誤作「二年」。

○魏改鎮爲州。○魏秀容人乞伏莫于等反，酋長爾朱榮討平之。○九月，梁取魏睢陵、荆山，襲壽陽，不克。○魏涼州亂，刺史宋穎以吐谷渾討平之[一]。○冬，十月，梁取魏建陵、曲木、琅邪等城。○魏營州人就德興反，魏遣兵討之，不克。○胡琛寇魏豳、夏、北華三州，魏遣兵討之。○魏朔方胡反，夏州刺史源子雍討平之。○魏以費穆爲朔州刺史。○魏北討都督李崇免。○十一月，莫折念生遣其弟天生陷魏岐州，殺都督元志。○蜀賊寇魏雍州，討平之。○十二月，梁復取三關，圍魏郢州，不克。○魏汾州胡反。○魏秦州平。○梁以散騎常侍朱异掌機政。

乙巳 梁普通六年，魏孝昌元年。春，正月，梁取魏南鄉郡及馬圈等城。○魏徐州刺史元法僧反，魏發兵討之，遂降梁。○魏行臺蕭寶寅、都督崔延伯討莫折天生，敗之。岐、雍、隴東皆平。○梁裴邃敗魏師于壽陽。○魏討徐州不克。梁以元法僧爲司空。○二月，魏元乂解領軍。○三月，梁遣豫章王綜總督衆軍，攝徐州事。召元法僧等還建康。○柔然阿那瓌爲魏討拔陵，敗之。自稱敕連頭兵豆伐可汗。○夏，四月，魏太后復臨朝，誅其尚書令元乂。以元順爲侍中，鄭儼、徐紇、李神軌爲中書舍人。○胡琛遣其將万俟醜奴寇魏涇州，崔延伯討之，敗死。○五月，梁豫州刺史夷陵侯裴邃卒。○梁人圍小劍，魏擊

[一] 蜀藩本作「刺史宋穎以吐谷渾兵討平之」。

敗之。○六月，梁豫章王綜叛，降魏。魏師入彭城，立綜爲丹陽王，更名贊。○西部鐵勒降魏。魏廣陽王深擊拔陵，破之，降其衆二十萬。○秋，八月，魏柔玄鎮民杜洛周[一]反于上谷，魏遣兵討之。○冬，十二月，魏荆、郢群蠻叛，魏討敗之。梁取魏順陽、馬圈。○梁邵陵王綸有罪，免官，削爵土。○魏山胡劉蠡升反。

[一] 蜀藩本誤作「桂洛周」。

資治通鑑綱目考證卷三十一

起丙午梁武帝普通七年、魏孝明帝孝昌二年，盡壬子梁武帝中大通四年、魏孝武帝永熙元年，凡七年。

丙午 梁普通七年，魏孝昌二年。春，正月，魏以楊津爲北道大都督。○魏五原降户鮮于脩禮反。○二月，魏西部敕勒斛律洛陽反。三月，爾朱榮討平之。○夏，四月，魏以元順爲太常卿。○魏朔州鮮于阿胡反。○魏都督李琚討杜洛周，敗死。○魏長孫稚討鮮于脩禮，敗績。○五月，元略自梁歸于魏，魏以爲侍中。○魏復以廣陽王深爲北道大都督。○秋，七月，魏行臺常景敗杜洛周於范陽。○鮮于阿胡陷魏平城。○八月，賊帥元洪業殺鮮于脩禮，降魏。其黨葛榮復殺洪業而自立。**考證**「立」當作「領其衆」。○魏安北將軍爾朱榮執肆州刺史，而以爾朱羽生代之。○葛榮襲殺魏都督章武王融、廣陽王深。○就德興陷魏平州。○莫折念生降魏，既而復反。破六韓拔陵誘胡琛殺之。○冬，十一月，梁侵魏，取壽陽。○魏幽州民執行臺常景，叛降杜洛周。

丁未 梁大通元年，魏孝昌三年。春，正月，葛榮陷魏殷州，刺史崔楷死之。榮遂圍冀州。○魏蕭寶寅討莫折念生，敗績。魏以楊椿爲行臺。○魏主戒嚴北討，不果行。○莫折天生寇雍州，敗死，衆潰。○梁侵魏，圍東豫州及琅邪，克三關。○魏以房景伯爲東清河太守。○二月，莫折念生據潼關。○梁攻彭城，魏人擊却之。〇三月，魏主戒嚴西討，不果行。〇梁主捨身於同泰寺。〇夏，四月，魏復以蕭寶寅爲西討大都督。〇秋，七月，魏陳郡亂，討平之。〇魏樂安王鑒以鄴叛降葛榮。〇魏李神軌殺高謙之。〇梁將彭群圍魏琅邪，敗死。〇八月，魏大都督源子邕拔鄴城，誅元鑒。〇九月，秦州人殺莫折念生，以州降魏。〇冬，十月，梁將湛僧智、夏侯夔圍魏廣陵，克之。〇梁將陳慶之攻魏渦陽，克之。〇魏蕭寶寅殺關右大使酈道元，舉兵反。魏遣行臺長孫稚討之。〇十一月，梁以蕭淵藻爲北討都督，鎮渦陽。〇葛榮陷魏冀州，殺都督源子邕、裴衍，遂寇相州，不克。

戊申　梁大通二年，魏孝昌四，敬宗孝莊帝子攸永安元年。春，正月，杜洛周陷魏定州，執行臺楊津，遂陷瀛州。〇魏大赦。**考證**下當書「境内」。〇魏長孫稚討蕭寶寅，敗之。寶寅奔万俟醜奴。〇葛榮殺杜洛周，并其衆。〇魏太后胡氏進毒弑其主詡，而立臨洮王世子釗。〇三月，葛榮陷魏滄州。〇魏爾朱榮舉兵晋陽。夏，四月，至河陽，立長樂王子攸，而沈太后胡氏及幼主釗于河，殺王公以下二千人。自爲都督中外諸軍事，封太原王，遂入洛陽。〇魏徐紇奔泰山。鄭儼伏誅。〇魏汝南王悦、臨淮王彧、北海王顥出奔梁。〇魏郢、青、南荆州皆叛附于梁。〇五月，魏立肅宗嬪爾朱氏爲后。〇爾朱榮還晋陽，以元天穆爲侍中、録尚書事，兼領軍將軍。〇魏主聽訟于華林園。〇魏詔聽民入粟。〇梁遣將軍曹義宗圍魏荆州。〇六月，元彧自梁歸于魏。〇魏免其侍郎高乾、高昂官。〇魏河間邢杲反。〇万俟醜奴稱帝。〇秋，八月，魏泰山太守羊侃據郡降梁。〇九月，葛榮圍魏相州，爾朱榮討擒之，冀、定、滄、瀛、殷皆平。○魏爾朱榮自爲大丞相。○冬，十月，梁立元顥爲魏王，遣將軍陳慶之將兵納之。○魏遣將軍費穆救荆州，獲曹義宗。○十一月，魏復取泰山郡，羊侃、徐紇奔梁。○十二月，魏幽州韓樓反。

己酉　梁中大通元年，魏永安二年。春，正月，魏主追尊其父勰爲皇帝。○夏，四月，魏王顥拔滎城，稱皇帝。○魏元天穆討邢杲，平之。○五月，魏王顥取梁國、滎陽、虎牢。○魏主子攸奔河内。顥入洛陽，以陳慶之爲車騎大將軍。○六月，魏都督費穆伏誅。○魏湖陽叛降于梁。○閏月，魏爾朱榮渡河，魏王顥走死，陳慶之走歸梁。魏主子攸歸洛陽，榮自爲天柱大將軍。○秋，七月，魏以高道穆爲中尉。○魏始鑄永安五銖錢。○魏巴州叛附于梁。○八月，魏太保楊椿致仕。○九月，梁主捨身於同泰寺。○魏討韓樓，獲之。幽州平。○万俟醜奴寇魏東秦州，陷之。○冬，十一月，就德興降魏，營州平。○魏以城陽王徽爲太保，蕭贊爲太尉，長孫稚爲司徒。○十二月，梁以陳慶之爲北兖州刺史。

庚戌[一]　梁中大通二年，魏永安三，主曄建明元年。春，正月，魏復取巴州。○三月，魏遣都督爾朱天光討万俟醜奴。夏，四月，獲之，遂克高平，獲蕭寶寅，皆誅之。○六月，梁以元悦爲魏王。○秋，七月，魏討万俟醜奴餘黨，滅之。三秦、河、渭、瓜、凉、鄯州皆平。○魏以宇文泰爲征西將軍，行原州事。○九月，長星見。○魏爾朱榮至洛陽，與太宰元天穆皆伏誅。○魏僕射爾朱世隆反，與汾州刺史爾朱兆

[一] 蜀藩本脱「庚戌」二字。

立長廣王曄于長子。冬，十二月，入洛陽，遷其主子攸于晉陽而弑之。○魏紇豆陵步蕃大破爾朱兆於秀容。兆及晉州刺史高歡擊殺之。兆使歡統六鎮。○魏齊州亂，刺史蕭贊走死。○梁以陳慶之爲南、北司州刺史。

辛亥 梁中大通三年，魏節閔帝恭普泰元、主朗中興元年。春，二月，魏樂平王爾朱世隆廢其主曄，而立廣陵王恭。○魏幽州行臺劉靈助反。○魏河北大使高乾起兵信都，以冀州迎高歡。○魏封其故主曄爲東海王。○魏以爾朱世隆爲太保。○魏以高歡爲渤海王。○魏都督侯淵討劉靈助，誅之。○夏，四月，梁太子統卒。○梁主立子綱爲太子。六月，封孫歡爲豫章王，譽爲河東王，詧爲岳陽王。○魏冀州刺史高歡起兵討爾朱氏。○魏廣宗王爾朱天光殺侍中楊侃。秋，七月，爾朱世隆殺司空楊津、太保楊椿，夷其族。津子愔奔信都。○梁賜其宗戚沐、食鄉亭侯有差。○冬，十一月，魏高歡立渤海太守元朗，自爲丞相，敗爾朱兆等軍于廣阿。○魏南兗州人執刺史劉世明以降于梁，梁遣歸魏。

壬子 梁中大通四年，魏普泰二，中興二，孝武帝脩永熙元年。春，正月，梁以袁昂爲司空。○梁封西豐侯正德爲臨賀王。○魏丞相歡克相州，以楊愔爲行臺右丞。○二月，梁以元法僧爲東魏王。○梁邵陵王綸有罪，免爲庶人，既而復之。○三月，魏主朗入居于鄴，高歡自爲太師。○閏月，魏爾朱天光等會兵攻鄴，高歡擊破之。○夏，四月，魏將軍斛斯椿執爾朱天光、度律送鄴，世隆伏誅，仲遠奔梁。○魏雍州刺史賀拔岳誅爾朱顯壽。○高歡入洛陽，廢其主恭及朗，而立平陽王脩，自爲大丞相。○魏爾朱度律、天光伏誅。○五月，魏封其故主朗爲安定王。○魏主脩弑其故主恭。○秋，七月，魏大丞相歡討爾朱兆，走之，遂據晋陽。○冬，十一月，魏主脩弑安定王朗、東海王曄。○十二月，魏主殺汝南王悦。○魏立后高氏。

資治通鑑綱目考證卷三十二

起癸丑梁武帝中大通五年、魏孝武帝永熙二年，盡丁卯梁武帝太清元年、魏文帝大統十三年、東魏孝靜帝武定五年，凡十五年。

癸丑 梁中大通五年、魏永熙二年。春，正月，魏大丞相歡襲秀容，殺爾朱兆。○魏罷諸行臺。○魏以賀拔勝爲荆州刺史。○三月，阿至羅復附于魏。○魏徐州刺史高乾伏誅，大都督高敖曹奔晋陽。○夏，四月，魏青州人耿翔殺其刺史降梁，梁以翔爲刺史。○五月，魏下邳叛降于梁。○秋，八月，魏以賀拔岳爲雍州刺史。○九月，魏大丞相歡分封邑以頒勛義。○冬，十二月，魏人侵梁雍州。○魏大丞相歡使翟嵩如關中。

甲寅 梁中大通六年，魏永熙三年，東魏孝靜帝善見天平元年。○是歲，魏分爲二，凡三國。春，正月，魏大丞相歡攻紇豆陵伊利，執之。○魏永寧浮圖災。○魏秦州刺史侯莫陳悦殺賀拔岳，魏以宇文泰統其軍。○夏，四月朔，日食。○魏宇文泰討侯莫陳悦，誅之，遂定秦、隴。魏以泰爲關西大都督。○六月，魏大丞相歡舉兵反。○秋，七月，魏主脩奔長安。歡入洛陽，推清河王亶承制决事。魏主以宇文泰爲大將軍、尚書令。○魏大丞相歡屯華陰，使侯景取荆州。賀拔勝奔梁。○魏閤内都督趙剛以東荆州兵赴長安，

遇盜敗没。○冬，十月，魏大丞相歡立清河世子善見於洛陽。**考證**下當分注「是爲東魏」。○魏以宇文泰
爲大丞相。○梁伐東魏。○十一月，東魏遷於鄴。○閏十二月，魏大丞相泰進毒弒其君脩。○魏獨孤
信克荆州，東魏人襲之，信奔梁。

乙卯 梁大同元年，魏文帝寶炬大統元年，東魏天平二年。春，正月朔，魏大丞相泰立南陽王寶炬。○魏將軍李虎
克靈州。○魏大丞相泰自爲都督中外諸軍事，封安定公。○魏立后乙弗氏。○東魏大丞相歡擊稽胡，
斬劉蠡升。○東魏大丞相歡自爲相國，假黄鉞，加殊禮，復辭不受。○東魏人襲魏華州，不克。○魏
作新制二十四條。○魏大丞相泰以蘇綽爲行臺左丞。○夏，五月，魏大丞相泰自加柱國。○秋，七月，
魏東益州叛降于梁。○八月，東魏作新宫。○魏趙剛以東荆州歸于魏。○冬，十一月，梁侍中徐勉卒。
○魏梁州叛降于梁。○東魏封高洋爲太原公。○十二月，東魏始賦文武官禄。○魏與柔然和親。

丙辰 梁大同二年，魏大統二年，東魏天平三年。春，正月，東魏大丞相歡襲魏夏州，取之。魏靈、涼州亦叛附于
歡。○二月，東魏大丞相歡遣其世子澄入鄴輔政，東魏以爲尚書令、京畿大都督。○東魏大丞相歡以
陳元康爲功曹。○三月，梁處士陶弘景卒。○夏，四月，梁以江子四爲右丞。○秋，七月，魏賀拔勝
自梁歸于魏。○九月，東魏行臺侯景侵梁，梁陳慶之擊破之。○冬，十二月，東魏及梁平。○魏大饑。

丁巳 梁大同三年，魏大統三年，東魏天平四年。春，正月，東魏大丞相歡侵魏，魏大丞相泰擊破之，殺其將竇
泰。歡别將襲魏洛州，執其刺史泉企。○夏，六月，東魏遣使如梁。○魏獨孤信自梁歸于魏。○秋，

八月，魏大丞相泰伐東魏，克恒農，遣使諭降河北城堡。○梁以武陵王紀爲益州刺史。○東魏大丞相歡侵魏。冬，十月，魏大丞相泰迎戰渭曲，大敗之。○魏大丞相泰伐東魏，東魏秦州降。泰遂略定汾、絳。○魏取洛陽、豫州，潁、梁、廣、陽等州皆降。○東魏濮陽、陽平盜起，濟州刺史高季式討平之。

戊午 梁大同四年、魏大統四年、東魏元象元年。春，正月朔，日食。○二月，東魏遣行臺侯景治兵虎牢，復取汾、潁、豫、廣四州。○魏廢其后乙弗氏，立柔然女郁久閭氏爲后。○秋，七月，梁大赦。**考證** 下當書「境内」。○八月，東魏遣兵圍魏金墉，魏大丞相泰救之，斬其將高敖曹。復戰，不利，引還。○魏長安亂，大丞相泰討平之。○東魏大丞相歡拔金墉，魏師走。○東魏范陽人起兵應魏，東魏討平之。○冬，十二月，魏復取洛陽及廣州。○東魏禁擅立寺。○盜殺魏廣州刺史李延孫。○魏取宜陽，行臺王思政城玉壁，徙鎮之。○東魏改《停年格》。

己未 梁大同五年，魏大統五年，東魏興和元年。春，正月，梁以何敬容爲尚書令。○魏大丞相泰置行臺學。○夏，五月，東魏立后高氏。○秋，九月，東魏城鄴。○冬，十月，魏置紙筆于陽武門以求言。○十一月，東魏行《興光曆》。○梁分諸州爲五品。○魏制禮樂。

庚申 梁大同六年，魏大統六年，東魏興和二年。春，二月，柔然侵魏，魏主殺其故后乙弗氏。○夏，閏五月朔，日食。○秋，八月，梁司空袁昂卒。○冬，十一月，吐谷渾遣使如東魏。

辛酉 梁大同七年，魏大統七年，東魏興和三年。秋，七月，魏以宇文測爲大都督，行汾州事。○九月，魏省官員，置屯田，頒六條。○冬，十月，東魏頒《麟趾格》。○十二月，梁交州李賁反，遣兵討之。○東魏大稔。

壬戌 梁大同八年，魏大統八年，東魏興和四年。春，正月，梁安成妖人作亂。三月，江州司馬王僧辯討平之。○魏初置六軍。○秋，八月，東魏以侯景爲河南大行臺。○冬，十月，東魏大丞相歡圍魏玉璧，不克而還。○十二月，梁盧子略作亂，廣州參軍陳霸先討平之。

癸亥 梁大同九年，魏大統九年，東魏武定元年。春，二月，東魏北豫州刺史高仲密以虎牢降魏。三月，魏大丞相泰帥軍應之，及東魏大丞相歡戰于邙山，大敗而還。○夏，四月，清水氏叛魏，魏遣使喻降之。○東魏復取虎牢。○東魏以侯景爲司空。○秋，八月，東魏以斛律金爲大司馬。○冬，十一月，東魏築長城于肆州。

甲子 梁大同十年，魏大統十年，東魏武定二年。春，三月，東魏以高澄爲大將軍、領中書監。○夏，四月，梁尚書令何敬容有罪免。○五月，魏大都督、琅邪公賀拔勝卒。○秋，七月，魏更權衡度量，頒新制。○東魏以崔暹爲中尉，宋游道爲左丞。○冬，十月，東魏括户、均賦。

乙丑 梁大同十一年，魏大統十一年，東魏武定三年。春，正月，東魏作晋陽宫。○三月，魏遣使如突厥。○夏，六月，魏作《大誥》。○梁遣兵討李賁，敗之。○冬，梁復贖刑法。○梁散騎常侍賀琛上書論事，詔詰責之。○魏遣使執其瓜州刺史鄧彦。

丙寅 梁中大同元年，魏大統十二年，東魏武定四年。春，三月，梁主講佛書於同泰寺。夏，四月，同泰浮圖災，復作之。○五月，魏涼、瓜州亂，討平之。○秋，七月，梁禁用短錢。○八月，梁以邵陵王綸爲南徐州刺史。○東魏遷《石經》于鄴。○魏以韋孝寬爲并州刺史，守玉壁。○梁討李賁，敗之。○冬，十月，梁以岳陽王詧爲雍州刺史。○十一月，東魏大丞相歡侵魏，圍玉壁，不克而還。○東魏大將軍澄如晉陽。○魏度支尚書蘇綽卒。

丁卯 梁太清元年，魏大統十三年，東魏武定五年。春，正月朔，日食。○梁以湘東王繹爲荆州刺史。○東魏大丞相勃海王高歡卒。○東魏大行臺侯景以河南降魏。○二月，魏除宫刑。○侯景復以河南叛附于梁。梁封景爲河南王，遣兵援之。○三月，梁主捨身於同泰寺。○夏，四月，東魏大將軍澄如鄴。○六月，東魏遣兵討侯景，魏遣兵救之。徵景入朝，景不受命，魏師乃還。○秋，七月，梁遣貞陽侯淵明督諸將侵東魏。○東魏大將軍澄還晉陽，自爲都督中外諸軍、録尚書事、勃海王。○東魏大將軍澄入鄴，幽其主於宫中，殺侍讀荀濟等而還。○九月，梁堰泗水以攻東魏之彭城。冬，十一月，東魏行臺慕容紹宗擊敗之，獲蕭淵明。○十二月，梁立元貞爲咸陽王。○侯景敗東魏兵於渦陽。○魏以鄭穆爲京兆尹。

資治通鑑綱目考證卷三十三

起戊辰梁武帝太清二年、魏文帝大統十四年、東魏孝静帝武定六年，盡甲戌梁元帝承聖三年、魏恭帝元年、齊文宣帝天保五年，凡七年。

戊辰 梁太清二年，魏大統十四年，東魏武定六年。春，正月，東魏慕容紹宗擊侯景，景衆潰走，襲據壽春，梁以爲南豫州牧。〇二月，東魏求成于梁。〇三月，梁交州司馬陳霸先討李賁，平之。〇夏，四月，東魏遣兵圍魏潁川。〇五月，魏以宇文泰爲太師。〇梁遣散騎常侍徐陵如魏。〇秋，七月朔，日食。〇東魏罷南郊道壇。〇八月，東魏遣兵略地江、淮，取二十三州。**考證** 「取二十三州」當作「取梁二十三州」。[一] 〇冬，十月，梁臨賀王正德叛，引侯景兵渡江。梁主命梁侯景反壽陽，梁主遣邵陵王綸督諸軍討之。〇冬，十月，梁臨賀王正德叛，引侯景兵渡江。梁主命宣城王大器、將軍羊侃督軍禦之。〇蕭正德引侯景圍梁臺城。十一月，景以正德稱帝。〇梁荆州刺史、湘東王繹移檄遣兵赴援。〇梁邵陵王綸還軍赴援，侯景擊之，大潰。〇十二月，梁鄱陽王範、南康王會理將兵入援。〇梁將軍羊侃卒。〇梁散騎常侍韋粲及東、西道都督裴之高、柳仲禮等各以兵入援，

[一] 此條《四庫》作「考誤」，據蜀藩本改。

推仲禮爲大都督。○魏太師泰殺其國臣王茂。

己巳　梁太清三年，魏大統十五年，東魏武定七年。春，正月，侯景襲梁援軍，韋粲死之。柳仲禮擊景，敗之。○梁中領軍朱异卒。○梁北徐州刺史蕭正表以州叛降東魏。○梁援軍擊侯景，天門太守樊文皎戰死。○二月，梁以侯景爲大丞相，與之盟，敕止援軍。湘東王繹次于武城。○東魏河内之民歸于魏。○三月，侯景陷梁臺城，自稱大都督、録尚書事。邵陵王綸奔會稽，柳仲禮等叛降景。景廢蕭正德以爲大司馬。○梁東徐、北青州及淮陽郡皆叛降于東魏，東魏遂取梁青州及山陽郡。○梁湘東王繹歸江陵，殺桂陽王慥。○侯景陷梁廣陵。○東魏取梁淮陰。○梁吴郡太守袁君正以郡叛附侯景。○梁宣城、吴興起兵拒侯景。○東魏攻魏潁川，魏人擊之，殺其將慕容紹宗、劉豐生。○夏，東魏大將軍澄如鄴。○梁岳陽王詧執雍州刺史張纘。○五月，梁主衍殂，太子綱立。○魏詔代人復其舊姓。○六月，梁湘東王繹殺太常卿劉之遴。○東魏大將軍澄克潁川，以王思政歸。魏師還。○梁湘東王繹自稱假黄鉞、大都督中外諸軍、承制。○侯景殺蕭正德。○梁永安侯確謀討侯景，不克而死〔一〕。○梁湘東王繹使其世子方等攻湘州刺史、河東王譽，譽擊之，方等敗死。繹殺其妃徐氏。○秋，七月，梁廣州刺史元景仲謀反，西江督護陳霸先討誅之。○梁湘東王繹使信州刺史鮑泉攻湘州。○梁合州刺史、鄱陽王範以州附于東魏以乞師。○盗殺東魏大將軍、渤海王高澄于鄴。○九月，侯景陷吴興，梁太守張嵊、御史中丞沈浚

〔一〕蜀藩本作「不克而還」。

死之。○梁岳陽王詧攻江陵，湘東王繹遣兵襲襄陽。詧遁還，繹使竟陵太守王僧辯攻湘州。○冬，十月，梁豫章内史莊鐵叛，襲江州，敗走。○十一月，梁湘東王繹遣兵攻襄陽。岳陽王詧乞師于魏，魏遣開府楊忠率師救之。○十二月，侯景陷錢塘、會稽，執梁刺史、南郡王大連。○梁始興太守陳霸先起兵討侯景。○東魏取梁司州。

庚午 梁太宗簡文帝綱大寶元年，魏大統十六年，東魏武定八年，齊顯祖文宣帝高洋天保元年。○是歲，東魏亡齊代。春，正月，東魏高洋自爲丞相、都督中外諸軍、録尚書事，封齊王。○梁以陳霸先爲交州刺史。○梁邵陵王綸至江夏，自稱都督中外諸軍、承制。○魏人圍安陸，獲梁司州刺史柳仲禮，遂取漢東。○梁祖皓起兵廣陵，殺侯景將董紹先。○二月，魏師進次石城，梁湘東王繹請盟。魏師還。○侯景陷廣陵，殺梁祖皓，屠其城。○三月，梁主禊飲樂游苑。○梁旱蝗。○夏，四月，梁王僧辯克湘州，殺河東王譽。○梁湘東王繹移檄討侯景。○五月，梁鄱陽王範卒。○齊王洋稱皇帝，廢東魏主爲中山王。○梁武陵王紀遣其世子圓照將兵赴援，次于白帝。○梁侯瑱殺莊鐵，據豫章。○齊立子殷爲太子。○魏立蕭詧爲梁王[一]。○梁高州刺史李遷仕反，高涼太守馮寶妻洗氏討敗之。○梁王[二]詧入朝于魏。○秋，七月，侯景陷江州及豫章。○齊定律，始立九等户。○九月，梁湘東王繹取郢州，邵陵王綸奔齊昌。侯景兵

[一] 蜀藩本作「梁主」。
[二] 蜀藩本作「梁主」。

襲之，綸遂奔齊，齊以爲梁王。○侯景自稱漢王。○冬，十月，魏太師泰伐齊，不戰而還。洛陽、平陽皆降于齊。○梁寧州刺史徐文盛敗侯景兵于貝磯。○侯景殺梁南康王會理、武林侯諮。○魏初作府兵。○齊行《天保曆》。

辛未　梁大寶二年，魏大統十七年，齊天保〔一〕二年。春，二月，魏攻齊汝南，拔之，殺其梁王蕭綸。○梁陳霸先討李遷仕，殺之。○三月，魏主寶炬殂，太子欽立。○梁徐文盛克武昌。○齊以梁湘東王繹爲梁相國、承制。○閏月，梁文盛伐侯景，敗之。**考證**《提要》文上有「徐」字。○夏，四月，侯景陷梁郢州，執刺史蕭方諸。徐文盛奔江陵。○五月，魏隴西公李虎卒。○梁湘東王繹遣大都督王僧辯伐侯景，次巴陵，景攻之不克。六月，繹使胡僧祐擊景，敗之，獲其將任約，景遁還。○梁王僧辯克郢州，獲侯景將宋子仙，殺之。○梁湘東王繹誘江安侯圓正，執之。○魏以公主嫁突厥。○秋，七月，豫章復爲梁。○王僧辯克湓城，江州刺史陳霸先引兵會之。○八月，侯景廢梁主綱，殺太子大器而立豫章王棟。○冬，十月，侯景弑梁主綱。○魏侵梁南鄭。○侯景將劉神茂以浙東附梁湘東王繹。○侯景廢梁主棟，自稱漢帝。○十二月，齊主洋弑中山王。○齊主殺美陽公元暉業。

壬申　梁世祖孝元帝繹承聖元年，魏主欽元年，齊天保三年。春，正月，齊主伐庫莫奚，敗之。○突厥土門襲柔然，

〔一〕蜀藩本誤作「齊天寶」。

殺頭兵可汗，自號伊利可汗。○二月，梁湘東王繹遣王僧辯、陳霸先討侯景。○侯景陷東陽。○三月，梁王僧辯、陳霸先擊敗侯景，景亡走吴。○侯景伏誅。考證當書「討景，敗之」。○梁湘東王繹殺豫章王棟。○夏，四月，梁武陵王紀稱帝于成都。○侯景伏誅。○盜竊梁傳國璽，歸之于齊。○齊以楊愔爲僕射，尚太原公主。○梁遣兵救南鄭，魏人敗之。○梁以王僧辯爲司徒，陳霸先爲征虜將軍、開府儀同三司。○王偉等伏誅。○梁以魯悉達爲北江州刺史。○齊人侵梁，圍秦郡，陳霸先擊敗之。○齊以辛術爲吏部尚書。○梁秦梁刺史蕭循以州降魏。○秋，七月，梁陳霸先圍廣陵，不克，引還。○梁蕭循自魏歸于江陵。○冬，十月，齊築長城。○梁湘州刺史王琳下獄，其長史陸納入于湘州以叛。○十一月，梁主繹立。○梁以蕭循爲湘州刺史。陸納襲巴陵，循擊敗之。

癸酉梁承聖二年，魏主欽二年，齊天保四年。春，正月，魏太師泰自加都督中外諸軍事。○二月，突厥伊利可汗死，弟木杆可汗俟斤立。○三月，梁武陵王紀伐江陵，魏遣大將軍尉遲迥伐成都以救之。○夏，四月，梁遣王僧辯圍湘州。○魏師圍成都，梁武陵王紀還兵救之，次于西陵。○六月，梁復以王琳爲湘州刺史，陸納降。○秋，七月，梁武陵王紀衆潰，梁主殺之及其諸子。○八月，成都降魏，以尉遲迥爲益州刺史。○九月，梁遣王僧辯還建康，陳霸先還京口。○梁以陸法和爲郢州刺史。○齊納蕭退于梁，不克。○冬，十月，齊主伐契丹，大破之。○十一月，突厥攻柔然，齊主擊之，遷柔然于馬邑川。突厥請降。○魏太師泰殺尚書元烈。○十二月，齊宿預叛降于梁。

甲戌梁承聖三年，魏恭帝廓元年，齊天保五年。春，正月，齊主擊山胡，敗之。○梁陳霸先侵齊。○魏作九命、九秩之典。○魏宇文泰廢其主欽，而立齊王廓，復姓拓跋氏。○三月，梁以王僧辯爲太尉，陸法和爲司徒。○魏遣使如梁。○齊主殺其尚書左丞盧斐、李庶。○夏，四月，柔然寇齊，齊主擊敗之。○梁以陳霸先爲司空。○魏宇文泰弑其故主欽。○五月，魏以李遷哲爲信州刺史。○梁以王琳爲廣州刺史。○六月，齊冀州刺史段韶伐梁，拔宿預。○秋，八月，齊殺其太保高隆之。○齊築四城于洛陽。○梁主講《老子》於龍光殿。○冬，十月，魏遣柱國于謹帥師伐梁。十一月，入江陵。十二月，執梁主繹，殺之。○魏取襄陽，徙梁王詧[一]，使稱帝于江陵，屯兵守之。○梁王僧辯、陳霸先奉晉安王方智承制。○魏加益州刺史尉遲迥承制。

[一] 蜀藩本作「徙梁主詧」。

資治通鑑綱目考證卷三十四

起乙亥梁敬帝紹泰元年、魏恭帝二年、齊文宣帝天保六年，盡辛卯陳宣帝太建三年、齊後主武平二年、周武帝〔一〕天和六年，凡十七年。

乙亥　梁敬帝方智紹泰元年，魏恭帝二年，齊天保六年。○後梁中宗宣帝蕭詧天定元年。○凡四國。春，正月，梁王詧始稱帝。○梁廣州刺史王琳救江陵，弗及，次于長沙，遣兵伐後梁。○齊遣兵救江陵，不及，取梁郢州。○齊遣梁貞陽侯淵明還梁稱帝，以兵納之。○二月，梁王方智立。○三月，齊人克梁東關。○魏免梁俘數千口。○夏，五月，梁王僧辯奉淵明歸建康，以梁王方智爲太子。○六月，齊築長城。○齊人歸郢州于梁。○秋，七月，齊主伐柔然，大破之。○八月，齊以道士爲沙門。○九月，梁陳霸先殺王僧辯，廢淵明。冬，十月，復立方智，稱藩于齊。○梁陳霸先自爲尚書令、都督中外諸軍事。○梁吴興太守杜龕叛，梁遣陳蒨討之。譙秦刺史徐嗣徽、南豫州刺史任約襲建康，不克，入于石頭以叛。十一月，齊遣兵援之〔二〕。○齊主殺其清河王岳。○十二月，梁陳霸先及齊人戰，敗之。徐嗣徽、任約奔齊。

〔一〕蜀藩本誤作「晋武帝」。

〔二〕蜀藩本無「遣」字。

○梁以陳寶應爲晋安太守。○魏降其宗室王者爲公。○突厥滅柔然，可汗鄧叔子奔魏，突厥取而殺之。

丙子　梁太平元年，魏恭帝三年，齊天保七年。春，正月，魏初建六官，以宇文泰爲大冢宰。○梁陳蒨克吴興，獲杜龕，殺之。○梁遣兵擊侯瑱於湓城。○三月，齊儀同三司蕭軌侵梁，次于蕪湖。○夏，五月，梁建安公淵明卒。○六月，梁陳霸先及齊師戰，敗之，殺蕭軌及徐嗣徽。○梁王琳遣使奉表于魏、于齊。○齊大治宮室。○秋，七月，梁陳霸先自爲司徒、揚州刺史，進爵長城公。梁以侯瑱爲司空。○八月，魏陵州獠叛，討平之。○九月，梁陳霸先自爲丞相、録尚書事。○魏及突厥襲吐谷渾，敗之。○冬，十月，魏太師、大冢宰、安定公宇文泰卒，世子覺嗣。○十一月，梁徵王琳爲司空，不至。○齊并省州縣。○十二月，魏太師覺自爲周公。○梁以周迪爲臨川内史。○齊築長城。

丁丑　梁太平二年，魏恭帝四年，齊天保八年，陳高祖武帝陳霸先永定元年，周孝愍帝宇文覺元年，九月以後世宗明帝毓元年。○是歲，梁、魏皆亡，陳、周代，并齊三大國，後梁一小國，凡四國。春，正月，周公覺稱天王，廢魏主爲宋公。宇文護自爲大司馬。○周主祀圜丘，定郊廟之制。○吐谷渾寇周。**考證**「寇」當作「入」。○二月，梁蕭勃起兵廣州，次于南康。○周大司馬護殺冢宰趙貴。○梁丞相霸先使周文育擊蕭勃，獲其將歐陽頠、傅泰。勃爲其下所殺。○周宇文護自爲大冢宰。○周冢宰護弑中山王。○三月，周冢宰護殺趙公獨孤信。○夏，四月，梁鑄四柱錢，禁細錢。○梁復以歐陽頠爲衡州刺史，使討廣州，克之。○六月，梁丞相霸先遣兵擊王琳于郢城。○齊大蝗。○秋，八月，周人歸故梁主繹之喪于王琳。○九月，梁丞相霸先自爲相國，封陳公，加九錫。○周冢宰護弑其君覺及其柱國李遠，而立寧都公毓。○冬，十月，梁陳公霸先進爵爲王，遂稱皇帝，廢梁主爲江陰王。○陳以蔡景歷爲中書通事舍人。○陳主祠蔣帝廟。○陳置删定郎，治律令。○周祔太祖於太廟。○梁王琳及陳人戰，敗之，獲其將周文育、侯安都，遂克江州。○陳以蕭乾爲建安太守。○周以令狐整爲豐州刺史。○齊人築重城。○十二月，齊主幽其弟永安王浚、上黨王渙於地牢。

戊寅 陳永定二年，周明帝二年，齊天保九年。春，正月，梁王琳伐陳，次于白水，遣使乞師于齊。○周宇文護自爲太師。○二月，齊北豫州刺史司馬消難叛入于周。○齊納梁永嘉王莊于梁軍，以王琳爲梁丞相。琳遂以莊稱帝。○夏，四月，陳主霸先弑江陰王。○五月，陳主捨身於大莊嚴寺。○梁丞相琳伐臨川，不克。○秋，八月，陳侯安都、周文育自湓城逃歸。○梁丞相琳歸于湘州。○冬，齊以常山王演録尚書事。○齊減百官禄。○十二月，齊主殺永安王浚、上黨王渙。○陳高凉太守馮寶卒。

己卯 陳永定三年，周武成元年，齊天保十年。春，正月，周王始親政。○周改都督爲總管。○夏，四月，齊主殺其膠州刺史杜弼。○閏月，周更定曆。○齊主殺其僕射高德政。○周令有司毋得糾赦前事。○周人敗吐谷渾，置洮州。○五月朔，日食。○齊主殺魏宗室二十五家。○陳豫章内史熊曇朗殺周文育。○

齊取梁北江州，刺史魯悉達奔陳。○六月，霖雨。○周王賜處士韋敻號逍遥公，徵魏將軍寇儁[一]入見。○陳侯安都敗梁師于左里。○陳主霸先殂，兄子臨川王蒨立。○齊主滅元氏之族。○秋，八月，周王始稱皇帝。○陳主封子伯茂爲始興王。○周以安成公憲爲益州總管。○冬，十月，齊主洋殂，太子殷立。○十一月，梁丞相琳敗陳師于湓城。

庚辰　陳世祖文帝蒨天嘉元年，周武成二年，齊主殷乾明元年，肅宗孝昭帝演皇建元年。春，二月，梁丞相琳伐陳，敗績，與梁主莊皆奔齊。○齊太傅、常山王演殺尚書令楊愔等，自爲丞相、都督中外諸軍事。○陳衡陽王昌自周歸于陳。○三月，齊丞相常山王演如晋陽。○梁郢州刺史孫瑒降陳。○陳主殺其弟衡陽王昌。○陳遣使如周。○夏，四月，周冢宰護進毒弑其君毓，毓弟魯公邕立。○六月，陳人葬梁孝元帝。○秋，八月，齊常山王演廢其主殷爲濟南王而自立。○陳太尉侯瑱攻湘州，周遣軍司馬賀若敦救之。○冬，十一月，齊以盧叔虎爲太子庶子。○齊主自將擊庫莫奚，走之。○十二月，陳制春夏不斷死刑。○巴陵降陳。○齊以王晞爲侍郎，不受。○齊置屯田。

辛巳　陳天嘉二年，周高祖武帝邕保定元年，齊世祖武成帝湛太寧元年。春，正月，周太師護自加都督中外諸軍事。○齊以王琳爲揚州刺史。○湘州降陳，周師還。○二月，周以韋孝寬爲勛州刺史。○三月，周制十二

〔一〕蜀藩本作「寇儁」。

丁兵。○夏，四月朔，日食。○秋，七月，周更鑄錢。○九月，齊主演弑濟南王。○冬，十月朔，日食。○十一月，齊主演殂，弟長廣王湛立，廢太子百年爲樂陵王。○周遣使如陳。○十二月，陳立鹽賦、榷酤法。

壬午 陳天嘉三年，齊河清元年，周保定二年。○後梁世宗巋天保元年。春，閏二月，齊以高歸彦爲冀州刺史，和士開爲黄門侍郎。○陳遣兵討其江州刺史周迪于臨川。○齊以盧潛爲揚州刺史。○陳改鑄五銖錢。○後梁主詧殂，太子巋立[一]。○三月，陳安成王頊自周歸于陳。○陳遣兵討其縉州刺史留異于東陽，異奔晋安。○夏，四月，齊太后婁氏殂。○齊青州言河水清。○周始命貴臣食邑。○五月，齊以斛律光爲尚書令。○秋，齊冀州刺史高歸彦作亂，伏誅。○九月朔，日食。○冬，十月，陳詔省諸費用。○十二月，齊主殺其兄之子太原王紹德。

癸未 陳天嘉四年，周保定三年，齊河清二年。春，正月，齊以高元海爲兖州刺史。○陳周迪衆潰，奔晋安。○周太師護殺梁公侯莫陳崇。○二月，周頒《大律》。○三月朔，日食。○齊城軹關。○夏，四月，周主養老于太學。○六月，陳殺其司空侯安都。○齊主殺其河南王孝瑜。○秋，九月，陳廣州刺史歐陽頠卒，以其子紇代之。○周及突厥侵齊。○冬，十一月，陳討周迪，敗之，遂進軍討陳寶應。

[一] 蜀藩本誤作「太子歸立」。

甲申　陳天嘉五年，周保定四年，齊河清三年。春，正月，齊主及周師戰于晉陽，周師敗績。○二月朔，日食。○三月，齊頒律令，制田賦。○周初令百官執笏。○夏，六月，白虹貫日。齊主湛殺其兄之子樂陵王百年。○秋，八月朔，日食。○九月，周封李昞爲唐公。○齊人歸宇文護之母于周。○冬，十月，周太師護會突厥侵齊。○周迪誘陳南豫州刺史周敷殺之。○十一月，陳克晉安，獲陳寶應、留異，誅之。○齊擊周師，敗之，獲其少師楊檦。十二月，及宇文護戰于洛陽，大敗之。○齊山東大水。○周滅宕昌，置宕州。

乙酉　陳天嘉六年，周保定五年，齊後主緯天統元年。春，二月，周遣使如突厥逆女。○夏，四月，陳侍中安成王頊免。○彗星見。○齊主湛傳位於太子緯，自稱太上皇帝。以祖珽爲秘書監。○秋，七月朔，日食。○陳遣兵擊周迪，殺之。○冬，十月，周殺其中州刺史賀若敦。

丙戌　陳天康元年，周天和元年，齊天統二年。春，正月，日食。○夏，四月，陳以孔奐爲太子詹事。○陳主蒨殂，太子伯宗立。○五月，陳以安成王頊爲司徒、録尚書事，徐陵爲吏部尚書。○秋，八月，周信州蠻反，討平之。○周萬榮郡民作亂，討平之。○冬，十二月，齊主湛殺其河間王孝琬。○齊始用士人爲縣令。

丁亥　陳主伯宗光大元年，周天和二年，齊天統三年。春，正月朔，日食。○二月，陳安成王頊殺中書舍人劉師知，又殺僕射到仲舉。○夏，四月，陳湘州刺史華皎叛附于周。○閏六月，齊左丞相、咸陽王斛律金卒。○秋，八月，齊以東平王儼爲司徒。○九月，周人、梁人會華皎侵陳，敗績。陳遂襲周沔州，執其刺史裴寬。○齊山東饑。○冬，十一月朔，日食。○齊流祖珽于光州。

戊子 陳光大二年，周天和三年，齊天統四年。春，三月，周納后阿史那氏。○周太傅、燕公于謹卒。○陳攻梁江陵，不克。○夏，四月，齊以和士開爲僕射。○秋，七月，周隨公楊忠卒。○冬，十一月朔，日食。○陳安成王頊廢其主伯宗爲臨海王，而殺始興王伯茂。○齊主湛殂。○周梁州獠叛，討平之。

己丑 陳高宗宣帝頊太建元年，周天和四年，齊天統五年。春，正月，陳主頊立。○二月，齊徙東平王儼爲琅邪王。○齊殺其太尉趙郡王叡。○夏，四月，齊以高阿那肱爲尚書令，韓長鸞爲領軍，陸令萱爲女侍中，穆提婆爲侍中，祖珽爲秘書監。○秋，八月，陳廣州刺史歐陽紇反。○冬，十二月，周齊公憲侵齊，圍宜陽。○周、陳復通好。

庚寅 陳太建二年，齊武平元年，周天和五年。春，二月，齊以斛律光爲右丞相。○陳人討歐陽紇，斬之。封陽春太守馮僕母洗氏爲石龍太夫人。○秋，七月，齊以和士開爲尚書令。○陳遣兵攻梁，周人救之。陳師還。〔二〕○九月，齊立子恒爲太子。○冬，十月朔，日食。○齊以蕭莊爲梁王。○周平越嶲，置西寧

〔二〕蜀藩本作「陳師退」。

州。○齊築城于汾北，周齊公憲還救之。

辛卯 陳太建三年，齊武平二年，周天和六年。春，正月，齊斛律光及周韋孝寬戰于汾北，周師敗績。○夏，四月朔，日食。○六月，齊太宰段韶圍周定陽，克之，獲汾州刺史楊敷。○齊取周四戍。○秋，七月，齊琅邪王儼殺和士開。○九月，齊太宰、平原王段韶卒。○齊主殺其弟琅邪王儼。○冬，十月，齊主幽其太后胡氏于北宮。○十二月，周以基、平、鄀州與梁。

資治通鑑綱目考證卷三十五

起壬辰陳宣帝太建四年，齊後主武平三年，周武帝建德元年，盡癸卯陳後主至德元年，隋文帝開皇三年，凡十二年。

壬辰 陳太建四年，齊武平三年，周建德元年。春，二月，齊以祖珽爲僕射。○三月朔，日食。周主討其太師宇文護，殺之。**考證**謹按：宇文護受安定顧託爲周冢宰，既弒魏恭帝，復弒其君覺及其君毓，雖無統之世，其惡逆已甚矣。周武討其罪而殺之，求之義例，「殺」當作「誅」。尹氏曰：書討不書誅者，「周主雖能治其專國之罪，不能正其殺無赦之惡」。枝辭曲説，君子弗取焉。○周主親政，以其弟齊公憲爲大冢宰，衛公直爲大司徒。○夏，六月，齊主殺其左丞相、咸陽王斛律光，以祖珽知騎兵、外兵事。○秋，八月，齊主廢其后斛律氏。周使杜杲如陳。○齊立昭儀胡氏爲后。○九月朔，日食。冬，十月，齊立昭儀穆氏爲右后。○十一月，周毀上善殿。○十二月，齊主廢其后胡氏。○突厥木杆可汗死，弟佗鉢可汗立。又分立東、西二可汗。

癸巳 陳太建五年，齊武平四年，周建德二年。春，正月，齊以高阿那肱録尚書事。○齊置文林館。○三月，周獲白鹿。○夏，四月，陳將軍吴明徹將兵擊齊，取江北數郡。○五月，齊以祖珽爲北徐州刺史。○齊主殺其蘭陵王長恭。○六月，陳克齊瀛口等城。○齊主游南苑，殺其從官六十人。以高阿那肱爲司徒。

考證　「殺其從官」當作「從官暍死者」。謹按：《北史》：齊後主武平四年六月「壬子，幸南苑，從官暍死者六十人。」司馬公《通鑑》誤以「暍」爲「賜」，《提要》因《通鑑》之誤，遂書曰「殺」，今當正之。子朱子因司馬公成書而修《綱目》，其事則述，其義則作，發凡立例，以示懲勸，大經大法則精且密矣。然欲晚歲稍加更定，而力有未暇焉者，正爲此類。尹氏曰：齊主盛夏遨游，遂使從官暍死，「雖非以兵刃殺之，是亦以暍死殺之。」此蓋附會其説，以求合於所誤之文，豈《綱目》之本義哉？當以《北史》爲正，據事直書，尤足以昭鑑戒於将來也。○秋，七月，陳敗齊師，克巴、青州、山陽、廣陵等城。○八月，周太子贇納妃楊氏。○冬，十月，齊主殺其侍中張雕、崔季舒。○陳師攻齊壽陽，克之，殺其刺史王琳，遂取齊昌、徐州等城。○齊立婢馮氏爲淑妃。○陳定州刺史田龍升以江北叛入于齊，陳討平之。

甲午　陳太建六年，齊武平五年，周建德三年。春，正月，周詔齊公憲等皆進爵爲王。○二月朔，日食。○齊朔州行臺高思好舉兵反，敗死。○三月，周太后叱奴氏殂。○夏，五月，周廢佛、道教，毁淫祠。○周更鑄五行大布錢。○周立通道觀。○秋，七月，周衛王直反，伏誅。○冬，十二月，陳以孔奂爲吏部尚書。○齊殺其南陽王綽。

乙未　陳太建七年，齊武平六年，周建德四年。春，二月朔，日食。三月，周使開府儀同三司伊婁謙如齊，齊人留之。○夏，四月，陳焚文錦于雲龍門。○秋，七月，周主伐齊，克河陰；攻金墉，不克而還。○閏月，陳敗齊師于吕梁。○冬，十二月朔，日食。

丙申 陳太建八年，齊隆化元年，周建德五年。春，二月，周遣其太子贇伐吐谷渾。○夏，六月朔，日食。陳太子詹事江總免。○齊司徒趙彦深卒。○周太子贇還長安。○冬，十月，周主伐齊，取平陽。十一月，齊主攻之，不克。十二月，周主復伐齊，齊主大敗，走晉陽，遂奔鄴。晉陽人立安德王延宗以守，周主拔而執之。

丁酉 陳太建九年，齊幼主恒承光元年，周建德六年。是歲，齊亡，陳、周二大國，後梁一小國，凡三國。春，正月朔，齊主緯傳位于太子恒。周師圍鄴，緯出走。周主入鄴。齊丞相高阿那肱引周師追緯及恒，獲之，遂滅齊。○二月，齊廣寧王孝珩、任城王湝起兵信都，周齊王憲伐而執之。○梁主朝周于鄴。○周詔舉山東明經幹治者。○三月，齊東雍州行臺傅伏降周。○夏，四月，周主至長安，封高緯爲温公。**考證**「封高緯」當作「廢齊主緯」。○周以李德林爲内史上士。○五月，周主毁其宫室之壯麗者。○秋，八月，周定權衡度量。周免齊雜户。○周獲九尾狐，焚之。○冬，十月，陳司空吴明徹侵周，圍彭城。○周主殺温公高緯，夷其族。○十一月，周討稽胡，降之。○周省後宫妃嬪之數。○是月晦，日食。周頒《刑書要制》。○十二月，周徙并州軍民四萬户于關中。○齊范陽王高紹義稱帝于北朔州。

戊戌 陳太建十年，周宣帝贇宣政元年。春，二月，周上大將軍王軌攻彭城，獲吴明徹。○三月，周主初服常冠。○夏，五月，周主邕伐突厥，有疾而還。六月，殂。太子贇立，以鄭譯爲内史大夫。○周主贇殺其叔父齊王憲。○閏月，周立后楊氏。高紹義入幽州，周人討之。紹義奔突厥。○秋，七月，周以楊堅爲上柱國、大司馬。**考證**「楊堅」當作「后父楊堅」。謹按：楊堅與新莽無相遠者，《綱目》於莽，初見即書曰「封太后弟子莽爲新都侯」，周武棄國，以堅爲上柱國、大司馬，故當書「后父」於其姓名之上。《凡例》曰「凡以親戚貴重者，書其屬」是也。王氏得政始於鳳，而盛於音，極於新莽，歷漢四朝，三十有餘年乃成篡賊之謀。楊堅得政踰年，而九錫加之，何難易久速相懸如此？嗚呼！漢高并天下，文、景積德，至於武、宣，皆賢君也，天下歸漢久矣，故王氏得之也難。宇文篡魏傳於武帝，二十年間無功德及民，故楊堅得之也易。莽、堅同起外戚，所遇之時不同爾，王軌嘗言堅有反相，周武不悅，曰，必天命有在周武，若防於微，則普六茹之族亦赤矣，豈非天命果有在乎？然堅得於南北分裂之餘，是天欲平一天下也，惜其治具不張，僅得而遂失。《書》曰「天難諶，命靡常」，豈不信然？○九月，陳主及其群臣盟。○冬，十一月，突厥寇周。

己亥　陳太建十一年，周靜帝闡大象元年。春，正月，周作《刑經聖制》。○二月，周治洛陽宮。○周主殺其徐州總管王軌及宮正宇文孝伯。○周與突厥和親。○周主贇傳位於太子闡，自稱天元皇帝。○周徙《石經》還洛陽。○夏，四月，周主贇立妃朱氏爲天元帝后。五月，周諸王皆就國。○秋，七月，陳初用大貨六銖錢。○周主贇立四后。○冬，十月，周主贇復道、佛像。○十一月，周行軍元帥韋孝寬侵陳，克壽陽及廣陵。○周鑄永通萬國錢。○十二月，周初作乞寒胡戲。○周取陳江北地。○陳將軍周法尚叛降于周。

庚子　陳太建十二年，周大象二年。春，正月，周稅入市者人一錢。三月，周杞公亮作亂，韋孝寬討誅之。○周主贇立五后。○夏，五月，周主贇殂。隨公楊堅自爲大丞相，假黃鉞，居東宮。徵諸王還長安。○周復佛、道二教。○周相州總管、蜀公尉遲迥舉兵相州，討丞相堅，堅遣韋孝寬將兵討之。○周丞相堅殺畢王賢。○秋，七月，突厥執齊高紹義，歸之於周。○周青州總管尉遲勤舉兵應相州。○周丞相堅自加都督中外諸軍事。周鄖州總管司馬消難舉兵應相州。○周丞相堅殺趙王招、越王盛。○八月，周丞相堅遣司録高熲監相州諸軍。○周司馬消難以鄖州降陳。○周益州總管王謙起兵于蜀，丞相堅遣行軍元帥梁睿擊之。○梁遣使如周。○周尉遲迥兵敗自殺。○周丞相堅以高熲爲司馬。○司馬消難奔陳，周復取鄖州。周丞相堅以其世子勇爲洛州總管。○冬，十月，日食。○周丞相堅殺陳王純。周王謙敗死。十一月，周相州總管、鄖公韋孝寬卒。○十二月，周丞相堅自爲相國，進爵隨王，加九錫。○周隨王堅殺代王達、滕王逌。

辛丑 陳太建十三年，周大象三年。二月以後，隋高祖文帝楊堅開皇元年。是歲，周亡隋代，凡三國。春，二月，隋王堅稱皇帝。○隋改官名。○隋主追尊考爲武元帝。隋立后獨孤氏。○隋立世子勇爲太子，諸子皆爲王。○隋廢周主闡爲介公，改封周太后楊氏爲樂平公主。○隋主盡滅宇文氏之族。○隋徵蘇威爲太子少保。○三月，隋以賀若弼爲吴州總管，韓擒虎爲廬州總管。○隋以蘇威爲納言。○夏，四月，隋放散樂，禁雜戲。隋築長城。○五月，隋主堅弑介公闡。○秋，七月，隋定服色。○八月，吐谷渾寇涼州，隋遣兵擊敗之。**考證** 「寇」當作「入隋」。○九月，隋以蜀王秀爲益州總管。隋僕射高熲督諸軍侵陳。隋鑄五銖錢。○隋上柱國鄭譯有罪除名。○冬，十月，隋初行新律。○隋以梁彦光爲相州刺史，房恭懿爲海州刺史。○十二月，隋聽民出家，賦錢寫書、造像。○突厥佗鉢可汗死，分立四可汗。○突厥伐隋，隋遣都尉長孫晟如突厥。

壬寅　陳太建十四年，隋開皇二年。春，正月，陳主頊殂。始興王叔陵作亂，伏誅。太子叔寶立。○隋以晉王廣爲河北行臺尚書令，蜀王秀爲西南行臺尚書令，秦王俊爲河南行臺尚書令。○陳遣使請和于隋。二月，隋師還。○夏，五月，突厥伐隋，入長城。○六月，隋作新都于龍首山。○冬，十二月，隋遣兵拒突厥却之。○隋罷江陵總管。

癸卯　陳後主叔寶至德元年，隋開皇三年[一]。春，正月，陳以長沙王叔堅爲江州刺史。○二月朔，日食。陳以毛喜爲永嘉内史。○三月，隋遷于新都。隋減調役，弛酒、鹽禁。○隋詔求遺書。○夏，四月，吐谷渾寇隋臨洮。**考證** 「寇」當作「入」。○隋遣元帥衛王爽伐突厥，大破之。○陳郢州叛降隋，隋主弗納。○隋命左、右僕射分判六部。○五月，隋總管竇榮定與突厥戰于凉州，突厥請盟而還。○六月，突厥寇幽州，隋總管李崇戰死。**考證** 「寇」當作「入隋」。○秋，八月朔，日食。○陳以長沙王叔堅爲司空。○冬，十一月，隋罷郡爲州。○十二月，陳司空長沙王叔堅免。○隋更定律，置博士。○隋沿河置倉，運粟以給長安。○隋杞州刺史和干子免。

〔一〕《四庫》本原作「隨開皇元年」，據上下文及蜀藩本改。

資治通鑑綱目考證卷三十六

起甲辰陳後主至德二年、隋文帝開皇四年，盡丁卯隋煬帝大業三年，凡二十七年。

甲辰　陳至德二年，隋開皇四年。春，正月朔，日食。○梁主入朝于隋。○隋頒《甲子元曆》。○二月，突厥達頭可汗降隋。○夏，四月，隋伐吐谷渾，敗之。○五月，陳以江總爲僕射。○六月，隋作廣通渠〔一〕。○秋，八月，陳將軍夏侯苗叛降于隋，隋主弗納。○九月，隋詔公私文翰并宜實録。○隋與突厥和親。○冬，十一月，隋遣使如陳。○陳起臨春、結綺、望仙閣。

乙巳　陳至德三年，隋開皇五年。春，正月朔，日食。○隋頒五禮。○夏，五月，隋初置義倉，貌閲户口，作輸籍法。○梁主巋殂，太子琮立。○秋，八月，突厥可汗遣子入朝於隋。○陳主殺其中書通事舍人傅縡。○隋復置江陵總管。○隋築長城。

丙午　陳至德四年，隋開皇六年，梁後主琮廣運元年。春，正月，党項羌請降于隋。○隋頒曆於突厥。○二月，隋制刺史上佐每歲入朝考課。○秋，閏八月，隋殺其上柱國梁士彦、宇文忻、劉昉。○冬，十月，隋以

〔一〕　蜀藩本脱「通」字。

楊尚希爲禮部尚書。○隋以秦王俊爲山南行臺尚書令。○陳以江總爲尚書令。○吐谷渾太子訶請降于隋，隋主弗納。

丁未　陳禎明元年，隋開皇七年。是歲，梁亡，凡二國。春，正月，隋制諸州歲貢士三人。○二月，隋開揚州山陽瀆。○突厥沙鉢略可汗死，弟莫何可汗處羅侯立。○夏，五月朔，日食。○秋，九月，隋滅梁，以其主蕭琮爲莒公。**考證**「以」當作「廢」。○冬，十一月，隋主如馮翊，祠故社。○陳臨平湖開。○陳主殺其大市令章華。

戊申　陳禎明二年，隋開皇八年。春，三月，隋下詔伐陳。○夏，五月，陳主廢其太子胤，立子深爲太子。○冬，十月，隋以晉王廣爲淮南行省尚書令、行軍元帥，帥師伐陳。○突厥莫何可汗死，兄子頡伽施多那都藍可汗立。○吐谷渾裨王莫彌[一]降隋。

己酉[二]　隋高祖文皇帝開皇九年，春，正月，總管賀若弼、韓擒虎進軍滅陳，獲其主叔寶。○晉王廣入建康，誅陳都督施文慶等五人。○以許善心爲散騎常侍。○陳水軍都督周羅睺降。○遣使巡撫陳地州郡。○二月，置鄉正、里長。○將軍宇文述拔吳、東揚州，執其刺史蕭巖、蕭瓛以歸，殺之。○陳湘州刺史

[一] 蜀藩本作「木彌」。
[二] 蜀藩本脱「己酉」二字。

陳叔慎起兵長沙，敗死。○陳馮魂以嶺南降，陳地悉平。○夏，四月，晉王廣班師，俘陳叔寶至京師，獻于太廟。論功行賞有差。○復故陳境十年，餘州一年。○投陳孔範等於邊裔。○以陳江總、袁憲等爲開府儀同三司。○詔除毁兵仗。○殺樂安公元諧。○閏月，以蘇威爲僕射，楊素爲納言。○秋，七月，群臣請封禪，不許。○八月，以王雄爲司空。○冬，十二月，詔定雅樂。○以辛公義爲岷州刺史。

庚戌十年，春，二月，以李德林爲湖州刺史。○以柳莊爲饒州刺史。○殺楚州參軍李君才於殿内。○夏，五月，詔軍人悉屬州縣。○六月，制民年五十免役收庸。○秋，七月，以楊素爲内史令。○冬，十一月，江南亂，以楊素爲行軍總管討平之。○番禺夷反，遣給事郎裴矩討平之。以馮盎爲高州刺史，冼氏爲譙國夫人。

辛亥十一年，春，二月，吐谷渾可汗夸吕死，子世伏立。○以劉曠爲莒州刺史。○是月晦，日食。○秋，八月，殺滕王瓚。

壬子十二年，秋，七月，蘇威以開府就第，尚書盧愷除名。○是月晦，日食。○八月，制諸州死刑悉移大理奏裁。○冬，十月，新義公韓擒虎卒。○十二月，以楊素爲僕射，與高熲專掌朝政。領軍大將軍賀若弼除名。○詔免河北、河東功、調，減田租。○遣使均田。

癸丑〔一〕十三年，春，二月，作仁壽宫。○禁藏讖緯。○秋，七月晦，日食。○詔議明堂制度。○突厥突利可汗請昏，許之。

甲寅十四年，夏，四月，行新樂。○六月，始給公卿以下職田。○秋，七月，以蘇威爲納言。○詔直太史劉孝孫等定曆，已而罷之。○關中旱，饑。八月，帝如洛陽。○冬，閏十月，詔高仁英、蕭琮、陳叔寶修其宗祀，官給器物。○齊州刺史盧賁有罪除名。○散騎侍郎王劭上《皇隋靈感志》。

乙卯十五年，春，正月，帝東巡，祀天于泰山。○二月，收天下兵器。○三月，還宫。○仁壽宫成，以封德彝爲内史舍人。○夏，六月，鑿底柱。○焚相州所貢綾文布於朝堂。○秋，七月，納言蘇威免，尋復其位。○冬，十月，以韋世康爲荆州總管。○十二月，敕盜邊糧升以上皆斬。○詔文武官以四考受代。○賜汴州刺史令狐熙帛三百匹。

丙辰十六年，夏，六月，初制工商不得仕進。○秋，八月，詔死罪三奏，然後行刑。○以光化公主妻吐谷渾。

丁巳十七年，春，二月，遣太平公史萬歲討南寧羌，平之。○桂州亂，遣軍討平之。以令狐熙爲總管。○

〔一〕蜀藩本脱「癸丑」二字。

三月，詔諸司論屬官罪，聽律外決杖。○上柱國劉昶子居士有罪，伏誅。○夏，四月，頒新曆。○秋，七月，桂州亂，遣將軍虞慶則討平之。○并州總管秦王俊有罪免。○以安義公主妻突厥突利可汗。○冬，欽州刺史甯長真來朝。○十二月，殺魯公虞慶則。○高麗王湯卒。○吐谷渾弑其可汗世伏。

戊午[一]十八年，春，二月，高麗寇遼西，遣漢王諒將兵討之。**考證**「討」當作「伐」。謹按：唐太宗與侍臣言，帝王之業，守成難於草創，豈不信然？隋文帝平陳并天下，南北七代之運分裂而始合，三光五嶽之氣否塞而始通，可謂建非常之功，成非常之業矣。曾未十年，復事高麗之役，且高麗僻在遼海之外，不可以中國治治之，隋人用兵不利，蓋始於此。人心自是而失，天下自是而亂，守成之難於此，尤可驗也。《凡例》曰：用兵於夷狄，曰伐。[二]故當於高麗曰「伐之」。○夏，五月，禁畜猫鬼、蠱毒、厭魅野道者。○秋，九月，罷漢王諒兵。○冬，十二月，置行宮十二所。○南寧夷爨翫反。太平公史萬歲以罪除名。

己未十九年，春，二月，遣楊素等分道伐突厥都藍可汗。未至，都藍擊突利可汗，敗之。夏，四月，突利來奔，諸軍遂破都藍及達頭部。○六月，殺宜陽公王世積。○秋，八月，除左僕射高熲名。○九月，以牛弘爲吏部尚書。○冬，十月，以突厥突利爲啓民可汗，妻以義成公主，處之朔州。○十二月，突厥弑其都藍可汗雍虞閭。

[一] 蜀藩本脱「戊午」二字。

[二] 與原文略異，原文爲「凡正統用兵……於夷狄，若非其臣子者，曰伐，曰攻，曰擊。」

庚申二十年，春，二月，賀若弼坐事下獄，赦出之。○夏，四月，突厥達頭可汗犯塞，詔晋王廣等擊却之。○六月，秦王俊卒，國除。○冬，十月，廢太子勇爲庶人。○殺太平公史萬歲。○十一月，立晋王廣爲皇太子。是日，天下地震。○禁毁佛、天尊及神像。○徵同州刺史蔡王智積入朝。○以王伽爲雍令。

辛酉仁壽元年，春，正月，改元。○以蘇威爲僕射。○二月朔，日食。○夏，五月，突厥九萬口来降。○六月，遣十六使巡省風俗。○廢太學及州縣學[一]，改國子爲太學。○冬，十一月，祀南郊。○以衛文昇爲遂州總管。○以馮盎爲漢陽太守。

壬戌二年，春，三月，突厥入寇，楊素擊破走之。○秋，七月，以韋雲起爲通事舍人。○徵蜀王秀還京師。○八月，皇后獨孤氏崩。○冬，十月，以楊達爲納言。閏月，詔修定五禮。○葬獻皇后。**考證** 温公《書儀》：「隋煬帝爲太子，居文獻皇后喪」，據此，「獻」上當有「文」字，疑漏。○十二月，廢蜀王秀爲庶人。除治書侍御史柳彧名，配懷遠鎮。○詔楊素三五日一入省論大事。○交州俚帥作亂，遣總管劉方討降之。

癸亥三年，秋，八月，幽州總管燕榮有罪，誅。○九月，置常平官。○龍門王通獻策，不報。○突厥啓民可汗歸國。

[一] 蜀藩本脱「學」字，作「州縣」。

甲子 四年，春，正月，帝如仁壽宮。○秋，七月，太子廣弑帝于大寶殿而自立；遂殺故太子勇，流尚書柳述、侍郎元巖于嶺南。○貶許善心爲給事中。○并州總管漢王諒起兵晋陽。遣楊素擊虜以歸，殺之。○冬，十月，葬泰陵。○除婦人及奴婢、部曲之課，令男子二十二成丁。○十一月，帝如洛陽。○塹龍門，達上洛，以置關防。○陳叔寶卒。○以洛陽爲東京。

乙丑 煬帝大業元年，春，正月，立皇后蕭氏。○廢諸州總管府。○立晋王昭爲皇太子。○遣劉方擊林邑。○二月，以楊素爲尚書令。○詔天下公除。○三月，命楊素營東京宫室。○開通濟渠引汴水，開邗溝，置離宫，造龍舟。○夏，四月，劉方大破林邑。還，卒于師。○五月，築西苑。○秋，七月，廢滕王綸、衛王集，徙之邊郡。○八月，帝如江都。○契丹寇營州。遣謁者韋雲起以突厥兵討平之。○鐵勒叛西突厥，自立爲莫何可汗。

丙寅 二年，春，正月，并省州縣。○二月，新作輿服、儀衛。○夏，四月，還東京。○六月，以楊素爲司徒。○秋，七月，制百官不得計考增級。○太子昭卒。○始建進士科。○楊素卒。○八月，封孫倓爲燕王，侗爲越王，侑爲代王。○冬，十月，置洛口、回洛倉。○徵天下散樂。

丁卯 三年，春，正月，突厥啓民可汗来朝。○三月，殺故長寧王儼及其弟七人。○夏，四月，詔頒新律。

○改州爲郡。○更定官制。○六月，詔爲高祖建别廟。○帝北巡，次榆林郡。啓民可汗及義成公主来朝，吐谷渾、高昌皆入貢。○秋，七月，築長城。○殺太常卿高熲、尚書宇文弢、光禄大夫賀若弼。○免内史令蕭琮、僕射蘇威官。○八月，帝至金河，幸啓民可汗帳。○還至太原，營晋陽宫。○宴御史大夫張衡宅。○遂還東都。○以楊文思爲納言。○冬，以裴矩爲黄門侍郎，經略西域。

資治通鑑綱目考證卷三十七

起戊辰隋煬帝大業四年，盡戊寅七月，凡十年有奇。

戊辰四年，春，正月，開永濟渠。○以元壽爲内史令。○二月，西突厥入貢。○三月，倭國入貢。○帝如五原，遂巡長城。○夏，四月，營汾陽宫。○齊王長史柳謇之有罪，除名。○置城造屋於萬壽戍，以處突厥啓民可汗。○秋，七月，復築長城。○裴矩以鐵勒擊吐谷渾，大破之。○九月，徵天下鷹師。○冬，十月，赤土入貢。○遣將軍薛世雄擊伊吾，降之。

己巳五年，春，正月，改東京爲東都。○詔均天下田。○禁民間兵器。○三月，帝巡河右。夏，四月，遣兵擊吐谷渾，不克。西域諸國來朝，獻地。置西海等郡。○冬，十一月，還東都。○以裴藴爲御史大夫。○突厥啓民可汗死，立其子咄吉爲始畢可汗。○殺司隸大夫薛道衡。

庚午六年，春，正月，盜入建國門。○諸蕃來朝，陳百戲於端門以示之。○遣兵攻流求，殺其王，虜其衆以歸。○詔自今非有功者不賜爵。○以散樂配太常。○三月，帝如江都。○除榆林太守張衡名，以王世充領江都宫監。○冬，十二月，文安侯牛弘卒。○穿江南河。○詔百官戎服從駕。○徵高麗王元入朝，不至。

辛未 七年，春，二月，帝自將擊高麗。夏，四月，至臨朔宫，徵天下兵會涿郡。○山東、河南大水。○冬，十月，底柱崩。○西突厥酋長射匱逐處羅可汗。處羅來朝。○王薄、張金稱、高士達、竇建德等兵起。

壬申 八年，春，正月，分西突厥爲三部。○道士潘誕伏誅。○遣諸軍分道擊高麗。○内史令元壽卒。○三月，左候衛大將軍段文振卒於師。○諸軍渡遼水，擊敗高麗兵，遂圍遼東。○夏，五月，納言楊達卒。○六月，帝至遼東，攻城，不克。○將軍來護兒以水軍攻平壤，敗績。○秋，七月，將軍宇文述等九軍大敗於薩水而還。○九月，帝還東都。慰撫使劉士龍伏誅，諸將皆除名。○山東大旱。○殺張衡。

癸酉 九年，春，正月，徵天下兵集涿郡，始募民爲驍果。○靈武白瑜娑兵起。○命代王侑留守西京。○二月，復宇文述官爵。○三月，濟陰孟海公起兵據周橋。○帝復自將擊高麗，命越王侗留守東都。○齊郡丞張須陀擊王薄等，破之。○夏，四月，帝度遼水，遣諸將擊高麗。○六月，楚公楊玄感起兵黎陽，圍東都。○帝引軍還，遣宇文述、來護兒等擊楊玄感。○秋，七月，餘杭劉元進兵起。○楊玄感引兵趣潼關。八月，宇文述等追之，玄感敗死。○以唐公李淵爲弘化留守。○吴郡〔一〕朱燮、晉陵管崇兵起。○殺楊玄感黨與三萬餘人。○冬，十月，遣將軍吐萬緒擊劉元進。○十一月，將軍馮孝慈擊張金稱，敗死。○十二月，内史舍人韋福嗣等伏誅。○唐縣扶風妖人作亂，討平之。○吐萬緒擊劉元進，破之，

〔一〕蜀藩本誤作「吾郡」。

管崇敗死。詔徵緒還，遣王世充代將。元進、朱燮皆敗死。○杜伏威起兵，掠江、淮。

甲戌十年，春，二月，徵天下兵伐高麗。三月，帝如涿郡。秋，七月，次懷遠鎮。高麗遣使請降。○冬，十月，還西京。○十一月，祀南郊，大風。○離石胡劉苗王兵起。○汲郡王德仁起兵據林慮山。○十二月，帝如東都，殺太史令庾質。○齊郡孟讓兵掠盱眙，王世充擊破之。○以張須陁爲河南討捕大使。

乙亥十一年，春，正月，增秘書省官百二十員。○二月，詔村塢皆築城。○上谷王須拔、魏刀兒兵起。○殺郕公李渾，夷其族。○孔雀集朝堂，百官稱賀。○夏，四月，帝如汾陽宮。○以李淵爲山西、河東撫慰大使。○秋，八月，帝巡北邊。突厥始畢可汗入寇，帝入雁門，始畢圍之。九月，乃解。○冬，十月，帝還東都。○詔江都更造龍舟。○東海李子通據海陵。○城父朱粲兵起。○十二月，李淵擊敬盤陁等，降之。

丙子十二年，楚帝林士弘太平元年。春，正月，分遣使者發兵擊諸起兵者。○作毘陵宮。○三月，宴群臣於西苑。○張金稱擊破平恩等郡。○夏，四月，大業殿火。○魏刀兒將甄翟兒攻太原，將軍潘長文戰死。○五月朔，日食，既。○除納言蘇威名。○秋，七月，帝如江都，命越王侗留守。殺諫者任宗、崔民象、王愛仁。○遣光禄大夫陳稜擊李子通等，敗之。○冬，十月，許公宇文述卒。○翟讓、李密起兵，攻滎陽。張須陁擊之，敗死。○十二月，鄱陽林士弘稱楚帝，據江南。○以李淵爲太原留守，擊甄翟兒，破之。○蔡王智積卒。○太僕楊義臣擊張金稱、高士達，斬之。竇建德收其衆，取饒陽。詔罷義臣兵。○帝至江都。○遣江都通守王世充擊河間格謙，斬之。謙黨高開道收其衆，掠燕地。○虎賁郎將羅藝起兵涿郡。○詔李淵擊突厥。

丁丑　十三年，恭帝侑義寧元年，長樂王竇建德丁丑元、魏公李密元、定楊可汗劉武周天興元、梁王梁師都永隆元、秦主薛舉秦興元、梁王蕭銑鳴鳳元。是歲，并楚，凡八國。春，正月，陳稜討杜伏威，敗績。伏威遂據歷陽。○竇建德稱長樂王。○魯郡徐圓朗兵起。○盧明月掠河南，遣王世充擊斬之。○二月，馬邑校尉劉武周、朔方郎將梁師都各據郡起兵。○翟讓、李密據興洛倉，擊敗東都兵。讓推密稱魏公，略取河南諸郡。○三月，突厥立劉武周爲定楊可汗，取樓煩、定襄、雁門諸郡。○梁師都取雕陰、弘化、延安等郡，自稱梁帝，引突厥寇邊。○流人郭子和起兵榆林，突厥以爲屋利設。○夏，四月，金城校尉薛舉起兵隴西，自稱西秦霸王。○河南討捕使裴仁基以虎牢降李密。密攻東都，入其郛。○五月，李淵起兵太原，殺副留守王威、高君雅。○東都遣兵擊李密，大破之，密退屯洛口。○六月，李淵遣使如突厥。○李淵遣世子建成及世民擊西河郡，拔之，斬郡丞高德儒。○李淵自稱大將軍，開府置官屬。○李密復取回洛倉。○突厥遣使至太原，李淵遣劉文静報之。○秋，七月，李淵引兵至霍邑，代王侑遣郎將宋老生、將軍屈突通將兵拒之。○武威司馬李軌起兵河西，自稱涼王。○薛舉自稱秦帝，徙據天水[一]。○涿郡留守薛世雄擊李密，竇建德襲破之，遂圍河間。○八月，李淵與宋老生戰，斬之，遂取霍邑。

[一] 蜀藩本作「徙居天水」。

○李淵克臨汾、絳郡。劉文静以突厥兵至，遂下韓城。○九月，以江都婦女配將士。○武陽郡降李密。○李密遣徐世勣取黎陽倉。○馮翊太守蕭造降於李淵。淵留兵圍河東，自引軍西。○王世充救東都，合擊李密於洛口。○李淵濟河，遣建成守潼關，世民徇渭北。○柴紹妻李氏及李神通、段綸各起兵以應李淵。關中群盜悉降於淵。○冬，十月，李淵合諸軍圍長安。○蕭銑起兵巴陵，自稱梁王。○王世充及李密戰於洛北，敗績。○十一月，李淵克長安，殺留守官陰世師等十餘人。○王世充與李密戰於石子河，敗績。○李密誘翟讓殺之。○李淵立代王侑爲皇帝，尊帝爲太上皇。○淵自爲大丞相，封唐王，以建成爲唐王世子，世民爲秦公，元吉爲齊公。○滎陽郡降李密。○十二月，唐王淵追謚其大父爲景王，考爲元王，夫人竇氏爲穆妃。○薛舉侵扶風，唐王淵遣秦公世民擊敗之。○河池太守蕭瑀以郡降唐。○唐王淵遣李孝恭、張道源招慰山南、山東諸州，下之。○屈突通降唐。唐遣通招河東通守堯君素，不下。○王世充襲李密，敗績。○唐劉文静取弘農。○唐王淵遣使徇巴、蜀，下之。○蕭銑取豫章，林士弘退保餘干。

戊寅　隋恭帝侑義寧二年、恭帝侗皇泰元年、唐高祖神堯皇帝〔一〕李淵武德元年、夏王竇建德五鳳元、凉王李軌安樂元、楚王朱粲昌達元年。是歲，并楚士弘、魏、定楊、梁師都、秦、梁銑，凡十二國，隋煬帝廣、恭帝侑、秦、魏亡。春，正月，唐王淵自加殊禮。○魏公密敗隋王世充於洛北。○唐遣世子建成、秦公世民救東都，以齊公元吉

〔一〕《四庫》本原作「仁堯皇帝」，據蜀藩本改。

爲太原道行軍元帥。○三月，隋宇文化及弑其君廣於江都，立秦王浩。○唐王淵自爲相國，加九錫。○宇文化及發江都。○隋吴興太守沈法興起兵，據江表十餘郡。○夏，四月，唐世子建成等還長安。○宇文化及至彭城，魏公密拒之。化及引兵入東郡。○梁王銑稱皇帝。○五月，唐王淵稱皇帝。○唐罷郡置州，以太守爲刺史。○隋越王侗稱皇帝。○突厥遣使如唐。○唐定律令，置學校。○六月，唐以秦公世民[一]爲尚書令，裴寂爲右僕射、知政事，劉文静爲納言，竇威、蕭瑀爲内史令。○唐立四親廟。○唐立世子建成爲皇太子，世民爲秦王，元吉爲齊王。**考證**「立世子」當作「更世子」，「皇太子」當去「皇」字。謹按：《凡例》曰：「立太子……非正統則不書。因事[二]特書者，去皇號。」是年，天下凡十二國，唐雖稱帝，無統之時也。特書以備唐事而已，故當去「皇」號。後立太宗時[三]，已并天下，得正統，故書「皇太子」，非抑此而尊彼也。○秦主舉侵唐涇州。○唐以永安王孝基爲陝州總管。○唐廢隋帝侑爲酅國公，而選用其宗室。○唐以孫伏伽爲治書侍御史。○唐竇威卒，以竇抗、陳叔達爲納言。○魏公密敗宇文化及於黎陽，奉表降隋。○秋，七月，唐秦王世民與秦主舉戰於高墌，敗績。○隋王世充殺元文都，隋主以世充爲僕射。魏公密如東都，不至而復。○唐詔廢隋離宫。○長樂王建德定都樂壽。

[一] 蜀藩本誤作「趙公世民」。
[二] 《四庫》本原作「因奉」，據《凡例》原文改。
[三] 《四庫》本原作「後立太宗事」，據蜀藩本改。

資治通鑑綱目考證卷三十八

起戊寅隋恭帝皇泰元年八月、唐高祖武德元年八月，盡甲申唐高祖武德七年，凡六年有奇。

八月，秦主舉卒，子仁杲立。○唐立李軌爲凉王。○唐遣秦王世民伐秦。隋人葬煬帝於江都。○魏公密與隋戰，大敗，遂以其衆降唐。○秦圍涇州，唐兵敗績，守將劉感死之。○唐遣使如突厥，突厥遣使報之。○唐行《戊寅曆》。○隋宇文化及弑秦王浩，自稱許帝。○冬，十月朔，日食。○唐以李密爲光禄卿、邢國公。○唐以淮安王神通爲山東安撫大使。○朱粲自稱楚帝，取唐鄧州，刺史吕子臧死之。○隋以王世充爲太尉。○唐以李襲譽爲太府少卿。○唐納言竇抗罷。○十一月，凉王軌稱帝。○唐秦王世民破秦兵，圍折墌。秦主仁杲出降。○徐世勣降唐，賜姓李氏。○唐斬薛仁杲於市。○唐遣李密收撫山東。○夏王建德取深、冀、易、定等州。○唐以秦王世民爲陝東大行臺。○唐殺隋河東守將堯君素。○唐以羅藝爲幽州總管，擊夏兵敗之。○唐以西突厥曷娑那可汗爲歸義王。○唐李密叛，行軍總管盛彦師討斬之。○高開道據漁陽，自稱燕王。○唐以李素立爲侍御史。○唐以舞胡安叱奴爲散騎侍郎。○凉大饑。

己卯 隋恭帝侗皇泰二年、唐武德二年。鄭王王世充開明元、梁王沈法興延康元、吴王李子通明政元年。是歲，隋、凉、楚粲亡，并楚、夏、定楊、梁師都、梁銑，凡九國。春，正月，隋王世充殺總管劉孝元、獨孤武都。○唐淮安王神通擊宇文化及於魏縣，走之。○淮安楊士林擊破朱粲，唐以爲顯州行臺。○二月，唐定租庸調法。○○唐置宗師。○唐使吐谷渾伐涼。○朱粲降唐，以爲楚王。○夏王建德破宇文化及於聊城，誅之。○唐以宇文士及爲上儀同，封德彝爲內史侍郎。○隋王世充侵唐穀州。○唐并州總管、齊王元吉免，尋復本任。○唐以楊恭仁爲涼州總管。○突厥始畢可汗死，弟處羅可汗立。○隋東海、北海、東平、須昌、淮南諸郡皆降于唐。○隋王世充自稱鄭王，加九錫。○唐以鄭善果爲內史侍郎。○夏，四月，定楊可汗武周擊唐并州，取榆次。○楚王朱粲殺唐使者，奔東都。○鄭王世充稱帝。○夏王建德立楊政道爲鄖公。○定楊可汗武周圍唐并州，齊王元吉拒却之。鄭主世充取唐伊州，總管張善相死之。○唐遣安興貴襲執涼主軌以歸，殺之，河西平。○五月，鄭主世充弒隋主侗。○六月，定楊將宋金剛擊唐并州，唐以裴寂爲總管拒之。○秋，七月，唐置十二軍。○唐以徐圓朗[一]爲兖州總管。○鄭將羅士信降唐。○鄭人侵唐穀州，刺史任瓌大破之。○西突厥、高昌遣使入貢于唐。○八月，唐酅公薨。**考證**「薨」當作「卒」。謹按：《凡例》曰：「失尊曰卒。」注云：「如周赧、漢獻之類。」隋恭[二]爲酅公，則亦曹奐之類矣，故亦當書「卒」。○夏王建德取唐邢、滄、洺、相州。○梁王師都以突厥寇延州，唐總管段德操擊破之。

[一]《四庫》本原作「徐圖朗」，據蜀藩本改。
[二]《四庫》本原作「隋公」，據蜀藩本改，指隋恭帝楊侑。

○梁主銑遣兵侵唐峽州，刺史許紹擊破之。○唐殺其民部尚書劉文静。○沈法興稱梁王於毘陵，李子通稱吴帝於江都。○杜伏威降唐，唐以爲和州總管。○唐裴寂軍潰，定楊可汗武周取并州，齊王元吉奔長安。○唐殺西突厥曷娑那。○唐以李綱爲太子少保。○夏王建德取唐趙州。○冬，唐賜羅藝姓李氏，藝破夏兵於衡水。○定楊将宋金剛取澮州，唐遣秦王世民擊之。○夏王建德克唐黎陽，虜淮安王神通，李世勣降。遂定衛、滑、齊、兖等州。○鄭主世充徇地至滑臺，唐汴、亳州降之。○唐以夏侯端爲秘書監。○十一月，唐秦王世民擊宋金剛，屯柏壁。○夏人克鄭新鄉，虜其將劉黑闥。

庚辰 唐武德三年。是歲，并楚、夏、定楊、梁師都、梁銑、鄭、梁法興、吴，凡九國。定楊、梁法興亡。春，正月，唐克蒲反，隋守將王行本降。○李世勣復歸于唐。○定楊取唐長子、壺關。○唐工部尚書獨孤懷恩謀反，伏誅。○突厥立楊政道爲隋主。○二月，唐改官名。○唐以封德彝爲中書令。○夏，四月，唐秦王世民擊宋金剛，破之。定楊可汗武周及金剛皆走死。○五月，夏人侵唐幽州，不克。○唐立老子廟。○六月，顯州人殺唐行臺楊士林，以降于鄭。○秋，七月，唐遣秦王世民督諸軍伐鄭。○九月，鄭顯州總管田瓚以二十五州降唐。○唐攻鄭轘轅，拔之。○鄭濮州降唐。○冬，十月，夏王建德圍幽州，高開道遣使降唐。○鄭管、滎、汴州降唐。○突厥處羅可汗死，弟頡利可汗咄苾立。○鄭遣使如夏乞師。○十二月，鄭許、亳等十一州降唐。○唐峽州兵伐梁，拔荆門鎮。○吴主子通敗梁兵，取京口。杜伏威擊之，子通敗走。襲梁，梁王法興走死。

辛巳唐武德四年。是歲，夏、鄭、梁銑、吴亡，并楚、梁師都，凡三國。春，正月，唐黔州兵攻梁，拔其五州、四鎮。○唐秦王世民擊鄭，鄭主世充與戰，敗走。○二月，唐以趙郡王孝恭爲夔州總管，李靖爲行軍總管。○唐秦王世民敗鄭主世充於穀水，進圍洛陽。○夏王建德虜孟海公。○三月，唐襲夏鄴城。○突厥寇汾陰。**考證**「寇」當作「侵」。○夏王建德將兵救鄭。夏，五月，唐秦王世民大破擒之。鄭主世充降。○秋，七月，唐以蘇世長爲諫議大夫。○唐秦王世民至長安，獻俘太廟。赦王世充，斬竇建德。○唐初行開元通寶錢。○竇建德故將劉黑闥起兵漳南。○八月朔，日食。○劉黑闥據鄃縣，唐遣兵擊之。○唐徐圓朗舉兵應劉黑闥。○唐括户口。○唐蠲太常樂工爲民。○唐淮安王神通擊劉黑闥，敗績。○冬，十月，唐以秦王世民爲天策上將。○唐遣趙郡王孝恭、李靖伐梁，梁主銑降。○十一月，唐杜伏威擊李子通，執送長安。○劉黑闥取唐定州，總管李玄通[一]死之。○高開道叛唐，自稱燕王。○十二月，唐命秦王世民、齊王元吉擊劉黑闥。

壬午唐武德五年[二]、東王劉黑闥天造元年。是歲，楚亡，并梁，凡三國。春，正月，劉黑闥自稱漢東王。○三月，突厥遣使如唐。○唐秦王世民破劉黑闥於洺水，黑闥奔突厥。○夏，六月，劉黑闥引突厥寇山東，又寇定州。**考證**「寇」皆當作「入」。○秋，七月，唐秦王世民擊徐圓朗。杜伏威入朝于唐。○李子通叛唐，

[一]《四庫》本原避清聖祖諱，作「李元通」，據蜀藩本改。

[二] 蜀藩本誤作「唐武德三年」。

伏誅。○隋漢陽太守馮盎降唐。○八月，突厥寇并州，唐遣鄭元璹如師，頡利引兵還。○冬，十月，唐遣齊王元吉擊劉黑闥。淮陽王道玄與黑闥戰，敗没。○楚王林士弘卒，其衆遂散。○十一月，唐遣太子建成擊劉黑闥。○唐封宗室道宗爲任城王。○十二月，唐魏州總管田留安擊劉黑闥，破之。○唐太子建成兵至昌樂，劉黑闥亡走。

癸未 唐武德六年。是歲，漢東亡，并梁，凡三國。春，正月，漢東將諸葛德威執其君黑闥降唐，唐斬之。○二月，唐平陽公主薨。○徐圓朗走死，其地皆入于唐。○林邑遣使入貢于唐。○幽州總管李藝入朝于唐。○唐廢參旗等十二軍。○三月，梁將賀遂索同以十二州降唐。○唐前洪州總管張善安反。○夏，唐以裴寂、蕭瑀爲僕射，楊恭仁、封德彝爲中書令。○高開道寇唐幽州，敗走。**考證**「寇」當作「入」。○六月，苑君璋奔突厥，高滿政以馬邑降唐。○唐岐州刺史柴紹擊吐谷渾，敗之。○秋，八月[一]，唐淮南道行臺僕射輔公祏反。○冬，十月，唐殺其崞城總管劉世讓。○唐朔州殺其總管高滿政，降突厥。○唐置屯田於并州。○十二月，唐安撫使李大亮討張善安，執之。

甲申 唐高祖神堯皇帝武德七年。○春，正月，置大中正。○二月，封高麗王建武爲遼東王。○置州、縣、鄉學。○帝詣國子學，釋奠于先聖、先師。○改大總管府爲大都督府。○高開道爲其下所殺。詔以其

[一]《四庫》本原作「七月」，據蜀藩本改。按：《資治通鑑・唐紀六》載：「（武德六年）八月……壬子，淮南道行臺僕射輔公祏反。」《舊唐書・高祖本紀》載：「（武德六年）八月壬子，東南道行臺僕射輔公祏據丹陽反，僭稱宋王。」故當作「八月」。

地爲嫣州。○吴王杜伏威卒。○三月，初定官制。○趙郡王孝恭克丹陽，斬輔公祏。○夏，四月，頒新律令。○初定均田、租庸調法。○六月，慶州都督楊文幹反，遣秦王世民討平之。○秋，閏七月，突厥入寇，遣秦王世民將兵禦之。○命韋仁壽檢校南寧州都督。○八月，突厥受盟而還。○冬，十一月，以裴矩權侍中。

資治通鑑綱目考證卷三十九

起乙酉唐高祖武德八年，盡庚子唐太宗貞觀十四年，凡十六年。

乙酉八年，春，正月，以張鎮周爲舒州都督。○詔許突厥、吐谷渾互市。○夏，四月，西突厥遣使請昏，許之。○復置十二軍。○秋，七月，突厥寇邊。詔右衛大将軍張瑾禦之，敗績。○九月，令太府檢校諸州權量。○冬，十一月，裴矩罷，以宇文士及權侍中。○加秦王世民中書令，齊王元吉侍中。

丙戌九年，春，正月，詔太常少卿祖孝孫定雅樂。○以裴寂爲司空。○二月，以齊王元吉爲司徒。○初令州縣、里閈各祀社稷。○夏，沙汰僧道。○六月，太白經天。秦王世民殺太子建成、齊王元吉。立世民爲皇太子，決軍國事。○罷沙汰僧道。○以魏徵、王珪爲諫議大夫。○帝自稱太上皇。○廬江王瑗反幽州，将軍王君廓殺之。○秋，七月，以高士廉爲侍中，房玄齡、宇文士及爲中書令，蕭瑀、封德彝爲僕射。○遣魏徵宣慰山東。○八月，太子即位。**考證**當作「太子世民即位」。○謹按：《凡例》曰：「凡正統繼世，曰太子某即位。」注云：「漢惠帝以下用此例。古禮已廢，從本文也。」今《綱目》諸本，自唐以後，太子即位皆不書名，故當補正。後倣此。○放宮女三千餘人。○立妃長孫氏爲皇后。○突厥入寇，至便橋，帝出禦之，突厥請盟而退。○九月，引諸衛将卒習射於顯德殿。○定勛臣爵邑。○禁淫祀雜占。○置弘文館。○冬，十月朔，日食。○詔追封故太子爲息隱王，齊王爲海陵刺王，改葬之。○立子承乾爲皇太子。○蕭瑀免。○詔民遭突厥暴踐者，計口給絹。○十一月，降宗室郡王爲縣公。○十二月，益州獠反。○遣使點兵。○以張玄素爲侍御史。○以張蘊古爲大理丞。

丁亥　太宗文武皇帝貞觀元年，春，正月，宴群臣。○制諫官隨宰相入閣議事。○更定律令。○以戴胄爲大理少卿。○燕郡王李藝反，涇州統軍楊岌討殺之。○二月，分天下爲十道。○三月，皇后帥内外命婦親蠶。○閏月朔，日食。○命京官五品以上更宿中書内省。○夏，五月，苑君璋降。○六月，封德彝卒。○以蕭瑀爲左僕射。○山東旱，詔所在賑恤，蠲其租賦。○秋，七月，以長孫無忌爲右僕射。○高士廉罷。○九月朔，日食。○宇文士及罷，御史大夫杜淹参預朝政[一]。○冬，十月，嶺南酋長馮盎遣子入朝。○十二月，蕭瑀免。○詔殿中侍御史崔仁師按獄青州。○以孫伏伽爲諫議大夫。○命吏部四時選集，并省吏員。○徵隋秘書監劉子翼，不至。○以李乾祐爲侍御史。○鴻臚卿鄭元璹還自突厥。

戊子　二年，春，正月，長孫無忌罷。○置六司侍郎，左、右司郎中。○三月朔，日食。○詔自今大辟，并令兩省四品及尚書議之。○關内旱，饑。赦天下。○夏，四月，詔收瘞隋末暴骸。○突厥突利可汗請入朝。○遣右衛大將軍柴紹等討梁師都，其下殺之以降。以其地爲夏州。○六月，祖孝孫奏《唐雅

[一] 蜀藩本作「參預政事」。

樂》。○畿内蝗。○裴虔通除名，流驩州。○秋，九月，令致仕官位在本品之上。○詔非大瑞不得表聞。○出宫女三千餘人。○冬，十月，杜淹卒。○殺瀛州刺史盧祖尚。○十一月，以王珪爲侍中。○詔舉堪縣令者。○詔自今奴告主者斬之。○遣使立薛延陀夷男爲真珠可汗。

己丑 三年，春，正月，耕籍東郊。○裴寂卒。○二月[一]，以房玄齡、杜如晦爲僕射，魏徵守秘書監，參預朝政。○夏，四月，上皇徙居大安宫。○六月，以馬周爲監察御史。○秋，八月朔，日食。○冬，十一月，以荀悦《漢紀》賜涼州都督李大亮。○以李靖爲定襄道行軍總管，統諸軍討突厥。○十二月，突厥突利可汗入朝。○杜如晦罷。○閏月，蠻酋謝元深等来朝。○濮州刺史龐相壽有罪免。

庚寅 四年，春，二月，李靖襲破突厥於陰山，頡利可汗遁走。○以温彦博爲中書令，戴胄參預朝政，蕭瑀參議朝政。○三月，四夷君長詣闕，請帝爲天可汗，許之。○蔡公杜如晦卒。**考證**當分注「謚曰襄」。○謹按：《凡例》曰：「凡宰相，悉書。賢者，曰某官某爵姓名卒，而注其謚。」又曰：「賢臣特書，依賢相例。」唐諸臣如杜如晦、張九齡之相業，王珪、魏徵之善諫，李靖之用兵，温彦博、虞世南、李大亮、高士廉，皆賢臣也。失注謚號，今當補書。○夏，四月，行軍副總管張寶相擒突厥頡利可汗以獻。○詔訟不决者聽於東宫上啓。

[一] 蜀藩本誤作「三月」。按：《資治通鑑·唐紀九》載：「二月，戊寅，以房玄齡爲左僕射，杜如晦爲右僕射，以尚書右丞魏徵守秘書監，參預朝政。」《舊唐書·太宗本紀》載：二月戊寅，中書令、邢國公房玄齡爲尚書左僕射，兵部尚書、檢校侍中、蔡國公杜如晦爲尚書右僕射，刑部尚書、檢校中書令、永康縣公李靖爲兵部尚書，右丞魏徵爲守秘書監，參預朝政。」故當是「二月」。

○加李靖光祿大夫。○林邑遣使入貢。○六月，倖洛陽宮。○秋，七月朔，日食。○赦百司，詔敕未便者，皆執奏。○以李綱爲太子少師，蕭瑀爲太子少傅。○李大亮爲西北道安撫大使。○詔定常服差等。○以李靖爲右僕射。○九月，伊吾來降，置伊西州。○以張儉檢校代州都督。○冬，十一月，以侯君集參議朝政。○除鞭背刑。○高昌王麴文泰入朝。○大有年。

辛卯 五年，春，正月，詔僧、道致拜父母。○皇太子冠。○詔諸州剗削京觀，加土爲墳。○以金帛賜突厥，贖男女八萬口。○夏，六月，新昌公李綱卒。○秋，八月，遣使詣高麗，葬隋戰士。○殺大理丞張蘊古。○九月，倖洛陽宮。○帝獵於後苑。○冬，十月，詔議封建。○十一月，林邑、新羅入貢。○十二月，開党項之地爲十六州。○制自今決死刑者皆覆奏；決日，徹樂減膳。○康國求內附。○高州總管馮盎入朝。

壬辰 六年，春，正月朔，日食。○群臣請封禪，不許。○三月，如九成宮。○以長樂公主嫁長孫沖。○置三師官。○夏，四月，鄒公張公謹卒。○秋，閏七月，宴近臣於丹霄殿。○九月，如慶善宮。○冬，以陳叔達爲禮部尚書。

癸巳 七年，春，正月，宴玄武門，奏《七德》、《九功舞》。○王珪罷，以魏徵爲侍中。○造渾天儀。○秋，九月，山東四十餘州水，遣使賑之。○赦死囚三百九十人。○冬，十一月，以長孫無忌爲司空。○十二月，帝奉太上皇置酒未央宮。○賜太子庶子于志寧、孔穎達等金帛。○削工部尚書段綸階。

甲午 八年，春，正月，以李靖等爲黜陟大使，分行天下。○夏，五月朔，日食。○秋，七月，山東、河南大水。○冬，十月，營大明宮。○以李靖爲特進。○吐蕃遣使入貢。○吐谷渾寇涼州，以李靖爲大總管，帥諸軍討之。○聘鄭氏爲充華，既而罷之。○以皇甫德參爲監察御史。○西突厥咄陸可汗死。

乙未 九年，春，正月，分民貲爲九等。○夏，五月，太上皇崩。○李靖伐吐谷渾，破之。○秋，七月，詔禮官議廟制。○冬，十月，葬獻陵。○十一月，以蕭瑀爲特進，參預政事。

丙申 十年，春，正月，突厥阿史那社爾來降。○二月，以荆王元景等爲諸州都督。○三月，吐谷渾請頒曆，遣子入侍。○夏，六月，以温彦博爲右僕射，楊師道爲侍中，魏徵爲特進。○皇后長孫氏崩。○秋，禁上書告訐者。○冬，十一月，葬文德皇后。○十二月，朱俱波、甘棠遣使入貢。○黜治書侍御史權萬紀。○更命統軍、別將爲折衝、果毅都尉。

丁酉 十一年，春，正月，以吴王恪等爲諸州都督。○作飛山宫。○定律令。○二月，豫爲山陵終制。○幸洛陽宫。○三月朔，日食。○詔行新禮。○以王珪爲魏王泰師。○以南平公主嫁王敬直。○詔議封禪禮。○夏，五月，虞公温彦博卒。○六月，以荆王元景、長孫無忌等爲諸州刺史，子孫世襲。○秋，七月，穀、洛溢。詔百官極言過失。○冬，十月，獵洛陽苑。○安州都督吴王恪免。○以武氏爲才人。

戊戌 十二年，春，正月，頒《氏族志》。○二月，帝發洛陽，觀砥柱，祠禹廟，遂至蒲州。○贈隋堯君素蒲州刺史。○閏月朔，日食。○帝還宮。○宴五品以上於東宮。○夏，五月，永興公虞世南卒。**考證**當分注「謚文懿」。○秋，七月，以高士廉爲右僕射。○吐蕃寇松州。○以薛延陁真珠可汗二子爲小可汗。○冬，十一月，置屯營飛騎。○十二月，以馬周爲中書舍人。○以霍王元軌爲徐州刺史。○西突厥乙毘咄陸可汗立。

己亥 十三年，春，正月，加房玄齡太子少師。○永寧公王珪卒。**考證**當分注「謚曰懿」。○二月，以尉遲敬德爲鄜州都督。○詔内職有闕，選良家有才行者充。○詔停襲封刺史。○夏，四月，如九成宮。○突厥結社率作亂，伏誅。○五月，旱，詔五品以上言事。○秋，七月，立李思摩爲突厥可汗。○八月朔，日食。○冬，十一月，以楊師道爲中書令，劉洎爲黄門侍郎、參知政事。○十二月，以侯君集爲交河大總管，將兵擊高昌。○太史令傅奕卒。○西突厥咥利失可汗死。

庚子 十四年，春，正月，幸魏王泰第。○二月，詣國子監。○三月，流鬼國入貢。○夏，五月，侯君集滅高昌，以其地爲西州。○以劉仁軌爲櫟陽丞。○冬，十一月，詔李淳風考定《戊寅曆》。○詔更定服制。○以太常卿韋挺爲封禪使。○貶司門員外郎韋元方爲華陰令。○十二月，下侯君集等獄，既而釋之。○以張玄素爲銀青光禄大夫。○詔諸州有犯十惡罪者，勿劾刺史。

資治通鑑綱目考證卷四十

起辛丑唐太宗貞觀十五年，盡辛酉唐高宗龍朔元年，凡二十一年。

辛丑
十五年，春，正月，以文成公主嫁吐蕃。○如洛陽宮。○夏，四月，詔以來年二月有事於泰山。○命太常博士吕才刊定陰陽雜書。○五月，有星孛于太微，詔罷封禪。○起復于志寧爲太子詹事。○西突厥咄陸可汗殺沙鉢羅可汗。○遣職方郎中陳大德使高麗。○冬，十一月，以李世勣爲兵部尚書。○薛延陀攻突厥，遣李世勣等將兵討破之。**考證**「世勣」當去「世」字，「討」當作「擊」。

壬寅
十六年，春，正月，魏王泰上《括地志》。○徙死罪者實西州。○括浮民附籍。○以岑文本專知機密。○夏，六月，詔太子用庫物，有司勿爲限制。○秋，七月，以長孫無忌爲司徒，房玄齡爲司空。○九月，以魏徵爲太子太師。○西突厥寇伊州，安西都護郭孝恪擊敗之。○西突厥咄陸可汗爲其下所逐，遣使立射匱可汗。○冬，十月，郢公宇文士及卒。○許以新興公主嫁薛延陀。○十一月，高麗泉蓋蘇文弑其王建武。○廣州都督党仁弘有罪，徙欽州。○十二月，獵于驪山。○詔議反逆緣坐律。

癸卯
十七年，春，正月，鄭公魏徵卒。○以張亮爲洛州都督。○圖功臣於凌煙閣。○齊州都督齊王祐反，伏誅。○夏，四月，太子承乾謀反，廢爲庶人；立晉王治爲皇太子，貶魏王泰爲東萊郡王。○以太子太保蕭瑀、詹事李世勣同中書門下三品。○六月朔，日食。○遣太常丞鄧素使高麗。○高士廉罷，仍同三品。○詔太子知左、右屯營兵馬事。○薛延陀來納幣，詔絶其昏。○遣使册高麗王藏爲遼東郡王。○秋，七月，貶杜正倫爲交州都督。○踣魏徵碑。○房玄齡等上高祖、今上《實録》。○九月，新羅乞兵伐高麗，遣使諭之。○徙故太子承乾於黔州，順陽王泰於均州。○冬，十一月，詔黜封德彝贈謚。

甲辰 十八年，春，三月，以薛萬徹爲右衛大將軍。○秋，七月，以劉洎爲侍中，岑文本、馬周爲中書令。○九月，以褚遂良爲黄門侍郎，參預朝政。○郭孝恪擊焉耆，執其王突騎支。○高麗遣使入貢，却之。○冬，十月朔，日食。○帝如洛陽，命房玄齡留守。十一月，以張亮、李世勣爲行軍大總管。詔親征高麗。○十二月，武陽公李大亮卒。○故太子承乾卒。○突厥徙居河南，可汗李思摩入朝。

乙巳 十九年，春，正月，帝發洛陽。○封比干墓。○三月，至定州，詔皇太子監國。○發定州。○夏，四月，諸軍至玄菟、新城。○岑文本卒，以許敬宗檢校中書侍郎。○李世勣拔蓋牟城。○五月，張亮拔卑沙城。○帝渡遼，拔遼東城。○進軍白巖城。六月，降之。○進攻安市城，大破其救兵於城下。○秋，七月，張亮至建安城，破高麗兵。○九月，薛延陀真珠可汗死，子多彌可汗拔灼立。○帝攻安市城，不下。詔班師。○冬，十月，遣使祀魏徵，復立所仆碑。○帝還至營州，祭戰亡士卒。○贖諸軍所虜高麗民萬四千口。○十一月，易州司馬陳元璹以罪免。○十二月，薛延陀寇夏州。○殺侍中劉洎。○以馬周攝吏部尚書。

丙午二十年，春，正月，夏州兵擊薛延陀，大破之。○遣大理卿孫伏伽等巡察四方。○帝還京師。○三月，詔皇太子聽政。○殺刑部尚書張亮。○閏月朔，日食。○夏，五月，高麗遣使謝罪，却之。○六月，西突厥遣使入貢。○秋，八月，帝如靈州，遣李世勣擊薛延陀，降之。敕勒諸部遣使請吏。○冬，十月，貶蕭瑀爲商州刺史。○十二月，帝生日，罷宴樂。○幸房玄齡第。

丁未二十一年，春，正月，申公高士廉卒。**考證**當分注「謚文獻」。○以敕勒諸部爲州縣。○詔以來年仲春有事於泰山。○以牛進達、李世勣爲行軍大總管，伐高麗。○夏，四月，作翠微宮。○以李素立爲燕然都護。○五月，如翠微宮。○李世勣破南蘇城。○以李緯爲洛州刺史。○秋，七月，作玉華宮。○牛進達拔石城。○八月，詔停封禪。○骨利幹遣使入貢。○立皇子明爲曹王。○發江南工人造大船。○冬，十一月，突厥車鼻可汗遣使入貢。○徙順陽王泰爲濮王。○十二月，遣阿史那社爾等擊龜兹。

戊申二十二年，春，正月，作《帝範》以賜太子。○中書令馬周卒。○以崔仁師爲中書侍郎，參知機務。○遣薛萬徹伐高麗。○以長孫無忌檢校中書令。○結骨俟利發入朝。○如玉華宮。○崔仁師坐罪除名，流連州。○三月，故隋后蕭氏卒。○夏，四月，遣武候將軍梁建方擊松外蠻，降之。○西突厥葉護賀魯來降。○五月，遣右衛長史王玄策使天竺，因襲擊之，執其王以歸。○宋公蕭瑀卒。○殺華州刺史李君羨。○司徒、梁公房玄齡卒。○秋，八月朔，日食。○九月，以褚遂良爲中書令。○冬，十月，帝還宮。○雅眉邛州獠反。○十一月，奚、契丹内屬。○回紇吐迷度爲其下所殺，詔立其子婆閏。○

十二月，阿史那社爾擊龜兹，執其王布失畢。

己酉二十三年，春，正月，遣驍衛郎將擊突厥車鼻可汗。○三月，帝有疾，詔太子聽政。○夏，四月，如翠微宫。○五月，以李勣爲疊州都督。○衛公李靖卒。**考證**當分注「謚景武」。○帝崩。長孫無忌、褚遂良受遺詔輔太子。還宫發喪，罷遼東兵。○以于志寧、張行成爲侍中，高季輔爲中書令。○六月，太子即位。**考證**「太子」作「太子治」。○改官名犯先帝諱者。○以長孫無忌爲太尉，李勣爲開府儀同三司，并同三品。○秋，八月，地震。○葬昭陵。○九月，以李勣爲左僕射。○冬，十二月，詔濮王泰開府，置僚屬。

庚戌高宗皇帝永徽元年，春，正月，立妃王氏爲皇后。○詔衡山公主俟喪畢成昏。○秋，九月，高侃擊突厥車鼻可汗，擒之。○冬，十月，李勣解僕射，仍同三品。○以褚遂良爲同州刺史。

辛亥二年，春，正月，以黄門侍郎宇文節、中書侍郎柳奭同三品。○秋，七月，西突厥賀魯殺射匱可汗自立爲沙鉢羅可汗。詔武候大將軍梁建方等討之。○八月，以于志寧、張行成爲僕射，同三品，高季輔爲侍中。○冬，十一月，詔獻鷹隼犬馬者罪之。

壬子三年，春，正月，吐谷渾、新羅、高麗、百濟并遣使入貢。○梁建方等大破處月朱邪於牢山。○以褚遂良爲吏部尚書，同三品。○二月，御安福門樓，觀百戲。○三月，以宇文節爲侍中，柳奭爲中書令，韓瑗爲黄門侍郎、同三品。○秋，七月，立陳王忠爲皇太子。○九月，以中書侍郎來濟同三品。○冬，十一月，濮王泰卒。

癸丑 四年，春，二月，散騎常侍房遺愛及高陽公主謀反，伏誅。遂殺荆王元景、吴王恪，流宇文節於嶺表。○以李勣爲司空。○秋，九月，北平公張行成卒。以褚遂良爲右僕射。○冬，十一月，以崔敦禮爲侍中。○十二月，高季輔卒。○西突厥咄陸可汗死。

甲寅 五年，春，三月，以太宗才人武氏爲昭儀。○夏，閏四月，帝在萬年宫，夜大雨[一]。○六月，恒州大水。○柳奭罷。○冬，十月，築長安外郭。○大稔。○以長孫無忌子三人爲朝散大夫。

乙卯 六年，春，二月，遣營州都督程名振等擊高麗。○夏，五月，屯衛大将軍程知節討沙鉢羅。○以韓瑗爲侍中，來濟爲中書令。○秋，七月，貶柳奭爲榮州刺史。○以李義府爲中書侍郎。○八月，始置員外同正官。○以裴行儉爲西州長史。○九月，貶褚遂良爲潭州都督。○冬，十月，廢皇后王氏爲庶人，立昭儀武氏爲皇后。○以中書侍郎李義府參知政事。

丙辰 顯慶元年，春，正月，以太子忠爲梁王，立代王弘爲皇太子。○二月，贈武士彠司徒，賜爵周國公。○夏，免山東丁役。○六月，詔以高祖配昊天於圜丘，太宗配五帝於明堂。○崔敦禮卒。○秋，七月，

[一] 蜀藩本作「夜大水」。

貶王義方爲萊州司户。○九月，括州暴風，海溢。○冬，十二月，程知節討沙鉢羅不克，免官。

丁巳 二年，春，正月，遣蘇定方等復擊沙鉢羅。○三月，以褚遂良爲桂州都督，李義府兼中書令。○夏，五月，帝始隔日視事。○遣天竺方士歸國。○秋，八月，貶韓瑗、來濟、褚遂良皆爲遠州刺史。○詔廢六天之祀，合方丘、神州爲一祭。○以許敬宗爲侍中，杜正倫爲中書令。○冬，十月，蘇定方擊沙鉢羅，獲之。分立興昔亡、繼往絶二可汗。○以洛陽宫爲東都。○詔禁僧尼受父母及尊者拜。○以劉祥道爲黄門侍郎、知選事。

戊午 三年，春，正月，詔行新禮。○夏，五月，徙安西都護府於龜兹。○冬，十一月，貶杜正倫爲横州刺史，李義府爲普州刺史。○以許敬宗爲中書令，辛茂將爲侍中。○鄂公尉遲敬德卒。○愛州刺史褚遂良卒。

己未 四年，夏，四月，以于志寧同三品，許圉師參知政事。○削太尉、趙公長孫無忌官封，黔州安置。○六月，改《氏族志》爲《姓氏録》。○以許圉師爲侍中。○辛茂將卒。○詔許敬宗議封禪儀。○秋，七月，殺長孫無忌、柳奭、韓瑗。○貶高履行爲永州刺史，于志寧爲榮州刺史。○冬，十月，思結反。○遣蘇定方討降之。

五年庚申，春，二月，帝如并州。○夏，四月，作合璧宫。○六月朔，日食。○秋，七月，廢梁王忠爲庶人。○盧承慶免。○遣蘇定方等伐百濟，降之。○冬，十月，初令皇后决百司奏事。

龍朔元年辛酉，夏，四月，遣兵部尚書任雅相等征高麗。**考證**「征」當作「伐」。[一] ○六月，以西域諸國爲州府。○徙潞王賢爲沛王。○鐵勒犯邊，詔武衛將軍鄭仁泰等將兵討之。

[一]《四庫》本原無，據蜀藩本增。

資治通鑑綱目考證卷四十一

起壬戌唐高宗龍朔二年，盡丙申唐中宗嗣聖十三年，凡三十五年。

壬戌 二年，春，正月，改百官名。○任雅相卒於軍，蘇定方引軍還。○三月，鄭仁泰等敗鐵勒於天山。○夏，五月，以許圉師爲左相。○秋，七月，熊津都督劉仁願等大破百濟於熊津。○八月，以許敬宗同三品。○冬，十月，以上官儀同三品。○許圉師免。○颶海總管蘇海政矯詔殺興昔亡可汗。○西突厥寇庭州，刺史來濟死之。

癸亥 三年，春，正月，以李義府爲右相。夏，四月，除名，流嶲州。○蓬萊宮成。○五月，詔鄭仁泰等分屯涼、鄯以備吐蕃。○秋，九月，熊津總管孫仁師攻百濟，拔之。

甲子 麟德元年，春，正月，以殷王旭輪爲單于大都護。○郇公孝協坐贓賜死。○秋，七月，詔以三年正月封禪。○八月，以劉祥道、竇德玄爲左、右相。○冬，十月，遣兵代戍熊津。○十二月，殺同三品上官儀，劉祥道罷，梁王忠賜死。○以樂彦瑋、孫處約同三品。

乙丑 二年，春，三月，以姜恪同三品。○夏，四月，以陸敦信爲右相，樂彦瑋、孫處約罷。○五月，行

《麟德曆》。○冬，十月，車駕發東都。十二月，至泰山。

丙寅 乾封元年，春，正月，封泰山，禪社首。○車駕還，過曲阜，祠孔子。○至亳州，尊老君爲太上玄元皇帝。○李義府卒。○夏，四月，車駕還京師。○陸敦信罷。○五月，鑄乾封泉寶錢。○六月，遣金吾衛將軍龐同善將兵伐高麗。○秋，七月，以劉仁軌爲右相。○竇德玄卒。○皇后殺其從兄武惟良。○九月，龐同善大破高麗兵。○劉祥道卒。○冬，十二月，以李勣爲遼東大總管，伐高麗。

丁卯 二年，春，正月，耕籍田。○罷乾封泉寶錢。○夏，六月，以楊弘武、戴至德、李安期、張文瓘、趙仁本并同三品。○秋，八月朔，日食。○李安期罷。○九月，李勣拔高麗十七城。

戊辰 總章元年，夏，四月，彗星見于五車。○楊弘武卒。○秋，九月，李勣拔平壤，高麗王藏降，高麗悉平。○冬，十月，以盧迦逸多爲懷化大將軍。○十二月，置安東都護府。○以姜恪、閻立本爲左、右相。○京師、山東、江、淮旱，饑。

己巳 二年，春，二月，以李敬玄同三品。○以盧承慶爲司刑太常伯。○以郝處俊同三品。○詔定明堂制度。○夏，四月，徙高麗户於江、淮、山南、京西諸州。○六月朔，日食。○秋，八月，詔幸凉州，不果行。**考證**「幸」當作「如」。○九月，大風，海溢。○冬，十一月，李勣卒。○定銓注法。

庚午 咸亨元年，春，正月，劉仁軌致仕。○三月，許敬宗致仕。○敕突厥酋長子弟給事東宮。○夏，六月朔，日食。○秋，八月，薛仁貴擊吐蕃，敗績。○關中旱，饑。○九月，魯國夫人楊氏卒。○閏月，皇后以旱請避位，不許。○加贈武士彠爲太原王，夫人爲妃。○趙仁本罷。○冬，十月，詔官名復舊〔一〕。

辛未 二年，冬，十一月朔，日食。

壬申 三年，春，二月，徙吐谷渾於靈州。○姜恪卒。○夏，四月，吐蕃遣使入貢。○秋，八月，許敬宗卒。○冬，十一月朔，日食。○以劉仁軌同三品。○以邢文偉爲右史，王及善爲左千牛衛將軍。

癸酉 四年，春，三月，詔劉仁軌修改國史。○秋，七月，婺州大水。○冬，十月，閻立本卒。○十二月，弓月、疎勒來降。

甲戌 上元元年，春，正月，以劉仁軌爲雞林道大總管，討新羅。**考證**「討」當作「伐」。○三月朔，日食。○以武承嗣爲周國公。○秋，八月，帝稱天皇，后稱天后。○九月，追復長孫無忌官爵。○大酺。○天后表便宜十二條，詔行之。

乙亥 二年，春，二月，劉仁軌大破新羅。○三月，天后祀先蠶。○以韋弘機爲司農卿。○夏，四月，以趙

〔一〕蜀藩本脱「名」字。

瓌爲括州刺史。○太子弘薨，謚孝敬皇帝。立雍王賢爲太子。**考證**「薨」當作「中毒卒」。○謹按：《凡例》曰：「凡以毒弑疑者，曰中毒崩。」[一]注云：「如晋惠帝[二]。史言司馬越之酖，而《通鑑》不著其語。故但如此書以傳疑。」今太子弘之死，李泌嘗言武后欲謀簒國，酖太子弘。《通鑑》亦云「時人以爲天后酖之。」事未顯明，故不以「殺」書。又按：《綱目》太子死失著例，憲宗太子寧、文宗太子永皆書「卒」。今故上取晋惠帝中毒，下取太子寧、永卒例，當書曰「太子弘中毒卒」。○秋，七月，杞王上金澧州安置。○八月，以戴至德、劉仁軌爲左、右僕射，張文瓘爲侍中，郝處俊爲中書令，李敬玄同三品。

丙子 儀鳳元年，春，正月，以來恒、薛元超同三品。○閏月，吐蕃寇鄯州牧。○以高智周同三品。○秋，八月，始遣使詣桂、廣、文、黔等府注擬。○九月，以狄仁傑爲侍御史。○冬，十月，祫享太廟。○郇王素節袁州安置。○以李敬玄爲中書令。

丁丑 二年，春，正月，耕耤田。○二月，以高藏爲朝鮮王，扶餘隆爲帶方王。○郝處俊、高智周罷。○夏，四月，河南、北旱。○張大安同三品。○詔廢顯慶新禮。○秋，八月，徙周王顯爲英王。○命劉仁軌鎮洮河軍。

戊寅 三年，春，正月，百官、四夷朝天后於光順門。○以李敬玄爲洮河道大總管。○夏，五月，幸九成宮。

[一] 與原文略異。

[二] 原文作「如晋惠帝之類」。

考證「幸」當作「如」。〇秋，九月，還京師。〇詔復奏《破陣樂》。〇侍中張文瓘卒。〇李敬玄與吐蕃戰，敗績。〇來恒卒。

己卯 調露元年，春，正月，幸東都。司農卿韋弘機免[一]。**考證**「幸」當作「如」。〇二月，吐蕃贊普死。〇夏，四月，以郝處俊爲侍中。〇命太子賢監國。〇六月，遣吏部侍郎裴行儉立波斯王。行儉襲執阿史那都支以歸。〇冬，十月，單于府突厥反，遂寇定州。

庚辰 永隆元年，春，三月，以裴行儉爲定襄道大總管，討突厥，平之。**考證**「討」當作「擊」。〇夏，四月，裴炎、崔知温、王德真同三品。〇秋，七月，吐蕃寇河源。〇八月，貶李敬玄爲衡州刺史。〇廢太子賢爲庶人，立英王哲爲皇太子。〇冬，十一月朔，日食。

辛巳 開耀元年，春，正月，宴百官及命婦於麟德殿。〇三月，郝處俊罷。〇以劉仁軌爲太子少傅。〇秋，七月，太平公主適薛紹。〇以裴炎爲侍中，崔知温、薛元超爲中書令。〇徵處士田游巖爲太子洗馬。〇裴行儉討突厥阿史那伏念，降之。〇冬，十月朔，日食。〇徙故太子賢於巴州。

壬午 永淳元年，春，二月，立皇孫重照爲皇太孫。〇夏，四月朔，日食。〇關中饑。上幸東都。〇聞喜憲公裴行儉卒。**考證**當去「憲」字，分注「謚曰憲」。〇謹按：《凡例》曰：「謚非生者之稱，《通鑑》以謚加於薨、

[一] 蜀藩本誤作「司農韋玄機免」。

卒之上者，非是，今當正之。」〔一〕故當於《提要》去謚號，而分注於其下。後皆倣此。○安西都護王方翼破西突厥，平之。○以郭待舉、岑長倩、郭正一、魏玄同并中書門下同承受進止平章事。○五月，洛水溢；關中旱，蝗。○秋，七月，作奉天宮。○零陵王明自殺。○召薛元超赴東都。○冬，十月，以劉景先同平章事。○突厥骨篤禄寇并州，薛仁貴大破之。○以婁師德爲河源軍經略副使。

癸未 弘道元年，春，二月，突厥寇定州，圍單于都護府。○李義琰致仕。○崔知温卒。○夏，四月，綏州步落稽作亂，討平之。○五月，突厥寇蔚州。○秋，七月，詔以來年有事於嵩山。冬，十一月，詔罷之。○詔太子監國，以裴炎、劉景先、郭正一兼東宮平章事。○十二月，帝崩。太子即位，尊天后爲皇太后。**考證**《提要》當作「太子哲即位」。○以劉仁軌爲左僕射，裴炎爲中書令，劉景先爲侍中。○郭正一罷。

甲申 中宗皇帝嗣聖元年。二月，睿宗文明元年。九月，太后光宅元年。○春，正月，立妃韋氏爲皇后。○以韋弘敏〔二〕同三品。○二月，太后廢帝爲廬陵王，立豫王旦。○太后以劉仁軌爲西京留守。○太后始御紫宸殿。○太后以王德真爲侍中，劉禕之同三品。○三月，太后殺故太子賢。○夏，四月，太后遷帝于房州，又遷于均州。○閏五月，太后以武承嗣同三品。○秋，七月，温州大水。○八月，葬乾陵。○太

〔一〕與原文稍異。原文爲「又謚非生者之稱，而《通鑑》以謚加於薨、卒之上，亦非是，今亦正之。」

〔二〕《四庫》本原避清高宗諱，作「韋宏敏」，據蜀藩本改。

后以馮元常爲隴州刺史。○武承嗣罷。○括州大水。○九月，太后改元，及服色、官名。○太后立武氏七廟。○英公李敬業起兵揚州，太后遣將軍李孝逸擊之。○太后殺侍中裴炎；以騫味道爲内史，李景諶同平章事。○李敬業取潤州，李孝逸擊殺之。○李景諶罷。太后以崔詧同平章事。○郭待舉罷。太后以韋方質同平章事。○太后殺單于道安撫大使程務挺。

乙酉二年，太后垂拱元年。春，正月，帝在均州。○二月，太后以武承嗣、裴居道、韋思謙同三品。○三月，太后遷帝于房州。○沈君亮、崔詧、武承嗣罷。太后頒《垂拱格》。○太后貶騫味道爲青州刺史。○夏，五月，太后以裴居道爲内史，流王德真於象州，以蘇良嗣爲納言。○太后制百官及百姓皆得自舉。○六月，太后以韋待價同三品。○秋，七月，太后以魏玄同同三品。○太后以阿史那元慶爲興昔亡可汗。○太后以僧懷義爲白馬寺主。

丙戌三年，太后垂拱二年。春，正月，帝在房州。○太后歸政于豫王旦，尋復稱制。○二月朔，日食。○太后以李孝逸爲施州刺史。○三月，太后置銅匭，受密奏。○夏，四月，太后鑄太儀。○六月，太后以岑長倩爲内史，蘇良嗣、韋待價爲左、右相，韋思謙爲納言。○秋，九月，太后以突厥斛瑟羅爲繼往絶可汗。○有山出於新豐。○太后以狄仁傑爲冬官侍郎。

丁亥四年，太后垂拱三年。春，正月，帝在房州。○三月，韋思謙致仕。○夏，四月，太后以蘇良嗣爲西京留守。○太后以裴居道爲納言，張光輔平章事。○太后殺同三品劉禕之。○秋，七月，太后以魏玄同爲納言。○突厥寇朔州，太后遣黑齒常之擊之。○九月，虢州人楊初成矯制募人迎帝於房州，太后殺之。○冬，十月，太后流李孝逸於儋州。○太后罷御史監軍。○大饑。

五年，戊子 太后垂拱四年。春，正月，帝在房州。○太后立崇先廟。○二月，太后毀乾元殿，作明堂。○夏，四月，太后殺太子舍人郝象賢。○五月，太后加號聖母神皇。○六月朔，日食。○河南巡撫大使狄仁傑奏焚淫祠。○秋，八月，琅邪王沖、越王貞舉兵匡復，不克而死。太后遂大殺唐宗室。○太后以騫味道、王本立同平章事。○太后拜洛受圖。○明堂成，作天堂。○太后詔發兵擊生羌及吐蕃，不果行。

六年，己丑 太后永昌元年。春，正月，帝在房州。○太后大饗萬象神宮。○夏，四月，太后以武承嗣爲納言，張光輔爲内史。○太后殺汝南王煒、鄱陽公諲等十二人及天官侍郎鄭玄挺。○秋，七月，太后徙紀王慎于巴州，道卒。○太后遣韋待價擊吐蕃，大敗。除名，流繡州。○八月，太后殺内史張光輔。○九月，太后以僧懷義爲新平道大總管，討突厥。**考證** 「討」當作「擊」。○閏月，太后殺同平章事魏玄同。○冬，十月，太后殺鄭王璥等六人。○太后以范履冰、邢文偉同平章事。○十一月，太后享萬象神宮，始用周正。○太后自名曌，改詔曰制。○除唐宗室屬籍。

七年，庚寅 周武氏天授元年。春，正月，帝在房州。○太后以武承嗣爲左相，武攸寧爲納言，邢文偉爲内史，王本立罷。○太后流韋方質于儋州。○二月，太后策貢士於洛城殿。○三月，蘇良嗣卒。○四月，范履冰下獄死。○秋，七月，太后流舒王元名於和州。以侯思止、王弘義爲侍御史。○太后頒《大雲經》於天下。○太后殺澤王上金、許王素節。○太后殺南安王穎等十二人及故太子賢二子。○九月，武氏改國號曰周，稱皇帝。以豫王旦爲皇嗣，改姓武氏。**考證**當去「皇」字。○謹按：唐武后廢黜中宗，以豫王旦爲皇嗣，改姓武氏。《凡例》曰：「簒賊干統，而不及傳世者……唐武氏之類。」《綱目》名武氏爲簒賊，得之《凡例》。又曰：「凡非正統者，去皇號。」故[一]雖睿宗改姓，而爲簒賊之嗣，豈得以皇號加之乎？當作[二]「以豫王旦爲嗣」。○冬，十月，西突厥入居内地。○周以徐有功爲侍御史。○十一月，周易服色，改置社稷、宗廟。

辛卯 八年，周武氏天授二年。春，正月，帝在房州。○二月，周流其右丞周興於嶺南。○夏，四月朔，日食。○秋，七月，周徙關内户數十萬實洛陽。○八月，周殺其將軍張虔勖。○周改義豐王光順等姓武氏，幽之宫中。○九月，周平章事傅游藝自殺。○周以武攸寧爲納言，狄仁傑同平章事。○周殺其同平章事格輔元、右相岑長倩、納言歐陽通。○周殺右將軍李安静。○周遣使存撫諸道。

壬辰 九年，周武氏如意元年，再改長壽。春，正月，帝在房州。○周武氏引見存撫使所舉人。○周築神都外城。○周以郭霸爲監察御史。○周貶狄仁傑、魏元忠爲縣令。○夏，五月，禁天下屠殺採捕。○秋，

[一] 蜀藩本作「周」。
[二] 蜀藩本脱「作」。

七月，周左相武承嗣罷，以李昭德同平章事。○周流其御史嚴善思於驩州。○九月，周更以九月爲社。○冬，十月，周遣兵擊吐蕃，取四鎮。○周武氏殺豫王妃劉氏。○周制宰相撰《時政記》，月送史館。

癸巳 十年，周武氏長壽二年。春，正月，帝在房州。○周以婁師德同平章事。○周殺其尚方監裴匪躬。○三月，周殺其侍御史侯思止。○周以萬國俊爲侍御史。○夏，五月，棣州河溢。○秋，九月朔，日食。○周武氏自號金輪聖神皇帝。○突厥可汗骨篤禄死。

甲午 十一年，周武氏延載元年。春，正月，帝在房州。○周以婁師德爲河源等軍檢校營田大使。○三月，周以僧懷義爲朔方道大總管，討默啜。**考證**「討」當作「擊」。○夏，五月，周武氏加越古之號。○秋，八月，周以杜景儉同平章事。○周鑄天樞。○九月朔，日食。○周貶來俊臣爲同州參軍，流王弘義於瓊州。○周貶其內史李昭德爲南賓尉。○冬，十一月，周武氏加慈氏之號。○周明堂火。

乙未 十二年，周武氏天册萬歲元年。春，正月，帝在房州。○二月朔，日食。○夏，四月，周天樞成。○秋，七月，吐蕃寇臨洮，周遣兵討之。**考證**「討」當作「擊」。○九月，周武氏自號天册金輪大聖皇帝。○冬，十月，突厥默啜遣使請降。○十二月，周武氏封嵩山，禪少室。○周安平王武攸緒棄官隱嵩山。

丙申 十三年，周武氏萬歲通天元年。春，正月，帝在房州。○周遣婁師德等擊吐蕃，大敗。○周新明堂成。

○夏，五月，契丹寇營州，周遣兵擊之，大敗。○秋，九月，周免囚奴，遣武攸宜将之以伐契丹。○突厥寇涼州，執都督許欽明。○吐蕃遣使請和。○冬，十月，契丹陷冀州，周以狄仁傑爲魏州刺史。○周以姚元崇爲夏官侍郎。○周以徐有功爲殿中侍御史。○十一月，周殺其箕州刺史劉思禮等三十六家，流其親屬千餘人。○周以張昌宗爲散騎常侍，張易之爲司衛少卿。○周以婁師德同平章事。

資治通鑑綱目考證卷四十二

起丁酉唐中宗嗣聖十四年，盡癸丑唐玄宗開元元年，凡十七年。

丁酉 十四年，周武氏神功元年。春，正月，帝在房州。○三月，周總管王孝傑與契丹戰，敗死。武攸宜不敢進。○周立突厥默啜爲可汗。○夏，四月，周鑄九鼎成。○周以王及善爲内史。○周遣武懿宗、婁師德擊契丹。○六月，周殺其右司郎中喬知之。○周來俊臣伏誅。○契丹軍潰，斬孫萬榮以降。○周以武承嗣、武三思同三品。○周遣武懿宗等安撫河北。○秋，九月，周以魏元忠爲肅政中丞。○冬，閏十月，以狄仁傑同平章事。○周以李嶠知天官選事。

戊戌 十五年，周武氏聖曆元年。春，三月，帝還東都。○秋，八月，突厥默啜寇嬀、檀等州。○周以狄仁傑兼納言。○周以武攸寧同三品。○九月，突厥陷趙州，周刺史高叡死之。○周武氏以帝爲皇太子、河北道元帥，狄仁傑副之，以討默啜。○周以蘇味道同平章事。○冬，十月，周以武懿宗、武攸歸領屯兵。○周以狄仁傑爲河北道安撫大使。○周以姚元崇同平章事。○周閻知微伏誅，以田歸道爲夏官侍郎。○十一月，周以豫王旦爲相王。○周置控鶴監。○十二月，周以魏元忠同平章事。○周貶宗楚客爲播州司馬。

己亥 十六年，周武氏聖曆二年。春，正月，帝在東宮。○二月，周遣使禱少室山。○吐蕃贊婆、弓仁降周。○帝及武攸暨等誓于明堂。○秋，八月，周以王及善爲文昌左相。○周納言婁師德卒。**考證**當分注「謚曰貞」。○謹按：武氏之亂，仕於其朝者，皆僞官也。然能引薦忠賢，卒成匡復之功者，惟狄仁傑一人耳。然而薦仁傑者，婁師德也。况師德寬厚清慎，盛德長者，卒謚曰貞，非虛美之稱。故當注其謚云。○周以武三思爲內史。○河溢。○周以韋嗣立爲鳳閣舍人。○突厥默啜以其子匐俱爲小可汗。○冬，十一月，周貶吉頊爲安固尉。○十二月，周同平章事陸元方罷。○周以狄仁傑爲內史。

庚子 十七年，周武氏久視元年。春，正月，帝在東宮。○夏，五月朔，日食。○六月，周以張易之爲奉宸令。○周遣將軍李楷固等擊契丹餘黨，平之。○周隴右大使唐休璟破吐蕃於洪源。○周造大像。○司空、梁文惠公狄仁傑卒。**考證**當去「文惠」二字，分注「謚文惠」。○謹按：狄仁傑仕僞周，爲內史，曲盡忠誠，迎中宗還宮，授計五王反正唐室。卒于周，贈文昌右相，睿宗贈司空，玄宗追封梁公。《綱目》書曰：「司空、梁公狄仁傑卒。」凡《綱目》書武后時事，事各冠以周號，雖如婁師德卒，猶不免也。獨仁傑不加周號者，明其心在唐室。不曰文昌右相，而曰司空梁公，明其忠於唐室，褒之也。褒之，所以示勸也。《綱目》平易中有精深處，故曰：非朱子，其誰能脩之？○冬，十月，周復以正月爲歲首。○周以韋安石同平章事。○十二月，周開屠禁。

辛丑 十八年，周武氏大足元年，又改長安。春，正月，帝在東宮。○三月，周流張錫於循州。○雨雪。○夏，六月，周以李迥秀同平章事。○冬，十一月〔一〕，周以崔玄暐爲天官侍郎。○周以郭元振爲凉州都督。

壬寅 十九年，周武氏長安二年。春，正月，帝在東宮。○周設武舉。○突厥寇鹽、夏，遂寇并州，周遣薛季昶、張仁愿禦之。○秋，八月，周賜張昌宗爵鄴國公。○九月朔，日食，不盡如鉤。○吐蕃遣使求和。○冬，十月，吐蕃寇茂州，都督陳大慈與戰，破之。○十一月，周命監察御史蘇頲按雪冤獄。○十二月，周以張嘉貞爲監察御史。

癸卯 二十年，周武氏長安三年。春，正月，帝在東宮。○三月朔，日食。○夏，閏四月，周改文昌臺爲中臺。○六月，寧州大水。○秋，七月，周以唐休璟同三品。○九月朔，日食，既。○周貶魏元忠爲高要尉，流張説於嶺南。○周以裴懷古爲桂州都督。○周遣使以六條察州縣。○吐蕃贊普器弩悉弄死。

甲辰 二十一年，周武氏長安四年。春，正月，帝在東宮。○周以阿史那懷道爲西突厥十姓可汗。○周作興泰宮。○周平章事朱敬則致仕。○三月，周以韋嗣立等爲諸州刺史。○夏，四月，周復作大像。○周以天官侍郎崔玄暐同平章事。○周以姚元崇爲春官尚書。○秋，七月，周以楊再思爲内史。○周貶戴令言爲長社令。○周以韋安石爲揚州長史，唐休璟兼幽營都督。○九月，周以姚元之爲靈武道安撫大使。

〔一〕蜀藩本誤作「十二月」。按：《資治通鑑・唐紀二十三》載：「十一月……天官侍郎安平崔玄暐，性介直，未嘗請謁。……乃復拜天官侍郎，仍賜彩七十段。」故當作「十一月」。

冬，十月，以秋官侍郎張柬之同平章事。○周以岑羲爲天官員外郎。○十二月，周張昌宗下獄，既而赦之。○周以陽嶠爲右臺侍御史。

乙巳神龍元年，春，正月，張柬之等舉兵討武氏之亂，張易之、昌宗伏誅。帝復位，大赦。○遷太后於上陽宮，上尊號曰則天大聖皇帝。○以張柬之、袁恕己同三品，崔玄暐爲内史，敬暉、桓彦範爲納言，李多祚等進官賜爵有差。○二月，復國號曰唐。○流貶周宰相韋承慶、房融、崔神慶於嶺南。○以楊再思同三品。○姚元之爲亳州刺史。○復立韋氏爲皇后，贈后父玄貞上洛王。○以武三思爲司空。○貶譙王重福爲均州刺史。○以武攸暨爲司徒，祝欽明同三品。○三月，流酷吏於嶺南，死者追貶之。所破家皆復資蔭。○以袁恕己爲中書令。○徵武攸緒爲太子賓客。○夏，四月，以鄭普思爲秘書監，葉静能爲國子祭酒。○以魏元忠、韋安石、李懷遠、唐休璟、崔玄暐并同三品，張柬之爲中書令。○五月，遷周廟主於西京，仍避其諱。○賜敬暉等五人王爵，罷其政事。○以岑羲爲秘書少監，畢構爲潤州刺史。○以宋璟爲黄門侍郎。○以楊元琰爲衛尉卿。○皇后表請改易制度，從之。○降河内王武懿宗爵爲公。○以唐休璟、豆盧欽望爲左、右僕射。○以韋安石爲中書令，魏元忠爲侍中。○洛水溢。○秋，七月，以韋巨源同三品。○以漢陽王張柬之爲襄州刺史。○河南、北十七州大水。制求直言。○九月，改葬上洛王韋玄貞。○韋巨源罷，以魏元忠爲中書令，楊再思爲侍中。○冬，十一月，群臣上皇帝、皇后尊號。○上御樓觀潑寒胡戲。○皇太后武氏崩。○户部奏是歲天下户口之數。

丙午 二年，春，正月，以李嶠同三品，于惟謙同平章事。○制太平、安樂公主各開府，置官屬。○以平陽王敬暉、扶陽王桓彥範、南陽王袁恕己爲諸州刺史。○二月，以韋巨源同三品。○制僧慧範、道士史崇恩等并加五品階。○置十道巡察使。○韋安石罷，以蘇瓌爲侍中。唐休璟致仕。○三月，殺駙馬都尉王同皎。○大置員外官。○夏，四月，李懷遠致仕。○殺處士韋月将，以尹思貞爲青州刺史，宋璟爲貝州刺史。○五月，葬則天皇后於乾陵。○六月，貶敬暉、桓彥範、張柬之、袁恕己、崔玄暐爲遠州司馬。○加周仁軌鎮國大將軍。○秋，七月，立衛王重俊爲皇太子。○以李嶠爲中書令。○敬暉、桓彥範、張柬之、袁恕己、崔玄暐爲武三思所殺。○冬，十月，車駕還西京。○十一月，以竇從一爲雍州刺史。○流鄭普思於儋州。○十二月，突厥默啜寇鳴沙。

丁未 景龍元年，春，二月，復崇恩廟。○三月[一]，吐蕃遣使入貢。○夏，六月朔，日食。○秋，七月，太子重俊起兵誅武三思、武崇訓，兵潰而死。○帝、后并加尊號。○貶魏元忠爲務川尉，道卒。○九月，以蕭至忠、宗楚客、紀處訥同三品，于惟謙罷。○僧慧範有罪，削其階爵。○以楊再思爲中書令，韋巨源、紀處訥爲侍中。○改羽林千騎爲萬騎。○殺習藝館内教蘇安恒。○冬，十二月朔，日食。○遣使詣江、淮贖生。

[一] 蜀藩本誤作「二月」。

戊申二年，春，二月，赦。○三月，朔方總管張仁愿築三受降城。○夏，四月，置脩文館學士。○秋，七月，以張仁愿同三品。○始用斜封墨敕除官。○冬，十一月，突騎施犯塞，遣將軍牛師獎將兵討之。○安樂公主適武延秀。○徵武攸緒入朝。○牛師獎與突騎施戰，敗沒。遂赦娑葛，立爲可汗。○以婕妤上官氏爲昭容。○召王公近臣入閣守歲。

己酉三年，春，正月，幸玄武門，觀宮女拔河。○三月，以韋巨源、楊再思爲左、右僕射，同三品，宗楚客爲中書令，蕭至忠爲侍中，韋嗣立同三品，崔湜、趙彦昭同平章事。○以韋温、鄭愔同三品。○夏，五月，流鄭愔於吉州，貶崔湜江州司馬。○楊再思卒。○秋，七月，突騎施娑葛遣使請降。○八月，以李嶠同三品，韋安石爲侍中，蕭至忠爲中書令。○九月，以蘇瓌爲僕射、同三品。○冬，十一月，祀南郊。○豆盧欽望卒。○以唐休璟同三品。○關中饑。

庚戌四年，睿宗皇帝景雲元年。春，正月，上觀燈於市里。○上御梨園。○夏，四月，幸隆慶池。○五月，宴近臣。○六月，皇后韋氏弑帝於神龍殿。以裴談、張錫同三品，張嘉福、岑羲、崔湜同平章事。立温王重茂。○臨淄王隆基起兵討韋氏，并其黨皆伏誅。隆基爲平王，以鍾紹京、劉幽求參知機務，李日知同三品；蕭至忠等貶官有差。○相王旦即位，廢重茂復爲温王。○以鍾紹京爲中書令，尋罷之。○立平王隆基爲太子。**考證**當加「皇」字於「太子」之上。○謹按：明皇平韋氏之亂，睿宗即位，欲立太子，以宋王成器嫡長，久不决。宋王辭以死，不居平王上，睿宗從之。先儒有言，善哉宋王之讓。曰：時平則先嫡長，世難則先有功。此萬世不易之論也。曰：斯言也，宋王所自言，因事處變，一時之權也。司馬公曰：「立嫡以長，禮之正也。」范氏曰：「太子者，君之貳父之統也。立子以長不以功，所以重先君之世也。」二公立言垂教，斯所謂萬世不易之大經。然宋王之志，泰伯之志也，泰伯不逃則王季不得立，宋王不讓則明皇不得爲，太子明皇舉事時，其志将以自取也，至於内外皆定，天下歸心，不得已迎睿宗，其於父兄之間有慙德焉。若宋王如隐太子而不避，則開元治亂又未可知也。觀其專事娱樂，未嘗及時政，長枕大衾，非明皇素友愛也，宋王有以啓之耳。然則宋王亦無得而稱乎[一]。○以薛稷參知機務。○追削武三思等爵謚，暴其尸。○以姚元之同三品，韋嗣立、蕭至忠爲中書令，趙彦昭、崔湜并同平章事。○加太平公主實封萬户。○贈郎岌、燕欽融、蘇安恒諫議大夫。○秋，七月，贈韋月将宣州刺史。○以崔日用參知機務。○追復故太子重俊位號，及敬暉、桓彦範、崔玄暐、張柬之、袁恕己、李多祚等官爵。○以宋璟同三品。○崔湜、蕭至忠、韋嗣立、趙彦昭、崔日用、薛稷罷。○廢崇恩廟，追廢韋后、安樂公主爲庶人。○八月，譙王重福反，伏誅。○詔以萬騎補外官，更置飛騎。○罷斜封官。○冬，十月，以薛訥爲幽州經略節度大使。○十一月，以姚元之爲中書令。○葬定陵。○許公蘇瓌卒。○十二月，以西城、隆昌二公主爲女官。○加李朝隐太中大夫。○以宋璟爲吏部尚書，姚元之爲兵部尚書。○貶祝欽明、郭山惲爲諸州長史。○姚州蠻反。

辛亥 睿宗皇帝景雲二年，春，正月，突厥默啜遣使請和。○以郭元振、張説同平章事。○二月，命太子監

[一] 蜀藩本作「然則宋王亦無德而稱焉」。

國，以宋王成器爲同州刺史，豳王守禮爲豳州刺史，太平公主蒲州安置。○復斜封官。○貶姚元之爲申州刺史，宋璟爲楚州刺史，寢二王刺史之命。○劉幽求罷。○以左、右萬騎羽林爲北門四軍。○以韋安石爲中書令，李日知爲侍中。○夏，四月，制政事皆取太子處分。○五月，召太平公主還京師。○復昊陵、順陵。○以薛謙光爲岐州刺史。○六月，置十道按察使。○秋，七月，追復上官氏爲昭容。○以韋安石爲左僕射、同三品。○九月，以竇懷貞爲侍中。○冬，十月，韋安石、郭元振、竇懷貞、李日知、張説罷，以劉幽求、魏知古、崔湜并同三品，陸象先同平章事。○遣御史中丞和逢堯使突厥。○十一月，令百姓二十五入軍，五十五免。○召司馬承禎至京師，尋許還山。

壬子 太極元年，玄宗皇帝先天元年。春，正月，祀南郊。○竇懷貞、岑羲同三品。○以蕭至忠爲刑部尚書。○夏，五月，祭北郊。○六月，以岑羲爲侍中。○幽州大都督孫佺襲奚，敗没。○秋，七月，彗星出西方，入太微。○以竇懷貞爲左僕射，平章軍國重事。○八月，帝傳位於太子。太子即位，尊帝爲太上皇。**考證** 當作「皇太子隆基即位。」○立妃王氏爲皇后。○以劉幽求爲僕射、同三品，魏知古爲侍中，崔湜爲中書令。○流劉幽求於封州。○九月朔，日食。○冬，十月，沙陁金山遣使入貢。○十二月，刑部尚書李日知致仕。

癸丑 玄宗明皇帝開元元年，春，正月，詔衛士二十五入軍，五十而免。○以蕭至忠爲中書令。○二月，御樓觀燈，大酺。○以高麗大祚榮爲勃海郡王。○夏，五月，罷脩大明宮。○六月，以郭元振同三品。

○秋，七月，太平公主謀逆，賜死。蕭至忠、岑羲、竇懷貞、崔湜伏誅。○以高力士爲右監門將軍、知内侍省事。**考證**當加「宦者」於「高力士」上。○謹按：《凡例》曰：「宦者除拜當書者，皆加宦者字。」注云：「以著刑人與政之屬。」夫刑人用權，莫盛於唐。尊爲上皇，以兵劫之，貴爲天子，以父呼之，甚至弒君、弒后，豈特與政而已哉？追原其自始於高力士，盛於李輔國，而極於劉季述。皆由諸帝狎近便嬖，授以國命，而不可奪，此非用權者之過，用之以權者之過也。今故推本正例，自高力士至韓全誨十有餘人，拜官之始，皆加「宦者」於名氏之上。若張承業，死則《綱目》特筆書曰「唐特進河東監軍使張承業卒」。是時唐已亡，猶冠以唐號，表其忠賢云。○以張説爲中書令。○陸象先罷。○八月，以劉幽求爲左僕射，平章軍國大事。○九月，以李暢爲虔州刺史。○罷諸道按察使。○冬，十月，引見京畿縣令。○講武於驪山。○以姚元之同三品。○十一月，群臣請加尊號。○命中書侍郎王琚行邊。○十二月，改官名。○以姚崇爲紫微令，張説爲相州刺史。○劉幽求罷，以盧懷慎同平章事。

資治通鑑綱目考證卷四十三

起甲寅唐玄宗開元二年，盡丁亥唐玄宗天寶六載，凡三十四年。

甲寅二年，春，正月，定内外官出入恒式。〇以盧懷慎檢校黄門監。〇置左、右教坊。〇沙汰僧尼。〇以薛訥同紫微黄門三品，將兵擊契丹。〇三月朔，太史奏日食不應。〇突厥同俄圍北庭，都護郭虔瓘擊斬之。〇復置十道按察使。〇以徐惀爲恭陵令。〇貶劉幽求爲睦州刺史，鍾紹京爲果州刺史。〇黜涪州刺史周利貞等十三人。〇三月，貶韋安石、韋嗣立、趙彦昭、李嶠爲諸州别駕。〇毁天樞。〇夏，五月，罷員外、檢校官。〇魏知古罷。〇六月，以宋王成器等爲諸州刺史。〇秋，七月，焚珠玉、錦繡於殿前。〇薛訥擊契丹，敗績。詔削其官爵。〇襄王重茂薨於房州，謚曰殤皇帝。**考證**「薨」當作「卒」，謚當分注。〇謹按：韋氏弑中宗而立重茂，韋氏伏誅，睿宗即位，廢重茂復爲王。《凡例》曰：「正統之君，廢爲王公而死者，書卒而注其謚。」重茂韋氏所立，故不書即位者，非正統之君也。然亦廢爲王而死，故比例而書，「薨」當作「卒」，注其謚於下。〇作興慶宫。〇八月，出宫人。〇吐蕃入寇，以薛訥爲隴右防禦使，擊之。〇以武后鼎銘頒告中外。〇敕諸州脩常平倉法。〇冬，十月，薛訥與吐蕃戰於武街，大破之。〇以郭知運爲隴右節度大使。〇十二月，立皇子嗣真爲迋王，嗣謙爲皇太子。〇置幽州節度經略大使。

乙卯三年，春，正月，以盧懷慎爲黄門監。○貶御史大夫宋璟爲睦州刺史。○夏，四月，以薛訥爲凉州大總管，郭虔瓘爲朔川大總管。○山東大蝗。○秋，七月朔，日食。○九月，置侍讀官。○遣薛訥討突厥。**考證**「討」當作「伐」。○郴州刺史劉幽求卒。○以郭虔瓘爲安西四鎮經略大使。○西域八國請降。○冬，十二月，貶崔日知爲歙縣丞。○以韋玢爲冀州刺史。○以突騎施部將蘇禄爲金方道經略大使。

丙辰四年，春，正月，殺尚衣奉御長孫昕。○以鄫王嗣真爲安北大都護，陝王嗣昇爲安西大都護。○以倪若水爲汴州刺史。○山東復大蝗。○召新除縣令試理人策。○夏，六月，太上皇崩。○拔曳固斬突厥默啜以降。○秋，八月，遷中宗於別廟。○突厥降户叛，命薛訥等追討之。○冬，十月，葬橋陵。○十一月，黄門監盧懷慎卒。○以源乾曜同平章事。十二月，以宋璟爲西京留守。○閏月，姚崇、源乾曜罷，以宋璟爲黄門監，蘇頲同平章事。○罷十道按察使。○始制郎、御史、起居、遺、補不擬。

丁巳五年，春，正月，太廟四室壞。行幸東都。○二月，復置營州。○秋，七月，放太常卿姜皎歸田。○以張嘉貞爲天兵軍大使。○以明堂爲乾元殿。○九月，復舊官名，令史官隨宰相入侍，群臣對仗奏事。○謫孫平子爲都城尉。○冬，十二月，詔訪逸書。

戊午六年，春，正月，禁惡錢。○徵嵩山處士盧鴻爲諫議大夫，不受。○夏，四月，敕度鄭銑、郭仙舟爲道士。○秋，八月，令州縣歲十二月行鄉飲酒禮。○始加賦以給官俸。○冬，十一月，帝還西京。○

吐蕃請和。○以李邕、鄭勉爲遠州刺史，李朝隱爲大理卿，陸象先爲河南尹。

己未七年，夏，四月，祁公王仁皎卒。○五月朔，日食。○秋，八月，敕五服并從禮傅。○九月，徙宋王憲爲寧王。○以突騎施蘇禄爲忠順可汗。

庚申八年，春，正月，宋璟、蘇頲罷。○以源乾曜、張嘉貞同平章事。○夏，五月，復置十道按察使。○以源乾曜爲侍中，張嘉貞爲中書令。○六月，瀍、穀溢。○朔方大使王晙誘殺突厥降户僕固勺磨。○冬，十月，流裴虚己於新州。○十一月，突厥寇涼州。

辛酉九年，春，正月，改蒲州爲河中府，置中都。○二月，以宇文融爲勸農使。○突厥遣使求和。○夏，四月，敕舉縣令。○六月，罷中都。○秋，七月，蘭也州胡康待賓反，王晙等擒斬之。○九月朔，日食。○康待賓餘黨復叛，貶王晙爲梓州刺史。○梁文獻公姚崇卒。**考證**當去「文獻」二字，分注「謚文獻」。○以張説同三品。○以王君㚟爲河西、隴右節度大使。○冬，十一月，罷諸王都督、刺史，召還。○新作蒲津橋。○安州别駕劉子玄卒。○造新曆及黄道游儀。

壬戌十年，春，正月，幸東都。○夏，四月，以張説兼知朔方軍節度使。○五月，伊、汝水溢。○六月，博州河决。○制增太廟爲九室。○秋，安南亂，遣内侍楊思勖討平之。○杖秘書監姜皎，流之欽州。○北庭節度使張嵩擊吐蕃，大破之。○張説巡邊，討康待賓餘黨平之，奏罷邊兵二十萬人。○始募兵充宿衛。○冬，十月，復以乾元殿爲明堂。○十一月，初令宰相共食實封三百户。○十二月，永穆公主適王銔。

癸亥十一年，春，正月，帝北巡。詔潞州給復五年。以并州爲太原府，置北都。○二月，張嘉貞罷。○祭后土於汾陰。○貶王同慶爲贛尉。○以張説兼中書令。○罷天兵、大武等軍。○三月，帝至西京。○夏，四月，以王晙同三品，兼朔方軍節度大使。○五月，置麗正書院。○秋，八月，敕州縣安集逃户。○尊獻祖、懿祖，祔于太廟。○冬，始置長從宿衛。○十二月，貶王晙爲蘄州刺史。○改政事堂爲中書門下。

甲子十二年，春，三月，以杜暹爲安西副大都護。○夏，五月，停按察使。○復以宇文融爲勸農使。○六月，制選臺閣名臣爲諸州刺史。○秋，七月，以楊思勖爲輔國大將軍。○廢皇后王氏。○八月，以宇文融爲御史中丞。○冬，十一月，帝如東都。○群臣請封禪。

乙丑十三年，春，二月，以宇文融兼户部侍郎。○更命長從宿衛爲彍騎。○選諸司長官爲諸州刺史。○三月，禁錮酷吏來俊臣等子孫。○夏，四月，更集仙殿爲集賢殿。○遣使如突厥。○秋，九月，禁奏祥瑞。○冬，十月，作水運渾天成。○十一月，封泰山。○以王毛仲爲開府儀同三司。○車駕還，幸孔子宅。○至宋州。○十二月，帝還東都。○分吏部爲十銓，親決試判。○大有年。

丙寅十四年，春，正月，命張説脩五禮。○夏，四月，以李元紘同平章事。○張説罷。○岐王範卒，贈謚惠文太子。○五月，户部奏今歲户口之數。○秋，七月，河南、北大水。○八月，魏州河溢。○以杜暹同平章事。○冬，十月，黑水靺鞨遣使入見。

丁卯 十五年，春，正月，吐蕃入寇，王君㚟追擊至青海西，破之。○夏，五月，作十王宅、百孫院。○夏至，賜貴近絲，人一綟。○秋，七月，冀州河溢。○許文憲公蘇頲卒。**考證** 當去「文憲」二字，分注「謚文憲」。○九月，吐蕃陷瓜州。○盜殺王君㚟。○突厥遣使入貢。○冬，十月，帝還西京。○以蕭嵩爲河西節度副大使。

戊辰 十六年，春，正月，嶺南獠反，命楊思勖討平之。○以宇文融充九河使。○二月，以張説兼集賢院學士。○改彍騎爲羽林飛騎。○秋，八月，行《開元大衍曆》。○金吾將軍杜賓客破吐蕃于祁連城。○冬，十一月，以蕭嵩同平章事。○十二月，立長征兵分番酬勛法。○制户籍三歲一定，分爲九等。

己巳 十七年，春，三月，朔方節度使信安王禕攻吐蕃，拔石堡城。○限明經、進士及第，每歲毋過百人。○夏，四月，禘于太廟。○五月，復置按察使。○杜暹、李元紘、源乾曜罷，以宇文融、裴光庭同平章事，蕭嵩兼中書令。○秋，八月，以帝生日爲千秋節。○工部尚書張嘉貞卒。○禁私賣銅鉛錫。○貶宇文融爲汝州刺史。○冬，十月朔，日食。

庚午 十八年，春，正月，以裴光庭爲侍中。○二月，初令百官休日選勝行樂。○夏，四月，築西京外郭。

○以裴光庭兼吏部尚書。○六月，以忠王浚領河北道行軍元帥，帥十八總管討奚、契丹。考證「討」當作「伐」。○洛水溢。○冬，十月，吐蕃遣使入貢。○是歲，天下奏死罪二十四人。

辛未 十九年，春，正月，王毛仲有罪賜死。○以《詩》《書》賜吐蕃。○上躬耕於興慶宮側。○三月，置太公廟。○冬，十二月，幸東都。○殺巂州都督張審素。○浚苑中洛水。

壬申 二十年，春，正月，遣信安王禕將兵擊奚、契丹，大破之。○二月朔，日食。○夏，四月，宴百官於上陽東洲。○敕裴光庭、蕭嵩分押左、右廂兵。○秋，八月朔，日食。○九月，《開元禮》成。○冬，十一月，祀后土於汾陰。十二月，還西京。

癸酉 二十一年，春，正月，遣大門藝討渤海，不克。考證「討」當作「擊」。○三月，裴光庭卒。○以韓休同平章事。○閏月，幽州副總管郭英傑與契丹戰，敗死。○夏，六月，制選人有才行者，委吏部臨時擢用。○秋，七月朔，日食。○冬，十月，左丞相宋璟致仕，歸東都。○蕭嵩、韓休罷。○以裴耀卿同平章事，起復張九齡同平章事。○分天下爲十五道，置采訪使。○以楊慎矜知太府出納。

甲戌 二十二年，春，正月，幸東都。○二月，秦州地震。○夏，五月，以裴耀卿爲侍中，張九齡爲中書令，李林甫同三品。○上芟麥於苑中。○以裴耀卿爲江、淮、河南轉運使，置河口輸場。○以方士張果爲銀青光禄大夫。○冬，十二月朔，日食。○幽州節度使張守珪斬契丹王屈烈及可突干。○突厥殺其毗伽可汗。○置病坊。

乙亥 二十三年，春，正月，耕籍田，御樓酺宴。○三月，張瑝、張琇殺殿中侍御史楊汪以復父讎，敕杖殺之。○秋，七月，加咸宜公主實封千户。○冬，閏十月朔，日食。○十二月，册壽王妃楊氏。○以契丹涅禮爲松漠都督。

丙子 二十四年，春，正月，敕聽逃户自首。○突騎施寇北庭，都護盖嘉運擊破之。○二月，頒令長新戒。○皇太子更名瑛。○三月，敕禮部侍郎掌貢舉。○夏，四月，張守珪使討擊使安禄山討奚、契丹，敗績。○增宗廟籩豆數，加母黨服。○秋，八月，張九齡上《千秋金鑑録》。○冬，十月，帝還西京。○十一月，賜朔方節度使牛仙客爵隴西縣公。○裴耀卿、張九齡罷爲左、右丞相，以李林甫兼中書令，牛仙客同三品。

丁丑 二十五年，春，正月，置玄學博士。○二月，立明經問義、進士試經法。○河西節度使崔希逸襲吐蕃，破之。○夏，四月，殺監察御史周子諒，貶張九齡爲荆州長史。○廢太子瑛、鄂王瑶、光王琚而殺之。○五月，流夷州刺史楊濬於古州。○募丁壯長充邊軍。○詔選宗子補官。○秋，七月，大理寺奏有鵲來巢。賜李林甫爵晋國公，牛仙客豳國公。○行和糴法，停江、淮運。○冬，十月，開府儀同三司、廣平文貞公宋璟卒。**考證**當去「文貞」二字，分注「謚文貞」。○十二月，惠妃武氏薨，追謚貞順皇后。○復以明堂爲乾元殿。

戊寅 二十六年，春，正月，以牛仙客爲侍中。以王璵爲祠祭使。○令天下州、縣、里皆置學。○夏〔一〕，六月，立忠王璵爲太子，改名亨。○突騎施殺其可汗蘇禄。○秋，九月朔，日食。○貶王昱爲高要尉。○册南詔爲雲南王。○冬，十月，作行宫於兩都間。○置龍武軍。

己卯 二十七年，夏，六月，貶張守珪爲括州刺史。○秋，八月，磧西節度使蓋嘉運擊突騎施，擒其可汗骨啜。○追謚孔子爲文宣王。○冬，十二月，更定禘祫之制。

庚辰 二十八年，春，正月，荆州長史張九齡卒。**考證**當分注「謚文憲」。○三月朔，日食。○以阿史那昕爲十姓可汗。○夏，六月，以蓋嘉運爲河西、隴右節度使。○冬，十月，吐蕃寇安戎城，發關中兵救之。○十一月，立莫賀達干爲突騎施可汗。○是歲户口之數。

辛巳 二十九年，春，正月，立賑饑法。○夏，閏四月，得玄元皇帝像。○吐蕃入寇。○秋，七月，突厥殺其登利可汗。○洛水溢。○八月，以安禄山爲營州都督。○冬，十一月，太尉、寧王憲薨，追謚曰讓皇帝。○十二月，吐蕃陷石堡城。

壬午 天寶元年，春，正月，以安禄山爲平盧節度使。○穿三門運渠。○群臣請加尊號。○二月，享玄元皇

〔一〕蜀藩本脱「夏」字。

帝于新廟。越三日，享太廟。越二日，合祀天地於南郊。○改官名。○以田同秀爲朝散大夫。○三月〔一〕，以韋堅爲江、淮租庸轉運使。○以盧絢、嚴挺之爲員外詹事。○秋，七月朔，日食。○牛仙客卒，以李適之爲左相。○突厥阿布思來降。

癸未二年，春，正月，安禄山入朝。○三月，追尊周上御大夫爲先天太皇，皋繇爲德明皇帝。○廣運潭成，加韋堅左散騎常侍。

甲申三載，春，正月，改年曰載。○二月，海賊寇台州，遣河南尹裴敦復討平之。○以安禄山兼范陽節度使。○夏，五月，河西軍擊突騎施，斬莫賀達干，更立骨咄禄爲可汗。○秋，突厥亂，册回紇骨力裴羅爲懷仁可汗。○九月，以楊愼矜爲御史中丞。○冬，十二月〔二〕，貶裴寬爲睢陽太守。○始祀九宫貴神。○初令百姓十八爲中，二十三成丁。

乙酉四載，春，正月，帝聞空中神語。○回紇懷仁可汗死。○二月，以朔方節度使王忠嗣兼河東節度使。○秋，七月，册壽王妃韋氏。八月，以楊太真爲貴妃。○九月，以韋堅爲刑部尚書，楊愼矜爲租庸轉運使。○安禄山討奚、契丹，破之。**考證**「討」當作「擊」。○冬，安禄山奏立李靖、李勣廟。○以王鉷

〔一〕蜀藩本誤作「二月」。

〔二〕蜀藩本誤作「十月」。按：《資治通鑑·唐紀三十一》載：「（天寶三載）十二月……甲午，寬坐贬睢阳太守。」故當作「十二月」。

爲京畿采訪使。

五載丙戌，春，正月，貶韋堅爲縉雲太守，皇甫惟明爲播州太守。○以王忠嗣爲河西、隴右、朔方、河東節度使。○夏，四月，李適之罷。○以陳希烈同平章事。○五月朔，日食。○秋，七月，敕左降官日馳十驛。○加嶺南經略使張九章三品，以王翼爲户部侍郎。○冬，殺驍衛兵曹栁勣、贊善大夫杜有鄰。

六載丁亥，春，正月，殺北海太守李邕及皇甫惟明、韋堅等，王琚、李適之自殺。○除絞斬條。○令天下嫁母服三載。○令士通一藝以上皆詣京師。○以安禄山兼御史大夫。○夏，四月，王忠嗣解河東、朔方節度。○冬，十月，如驪山温泉，名其宫曰華清。○將軍董延光攻吐蕃石堡城，不克。十一月，以哥舒翰充隴右節度使，貶王忠嗣爲漢陽太守。○殺户部侍郎楊慎矜。○十二月，以天下歲貢賜李林甫。○以高仙芝爲安西四鎮節度使。

資治通鑑綱目考證卷四十四

起戊子唐玄宗天寶七載，盡戊戌唐肅宗乾元元年，凡十一年。

戊子 七載，夏，四月，以高力士爲驃騎大將軍。○五月，群臣上尊號。○賜安禄山鐵券。○以楊釗判度支事。**考證**[一]「以楊釗」當作「以貴妃兄楊釗」。○謹按：唐自高宗以後，數十年間載罹女禍。明皇以英武之資，親定内難，何乃昧於近監，復蹈聚麀之耻，而天下大亂。貴妃與則天傷人倫之教無相遠者。幸而貴妃與楊釗不及則天、諸武，故内患小而易去；禄山大過昌宗、易之，故外患大而難平。雖平之，唐室由是日微矣。《綱目》書「貴妃姊爲夫人」，故又當加「貴妃兄」於「楊釗」之上，用昭遠監於方來也。○冬，十一月，以貴妃姊爲國夫人。○改會昌縣曰昭應。○十二月，哥舒翰築神威軍、應龍城。○雲南王歸義死。

己丑 八載，春，二月，帥群臣觀左藏，賜楊釗金紫。○夏，四月，殺咸寧太守趙奉璋。○五月，停折衝府上下魚書。○六月，加聖祖及諸帝、后號、謚。○哥舒翰攻吐蕃石堡城，拔之。○群臣請加尊號。○始禘祫于太清宮。

[一] 蜀藩本誤作「考異」。

庚寅九載，春，正月，群臣請封西嶽，許之。○二月，以姚思藝爲檢校進食使。○關中旱，西嶽祠災。制罷封祀。○夏，四月，流宋渾於潮陽。○五月，賜安禄山爵東平郡王。○秋，八月，以安禄山兼河北道採訪處置使。○求殷、周、漢後，廢韓、介、酅公。○冬，十月，得妙寶真符。○安禄山入朝。○制追復張易之兄弟官爵。○賜楊釗名國忠。○南詔反，陷雲南郡。

辛卯十載，春，正月，免駙馬程昌裔官。○爲安禄山起第於親仁坊。○高僊芝入朝，加開府儀同三司。○以安禄山兼河東節度使。○夏，四月，劒南節度使鮮于仲通討南詔蠻，敗績。制復募兵以擊之。**考證**「討」當作「擊」。○高僊芝擊大食，敗績。○秋，八月，武庫火。○安禄山討契丹，大敗。**考證**「討」當作「擊」。○冬，十一月，以楊國忠領劒南節度使。

壬辰十一載，春，二月，以粟帛庫錢易惡錢。○三月，安禄山擊契丹。○改吏、兵、刑部爲文、武、憲部。○夏，户部侍郎、京兆尹王鉷伏誅。○以安思順爲朔方節度使。○五月，以楊國忠爲御史大夫、京畿採訪使。○秋，八月，上復幸左藏。**考證**「上」當作「帝」。○冬，十一月，李林甫卒。**考證**「卒」當作「死」。○以楊國忠爲右相，兼文部尚書。○以吉温爲御史中丞。○哥舒翰、安禄山、安思順入朝。

癸巳十二載，春，正月，楊國忠注選人於都堂。○二月，追削李林甫官爵，剖其棺。○夏，五月，復以魏、周、隋後爲三恪。○秋，八月，以哥舒翰兼河西節度使。○冬，十月，帝如華清宫。○以中書舍人宋昱知選事。

甲午 十三載，春，正月，安禄山入朝。○加安禄山左僕射。○以安禄山爲閑厩群牧使。○二月，復加聖祖及諸帝、后號、謚。○以楊國忠爲司空。○三月，安禄山歸范陽。○夏，六月朔，日食，不盡如鉤。○劍南留後李宓擊南詔，敗没[一]。○秋，八月，陳希烈罷，以韋見素同平章事。○關中大饑。○冬，閏十一月，貶韋陟爲桂嶺尉，吉温爲澧陽長史。○户部奏郡縣、户口之數。

乙未 十四載，春，二月，安禄山請以蕃將代漢將，從之。○哥舒翰入朝。○秋，七月，安禄山表請獻馬，遣中使諭止之。○八月，免百姓今載租庸。○冬，十月，帝如華清宫。○十一月，安禄山反。遣封常清如東京募兵以禦之。○帝還京師。安慶宗伏誅。以郭子儀爲朔方節度使。○以張介然爲河南節度使。○十二月，以高僊芝爲副元帥，統諸軍屯陜。○禄山陷靈昌及陳留，殺張介然。○制朔方、河西、隴右兵赴行營。○禄山陷滎陽，殺其太守崔無詖。○封常清與賊戰于武牢，敗績。禄山遂陷東京，留守李憕、御史中丞盧奕死之。○高僊芝退保潼關，河南多陷。○東平太守吴王祗起兵討賊。○以永王璘爲山南節度使，潁王璬爲劍南節度使。○制太子監國。○平原太守顔真卿起兵討賊。○殺高僊芝、封常清，以哥舒翰爲副元帥。○禄山遣兵寇振武。郭子儀使兵馬使李光弼、僕固懷恩擊破之，進圍雲中，

[一] 蜀藩本作「敗走」。

拔馬邑。〇常山太守顔杲卿起兵討賊，河北諸郡皆應之。〇吐蕃贊普乞梨蘇死。

十五載，丙申 肅宗皇帝至德元載。春，正月，安禄山僭號。〇以李隨爲河南節度使，許遠爲睢陽太守。〇賊將史思明陷常山，顔杲卿死之。復陷九郡，進圍饒陽。〇以李光弼爲河東節度使。〇禄山遣其子慶緒寇潼關，哥舒翰擊却之。〇二月，李光弼入常山，執賊將安思義，遂與史思明戰，大敗之。〇真源令張巡起兵雍丘討賊。〇以李光弼爲河北節度使。〇加顔真卿河北採訪使。真卿擊魏郡，拔之。**考證**「擊」當作「討」。〇以賀蘭進明爲河北招討使。〇夏，四月，郭子儀、李光弼與史思明戰於九門，敗之，進拔趙郡。〇以來瑱爲潁川太守。〇以劉正臣爲平盧節度使。〇以虢王巨爲河南節度使。〇五月，郭子儀、李光弼與史思明戰于嘉山，大破之，復河北十餘郡。〇六月，哥舒翰與賊戰于靈寶，大敗，賊遂入關。〇帝出奔蜀。〇次于馬嵬。楊國忠及貴妃楊氏伏誅。〇發馬嵬，留太子東討賊。〇帝至扶風。〇太子至平涼。〇帝至河池，以崔圓同平章事。〇陳倉令薛景僊殺賊將，克扶風而守之。〇賊將孫孝哲陷長安。〇郭子儀、李光弼引兵入井陘。劉正臣襲范陽，不克。〇帝至普安，以房琯同平章事。〇秋，七月，太子即位於靈武，尊帝爲上皇天帝；以裴冕同平章事。**考證**「太子」當作「太子亨」。〇上皇制以太子充天下兵馬元帥，諸王分總天下節制。〇上皇至巴西，以崔渙同平章事，韋見素爲左相。〇賊兵寇扶風，薛景僊擊破之。〇安禄山遣高嵩使河、隴，大震關使郭英乂斬之。〇李泌至靈武。〇河西、安西皆遣兵詣行在。〇改扶風爲鳳翔郡。〇上皇至成都。〇令狐潮圍雍丘，張巡擊走之。〇常山諸將討殺太守王脩。〇以顏真卿爲工部尚書。〇八月，以郭子儀爲靈武長史，李光弼爲北都留守，并同平章事。〇回紇、吐蕃遣使請助討賊。〇上皇以第五琦爲江、淮租庸使。〇史思明陷九門。〇上皇遣使奉册寶如靈武。〇史思明陷藁城。〇禄山取長安樂工、犀象詣洛陽。〇九月，史思明陷趙郡、常山。〇以廣平王俶爲天下兵馬元帥，李泌爲侍謀軍國元帥長史。〇同羅叛，遣郭子儀發兵討破之。〇遣使徵兵回紇。〇帝如彭原。〇寶册至自成都。〇制諫官言事勿白宰相。〇冬，十月朔，日食，既。〇加第五琦山南等道度支使。〇以房琯爲招討節度使，與賊戰于陳濤斜，敗績。〇史思明攻陷河北諸郡，饒陽裨將張興死之。〇永王璘反，上皇遣淮南節度使高適等討之。〇回紇遣葛邏支將兵入援，十一月，與郭子儀合擊同羅，破之。〇十二月，安禄山遣兵陷潁川，執太守薛愿、長史龐堅殺之。〇張巡移軍寧陵，與賊將楊朝宗戰，大破之。〇于闐王勝將兵入援。〇吐蕃陷威戎等軍。

丁酉二載。**考證**[一]當書「肅宗皇帝至德」於「二載」之上。〇謹按：姚氏曰：睿宗景雲二年下分注「玄宗先天元年」，明年始大書「玄宗明皇帝開元元年」。至天寶十五載，下分注「肅宗至德元載」，明年惟書「二載」，未嘗大書「肅宗皇帝至德」，爲無始。故今於「二載」上加「肅宗皇帝至德」，使得上同於開元矣[二]。〇春，正月，上皇以李麟同平章事，命崔圓赴彭原。〇安慶緒殺禄山。〇殺建寧王倓。〇帝如保定。〇史思明等寇太原，李光弼擊

[一] 蜀藩本誤作「考異」。
[二] 蜀藩本「矣」字作「也」字。

破之。○賊將尹子奇寇睢陽，張巡入睢陽，與許遠拒却之。○郭子儀平河東，賊將崔乾祐敗走。○平盧節度使劉正臣卒。○二月，帝至鳳翔。○慶緒使史思明守范陽。○江南採訪使李成式討永王璘，璘敗走死。○三月[一]，韋見素、裴冕罷，徵苗晋卿爲左相。○上皇遣中使祭始興文獻公張九齡。○尹子奇復寇睢陽，張巡擊走之。○夏，四月，以郭子儀爲司空、天下兵馬副元帥，與賊戰于清溝，敗績。○房琯罷，以張鎬同平章事。○山南東道節度使魯炅奔襄陽。○貶郭子儀爲左僕射。○六月，將軍王去榮有罪，敕免死自效。○秋，七月，尹子奇復寇睢陽。○以張鎬兼河南節度使。○蔡希德寇上黨，執節度使程千里。○九月，廣平王俶、郭子儀收復西京。○遣使請上皇還京師。○郭子儀克華陰、弘農。○冬，十月，尹子奇陷睢陽，張巡、許遠死之。○廣平王俶、郭子儀等收復東京。○李泌歸衡山。○帝發鳳翔，遣韋見素奉迎上皇。○郭子儀遣兵取河陽及河内。○嚴莊來降，以爲司農卿。○陳留人殺尹子奇，舉城降。○帝入西京，上皇發蜀郡。○安慶緒走保鄴郡。○以甄濟爲秘書郎，蘇源明知制誥。○宴回紇葉護於宣政殿。○朝享於長樂殿。○十二月，上皇還西京。○赦天下。○立廣平王俶爲楚王。**考證**「立」當作「徙」。○加郭子儀司徒，李光弼司空，功臣進階賜爵有差。○追贈死節之士。○蠲來載租庸三分之一。○復郡名、官名。○上上皇尊號。○以良娣張氏爲淑妃。○史思明、高秀巖各以所部來降。○制陷賊官以六等定罪。○置左、右神武軍。○故妃韋氏卒。

[一] 蜀藩本誤作「二月」。

戊戌乾元元年，春，正月，上皇加帝尊號，帝復上上皇尊號。○二月，以李輔國兼太僕卿。**考證**當加「宦者」於「李輔國」之上。○賊將能元皓舉所部來降。○大赦，改元。○三月，徙楚王俶爲成王。○立淑妃張氏爲皇后。○夏，四月，新主入太廟。○五月，停採訪使，改黜陟使爲觀察使。○張鎬罷。○立成王俶爲皇太子，更名豫。○崔圓、李麟罷，以王璵同平章事。○贈顏杲卿太子太保，謚曰忠節。○六月，立太一壇。○初行新曆。○貶房琯爲豳州刺史。○史思明反，殺范陽副使烏承恩。○秋，七月，初鑄大錢。○册回紇英武可汗，以寧國公主歸之。○郭子儀、李光弼入朝。八月，以子儀爲中書令，光弼爲侍中〔一〕。○命郭子儀等九節度討安慶緒，以宦官魚朝恩爲觀軍容使。○冬，十月，郭子儀等拔衛州，遂圍鄴城。○河南節度使崔光遠拔魏州。史思明復陷之。○以侯希逸爲平盧節度副使。

〔一〕蜀藩本作「侍郎」。

資治通鑑綱目考證卷四十五

起己亥唐肅宗乾元二年，盡戊午唐代宗大曆十三年，凡二十年。

己亥二年，春，正月，史思明自稱燕王。○鎮西節度使李嗣業卒於軍。○二月，月食，既。○三月，九節度之兵潰於相州。○史思明殺安慶緒，還范陽。○苗晉卿、王璵罷，以李峴、李揆、呂諲、第五琦同平章事。○以郭子儀爲東畿等道元帥。○夏，四月，史思明僭號。○制停口敕處分。○以李抱玉爲鄭、陳、潁、亳節度使。○回紇毗伽闕[一]可汗死。○五月，貶李峴爲蜀州刺史。○秋，七月，召郭子儀還京師，以李光弼爲朔方節度使、兵馬元帥。○以王思禮爲河東節度使。○賜僕固懷恩爵大寧郡王。○寧國公主歸京師。○八月，襄州將康楚元等作亂，破荊州。○更鑄大錢。○冬，十月，李光弼與史思明戰於河陽，大敗之。○十一月，商州刺史韋倫發兵討荊、襄，平之。○貶第五琦爲忠州長史。○十二月，史思明寇陝，擊却之。

庚子上元元年，春，正月，以李光弼爲太尉，兼中書令。○以郭子儀領邠寧、鄜坊節度使。○二月，李光

[一]《四庫》本原作「昆加闕」，據蜀藩本改。

弼攻懷州，與史思明戰，破之。○第五琦除名，流夷州。○三月〔一〕，李光弼破安太清於懷州。夏，四月，破史思明於河陽。○以韋倫爲山南東道節度使，尋以來瑱代之。○閏月，以王思禮爲司空。○追謚太公望爲武成王。○五月，以苗晋卿行侍中。○吕諲罷。○以劉晏爲户部侍郎，充度支、鑄錢、鹽鐵等使。○六月，桂州破西原蠻。○羌、渾寇鳳翔，節度使崔光遠破之。○敕小錢一當十，其重輪者當三十。○興王佋卒。○秋，七月，李輔國遷太上皇於西内。○命郭子儀出鎮邠州。○制郭子儀統諸道兵取范陽，定河北，不果行。○冬，十一月，江淮都統劉展反。○李光弼拔懷州，擒安太清。○敕平盧兵馬使田神功討劉展。

辛丑　二年，春，正月，田神功擊劉展，斬之，餘黨皆平。○二月，李光弼與史思明戰於邙山，敗績。河陽、懷州皆陷。○貶李揆爲袁州長史，以蕭華同平章事。○三月，史朝義殺史思明。○貶李光弼爲開府儀同三司。○夏，四月，梓州刺史段子璋反，討平之。○復以李光弼爲太尉，統八道行營，鎮臨淮。○秋，七月朔，日食，既，大星皆見。○八月，加李輔國兵部尚書。○九月，置道場於三殿。○制去尊號及年號，以建子月爲歲首。○制除五品以上官，令舉一人自代。○江、淮大饑。○冬，十月，楚州牙將高幹殺其刺史李藏用。○建子月，受朝賀如正旦儀。○貶劉晏爲通州刺史。○以元載爲度支、鹽鐵、轉運等使。○上朝太上皇於西内。

〔一〕蜀藩本誤作「二月」。

壬寅 寶應元年，春，建寅月，李光弼拔許州。○建卯月，河東軍亂，殺其節度使鄧景山。○行營兵殺都統李國貞、節度使荔非元禮。○建辰月，賜郭子儀爵汾陽王，知諸道行營。○以來瑱爲淮西、河南節度使。○蕭華罷，以元載同平章事，領度支、轉運使如故。○建巳月，楚州得寶玉十三枚○太上皇崩。○復以建寅爲正月。○帝崩，李輔國殺皇后張氏。**考證**「殺」當作「弒」。○謹按：《唐書》：張皇后謂太子曰，李輔國久典禁兵，制敕皆從之出，擅逼遷聖皇，其罪甚大，陰謀作亂，不可不誅。〔一〕張后雖云有隙，而輔國罪誠可誅，代宗果能從母之令，明正其罪，上告君父而顯誅之，則肅宗未至遽崩，母后不致遇弒，下可全昆弟之命，上可振朝廷之威。宦寺之禍，或由此而息歟。一失其機，反被輔國矯太子命，遷后於别殿幽殺之。及其二子有累代宗之德多矣。尹氏《發明》云：直書曰殺者，非予輔國也，所以正張后之罪爾。《發明》不正弒逆之罪，而正受弒者之罪，其説抑未然乎。若然其説，則恐世之爲人奴者殺其主母而不謂之弒，何足以昭監戒於將來也哉？今故推明正例，「殺」當作「弒」。○太子即位。**考證**當作「太子豫即位」。○以李輔國爲司空，兼中書令。○赦大小錢皆當一。○李光弼使田神功擊史朝義，大破之。○復以來瑱爲山南東道節度使。○六月，進李輔國爵博陸王。**考證**當加「宦者」於「李輔國」之上。○謹按：李輔國，宦官之罪首也。宦者，拜官有之，未聞爲三公者；封侯有

〔一〕出自《新唐書·越王系傳》，與原文稍異。原文爲「帝寢疾，皇太子監國，張皇后與中人李輔國有隙，因召太子入，謂曰：『輔國典禁軍，用事久，四方詔令皆出其口，矯天子制，逼徙聖皇，天下側目。今上疾彌留，輔國常怏怏，忌吾與汝。又程元振陰結黄門，圖不軌。若釋不誅，禍不移頃。』」

之，未聞進王爵者。爲三公，封王，自輔國始。或曰：均爲輔國[一]也，既書「宦者」於「兼太僕卿」之上，進王爵何必復書乎？曰：漢封單超爲列侯，又以爲車騎將軍，皆書「宦者」於其上。考之《凡例》，加於除官，以著其與政，加於封爵以著其有功。先儒謂宦寺之禍甚於女寵，漢唐傾危實由此輩，可不誡哉，可不誡哉？○以劉晏爲度支、轉運、鹽鐵等使。○秋，七月，郭子儀入朝。○台州袁晁作亂。○以程元振爲驃騎大將軍。**考證**當書「宦者」於「程元振」之上。○九月，以來瑱同平章事。○貶裴冕爲施州刺史。○回紇舉兵入援。冬，十月，以雍王适爲天下兵馬元帥，討史朝義，大敗之，取東京及河陽。賊將薛嵩、張忠志以州降。○盜殺李輔國。○十一月，以張忠志爲成德軍節度使，賜姓名李寶臣。○以僕固懷恩爲河北副元帥。○諸軍圍史朝義於莫州。

癸卯 代宗皇帝廣德元年，春，正月，以劉晏同平章事，度支等使如故。○流來瑱於播州，殺之。○賊將田承嗣以莫州降。李懷僊殺史朝義，傳首京師。○以薛嵩、田承嗣、李懷僊爲河北諸鎮節度使。○回紇歸國。○以梁崇義爲山南東道節度留後。○三月，葬泰陵、喬陵。○夏，四月，李光弼遣將擒袁晁，浙東平。○分河北諸州節度。○敕議舉孝廉。○秋，七月，群臣上尊號。○九月，遣使徵僕固懷恩入朝，不至。○冬，十月，吐蕃入寇，上如陝州。吐蕃入長安，關內副元帥郭子儀擊之，吐蕃遁去。○十一月，削程元振官爵，放歸田里。○宦官呂太一反廣州，討平之。○十二月，上還長安。○以魚朝

[一] 蜀藩本誤作「武國」。

恩爲天下觀軍容宣慰處置使，總禁兵。○苗晉卿、裴遵慶罷，以李峴同平章事。○放廣武王承宏於華州。○吐蕃陷松、維、保三州。

（甲辰）二年，春，正月，流程元振於溱州。○遣刑部尚書顏真卿宣慰朔方行營。○立雍王适爲皇太子。○以魏博爲天雄軍。○僕固懷恩反，寇太原。○以郭子儀爲河中節度等使。○僕固瑒爲其下所殺，懷恩走雲州。○劉晏、李峴罷。○以王縉、杜鴻漸同平章事。○三月，以劉晏爲河南、江、淮轉運使。○夏，五月，初行《五紀曆》。○罷孝悌力田及童子科。○六月，罷河中節度及耀德軍。○秋，七月，稅青苗錢，給百官俸。○臨淮武穆王李光弼卒。（**考證**當去「武穆」二字，分注「謚武穆」。）○僕固懷恩引回紇、吐蕃入寇，詔郭子儀出鎮奉天。○九月，關中蟲蝗，霖雨。○冬，十月，懷恩逼奉天，郭子儀出兵，懷恩退。○懷恩寇邠州，不克而遁。○十二月，加郭子儀尚書令，不受。○户部奏是歲户口之數。

（乙巳）永泰元年，春，正月，以李抱真爲澤潞節度副使。○三月，命文武之臣十三人於集賢殿待制。○吐蕃遣使請和。○旱。○夏，四月，以裴諝爲左司郎中。○劍南節度使嚴武卒。○畿内麥稔。○平盧將李懷玉逐其節度使侯希逸。詔以懷玉爲留後，賜名正已。○秋，九月，置百高座，講《仁王經》。○僕固懷恩誘回紇、吐蕃雜虜入寇。懷恩道死。召郭子儀屯涇陽。冬，十月，回紇受盟而還，吐蕃夜遁。○閏月，以路嗣恭爲朔方節度使。○郭子儀還河中。○漢州刺史崔旰殺西川節度使郭英乂。○流顧繇於錦州。

丙午大曆元年，春，正月，敕復補國子學生。○以户部尚書劉晏、侍郎第五琦分理天下財賦。○二月，釋奠於國子監。○貶顔真卿爲峽州别駕。○以杜鴻漸爲劍南東、西川副元帥。○以馬璘兼邠寧節度使。○秋，八月，以魚朝恩判國子監事。○冬，十月，上生日，諸道節度使上壽。○十一月，停什一税法。○十二月，周智光殺陜州監軍張志斌。○以陳少游爲宣歙觀察使。

丁未二年，春，正月，詔郭子儀討周智光，斬之。○二月，郭子儀入朝。○夏，六月，杜鴻漸入朝。秋，七月，以崔旰爲西川節度使。○魚朝恩作章敬寺。○九月，吐蕃圍靈州。冬，十月，路嗣恭擊却之。○十二月，郭子儀入朝。

戊申三年，春，正月，上幸章敬寺，度尼千人。○三月朔，日食。○夏，四月，崔旰入朝，復使還鎮。○徵李泌於衡山。○追謚齊王倓爲承天皇帝。○六月，幽州將朱希彩殺其節度使李懷僊，詔以希彩知留後。○秋，七月，遣右散騎常侍蕭昕使回紇。○内出盂蘭盆賜章敬寺。○八月，吐蕃寇靈武。○以王縉領河東節度使。○九月，鳳翔都將李晟屠吐蕃定秦堡，吐蕃遁還。○冬，十二月，以馬璘爲涇原節度使。

己酉四年，春，正月，郭子儀入朝。○夏，五月，以僕固懷恩女嫁回紇。○六月，郭子儀徙鎮邠州。○冬，十月，杜鴻漸卒。○以裴冕同平章事。十二月，卒。

庚戌五年，春，三月，魚朝恩伏誅。○罷度支、轉運、常平、鹽鐵等使，委宰相領之。○以楊綰爲國子祭酒，徐浩爲吏部侍郎。○秋，七月，京畿饑。○以李泌爲江西觀察判官。

辛亥六年，春，二月，詔李抱玉專備隴坻。○嶺南蠻酋梁崇牽作亂，討平之。○三月，河北旱。○秋，八月，以李栖筠爲御史大夫。○以韓滉判度支。

壬子七年，春，正月，回紇使者犯朱雀門。○秋，七月，盧龍將吏殺其節度使朱希彩。冬，十月，詔以朱泚代之。

癸丑八年，春，正月，昭義節度使薛嵩卒。○二月，永平節度使令狐彰卒。○夏，五月，貶徐浩爲明州別駕。○回紇使者辭歸。○秋，八月，朱泚遣弟滔將兵戍涇州。○九月，循州刺史哥舒晃反。○召郇模入見。○冬，十月，加田承嗣同平章事。○吐蕃寇涇、邠，郭子儀遣渾瑊拒却之。○元載奏請城原州。

甲寅九年，春，二月，郭子儀入朝。○三月，詔以永樂公主妻田華。○夏，六月，胡僧不空死。○京師旱。秋，七月，雨。○九月，盧龍節度使朱泚入朝。

乙卯十年，春，正月，田承嗣反，陷相州。○郭子儀入朝。○田承嗣陷洺、衛州。○詔諸道不得輒募兵。○二月，河陽軍士逐三城使常休明。○三月，陝州軍亂。○夏，四月，敕貶田承嗣，發諸道兵討之。○冬，十月朔，日食。○李正己按兵不進，李寶臣襲盧龍軍。○吐蕃寇涇、隴，李抱玉、馬璘等擊破之。○貴妃獨孤氏卒。○十一月，田承嗣將吴希光以瀛州降。○嶺南節度使路嗣恭克廣州，斬哥舒晃。

丙辰十一年，春，二月，赦田承嗣入朝。○夏，五月，汴宋軍亂。秋，七月，詔發諸道兵討平之。○冬，十二月，涇原節度使馬璘卒。

丁巳十二年，春，三月，詔復討田承嗣，既而釋之。○誅元載，貶王縉爲括州刺史。○夏，四月，以楊綰、常衮同平章事。○秋，七月，司徒文簡公楊綰卒。**考證**據《提要》，當去「文簡」二字，分注「謚文簡」。○以顔真卿爲刑部尚書。○九月，以段秀實爲涇原節度使。○吐蕃寇原、坊州。○霖雨。度支奏河中有瑞鹽。○冬，吐蕃寇鹽、夏，郭子儀遣兵拒却之。○以李納爲青州刺史。

戊午十三年，春，正月，敕毁白渠碾磑。○回紇寇太原。二月，代州都督張光晟擊破之。○吐蕃寇靈州。○夏，六月，隴右獻猫鼠同乳。○秋，吐蕃寇鹽、慶，又寇銀、麟，郭子儀遣李懷光擊破之。○八月，葬貞懿皇后。○冬，十二月，郭子儀入朝。○以路嗣恭爲兵部尚書。

資治通鑑綱目考證卷四十六

起己未唐代宗大曆十四年，盡甲子唐德宗興元元年四月，凡五年有奇。

己未十四年，春，正月，以李泌爲澧州刺史。○二月，田承嗣卒。○三月，淮西將李希烈逐其節度使李忠臣，詔以希烈爲留後。○以李勉兼汴州刺史。○夏，五月，帝崩，太子即位。考證當作「太子适即位」。○閏月，貶崔祐甫爲河南少尹。○貶常衮爲潮州刺史，以崔祐甫同平章事。○詔罷四方貢獻，又罷梨園。○尊郭子儀爲尚父，加太尉，兼中書令。○詔天下毋得奏祥瑞，縱馴象，出宫女。○以李希烈爲淮西節度使。○以馬燧爲河東節度使。○殺兵部侍郎黎幹。○以劉晏判度支。○六月，詔冤滯聽詣三司使及撾登聞鼓。○立皇子五人爲王。○立皇弟二人爲王。○詔六品以上清望官，日令二人待制。○以白志貞爲神策都知兵馬使。○遣使慰勞淄青將士。○秋，七月朔，日食。○詔議省祖宗謚。○罷客省。○毁元載、馬璘、劉忠翼之第。○減常貢錦千匹，服玩數千事。○罷榷酒。○以張涉爲右散騎常侍。○八月，以楊炎、喬琳同平章事。○遣太常少卿韋倫使吐蕃。○沈既濟上選舉議。○以曹王皋爲衡州刺史。○九月，南詔王閣羅鳳死。○冬，十月，吐蕃、南詔入寇，遣神策都將李晟等擊破之。○葬元陵。○十一月，喬琳罷。○以崔寧爲朔方節度使。○十二月，立宣王誦爲皇太子。○詔財賦皆歸左藏。○晦，日食。○遣關播招撫湖南盜賊。

庚申德宗皇帝建中元年，春，正月，始作兩稅法。○罷轉運、租庸、鹽鐵等使。貶劉晏爲忠州刺史。○二月，命黜陟使十一人分巡天下。○以段秀實爲司農卿。○以朱泚爲涇原節度使。○三月，張涉坐贓，放歸田里。○以韓洄判度支，杜佑權江淮轉運使。○夏，四月，劉文喜據涇州作亂，詔朱泚、李懷光討之。○上生日，不受獻。○吐蕃遣使入貢。五月，復遣韋倫使吐蕃。○涇州諸將殺劉文喜以降。○六月，門下侍郎、同平章事崔祐甫卒。○築奉天城。○回紇頓莫賀殺登里可汗而自立，遣使册命之。○秋，七月，邵州賊帥王國良降。○遥尊帝母沈氏爲皇太后。○殺忠州刺史劉晏。○八月，振武留後張光晟殺回紇使者九百餘人。○九月，宣政殿廊壞。○冬，十月，貶薛邕爲連山尉。○以睦王述爲奉迎太后使。○十一月，詔日引朝集使二人，訪遠人疾苦。○始定公主見舅姑禮。○是歲，天下兵民之數。

辛酉二年，春，正月，成德節度使李寶臣卒，子惟岳自稱留後。○以楊炎、盧杞同平章事。○更汴宋軍名曰宣武。○發京西兵戍關東。○夏，四月，加梁崇義同平章事。○五月，增商稅爲什一。○田悦舉兵寇邢、洺。○六月，以韓滉爲鎮海軍節度使。梁崇義拒命，詔淮寧節度使李希烈督諸道兵討之。○以張萬福爲濠州刺史。○尚父、太尉、中書令、汾陽忠武王郭子儀卒。**考證**當去「忠武」二字，分注「謚忠武」。○秋，七月，安西、北庭遣使詣闕，詔賜李元忠爵寧塞郡王，郭昕武威郡王，贈袁光庭工部尚書。○楊炎罷，以張鎰同平章事。○詔馬燧、李抱真、李晟討田悅，戰於臨洺，大破之。○平盧節度使李正己卒，子納自領軍務，與李惟岳遣兵救田悅。○八月，李希烈與梁崇義戰，大破之。崇義死，傳首京師。○九月，以張孝忠爲成德軍節度使。○加李希烈同平章事，以李承爲山南東道節度使。○冬，十月，殺左僕射楊炎。○祫于太廟。○徐州刺史李洧以州降。○十一月，永樂公主適田華。○劉洽、唐朝臣等大破青魏兵於徐州。○詔削李惟岳官爵。○陳少游擊海州，降之。○密州降。

壬戌三年，春，正月，馬燧等大破田悅等於洹水，博、洺州降。○朱滔、張孝忠與李惟岳戰，大敗之。趙州降。成德兵馬使王武俊殺惟岳，傳首京師。○李納復陷海、密。○復榷天下酒。○定州降。○二月，以張孝忠爲易、定、滄州節度使，王武俊爲恒冀團練使，康日知爲深趙團練使，以德、棣隸幽州。○三月，以李洧兼徐、海、沂觀察使。○夏，四月，朱滔、王武俊反，發兵救田悅，寇趙州。詔李懷光討之。○括富商錢。○洛州刺史田昂入朝。○召朱泚入朝。以張鎰兼鳳翔節度使。○五月，詔增稅錢。○以易、定、滄州爲義武軍。○以源休爲光祿卿。○六月，李懷光擊朱滔、王武俊於愜山，敗績。○秋，七月，李晟救趙州。○冬，十月，以曹王皋爲江西節度使。○以關播同平章事。○十一月，加陳少游同平章事。○朱滔、田悅、王武俊、李納皆自稱王。○十二月，李希烈自稱天下都元帥。

癸亥四年，春，正月，李希烈陷汝州，詔遣顏真卿宣慰之。○詔東都汝州節度使哥舒曜討李希烈，二月，克汝州。○三月，曹王皋敗李希烈兵，斬其將，拔黃、蘄州。○李希烈引兵歸蔡州。○荊南軍與李希烈戰，敗績。○夏，四月，以白志貞爲京城召募使。○李晟圍清苑，朱滔救之，晟軍大敗。○初行稅間架，除陌錢法。○秋，七月，遣禮部尚書李揆使吐蕃。○八月，李希烈寇襄城，詔發涇原等道兵救之。○九月，神策、宣武兵襲許州，敗於滬澗。○冬，十月，涇原兵過京師作亂，上如奉天。朱泚反，據長安。○司農卿段秀實謀誅朱泚，不克，死之。○鳳翔將李楚琳殺節度使張鎰，降于朱泚。○朱泚僭號。○李希烈陷襄城。○以馮河清爲涇原節度使。○殺右僕射崔寧。○李懷光帥衆赴長安。○以蕭復、劉從一、姜公輔同平章事。○泚犯奉天，詔韓游瓌、渾瑊拒之。○田悦、王武俊寇臨洺。○將軍高重捷及泚兵戰，死。○十一月，以韋皋爲奉義軍節度使。○靈武、鹽夏、渭北諸將合兵援，遇賊潰歸。○李晟將兵入援。渾瑊擊朱泚，破走之，奉天圍解。**考證**「擊」當作「討」。○李懷光至奉天，詔引兵還取長安。○曹王皋遣使貢獻。○十二月，貶盧杞、白志貞、趙贊爲遠州司馬。○以陸贄爲考功郎中。○李希烈陷汴、滑州，陳少游叛。○關播罷。

甲子

興元元年，春，正月，大赦。○王武俊、田悦、李納上表謝罪。○李希烈僭號。○置瓊林大盈庫於行宮。○以蕭復爲江淮等道宣慰安撫使。○詔復王武俊、田悦、李納官爵。○遣使發吐蕃兵。○二月，贈段秀實太尉，謚忠烈。○李希烈圍寧陵。○李晟還軍東渭橋。○加李懷光太尉，賜鐵券。○李懷光反，帝奔梁州。○加神策行營節度使李晟同平章事。○三月，魏博兵馬使田緒殺其節度使田悦，權知軍府。〇李懷光奔河中。〇車駕至梁州。〇鳳翔節度使李楚琳遣使詣行在。〇夏，四月，以韓游瓌爲邠寧節度使。〇加李晟諸道副元帥。〇以田緒爲魏博節度使。〇渾瑊以吐蕃兵拔武功。〇姜公輔罷爲左庶子。〇涇原大將田希鑒殺其節度使馮河清。〇以賈耽爲工部尚書。〇韓游瓌引兵會渾瑊於奉天。〇李抱真會王武俊於南宮。

資治通鑑綱目考證卷四十七

起甲子唐德宗興元元年五月，盡庚辰唐德宗貞元十六年，凡十六年有奇。

五月，韓滉遣使貢獻。○吐蕃引兵歸國。○李抱真、王武俊大破朱滔於貝州。○以程日華爲滄州節度使。○六月，李晟等收復京城，朱泚亡走，其將韓旻斬之以降。○以李晟爲司徒、中書令，渾瑊爲侍中，駱元光等遷官有差。○上發梁州。○秋，七月，至鳳翔，喬琳、蔣鎮、張光晟等伏誅。○遣給事中孔巢父宣慰河中，李懷光殺之。○車駕還長安。○徵李泌爲左散騎常侍。○八月，顔真卿爲李希烈所殺。○以李晟爲鳳翔、隴右節度等使，進爵西平王。○遣渾瑊等討李懷光軍於同州。○馬燧討李懷光，取晋、慈、隰州。以渾瑊爲河中節度使，康日知爲晋慈隰節度使。○朱滔上表待罪。○冬，十月，詔給朔方行營冬衣。○馬燧取絳州。○以竇文瑒、王希遷爲監神策軍兵馬使。○閏月，李晟誅田希鑒。○十一月，李澄以鄭、滑降，劉洽克汴州。○加韓滉同平章事。○蕭復罷爲左庶子。○是歲，蝗，大饑。

貞元元年乙丑，春，正月，贈顔真卿司徒，謚文忠。○以盧杞爲澧州別駕。○三月，馬燧敗李懷光兵於陶城。夏，四月，燧及渾瑊又破懷光兵於長春宫。○以曹王皋爲荆南節度使。淮西將李思登以隨州降之。

○六月，以韋皋爲西川節度使。○朱滔死，以劉怦爲幽州節度使。○秋，七月，陝、虢軍亂，殺其節度使張勸。詔以李泌爲都防禦轉運使。○大旱。○八月，馬燧取長春宮，遂及諸軍平河中，李懷光縊死。○加馬燧兼侍中。○赦懷光一子，收葬其尸。罷討淮西兵。○以張延賞爲左僕射。○九月，盧龍節度使劉怦卒，以其子濟知節度事。○劉從一罷。○冬，十二月，户部奏今歲入貢者凡百五十州。

丙寅　二年，春，正月，以劉滋、崔造、齊映同平章事。○三月，李泌開運道成。○夏，四月，淮西將陳僊奇殺李希烈以降，以僊奇爲節度使。○秋，七月，陳僊奇爲其將吴少誠所殺，以少誠爲留後。○以曲環爲陳許節度使。○吐蕃入寇，詔渾瑊、駱元光屯咸陽。○九月，置十六衛上將軍。○以賈耽爲義成節度使。○京城戒嚴。○李晟遣兵擊吐蕃於汧城，敗之。○冬，十月，李晟遣兵拔吐蕃摧沙堡。○十一月，皇后崩。**考證**當作「皇后王氏崩」。○謹按：《凡例》曰：「凡正統皇后，曰某后某氏崩。」是年十一月甲午，立淑妃王氏爲皇后，《提要》不書，是月丁酉崩，故當書「王氏」於「皇后」之下。○吐蕃陷鹽州。○韓滉、劉玄佐、曲環俱入朝。○十二月，以韓滉兼度支、鹽鐵、轉運等使。○吐蕃陷夏、銀、麟州。○崔造罷。○李晟入朝。

丁卯　三年，春，正月，以張延賞同平章事。○淮西戍兵自鄜州叛歸，過陝，李泌邀擊，斬之。○雲南王異牟尋請内附。○貶齊映爲夔州刺史。○劉滋罷，以柳渾同平章事。○二月，遣右庶子崔澣使吐蕃。○鎮海節度使同平章事韓滉卒。○以白志貞爲浙西觀察使。○三月，以李晟爲太尉。○夏，五月，以渾堿爲會盟使。○閏月，省州縣官。○以曹王皋爲山南東道節度使。○渾堿與吐蕃盟於平凉，吐蕃劫盟。○六月，以馬燧爲司徒兼侍中。○以李泌同平章事。○以李自良爲河東節度使。○復所省州縣官。○秋，七月，以李昇爲詹事。○以韓潭爲夏綏銀節度使。○以元友直爲諸道句勘兩税錢帛使。○停西域使者廩給，分隸神策軍。○募戍卒屯田京西。○張延賞卒。○八月朔，日食。○柳渾罷爲左散騎常侍。○幽部國大長公主，流李昇於嶺南。○九月，吐蕃寇隴州。○回紇求和親，許之。○吐蕃陷連雲堡。○冬，十月，吐蕃城故原州而屯之。○李軟奴等作亂，伏誅。○十二月，韓游瓌入朝。○大稔，詔和糴粟麥。

戊辰 四年，春，正月，以劉昌爲涇原節度使，李元諒爲隴右節度使。○二月，以諸道税外錢帛輸大盈庫。○詔葺白起廟，贈兵部尚書。○夏，四月，更命殿前射生曰神威軍。○雲南遣使入見。○吐蕃寇涇、邠、寧、慶、鄜州。○六月，徵陽城爲諫議大夫。○秋，七月，以張獻甫爲邠寧節度使。○罷句檢諸道税外物。○冬，十月，回紇来迎公主，仍請改號回鶻。○吐蕃寇西川，韋皋遣兵拒擊破之。○十一月，册回鶻長壽天親可汗，以咸安公主歸之。○以張建封爲徐泗濠節度使。○横海節度使程日華卒。

己巳 五年，春，二月，以程懷直爲滄州觀察使。○以董晋、竇參同平章事。○三月，中書侍郎、同平章事、鄴侯李泌卒。○冬，十月，韋皋遣将擊吐蕃，復巂州。○十二月，回鶻天親可汗死，遣使立其子爲忠貞可汗。○吐蕃寇北庭，回鶻救之。

庚午 六年，冬，十月，回鶻忠貞可汗爲其下所殺。○吐蕃陷安西。

辛未 七年，春，二月，遣使立回鶻奉誠可汗。○詔六軍與百姓訟者，府縣毋得笞辱。○義武節度使張孝忠卒，以其子昇雲爲留後。○秋，八月，以陸贄爲兵部侍郎，解内職。○吐蕃寇靈州，回鶻擊敗之。九月，遣使來獻俘。○以吴湊爲陝虢觀察使。

壬申 八年，春，三月，宣武節度使劉元佐卒。○夏，四月，賜諫議大夫吴通元死，貶竇參爲柳州別駕。○以趙憬、陸贄同平章事。○平盧節度使李納卒。○秋，七月，以司農少卿裴延齡判度支事。○天下四十餘州大水。○八月，遣使宣撫諸道。○韋皋攻吐蕃維州，獲其大將。○九月，減江、淮運米，令京兆、邊鎮和糴。○冬，十一月朔，日食。○貶姜公輔爲吉州別駕。○十二月，以柏良器爲右領軍。

癸酉 九年，春，正月，初税茶。○二月，以張昇雲爲義武節度使，賜名茂昭。○城鹽州。○三月，貶竇參爲驩州司馬，尋賜死。○夏，五月，以趙憬爲門下侍郎，與賈耽、盧邁同平章事。○韋皋遣兵攻吐蕃，拔五十栅。○董晋罷。○雲南王異牟尋遣使上表。○秋，七月，詔宰相迭秉筆，以處政事。○置欠負耗□染練庫。○八月，太尉、中書令、西平忠武王李晟卒。**考證**當去「忠武」二字，分注「謚忠武」。○冬，十二月，宣武軍亂，逐其節度使劉士寧。

甲戌 十年，春，正月，劍南西山羌蠻來降。○雲南擊吐蕃，大破之，遣使來獻捷。○二月，以劉滬爲秦州刺史。○以李復爲義成節度使。○夏，六月，昭義節度使李抱真卒。○遣使立異牟尋爲南詔王。○冬，十二月，陸贄罷爲太子賓客。

乙亥 十一年，夏，四月，貶陸贄爲忠州別駕。○五月，以李説爲河東留後。○回鶻奉誠可汗死，遣使立懷信可汗。○秋，七月，以陽城爲國子司業。○八月，司徒、侍中、北平莊武王馬燧卒。**考證** 當去「莊武」二字，分注「謚莊武」。○冬，十月，横海軍亂，逐其節度使程懷直。

丙子 十二年，春，正月，以渾瑊王武俊兼中書令，嚴震、田緒、劉濟、韋皋并同平章事，諸節鎮悉加檢校官。○三月，以李齊運爲禮部尚書。○夏，四月，魏博節度使田緒卒。○以韋渠牟爲右補闕。○六月，以竇文瑒、霍僊鳴爲護軍中尉。○以嚴綬爲刑部員外郎。○秋，七月，宣武軍亂，以董晋爲節度使。○八月朔，日食。○以陸長源爲宣武行軍司馬。○趙憬卒。○九月，以李景略爲豐州都防禦使。○裴延齡卒。○冬，十月，以崔損、趙宗儒同平章事。○十一月，以韋渠牟爲諫議大夫。

丁丑 十三年，春，二月，築方渠、合道、木波三城。○以姚南仲爲義成節度使。○吐蕃贊普乞立贊死。○秋，七月，起復張茂宗爲左衛軍，尚公主。○九月，盧邁罷。○冬，十月，吴少誠開刁溝。○十二月，以宦者爲宮市使。

戊寅 十四年，秋，七月，趙宗儒罷，以鄭餘慶同平章事。○八月，初置神策統軍。○九月，以于頔爲山南東道節度使。○吴少誠叛，侵壽州。○貶陽城爲道州刺史。

己卯 十五年，春，宣武節度使董晋卒，軍亂，殺留後陸長源。○以李錡爲浙西觀察使、諸道鹽鐵轉運使。○三月，吴少誠寇唐州。○秋，八月，以上官涚爲陳許節度使。○以韓宏爲宣武節度使。○詔削奪吴少誠官爵，令諸道進兵討之。○冬，十二月，中書令、咸寧王渾瑊卒。**考證** 分注當書「謚忠武」。○謹按：《唐書》：渾瑊與李晟同謚「忠武」。《通鑑》於瑊獨不著謚，何也？夫瑊解奉天之圍，晟收復京城，且晟破賊時，瑊亦進取咸陽，其功固不相下。瑊嘗謂晟秉義執志，臨事不可奪，雖知晟莫若瑊，然瑊之秉義執志，固可知也。尚結贊曰：唐之名将，李晟與渾瑊耳。兩王名播戎狄，謚「忠武」，誠非虚美。分注補書，輝映史册，宜哉。

庚辰 十六年，春，二月，以韓全義爲蔡州招討使。○夏，四月，姚南仲入朝。○五月，韓全義與淮西兵戰于溵南，大潰。○于頔奏貶元洪爲吉州長史。○徐泗濠節度使張建封卒。○永州刺史陽履免。○以張愔爲徐州團練使。○以李藩爲秘書郎。○秋，七月，吴少誠襲韓全義於五樓，全義大敗，走保陳州。○九月，以李元素爲義成節度使。○貶鄭餘慶爲郴州司馬。○以齊抗同平章事。○冬，十月，赦吴少誠，復其官爵。○以鄭儋爲河東節度使。

資治通鑑綱目考證卷四十八

起辛巳唐德宗貞元十七年，盡戊戌唐憲宗元和十三年，凡十八年。

辛巳十七年，夏，五月朔，日食。○以高固爲朔方節度使。○成德節度使王武俊卒。○秋，九月，韋皋大破吐蕃于雅州。○冬，十月，以韋皋爲司徒、中書令，賜爵南康王。

壬午十八年，春，正月，吐蕃救維州，韋皋擊敗之，獲其將。○三月，以齊總爲衢州刺史，不行。○秋，七月，詔百官毋得正牙奏事。

癸未十九年，春，三月，以杜佑同平章事。○遷獻、懿二祖於德明、興聖廟。○以李實爲京兆尹。○夏，六月，以孫榮義爲右神策中尉。○自正月不雨，至于秋七月。○齊抗罷。○冬，十月，崔損卒。○十二月，以高郢、鄭珣瑜同平章事。○杖監察御史崔薳，流崖州。○貶韓愈爲陽山令。

甲申二十年，春，正月，以任迪簡爲天德軍防禦使。○吐蕃贊普死。○秋，八月，以盧從史爲昭義節度使。○九月，太子有疾。

乙酉二十一年，順宗皇帝永貞元年。○春，正月，帝崩，太子即位。**考證**當作「太子誦即位」。○以韋執誼同平章事。○李師古發兵屯曹州。○貶李實爲通州長史。○以王伾爲左散騎常侍，王叔文爲翰林學士。○大赦。罷進奉宫市、五坊小兒。○以王伾爲翰林學士。○追陸贄、陽城赴京師，未至卒。○以杜佑爲度支等使，王叔文爲副使。○以武元衡爲左庶子。○立廣陵王純爲皇太子，○賈耽、鄭珣瑜病不視事。○夏，五月，以范希朝爲神策京西行營節度使，韓泰爲行軍司馬。○以王叔文爲户部侍郎，○六月，貶羊士諤爲寧化尉。○韋皋表請太子監國。○王叔文以母喪去位。○横海軍節度使程懷信卒。○秋，七月，太子監國。○以杜黄裳、袁滋同平章事，鄭珣瑜、高郢罷。○八月，帝傳位於太子，自號太上皇。貶王伾爲開州司馬，叔文爲渝州司户。○太子即位。○南康忠武王韋皋卒。**考證**當去「忠武」二字，分注「謚忠武」。○以袁滋爲西川節度使。○朗州江漲。○夏綏節度使韓全義致仕。○罷裴延齡所置别庫。○遣使宣慰江、淮。○以鄭餘慶同平章事。○始令史官撰《日曆》。○貶韓泰、韓曄、柳宗元、劉禹錫爲諸州刺史。○冬，十月，賈耽卒。○葬崇陵。○十一月，祔于太廟。○貶韋執誼爲崖州司户。○貶袁滋爲吉州刺史。○以武元衡爲御史中丞。○再貶韓泰等及陳諫、凌準、程异爲諸州司馬。○回鶻懷信可汗卒，遣使立其子爲騰里可汗。○十二月，以劉闢爲西川節度副使，韋丹爲東川節度使。○以鄭絪同平章事。

丙戌 憲宗皇帝元和元年，春，正月，太上皇崩。○劉闢反，命神策行營節度使高崇文將兵討之。○三月，夏綏留後楊惠琳拒命，詔河東、天德軍討斬之。○夏，四月，以高崇文爲東川節度副使。○策試制舉之士。○李巽爲度支、鹽鐵、轉運使。○以元稹、獨孤郁、蕭俛爲拾遺。○鄭餘慶罷。○尊太上皇后爲皇太后。○六月，高崇文破鹿頭關，連戰皆捷。○秋，七月，詔征蜀諸軍悉取崇文處分。○葬豐陵。○八月，平盧節度使李師古卒。○九月，堂後主書滑涣伏誅。○高崇文克成都，擒劉闢，送京師斬之。

考證「斬」皆當作「誅」。○謹案：唐天寶以後，廢弛紀綱，姑息藩鎮五十餘年，日不暇給。憲宗即位，杜黄裳一啓之，遂有興復之志。元年，誅楊惠琳、劉闢；二年，誅李錡；十二年，誅吴元濟。頹綱一整，四方靡然效順。《凡例》曰：「凡得其罪人，於臣子，曰誅；若非其臣子，曰斬。」此四罪者，孰謂非唐臣子，不曰誅而曰斬乎？且朱子之修《綱目》，其義則誅亂臣賊子。考其例，而求其義。憲宗於惠琳、闢、錡、元濟，諸書「斬」者，皆當曰「誅」。非敢取異於舊文，特著立言之本意，以勸戒方來云耳。

爲西川節度使，柳晟爲山南西道節度使。○十一月，以吐突承璀爲左神策中尉。**考證**當加「宦者」於「吐突」之上。○回鶻入貢。

丁亥　二年，春，正月，司徒杜佑請致仕。○杜黄裳罷爲河中節度使。○以武元衡、李吉甫同平章事。○夏，四月，以范希朝爲朔方、靈、鹽節度使。○李錡反，制削官爵、屬籍，發諸道兵討之。○以武元衡爲西川節度使，高崇文爲邠寧節度使。○鎮海兵馬使張子良執李錡送京師，斬之。**考證**「斬」當作「誅」。○盧從史擅出兵屯邢、洺。○群臣上尊號。○以白居易爲翰林學士。○以普寧公主適于季友。○李吉甫上《元和國計簿》。

戊子　三年，春，正月，大赦，禁長吏詣闕進奉。○夏，四月，策試賢良方正直言極諫舉人。○以裴均爲右僕射，盧坦爲庶子。○五月，沙陀來降，以其酋長執宜爲陰山兵馬使。○秋，七月朔，日食。○以盧坦爲宣歙觀察使。○淮南節度使王鍔入朝。○以裴垍同平章事。○邠宣公杜黄裳卒。**考證**當去「宣」字，分注「謚曰宣」。○南詔異牟尋死。

己丑 四年，春，正月，南方旱饑，遣使宣慰賑恤。○鄭絪罷，以李藩同平章事。○三月，以李鄘爲河東節度使。○成德節度使王士真卒。○閏月，制降繫囚，蠲租税，出宫人，絶進奉，禁掠賣。○詔贖魏徵故第賜其家。○以王士則爲神策大將軍，○立鄧王寧爲皇太子。○夏，四月，山南東道節度使裴均進銀器。○起復盧從史爲金吾大將軍。○吐蕃請和，許之。○六月，以范希朝爲河東節度使。○毁安國寺碑樓。○秋，七月，貶楊憑爲臨賀尉。○九月，王承宗表獻德、棣二州，詔以承宗爲成德節度使。薛昌朝執之以歸。**考證**諸本皆脱誤。○按：此當作「王承宗表獻德、棣二州。詔以承宗爲成德節度使，德州刺史薛昌朝爲保信節度使，領德、棣二州。承宗襲昌朝，執之以歸。」○吐蕃寇振武、豐州。○以許孟容爲京兆尹。○冬，十月，削奪王承宗官爵，發兵討之，以吐突承璀爲招討處置等使。○十一月，彰義節度使吴少誠卒。○雲南王尋閣勸死。○田季安取堂陽。

庚寅 五年，春，正月，盧龍節度使劉濟將兵討王承宗，拔饒陽、束鹿。○吐突承璀討王承宗，戰不利。○貶元稹爲江陵士曹。○三月，以吴少陽爲淮西留後。○吐突承璀誘盧從史執送京師，以烏重胤爲河陽節度使。○秋，七月，制雪王承宗復其官爵；加劉濟中書令。○瀛州刺史劉總弑其父濟及其兄緄。○

九月，罷吐突承璀爲軍器使。○以權德輿同平章事。○冬，十月，以任迪簡爲義武節度使，張茂昭爲河中節度使。○十一月，貶伊愼爲右衛將軍。○以王鍔爲河東節度使。○裴垍罷爲兵部尚書。○十二月，以吕元膺爲鄂岳觀察使。○以李絳爲中書舍人。

辛卯六年，春，正月，以李吉甫同平章事。○二月，李藩罷爲太子詹事。○以李絳爲户部侍郎。○夏，四月，以盧坦判度支。○五月，以李惟簡爲鳳翔節度使。○六月，詔有司省吏員，并州縣，減仕塗，均俸給。○秋，九月，梁悦報仇殺人，杖而流之。○冬，十一月，弓箭庫使劉希光伏誅。以吐突承璀爲淮南監軍。○十二月，封恩王等女爲縣主。○以李絳同平章事。○太子寧卒。○大稔。

壬辰七年，春，正月，以元義方爲鄜坊觀察使。○夏，四月，以崔群爲中書舍人。○五月，詔蠲淮、浙租賦。○秋，七月，立遂王恒爲皇太子。○八月，魏博節度使田季安卒。○冬，十月，魏博兵馬使田興請吏奉貢，詔以興爲節度使。○十一月，遣知制誥裴度宣慰魏博。○置振武、天德營田。○吐蕃寇涇州。

癸巳八年，春，正月，以田融爲相州刺史。○權德輿罷。○賜田興名弘正。○貶于頔爲恩王傅。○徵西川節度使武元衡入知政事。○夏，六月，大水。○徙受降城於天德軍。○秋，九月，吐蕃作烏蘭橋。○冬，十月，回鶻擊吐蕃。振武軍亂，逐其節度使李進賢。

甲午九年，春，正月，李絳罷爲禮部尚書。○以吐突承璀爲神策中尉。○夏，五月，復置宥州。○六月，以張弘靖同平章事。○秋，七月，以岐陽公主適司議郎杜悰。○閏月，彰義節度使吳少陽卒。○以烏重胤爲汝州刺史。○冬，十月，李吉甫卒。○十二月，以韋貫之同平章事。

乙未 十年，春，正月，吳元濟反，制削其官爵，發兵討之。○三月，以柳宗元爲柳州刺史，劉禹錫爲連州刺史。○田弘正遣其子布將兵助討淮西。○盜焚河陰轉運院。○夏，五月，遣御史中丞裴度宣慰淮西行營。○六月，盜殺中書侍郎、同平章事武元衡，擊裴度傷首。○以裴度同平章事。○秋，七月，靈武節度使李光進卒。○詔絶王承宗朝貢。○八月朔，日食。○李師道遣兵襲東都，捕得，伏誅。○九月，以韓弘爲淮西諸軍都統。○冬，十月，盜焚柏崖倉。十一月，焚獻陵寢宮、永巷。○吐蕃請互市，許之。○十二月，河東節度使王鍔卒。

丙申 十一年，春，正月，張弘靖罷爲河東節度使。○翰林學士錢徽、知制誥蕭俛罷。○制削王承宗官爵，發兵討之。○盜斷建陵門戟。○二月，吐蕃贊普死。○以李逢吉同平章事。○南詔勸龍晟爲其下所殺。○三月，皇太后崩。**考證**當作「皇太后王氏崩」。○謹按：《凡例》曰：凡正統，皇太后，曰某后某氏崩。〔一〕順宗傳位時，立良娣王氏爲太上皇后，《綱目》不書。元和元年，尊太上皇后爲皇太后，不書氏。是年三月崩，故當書「王

〔一〕與原文稍異。原文爲「凡正統曰崩……其太皇太后、皇太后、皇后，皆曰某后某氏崩。」

氏」於「崩」之上。或曰：漢建元六年，太皇太后崩，何以不書竇氏？曰：文帝元年，立竇氏爲皇后，故於崩雖不書氏，則已知其爲竇后矣。

〇夏，四月，以司農卿皇甫鎛判度支。〇五月，李光顔、烏重胤敗淮西兵於陵雲栅。〇六月，唐鄧節度使高霞寓大敗於鐵城。〇秋，七月，貶高霞寓，以袁滋爲彰義節度使。〇八月，韋貫之罷爲吏部侍郎。〇葬莊憲皇后。〇九月，饒州大水。〇李光顔、烏重胤拔陵雲栅。〇加李師道檢校司空。〇冬，十一月，以柳公綽爲京兆尹。〇加李光顔等檢校官。〇十二月，義成節度使渾鎬與王承宗戰，大敗。〇以王涯同平章事。〇貶袁滋，以李愬爲唐鄧節度使。〇初置淮、潁水運使。

丁酉　十二年，春，二月，置淮西行縣。〇三月，淮西文城栅降。〇夏，四月，淮西郾城降。〇五月，罷河北行營。〇李愬擒淮西將李祐。〇六月，吴元濟請降。〇秋，七月，大水。〇以孔戣爲嶺南節度使。〇以裴度兼彰義節度使，充淮西宣慰招討使。〇九月，以崔群同平章事，李逢吉罷。〇李愬攻吴房，入其外城。〇冬，十月，李愬夜襲蔡州，擒吴元濟，檻送京師。〇以李鄘同平章事。〇裴度入蔡州。〇十一月，上御門受俘，斬吴元濟。〇賜李愬爵涼國公，韓弘等遷官有差。〇以宦者爲館驛使。〇以李祐爲神武將軍。〇十二月，賜裴度爵晉國公，復入知政事。〇貶董重質爲春州司户。

戊戌　十三年，春，正月，李師道奉表納質，并獻三州。〇二月，修麟德殿，浚龍首池，起承暉殿。〇李鄘罷爲户部尚書。〇以李夷簡同平章事。〇橫海節度使程權入朝。〇夏，四月，王承宗納質請吏，復獻二州，詔復其官爵。○賜六軍辟仗使印。○五月，以李光顔爲義成節度使。○六月朔，日食。○秋，七月，以李愬爲武寧節度使。○詔諸道發兵討李師道。○李夷簡罷爲淮西節度使。○八月，王涯罷。○以皇甫鎛、程异同平章事。○冬，十月，五坊使楊朝汶伏誅。○十一月，以柳泌爲台州刺史。○吐蕃寇夏州。○十二月，田弘正將兵度河，逼鄆州。

資治通鑑綱目考證卷四十九

起己亥唐憲宗元和十四年，盡丁巳唐文宗開成二年，凡十九年。

己亥十四年，春，正月，遣中使迎佛骨至京師，貶韓愈爲潮州刺史。○二月，平盧都將劉悟執李師道，斬之。○以劉悟爲義成節度使。○夏，四月，詔諸道支郡兵馬并令刺史領之。○程异卒。○裴度罷爲河東節度使。○秋，七月，宣武節度使韓弘入朝。○群臣請上尊號。○沂州役卒王弁殺觀察使王遂。○左、右軍中尉各獻錢萬緡。○以令狐楚同平章事。○八月，以韓弘爲司徒兼中書令，張弘靖爲宣武節度使。○魏博節度使田弘正入朝。○庫部員外郎李渤病免。○以王弁爲開州刺史，誘誅之。○以田弘正兼侍中，遣還鎮。○十月，安南遣將楊清討黄洞蠻。清作亂，殺都護李象古。○吐蕃圍鹽州。○貶裴潾爲江陵令。○崔群罷爲湖南觀察使。○以狄兼謩爲左拾遺。

庚子十五年，春，正月，上暴崩於中和殿。閏月，太子即位。**考證**當作「太子恒即位」。○貶皇甫鎛爲崖州司户，以蕭俛、段文昌同平章事。○柳泌伏誅，貶李道古爲循州司馬。○以薛放爲工部侍郎，丁公著爲給事中。○尊貴妃郭氏爲皇太后。○上與群臣皆釋服。○二月，赦天下。○以柳公權爲翰林侍書學士。○夏，五月，以元稹爲祠部郎中、知制誥。○六月，葬景陵。○以崔群爲吏部侍郎。○太后居興慶宮。

○秋，七月，以鄆曹濮節度爲天平軍。○令狐楚罷。○八月，浚魚藻池。○以崔植同平章事。○九月，大宴。○冬，十月，成德節度使王承宗卒，詔以田弘正代之，王承元爲義成節度使。○吐蕃寇涇州。○幸華清宮。**考證**「幸」當作「如」。○容管〔一〕遣兵討蠻賊黃少卿，破之。

辛丑 穆宗皇帝長慶元年，春，正月，詔河北諸道各均定兩稅。○蕭俛罷。○段文昌罷，以杜元穎同平章事。○以王播爲鹽鐵使。○回鶻保義可汗死。○盧龍節度使劉總棄官爲僧，以張弘靖代之。○夏，四月，貶錢徽、李宗閔爲遠州刺史，楊汝士爲開江令。○五月，遣使册回鶻崇德可汗，以太和長公主妻之。○秋，七月，盧龍軍亂，囚節度使張弘靖，推朱克融爲留後。○貶張弘靖爲吉州刺史。○成德兵馬使王庭凑殺節度使田弘正，起復田布爲魏博節度使討之。○瀛州軍亂，執觀察使盧士玫。○詔諸道討王庭凑，以牛元翼爲深冀節度使。庭凑圍深州。○九月，相州軍亂，殺刺史邢濋。○吐蕃遣使來盟，以劉元鼎爲吐蕃會盟使。○朱克融掠易州。○詔兩税皆輸布絲纊。○冬，十月，以王播同平章事。○以裴度爲鎮州行營都招討使。○以王智興爲武寧節度副使。○以魏弘簡爲弓箭庫使，元稹爲工部侍郎。○宿州刺史李直臣伏誅。○十二月，深州行營節度使杜叔良討王庭凑，大敗。詔以李光顏代之。○以朱克融爲平盧節度使。

〔一〕蜀藩本作「邕管」。

壬寅 二年，春，正月，盧龍兵陷弓高。○成德兵掠官軍糧運。○魏博將史憲誠殺其節度使田布，詔以憲誠爲節度使。○二月，以王庭湊爲成德節度使，遣兵部侍郎韓愈宣慰其軍。○以傅良弼爲沂州刺史，李寰爲忻州刺史。○崔植罷，以元稹同平章事。○以裴度爲司空、東都留守。○以李聽爲河東節度使。○昭義節度使劉悟執監軍劉承偕。○三月，詔内外諸軍將士有功者奏與除官。○武寧副使王智興作亂，詔以爲節度使。○詔留裴度輔政。○王播罷。○夏，四月朔，日食。○詔免江州逃户欠錢。○六月，裴度罷爲右僕射，元稹罷爲同州刺史。○以李逢吉同平章事。○秋，七月，宣武押牙李㝏作亂，討平之。○冬，十一月，太后幸華清宮，上畋于驪山。**考證**「幸」當作「如」。○十二月，立景王湛爲太子。○初行《宣明曆》。

癸卯 三年，春，三月，以牛僧孺同平章事。○夏，四月，以鄭權爲嶺南節度使。○五月，以柳公綽爲山南東道節度使。○六月，以韓愈爲京兆尹。○秋，八月，幸興慶宮。○以裴度爲司空、山南西道節度使。○九月，復以韓愈爲吏部侍郎，李紳爲户部侍郎。

甲辰 四年，春，正月，帝崩，太子即位。**考證**當作「太子湛即位」。○二月，貶李紳爲端州司馬。○尊皇太后爲太皇太后，上母王妃爲皇太后。○幸中和殿擊毬。○三月，赦。○以劉栖楚爲起居舍人，不拜。○夏，四月，以李虞爲拾遺。○盗入清思殿，中尉馬存亮遣兵討平之。○五月，以李程、竇易直同平章事。○六月，加裴度同平章事。○夏綏節度使李祐進馬百五十匹，却之。○冬，十月，賜韋處厚錦彩[一]、銀器。○十一月，葬光陵。○十二月，以劉栖楚爲諫議大夫。○罷泗州戒壇。○回鶻崇德可汗死。

乙巳 敬宗皇帝寶曆元年，春，正月，赦。○牛僧孺罷爲武昌節度使。○册回鶻昭禮可汗。○二月，浙西觀察使李德裕獻《丹扆六箴》。○夏，四月，群臣上尊號，赦天下。○秋，七月，鹽鐵使王播進羨餘絹百萬匹。○造競渡船。○八月，昭義節度使劉悟卒。○冬，十月，袁王長史武昭伏誅。○十一月，幸驪山温湯。○十二月，以劉從諫爲昭義留後。○以李絳爲太子少師、分司。

丙午 二年，春，二月，以裴度爲司空、同平章事。○三月，罷脩東都。○夏，五月，幽州軍亂，殺節度使朱克融，而立其子。秋，八月，都將李載義殺之。○遣使迎周息元入禁中。○九月，李程罷爲河東節度使。○冬，十月，以李載義爲盧龍節度使。○十一月，李逢吉罷。○十二月，宦官劉克明等弑帝於室內，立絳王悟。王守澄等討克明，殺悟，立江王涵。○尊帝母蕭氏爲皇太后。○以韋處厚同平章事。○出宫人，放鷹犬，省冗食，罷別貯宣索。

丁未 文宗皇帝太和元年，夏，四月，韋處厚請避位，不許。○以高瑀爲忠武節度使。○五月，以李同捷爲

[一]《四庫》本原作「綿彩」，據蜀藩本改。

兗海節度使。○六月，以王播同平章事。○秋，七月，葬莊陵。○李同捷不受詔。八月，削其官爵，發諸道兵討之。○冬，十一月，橫海節度使烏重胤卒。

戊申　二年，春，三月，親策制舉人。○王庭湊陰以兵糧助李同捷。秋，九月，詔削其官爵，命諸軍討之。○王智興拔棣州。○冬，十二月，中書侍郎、同平章事韋處厚卒。○魏博軍亂。○以路隋平章事。

己酉　三年，春，正月，義成節度使李聽討魏博亂軍，平之。○二月，橫海節度使李祐帥諸道兵擊李同捷，破之。夏，四月，同捷降，滄、景平。○六月，魏州軍亂，殺其節度使史憲誠，推何進滔知留後以拒命。秋，八月，以進滔爲魏博節度使。○以殷侑爲齊、德、滄、景節度使。○赦王庭湊，復其官爵。○以李宗閔同平章事。○九月，命宦官毋得衣紗縠綾羅。○冬，十一月，禁獻奇巧及織纖麗布帛。○南詔寇成都，入其郛。

庚戌　四年，春，正月，以牛僧孺同平章事。○二月，興元軍亂，殺節度使李絳。○三月，以柳公綽爲河東節度使。○以温造爲山南西道節度使，討亂兵平之。○夏，六月，以裴度爲司徒，平章軍國重事。○秋，七月，以宋申錫同平章事。○九月，以裴度爲山南東道節度使。○冬，十月，以李德裕爲西川節度使。

辛亥　五年，春，正月，盧龍將楊志誠逐其節度使李載義。二月，以志誠爲留後。○三月，貶漳王湊爲巢縣公，宋申錫爲開州司馬。○夏，五月，命有司葺太廟。○李德裕索南詔所掠百姓，得四千人。○秋，八月，以崔鄲爲鄂岳觀察使。○九月，吐蕃將悉怛謀以維州來降，不受。

壬子 六年，春，正月，以水旱降繫囚。○群臣上尊號，不受。○回鶻昭禮可汗爲其下所殺。○冬，十月，立魯王永爲太子。○十二月，牛僧孺罷爲淮南節度使。○昭義節度使劉從諫入朝。○以李德裕爲兵部尚書。

癸丑 七年，春，正月，加劉從諫同平章事，遣歸鎮。○二月，以李德裕同平章事。○夏，四月，册回鶻彰信可汗。○六月，以李載義爲河東節度使。○以鄭覃爲御史大夫。○李宗閔罷。○秋，七月，以王涯同平章事，兼度支、鹽鐵轉運使。○以李程爲宣武節度使。○八月，詔諸王出閤，停進士試詩賦。○加盧龍節度使楊志誠右僕射。○九月，以鄭注爲右神策判官。○冬，十二月，群臣上尊號，不受。○上有疾。

甲寅 八年，春，二月朔，日食。○夏，六月，旱。○冬，十月，幽州軍亂，逐節度使楊志誠，推史元忠主留務，志誠伏誅。○以李宗閔同平章事，李德裕罷爲山南西道節度使，以李仲言爲翰林侍讀學士。○令進士復試詩賦。○以李德裕爲兵部尚書。○十一月，成德節度使王庭湊卒，子元逵自知留後。○以李德裕爲鎮海節度使。○以王璠爲尚書左丞。

乙卯 九年，春，正月，以王元逵爲成德節度使。○浚曲江及昆明池。○三月，以史元忠爲盧龍節度使。○

夏，四月，以李德裕爲賓客、分司。○以鄭注守太僕卿，兼御史大夫。○路隋罷爲鎮海節度使。○以賈餗同平章事。○貶李德裕爲袁州長史。○五月，以仇士良爲神策中尉。○六月，貶李宗閔爲明州刺史。秋，七月，以李固言同平章事。○貶李甘爲封州司馬。○以鄭注爲翰林侍讀學士，貶李珏爲江州刺史。○改江、淮、嶺南茶法，增其税。○陳弘志伏誅。○李固言罷爲山南西道節度使，以鄭注爲鳳翔節度使。○以王守澄爲神策觀軍容使。○以舒元輿、李訓同平章事。○冬，十月，以王涯兼榷茶使。○殺王守澄。○加裴度兼中書令。○十一月，李訓、舒元輿、鄭注等謀誅宦官，不克。以鄭覃、李石同平章事。仇士良殺訓、注、元輿及王涯、賈餗等。○十二月，詔罷榷茶。○召六道巡邊使還京師。○以薛元賞爲京兆尹。

開成元年丙辰，春，二月，加劉從諫檢校司徒。○詔京兆收葬王涯等。○夏，四月，以李固言同平章事。○閏月，以李聽爲河中節度使。○秋，七月，以魏謩爲補闕。○復宋申錫官爵。○冬，十月，貶韓益爲梧州司户。○十二月，以盧鈞爲嶺南節度使。

二年丁巳，春，三月，彗星出。○夏，四月，以柳公權爲諫議大夫。○以陳夷行同平章事。○六月，河陽軍亂，逐其節度使李泳。○秋，七月，太子侍讀韋温罷。○冬，十月，國子監《石經》成。○李固言罷。

資治通鑑綱目考證卷五十

起戊午唐文宗開成三年，盡丁亥唐懿宗咸通八年，凡三十年。

戊午三年，春，正月，盜射傷李石。○以楊嗣復、李珏同平章事，李石罷爲節度使〔一〕。○以李宗閔爲杭州刺史。○夏，五月，禁諸道言祥瑞。○秋，八月，義武節度使張璠卒。○詔神策將吏改官皆先奏聞。○冬，十月，太子永卒。**考證**「卒」當作「暴卒」。○謹按：唐無父子之恩，是以儲貳多不安其位。文宗惟一子，不思繼體之重，擇賢師傅以教誘輔翼之，乃聽楊賢妃譖毀，卒不免死。晚年不得已立兄子，又爲中人廢殺之，傳至武宣，立不以正，遂有兄弟不相爲後之議，拜侄之嫌。雖身後入太廟，亦不能自安，皆文宗有以自取之。文宗果能恤其子，必不至於若是也。當因本文，書曰「太子永暴卒」。○以郭旼爲邠寧節度使。○以張元益爲代州刺史。○吐蕃彝泰贊普死。

己未四年，春，三月，司徒、中書令、晋文忠公裴度卒。**考證**當去「文忠」二字，分注「謚文忠」。○夏，五月，鄭覃罷爲右僕射，陳夷行罷爲吏部侍郎。○以姚勗檢校禮部郎中。○秋，七月，以崔鄲同平章事。○

〔一〕蜀藩本作「荊南節度使」。

冬，十月，立陳王成美爲皇太子。○回鶻相掘羅勿弒彰信可汗。○是歲，天下户數四百九十九萬六千七百五十二。

庚申 五年，春，正月，立潁王瀍爲皇太弟，廢太子成美爲陳王。○帝崩，太弟殺陳王成美，遂即位。考證「太弟」當作「太弟瀍」。〔一〕○夏，五月，楊嗣復罷，以崔珙同平章事。○秋，八月，葬章陵。○李珏罷。九月，以李德裕同平章事。○冬，十月，黠戛斯攻回鶻，破之。回鶻嗢没斯款塞求内附。○魏博節度使何進滔卒，子重順知留後。○蕭太后徙居積慶殿。○十一月，以裴夷直爲杭州刺史。○以李中敏爲婺州刺史。

辛酉 武宗皇帝會昌元年，春，二月，回鶻立烏介可汗。○三月，以陳夷行同平章事。○殺知樞密劉弘逸、薛季稜，貶楊嗣復、李珏遠州刺史，裴夷直驩州司馬。○夏，六月，詔群臣言事毋得乞留中。○以何重順爲魏博節度使。○上受法籙於趙歸真。○秋，九月，詔河東、振武備回鶻。○以牛僧孺爲太子太師。○盧龍軍亂。冬，十月，雄武軍使張仲武討平之，詔以仲武知留後。○十一月，遣使訪問太和公主。○崔鄲罷。○十二月，遣使慰問回鶻烏介可汗。

壬戌 二年，春，正月，以張仲武爲盧龍節度使。○二月，以李紳同平章事。○以柳公權爲太子詹事。○三

〔一〕蜀藩本此條作「考異」。

月，以劉沔爲河東節度使。○夏，四月，嗢没斯帥衆來降。○群臣上尊號。○五月，以嗢没斯爲懷化郡王。○張仲武擊回鶻，破之。○陳夷行罷。○秋，七月，以李讓夷同平章事。○八月，回鶻入寇，詔諸道出兵禦之。○以白敏中爲翰林學士。○冬，十一月，遣使賜太和公主冬衣。○以高少逸爲給事中，鄭朗爲諫議大夫。○吐蕃達磨贊普死。

癸亥三年，春，正月，劉沔大破回鶻，迎太和公主以歸。○二月朔，日食。○黠戛斯遣使獻馬。○崔珙罷。○太和公主至京師。○三月，以趙蕃爲安撫黠戛斯使。○贈悉怛謀右衛将軍。○夏，四月，李德裕乞罷，不許。○昭義節度使劉從諫薨，其子稹自爲留後。詔諸道發兵討之。**考證**「薨」當作「卒」。〔一〕○以崔鉉同平章事。○築望仙觀於禁中。○六月，内侍監仇士良致仕。○吐蕃論恐熱攻尚婢婢於鄯州。○秋，七月，以盧鈞爲昭義節度使。○遣御史中丞李回宣慰河北三鎮。○以石雄爲晋絳行營節度副使。○王元逵破昭義兵，拔宣務栅。○八月，昭義大将李丕降。○詔王宰趣磁州，何弘敬拔肥鄉、平恩。○昭義兵陷科斗寨。○九月，以王宰兼河陽行營攻討使，敬昕爲河陽節度使。○吐蕃尚婢婢遣兵擊論恐熱，大破之。○以石雄爲晋絳行營節度使。○冬，十月，以劉沔爲義成節度使，李石爲河陽節度使。○十一月，以兖王岐爲安撫党項大使，李回副之。○十二月，王宰克天井關。○河東克石會關。

〔一〕蜀藩本此條誤作「考異」。因蜀藩本有兩個「考異」。

甲子四年，春，正月，河東都将楊弁作亂，討平之。○三月朔，日食。○以劉沔爲河陽節度使。○黠戛斯遣使入貢。○以劉濛爲巡邊使。○以趙歸真爲道門教授先生。○夏，六月，减州縣冗員。○詔削仇士良官爵，籍没家貲。○秋，七月，遣王逢屯翼城。○以杜悰同平章事。○閏月，李紳罷。昭義将高文端降。○八月，邢、洺、磁三州降，郭誼斬劉稹以降。○加李德裕太尉，賜爵衛國公。○冬，十一月，貶牛僧孺爲循州長史，流李宗閔於封州。

乙丑五年，春，群臣上尊號。○義安太后王氏崩。○以盧弘宣爲義武節度使。○殺江都令吴湘。○夏，五月，葬恭僖皇后。○杜悰、崔鉉罷，以李回同平章事。○册黠戛斯爲英武誠明可汗。○秋，七月朔，日食。○詔毁天下佛寺，僧尼并勒歸俗。○昭義戍卒作亂，討平之。○置備邊庫。○冬，十月，以道士劉玄静爲崇玄館學士。○十二月，貶韋弘質爲某官。○詔罷來年正旦朝會。○吐蕃論恐熱擊尚婢婢，大敗。○是歲天下户數。

丙寅六年，春，二月，以米暨爲招討党項使。○三月，立光王忱爲皇太叔。帝崩，太叔即位。**考證** 當去「立」以下十四字，書曰「帝崩，光王忱入即位。」○謹按：夏后氏有天下傳於子爲百王不易之法，是以三代盛時，父死子繼，兄亡弟及，昭穆有序，親親尊尊，家齊、國治、天下平矣。周懿王崩，父共王弟辟方立爲孝王。孝王叔父也，臣也；懿王兄子也，君也。親親不害於尊尊，君臣之分固在也。《春秋》有事於太廟，躋僖公，謂之逆祀。臧文仲縱逆祀[一]，孔子譏之。唐武宗疾篤，宦官定策禁中，立光王忱爲皇太叔。是時，武宗不言旬日矣，非武宗立之也，立之者宦官也。武宗崩，太叔即位爲宣宗，宣宗叔父也，藩王也，臣也。帝崩，子幼，藩王入承統可也，君臣之分則不可紊。既曰叔矣，加以皇太之號，是親親害尊尊也。古無是號，自宣宗始。夫爲之後者爲之子禮也。《春秋》之法，僖公父視閔公，則宣宗當父視武宗明矣。宣嘗臣於武，晚年讒臣建議直欲出其在廟之主，其言曰拜兄尚可，拜侄可乎？彼不知宗廟之禮，嗣君拜先君，非叔拜侄也，獨不考孝王承懿王之統，文仲縱逆祀之譏乎？今故追原終始，當書曰「帝崩，光王忱入即位。」據事直書，以著藩王入承統之義，而去宦者所定不正之名也。○夏，四月，尊帝母鄭氏爲皇太后。○李德裕罷爲荊南節度使。○趙歸真等伏誅。五月，詔上京增置八寺，復度僧尼。○以白敏中同平章事。○六月，定太廟爲九代十一室。○秋，七月，回鶻殺烏介可汗。○八月，葬端陵。○以牛僧孺爲衡州長史，李宗閔爲郴州司馬。○九月，鄭肅罷，以盧商同平章事。○罷册黠戛斯可汗使。○以李景讓爲浙西觀察使。○冬，十月，禘于太廟。○上受三洞法籙。○十二月朔，日食。

丁卯　宣宗皇帝大中元年，春，二月，旱。○以李德裕爲太子少保、分司。○盧商罷。○以崔元式、韋琮同平章事。○閏月，敕復廢寺。○積慶太后蕭氏崩。○吐蕃寇河西，河東節度使王宰擊破之。○夏，六月，復遣使册黠戛斯可汗。○以令狐綯爲考功郎中、知制誥。○秋，八月，李回罷。○葬貞獻皇后。○作雍和殿。○冬，十二月，貶李德裕爲潮州司馬。○復增州縣官三百八十三員。

[一]《四庫》本原作「縱逆犯」，據蜀藩本改。

戊辰 二年，春，正月，群臣上尊號。○貶丁柔立爲南陽尉。○黠戛斯攻室韋，大破之。○二月，以令狐綯爲翰林學士。○作五王院。○夏，五月朔，日食。○崔元式罷，以周墀、馬植同平章事。○太皇太后郭氏暴崩于興慶宮。○秋，九月，貶李德裕爲崖州司户。○以石雄爲神武統軍。○冬，十一月，萬壽公主適起居郎鄭顥。○葬懿安皇后於景陵之側。○韋琮罷。

己巳 三年，春，正月，以韋宙爲御史。○二月，吐蕃三州、七關來降。○夏，四月，周墀罷爲東川節度使。○以崔鉉、魏扶同平章事。○盧龍節度使張仲武卒。○五月，武寧軍亂，逐其節度使李廓，詔以盧弘止代之。○六月，以張直方爲盧龍節度使。○秋，七月，克復河湟。○冬，十月，改備邊庫爲延資庫。○取維州。○閏十一月，加順宗、憲宗謚號。○張直方歸京師。○李德裕卒。

庚午 四年，夏，四月，貶馬植爲常州刺史。○六月，魏扶卒，以崔龜從同平章事。○秋，八月，盧龍節度使周綝卒，軍中推張允伸爲留後。○九月，貶孔温裕爲柳州司馬。○吐蕃論恐熱擊尚婢婢，遂掠河西。○冬，十月，以令狐綯同平章事。

辛未 五年，春，二月，沙州降。○以裴休爲鹽鐵轉運使。○以李福爲夏綏節度使。○三月，以白敏中充招討党項都統制置使。○夏，五月，吐蕃論恐熱入朝。○冬，十月，以魏謩[一]同平章事。○以白敏中爲

[一]《四庫》本原作「以魏慕」，據蜀藩本改。

邠寧節度使。○十一月，以張義潮爲歸義節度使。○崔龜從罷。

壬申[一]六年，春，二月，雞山群盜寇掠，果州刺史王贄弘討平之。○三月，詔大將軍鄭光賜莊免税役，尋罷之。○夏，六月，以畢諴爲邠寧節度使。○閏月，以盧鈞爲河東節度使。○秋，八月，以裴休同平章事。○冬，十月，畢諴招諭党項，降之。○十二月，復禁私度僧尼。

癸酉七年，夏，四月，定杖笞法。○冬，十二月，以鄭光爲右羽林統軍。○度支奏歲入之數。

甲戌八年，春，正月朔，日食，罷元會。○二月，以牛叢爲睦州刺史。○秋，九月，以高少逸爲陝虢觀察使。○冬，十月，以李行言爲海州刺史。○詔雪王涯、賈餗等。

乙亥九年，春，正月，成德節度使王元逵卒，軍中立其子紹鼎爲留後。○二月，以李君奭爲懷州刺史。○夏，閏四月，詔州縣作差科簿。○秋，七月，浙東軍亂，逐觀察使李訥。○崔鉉罷爲淮南節度使。○九月，貶李訥爲朗州刺史。杖監軍王宗景，配恭陵。○冬，十一月，以柳仲郢爲鹽鐵轉運使。○十二月，貶康季榮爲夔州長史。○以鄭祇德爲賓客、分司。

丙子十年，春，正月，以鄭朗同平章事。○夏，五月，以韋澳爲京兆尹。○六月，裴休罷爲宣武節度使。

[一] 蜀藩本誤作「壬甲」。

○冬，十月，以鄭顥爲秘書監。○十一月，册回鶻爲懷建可汗。○詔議遷穆宗以下出太廟。○以崔慎由同平章事。○詔内園使李敬實剝色配南牙。

丁丑　十一年，春，正月，以韋澳爲河陽節度使。○二月，魏謩罷爲西川節度使。○秋，七月，以蕭鄴同平章事。○流祝漢貞於天德軍。○八月，成德軍節度使王紹鼎薨，軍中立其弟紹懿。○冬，十月，以尚延心爲河、渭都游奕使。○鄭朗罷。○遣使迎道士軒轅集於羅浮山。

戊寅　十二年，春，正月，以王式爲安南都護。○以劉瑑同平章事。○二月，崔慎由罷。○夏，四月，嶺南軍亂，詔以李承勛爲節度使，討平之。○以夏侯孜同平章事。○五月，劉瑑卒。○湖南軍亂，逐觀察使韓琮。○六月，江西軍亂，逐觀察使鄭憲。○蠻寇安南。○秋，七月，宣州軍亂，逐觀察使鄭薰。○河南、北、淮南大水。○冬，十月，以于延陵爲建州刺史。○山南東道節度使徐商討湖南亂軍，平之。○以崔鉉爲宣歙觀察使，討亂軍平之。○以韋宙爲江西觀察使，討亂軍平之。○十二月，以蔣伸同平章事。

己卯　十三年，夏，四月，以廣德公主適校書郎于琮。○武寧軍亂，詔以田牟爲節度使。○秋，八月，帝崩，鄆王漼即位。○尊皇太后爲太皇太后。○李玄伯等伏誅。○冬，十一月，蕭鄴罷。十二月，以杜審權同平章事。○令狐綯罷，以白敏中同平章事。○南詔僭號，寇陷播州。

庚辰　懿宗皇帝咸通元年，春，正月，浙東賊裘甫作亂。○葬貞陵。○三月，以王式爲浙東觀察使，發諸道兵討裘甫，破之。○夏，五月，禁州縣稅外科率。○六月，王式擒裘甫，送京師斬之。○秋，九月，以白敏中爲司徒、中書令。○冬，十月，追復李德裕官爵，贈左僕射。○夏侯孜罷，以畢諴同平章事。

辛巳二年，春，正月，白敏中罷，以杜悰同平章事。○秋，七月，南蠻攻陷邕州。○九月，以孟穆爲南詔吊祭使。

壬午三年，春，正月，群臣上尊號。○蔣伸罷。○二月，南詔復寇安南，以蔡襲爲經略使，發兵禦之。○夏，四月，置戒壇，度僧尼。○五月，分嶺南東、西二道，以韋宙、蔡京爲節度使。○秋，七月，徐州軍亂，逐節度使温璋，詔以王式代之。○以夏侯孜同平章事。○蔡京伏誅。○冬，十一月，南詔寇安南。

癸未四年，春，正月，南詔陷交趾，經略使蔡襲死之。○二月朔，上歷拜十六陵。○三月，歸義軍奏克復凉州。○夏，四月，畢諴罷爲兵部尚書。○以康承訓爲嶺南西道節度使。○五月，以楊收同平章事。○杜審權罷。○六月，杜悰罷，以曹確同平章事。○秋，七月朔，日食。○以宋戎爲安南都護。○八月，以吴德應爲館驛使。○冬，十月，以令狐滈爲詹事司直。

甲申五年，春，正月，貶張雲興元少尹，劉蜕華陰令。○三月，彗星出。○夏，四月，以蕭寘同平章事。○南詔寇邕州，官軍敗没。加康承訓檢校右僕射。○五月，發徐州兵三千人戍邕州。○秋，七月，以康承訓爲將軍、分司，高駢爲嶺南西道節度使。○冬，十月，夏侯孜罷，以路巖同平章事。

乙酉 六年，春，正月，始以懿安皇后配饗憲宗。○以杜宣猷爲宣歙觀察使。○三月，蕭寘卒。○夏，四月，以高璩同平章事。○六月，高璩卒，以徐商同平章事。○冬，十月，太皇太后鄭氏崩。

丙戌 七年，春，三月，以劉潼爲西川節度使。○成德節度使王紹懿卒。○夏，五月，葬孝明皇后。○六月，魏博節度使何弘敬卒。○高駢大破南詔蠻，復取交趾。○冬，十月，楊收罷。○吐蕃拓跋懷光斬論恐熱，傳首京師。○以高駢爲靜海軍節度使。○十二月，黠戛斯遣使入貢。

丁亥 八年，春，二月，歸義節度使張義潮入朝。○三月，以李可及爲左威衛將軍。○秋，七月，懷州民逐刺史劉仁規。○以于琮同平章事。

資治通鑑綱目考證卷五十一

起戊子唐懿宗咸通九年，盡甲辰唐僖宗中和四年五月，凡十六年有奇。

戊子九年，[一]夏，六月，以李師望爲定邊節度使。○秋，七月，桂州戍卒作亂，判官龐勛將之。冬，十月，陷宿、徐州，囚觀察使崔彦曾。十一月，詔遣康承訓發諸道兵討之。十二月，賊陷滁、和州，攻泗州，不克。○是歲，江、淮旱，蝗。

己丑[二]十年，春，正月，同昌公主適右拾遺韋保衡。○二月，流楊收於驩州，尋賜死。○康承訓大敗賊將王弘立[三]於鹿塘。○夏，四月，龐勛殺崔彦曾，自稱天册將軍，與官軍戰，大敗。○馬舉救泗州，殺賊將王弘立[四]，泗州圍解。○六月，陝民作亂，逐觀察使崔蕘。○徐商罷，以劉瞻同平章事。○秋，

[一]《四庫》本脱「九年」二字，蜀藩本脱「戊子九年」四字。

[二]蜀藩本誤作「己巳」。

[三]《四庫》本原避清高宗諱，作「王宏立」，據蜀藩本改。

[四]《四庫》本原避清高宗諱，作「王宏立」，據蜀藩本改。

八月，賊將張玄稔[一]以宿州降，引兵進平徐州。○冬，十月，馬舉克濠州。○以張玄稔[二]爲驍衛大將軍；康承訓爲河東節度使；杜慆爲義成節度使；朱邪赤心爲大同軍節度使，賜姓李，名國昌；辛讜爲亳州刺史。○流陳蟠叟於愛州。○南詔入寇。十二月，陷嘉、黎、雅州。

庚寅　十一年，春，正月，群臣上尊號。○貶康承訓爲恩州司馬。○二月，南詔進攻成都。○三月，曹確罷。夏，四月，以韋保衡同平章事。○五月，光州民逐刺史李弱翁。○六月，復置徐州觀察使，統三州。○秋，八月，同昌公主卒。○魏博逐其節度使何全皥。○九月，貶劉瞻爲驩州司户，温璋爲振州司馬。○冬，十一月，以王鐸同平章事。○復以徐州爲感化軍。○十二月，以李國昌爲振武節度使。

辛卯　十二年，春，正月，葬文懿公主。○夏，四月，路巖罷。○五月，上幸安國寺。○冬，十月，以劉鄴同平章事。

壬辰　十三年，春，正月，幽州節度使張允伸薨。○二月，于琮罷，以趙隱同平章事。○夏，四月，以張公素爲平盧留後。○五月，殺國子司業韋殷裕。○貶于琮爲韶州刺史。○秋，七月，以李璋爲宣歙觀察使。○八月，歸義節度使張義潮卒，以其長史曹義金代之。

[一]《四庫》本原避清聖祖諱，作「張元稔」，據蜀藩本改。

[二]《四庫》本原避清聖祖諱，作「張元稔」，據蜀藩本改。

癸巳十四年，春，正月，遣使迎佛骨。夏，四月，至京師。○六月，王鐸罷。○秋，七月，帝崩，普王儼即位。○八月，關東、河南大水。○九月，貶韋保衡爲賀州刺史，尋賜死。○冬，十月，以蕭倣同平章事。○十一月，貶路巖爲新州刺史。

甲午僖宗皇帝乾符元年，春，正月，關東旱，饑。○賜路巖死。○二月，葬簡陵。○趙隱罷。○以裴坦同平章事，夏五月，卒。○以劉瞻同平章事，秋八月，薨。○以崔彦昭同平章事。○冬，十月，劉鄴罷，以鄭畋、盧攜同平章事。○十一月，群臣上尊號。○魏博節度使韓允中卒。○南詔寇西川，陷黎州，入邛崍關。○遣使册回鶻可汗。○濮州人王仙芝作亂。

乙未二年，春，正月，以高駢爲西川節度使。○以田令孜爲中尉。**考證**當加「宦者」於「田令孜」之上。○夏，四月，西川軍亂，討平之。○浙西鎮遏使王郢作亂，陷蘇、常州。○五月，蕭倣卒。○六月，以李蔚同平章事。○王仙芝陷濮、曹州，冤句人黃巢聚衆應之。○秋，七月，大蝗。○冬十月，貶董禹爲郴州司馬。○十二月，以宋威爲諸道行營招討使。

丙申三年，春，正月，天平軍亂，詔本軍宣慰之。○二月，令天下鄉村各置弓刀鼓板以備群盜。○三月，崔彦昭罷，以王鐸同平章事。○夏，五月，以李可舉爲盧龍節度使。○六月，雄州地震裂，水涌出。○秋，七月，宋威擊王仙芝於沂州，大破之。○詔忠武節度使崔安潛發兵討王仙芝。○九月朔，日食。

○王仙芝陷汝州，又陷陽武，攻鄭州。冬十月，攻唐鄧。○高駢築成都羅城。○王仙芝寇淮南諸州。

○以王仙芝爲神策押牙，不受。

丁酉四年，春，二月，王郢陷明、台州。○王仙芝陷鄂州。○黃巢陷鄆州。○南詔酋龍卒，子法立，請和，許之。○閏月，王郢衆降，郢走明州，敗死。○三月，黃巢陷沂州。○夏，四月朔，日食。○賊帥柳彦璋掠江西。○秋，七月，王仙芝、黃巢圍宋州。○王仙芝陷安州。○鹽州軍亂，逐刺史王承顔。詔貶承顔象州司户。○冬，十一月，王仙芝遣尚君長請降，宋威執之以獻，斬之。○黃巢陷濮州。○江州刺史劉秉仁斬柳彦璋。

戊戌五年，春，正月，王仙芝寇荆南。○招討副使曾元裕大破王仙芝於申州，詔以爲招討使，張自勉副之。○大同軍亂，殺防禦使段文楚，推李克用爲留後。○二月，曾元裕大破王仙芝於黃梅，斬之。○黃巢自稱衝天大將軍，陷沂、濮，掠宋、汴。○王仙芝餘黨陷洪州。○黃巢陷虔、吉、饒、信等州。○夏，四月，以李國昌爲大同節度使，國昌不奉詔。○詔河南貸商税富人錢穀，除官有差。○南詔請和親。○五月，鄭畋、盧攜罷。○以豆盧瑑、崔沆同平章事。○六月，以曹翔爲河東節度使。○以高駢爲鎮海節度使。○秋，七月，黃巢寇宣州，入浙東。○九月，李蔚罷，以鄭從讜同平章事。○冬，十月，河東、昭義合兵討沙陀，大敗，昭義節度使李鈞[一]戰死。○十二月，黃巢陷福州。○曹師雄寇掠二浙。

己亥 六年，春，正月，高駢遣將分道擊黃巢，大破之。巢趣廣南。○嶺南西道節度使辛讜遣使如南詔。○河南軍亂，殺節度使崔季康。○夏，四月朔，日食。○以王鐸爲行營招討都統。○秋，七月，黃巢陷廣州。○冬，十月，以高駢爲淮南節度使，充鹽鐵轉運使，崔安潛爲西川節度使。○黃巢陷潭州。○黃巢將尚讓逼江陵，王鐸走，守將劉漢宏作亂。○山南東道節度使劉巨容大破黃巢於荆門。○十一月，王鐸罷，以盧攜同平章事。

庚子[二] 廣明元年，春，正月，沙陀寇忻、代，逼晉陽。○河東軍亂，殺節度使[三]康傳圭。○二月，殺左拾遺侯昌業。○改楊子院爲發運使。○三月，以陳敬瑄爲西州節度使。○以鄭從讜爲河東節度使。○以高駢爲諸道行營都統。○夏，四月，以李琢爲蔚朔節度使。○五月，劉漢宏寇宋、兖，徵諸道兵討之。○以李順融爲樞密使。○六月，黃巢別將陷睦、婺州。○青城妖人作亂，討平之。○朔州降。○黃巢陷宣州。○劉漢宏掠申州。○遣宗正少卿李龜年使南詔與和親。○秋，七月，黃巢渡江。○劉漢宏降。○李可舉討李克用，大破之。李琢討李國昌，敗之。國昌、克用亡走達靼。○黃巢渡淮。○冬，十月，

[一] 蜀藩本誤作「李鈞」。

[二] 蜀藩本脱「庚子」二字。

[三] 《四庫》本原脱「使」字，據蜀藩本補。

黃巢陷申州，入潁、宋、徐、兗之境。〇群盜陷澧州。〇十一月，河中虞候王重榮作亂，詔以爲留後。〇黃巢陷東都。〇以周岌爲忠武節度使，秦宗權爲蔡州刺史。〇十二月，黃巢入潼關。〇以黃巢爲天平節度使。〇以王徽、裴澈同平章事，盧攜自殺。〇黃巢入長安，上走興元。〇黃巢僭號。〇鳳翔節度使鄭畋合鄰道兵討賊。〇車駕至興元，詔諸道出兵收復京師。〇以張濬爲兵部郎中[一]。〇義成節度使王處存舉兵入援。〇黃巢遣朱温攻河中，節度使王重榮與戰，大破之，遂入援。

辛丑 中和元年，春，正月，幸成都。〇以蕭遘同平章事。〇以樂朋龜爲翰林學士。〇二月，以王鐸同平章事。〇加高駢東面都統。〇三月，朱温陷鄧州。〇以鄭畋爲京城四面諸營都統。〇黃巢遣尚讓寇鳳翔，鄭畋擊敗之。〇赦李克用，遣李友金召之。〇鄭畋傳檄天下，合兵討賊。〇四月，官軍入長安，黃巢走，還襲之，殺副都統程宗楚、鳳翔[二]司馬唐弘夫，復據長安。〇五月，高駢移檄討賊，出屯東塘。〇忠武監軍楊復光克鄧州。〇六月以鄭畋爲司空、同平章事，都統如故。〇李克用陷忻、代州。〇秋，七月，以韋昭度同平章事。〇西川黃頭軍作亂，討平之。〇殺左拾遺孟昭圖。〇八月，星交流如織，或大如杯椀。〇感化牙將時溥殺節度使支詳，詔以溥爲留後。〇壽州人王緒作亂，陷光州。〇南詔上表款附。〇九月，高駢罷兵還府。〇以董昌爲杭州刺史。〇冬，十月，鳳翔行軍司馬李昌言作亂，鄭

[一] 蜀藩本誤作「兵部侍郎」。

[二] 蜀藩本誤作「風翔」。

畋赴行在。○裴澈罷。○十二月，武陵蠻雷滿等寇陷朗、衡、澧州。

壬寅 二年，春，正月，以王鐸爲諸道行營都統。○二月，朱温據同州。○以鄭畋爲司空、同平章事。○李克用寇蔚州。○邛州牙官阡能作亂，陳敬瑄遣兵討之。○夏，四月，王鐸以諸道兵逼長安。○五月，加高駢侍中，罷鹽鐵轉運使。○六月，蜀中群盜應阡能，官軍與戰，大敗。○秋，七月，以鍾傳爲江西觀察使。○劉漢宏寇杭州，董昌擊破之。○九月，朱温以華州降，王鐸以爲同華節度使。○冬，十月，賊帥韓秀昇、屈行從斷峽江路。○以朱温爲河中行營招討副使，賜名全忠。○以王敬武爲平盧留後。○十一月，李克用將沙陀趣河中。○陳敬瑄遣押牙高仁厚討阡能等，平之。○十二月，以李克用爲雁門節度使。

癸卯 三年，春，正月，克用〔二〕敗賊將黄揆于沙苑，王鐸以克用爲東北面行營都統。○以王鐸爲義成節度使。○以田令孜爲十軍十二衛觀軍容使。○魏博節度使韓簡寇鄆州及河陽，其將樂行達殺之，詔以爲留後。○以王鎔爲成德留後。○三月，李克用圍華州，黄巢遣尚讓救之，克用逆戰，破之。○以楊行愍爲廬州刺史。○夏，四月，陳敬瑄遣高仁厚討峽路群盜，平之。○五月，李克用破黄巢，收復長安。○六月，黄巢取蔡州，節度使秦宗權降之，合兵圍陳州。○以劉謙爲封州刺史。○秋，七月，以朱全忠爲

〔二〕蜀藩本作「李克用」。

宣武節度使。○左驍衛上將軍楊復光卒於河中。○鄭畋罷爲太子太保。○以裴澈同平章事。○冬，十月，李克用取潞州。○以宗女妻南詔。○十二月，忠武大將鹿晏弘據興元。○時溥殺其判官李凝古。○朱全忠據亳州。

甲辰四年，春，二月，東川節度使楊師立舉兵反。三月，詔以高仁厚爲留後，將兵討之。○夏，四月，李克用會許、汴、徐、兖之軍于陳州，黄巢退走。○五月，黄巢趣汴州，李克用等追擊，大破之，尚讓帥衆，巢收餘衆奔兖州。○李克用至汴州，朱全忠襲之，克用走還。○高仁厚敗東川兵於鹿頭關，進圍梓州。

資治通鑑綱目考證卷五十二

起甲辰唐僖宗中和四年六月，盡丙辰唐昭宗乾寧三年，凡十二年有奇。

六月，東川將吏斬楊師立以降，詔以高仁厚爲節度使。○尚讓敗黄巢于瑕丘，賊黨斬巢以降。○天平節度使朱瑄擊秦宗權，敗之。○秋，七月，時溥獻黄巢首。○李克用表乞討朱全忠，詔諭解之。○八月，以李克脩爲昭義節度使。○進李克用爵爲隴西郡王。○以王徽知京兆尹事。○冬，十一月，鹿晏弘據許州，詔以爲忠武節度使。○田令孜殺内常侍曹知慤。○十二月，以陳巖爲福建觀察使。○盜殺中書令王鐸。○以馮行襲爲均州刺史。

乙巳光啓元年，春，正月，詔招撫秦宗權。○車駕發成都。○淮南叛將張瓌據荆南，郭禹據歸州。○王緒陷汀、漳二州。○三月，車駕至京師。○秦宗權僭號，詔以時溥爲行營都統討之。○夏，四月，田令孜自兼兩池榷鹽使。○李可舉、王鎔寇易、定，王處存擊破之。○六月，盧龍將李全忠殺李可舉而代之。○秦宗權遣將孫儒陷東都。○秋，七月，殺右補闕常濬。○八月，以趙犨爲蔡州節度使。○王緒前鋒將擒緒，奉王潮爲將軍。○冬，十月，田令孜遣朱玫、李昌符攻河中，李克用救之。十二月，進逼京城，上奔鳳翔。**考證**「上」當作「帝」。

丙午 二年，春，正月，田令孜劫上如寶鷄。**考證**「上」當作「帝」。○朱玫、李昌符追逼車駕，上復走入大散關。**考證**「上」當作「帝」。○二月，至興元。○三月，以孔緯、杜讓能同平章事。○陳敬瑄殺東川節度使高仁厚。○夏，四月，朱玫奉襄王煴權監軍國事，還京師，以鄭昌圖同平章事。○田令孜自爲西川監軍。○五月，朱玫以蕭遘爲太子太保。○朱玫自加侍中，以裴澈判度支，高駢兼中書令，呂用之爲嶺南東道節度使。○六月，詔扈蹕都將楊守亮與王重榮、李克用共討朱玫。○秋，七月，秦宗權陷許州，殺鹿晏弘。○朱玫遣王行瑜寇興州，詔神策都將李茂貞拒之。○以周岳爲武安軍節度使。○八月，盧龍節度使李全忠卒，以其子匡威爲留後。○王潮陷泉州。○冬，十月，朱玫立襄王煴，稱帝改元。○十一月，董昌取越州。○十二月，王行瑜還長安，斬朱玫。煴奔河中，王重榮殺之，傳首行在。○孫儒陷河陽。○天平牙將朱瑾逐泰寧節度使齊克讓而代之。

丁未 三年，春，正月，以王行瑜爲静難軍節度使，李茂貞領武定節度使，楊守亮爲山南西道節度使。○以董昌爲浙東觀察使，錢鏐爲杭州刺史。○二月，流田令孜於端州。○代北節度使李國昌卒。○三月，誅宰相[一]蕭遘、鄭昌圖、裴澈。○車駕至鳳翔。○鎮海軍亂，節度使周寶奔常州。○利州刺史王建襲閬州而據之。○夏，四月，淮南都將畢師鐸等發兵討呂用之，克揚州。用之亡走，師鐸執高駢而幽之。

[一] 蜀藩本作「誅僞宰相」。

○秦宗權攻汴州，朱全忠拒擊，大破之。○宣州觀察使秦彥入揚州，廬州刺史楊行密引兵攻之。○八月，李昌符作亂，敗走，以李茂貞爲招討使討之。○河中軍亂，殺節度使王重榮，詔以王重盈代之。○以李罕之爲河陽節度使，張全義爲河南尹。○秋，八月，李茂貞平隴州，李昌符伏誅，詔以茂貞爲鳳翔節度使。○朱全忠取曹州。○秦彥遣兵擊楊行密，大敗而還。○九月，以張濬同平章事。○秦彥殺高駢。○冬，十月，朱全忠拔濮州，進攻鄆州。○楊行密克揚州。○十一月，秦宗權遣孫儒攻揚州，屠高郵。○閏月，以朱全忠兼淮南節度使。○王建攻成都，不克，退屯漢州。○楊行密斬呂用之。○十二月，秦宗權陷荆南。○錢鏐取潤州。

戊申[一]文德元年，春，正月，孫儒殺秦彥、畢師鐸、鄭漢章。○以朱全忠爲蔡州四面行營都統。○二月，以楊行密爲淮南留後。○上至長安。○魏博軍亂，逐其節度使樂彥禎，推牙將羅弘信知留後事。○張全義襲河陽，李罕之奔澤州。○三月朔，日食，既。○立壽王傑爲皇太弟。帝崩，太弟即位。**考證**當作「太弟傑即位」。○夏，四月，孫儒襲揚州，陷之。○李克用遣兵攻河陽，朱全忠救却之。○羅弘信殺樂彥禎及其子從訓，詔以弘信知魏博留後。○以郭禹爲荆南留後。○五月，朱全忠擊蔡州，克其外城。○六月，以韋昭度爲西川節度使，兼西川招撫使[二]。○秋，八月，楊行密圍宣州。○朱全忠遣兵擊徐

[一] 蜀藩本誤作「甲寅」。
[二] 蜀藩本作「兼兩川招撫使」。

州，大破其兵，遂取宿州。○冬，十月，葬靖陵。○十二月，蔡將申叢執秦宗權以降。以王建爲永平軍節度使[一]，削陳敬瑄官爵。

己酉　昭宗皇帝龍紀元年，春，正月，以劉崇望同平章事。○王建攻彭州[二]，陳敬瑄遣兵救之，大敗。○二月，秦宗權伏誅。○三月，進朱全忠爵東平郡王。○夏，六月，李克用拔磁、洺，殺孟方立。○以楊行密爲宣歙觀察使。○秋，七月，朱全忠攻徐州，不克，引兵還。○冬，十月，平盧節度使王敬武卒。○十一月，上更名曄。○上祀圜丘。○十二月，田令孜殺劉巨容。

庚戌　大順[三]元年，春，正月，群臣上尊號。○李克用拔邢州。王建攻邛州。○二月，楊行密取潤州。○李克用攻雲州。○以楊行密爲寧國軍節度使。○夏，四月，詔削奪李克用官爵、屬籍，以張濬爲招討制置使，會諸道兵討之。○昭義軍亂，殺留後李克恭。朱全忠取潞州，李克用遣兵圍之。詔以孫揆領昭義節度使。○六月，朱全忠爲宣武、宣義節度使。○秋，八月，李克用執招討副使孫揆以歸，殺之。○九月，朱全忠遣兵圍澤州，李克用養子存孝與戰，破之，復取潞州。○李匡威攻蔚州，李克用養子嗣源擊走之。○王建克邛州。○冬，十月，王建取蜀州。○李克用遣兵拒官軍於趙城，官軍潰，張濬、

[一]《四庫》本原脱「度」字，據蜀藩本改。
[二] 蜀藩本作「彭州」。
[三] 蜀藩本誤作「太順」。

韓建遁還。○復置昇州。

辛亥 二年，春，正月，朱全忠攻魏博，羅弘信拒之不克，請和，全忠乃還。○孔緯、張濬罷，以崔昭緯、徐彥若同平章事[一]。○貶孔緯、張濬遠州刺史，復李克用官爵。○孫儒攻宣州。○二月，加李克用中書令，貶張濬繡州司户。○三月，復陳敬瑄官爵，詔顧彥朗、王建罷兵。○以王師範爲平盧節度使。○夏，四月，彗星見，赦天下。○王建逐韋昭度，還攻成都。○五月，孫儒遣兵據滁、和，楊行密攻克之。○秋，七月，李克用攻雲州，克之。○王建克成都，自稱西川留後。○九月，以楊復恭爲上將軍，致仕。**考證**當加「宦者」於「楊復恭」之上。○冬，十月，以王建爲西川節度使。○楊復恭謀反，遣天威都頭李順節討之。復恭走興元，與楊守亮等舉兵拒命。○李克用攻王鎔，大破之，拔臨城。○朱全忠取曹州。○十二月，殺天威都頭李順節。○孫儒攻宣州。○楊守亮執中使，寇梓州，王建遣兵救之[二]。○福建觀察使陳巖卒。

壬子 景福元年，春，二月，以李茂貞爲山南西道招討使。○王鎔、李匡威攻堯山，李克用遣兵擊破之。○朱全忠擊朱瑄，瑄擊破之。孫儒圍宣州。○楊行密取常、潤州。○以時溥爲太子太師，溥不奉詔。○三月，以鄭延昌同平章事。○李克用、王處存攻王鎔，鎔擊敗之。○夏，四月，以錢鏐爲武勝軍防禦

[一] 蜀藩本作「徐彥若平章事」。

[二] 蜀藩本脱「遣」字。

使。楊行密取楚州。〇六月，楊行密擊孫儒，斬之，遂歸揚州。〇王建圍彭州。〇李茂貞取鳳、興、洋州。〇秋，八月，以楊行密爲淮南節度使。〇李茂貞取興元，楊復恭、守亮等奔閬州。〇冬，復以時溥爲感化節度使。〇以李存孝爲邢洺磁節度使。〇十一月，朱全忠遣兵取濠、泗、濮州，遂擊徐州。〇十二月，初行《景福崇玄曆》。〇王建遣兵擊楊守亮於閬州，破之。

癸丑 二年，春，正月，以李茂貞爲山南西道節度使，茂貞不奉詔。〇李克用擊王鎔，李匡威救之。克用還攻邢州。〇李匡威爲弟匡籌所逐，奔鎮州。〇以柳玭爲瀘州刺史。〇夏，四月，王建殺陳敬瑄、田令孜。〇朱全忠拔徐州，時溥自殺。〇李匡威劫王鎔，鎮人殺之。〇幽州將劉仁恭攻李匡籌，不克，奔河東。〇五月，王潮取福州。〇閏月，以扈蹕都頭〔一〕曹誠等爲諸道節度使。〇秋，七月，王鎔救邢州，李克用敗之，復與連和。〇楊行密克廬州。〇八月，以覃王嗣周爲京西招討使，討李茂貞。〇楊行密取歙州，以陶雅爲刺史。〇朱全忠遣兵攻兗州。〇九月，以錢鏐爲鎮海節度使。李克用攻邢州。〇李茂貞、王行瑜合兵拒官軍，官軍逃潰。貶杜讓能雷州司户。〇以韋昭度、崔胤同平章事。〇冬，十月，殺雷州司户杜讓能，以李茂貞爲鳳翔兼山南西道節度使。〇以王潮爲福建觀察使。〇楊行密取舒州。〇十一月，以王行瑜爲太師，號尚父，賜鐵券。〇十二月，朱全忠請領鹽鐵，不許。〇邵州刺史鄧處訥取潭州，殺周岳。

〔一〕蜀藩本無「頭」字。

甲寅 乾寧元年，春，正月，李茂貞入朝。○二月，朱全忠大破兗、鄆兵於魚山。○以鄭綮同平章事。○李克用克邢州，殺李存孝。○夏，五月，劉建鋒、馬殷入潭州，殺鄧處訥。○王建克彭州，殺楊晟。○鄭延昌罷。六月，以李谿同平章事，尋罷之。○李克用大破吐谷渾，殺赫連鐸。○秋，七月，李茂貞克閬州。○鄭綮致仕。○徐彦若同平章事。○八月，楊復恭等伏誅。○冬，十一月，楊行密取泗州。○十二月，李克用攻幽州，克之，李匡籌走死。○黃連洞蠻圍汀州，王潮遣兵擊破之。○以劉隱爲封州刺史。

乙卯 二年，春，正月，李克用入幽州。○以陸希聲同平章事。○護國節度使王重盈卒。○二月，董昌僭號於越州。○復以李谿同平章事，三月，罷。○以劉仁恭爲盧龍節度使。○崔胤罷，以王摶同平章事。○以王珂爲護國留後。○楊行密取濠州。○夏，四月，罷諸王將兵。○陸希聲罷。○楊行密取壽州及漣水。○以韋昭度爲太保致仕。○以劉建鋒爲武安節度使。○五月，制削奪董昌官爵，委錢鏐討之。○王行瑜、李茂貞、韓建舉兵犯闕，殺韋昭度、李谿。○六月，錢鏐遣其將顧全武討董昌。○以孔緯同平章事，張濬爲諸道租庸使。○李克用舉兵討三鎮。秋，七月，王行約、李繼鵬作亂，上如石門鎮。○以崔胤同平章事。○制削奪王行瑜官爵，以李克用爲招討使討之。○車駕還京師。○崔昭緯罷。○九月，孔緯卒。○王建遣兵赴援，屯綿州。○楊行密遣兵救董昌。○冬，十月，貶崔昭緯爲梧州司馬。○以孫偓同平章事。○十一月，李克用克邠州，王行瑜伏誅。○朱全忠圍兗州。○十二月，王建遣兵擊東川。○進李克用爵晉王。○李克用還晉陽。

丙辰三年，春，正月，蔣勛據邵州，劉建鋒遣馬殷擊之。○閏月，李克用遣李存信將兵救兖、鄆，羅弘信襲之，存信軍潰。○二月，以通王滋判侍衛諸軍事。○朱全忠遣龐師古擊鄆州。○夏，四月，河漲。○李克用攻魏州。○武安軍亂，殺劉建鋒，推馬殷爲留後。○五月，董昌去僭號。○楊行密取蘇州。○崔昭緯伏誅。○荆南將許存降于王建。○錢鏐克越州，董昌伏誅。○六月，李克用攻魏博，朱全忠遣其將葛從周救之，還擊兖、鄆，破之。○秋，七月，李茂貞舉兵犯闕，上如華州。○崔胤罷。○以陸扆同平章事。○八月，李克用發兵入援。○王摶罷，以朱朴同平章事。○九月，以王潮爲威武軍節度使。○以馬殷判湖南軍府事。○以崔胤、崔遠同平章事，貶陸扆爲硤州刺史。○冬，十月，以孫偓爲鳳翔四面行營招討使，討李茂貞。○以王摶同平章事。○以錢鏐爲鎮海、鎮東節度使。○以劉隱爲清海行軍司馬。

資治通鑑綱目考證卷五十三

起丁巳唐昭宗乾寧四年，盡丙寅唐昭宣帝天祐三年，凡十年。

（丁巳）四年，春，正月，詔罷諸王所領兵及殿後四軍。○立德王裕爲皇太子。○朱全忠克鄆州，執朱瑄；進襲兖州，克之，朱瑾奔淮南。○王建遣華洪將兵攻東川。○孫偓、朱朴罷。○張佶克邵州，擒蔣勛。○三月，朱全忠以葛從周守兖州，朱友裕守鄆州，龐師古守徐州。○夏，四月，遣使和解兩川。○六月，貶王建爲南州刺史，以李茂貞爲西川節度使，覃王嗣周爲鳳翔節度使。○秋，八月，韓建、劉季述殺通王滋等十一人。○九月，李克用攻幽州，劉仁恭與戰，敗之。○冬，十月，以韓建爲鎮國、匡國節度使。○詔削奪李茂貞官爵、姓名，發兵討之。復以王建爲西川節度使。○王建克梓州，顧彦暉自殺。○朱全忠擊楊行密，戰于清口，全忠大敗。○立淑妃何氏爲皇后。○十二月，威武節度使王潮卒。○南詔驃信舜化上書。○貶張道古施州司户。

（戊午）光化元年，春，正月，詔復李茂貞姓名、官爵，罷諸道兵。○以韓建爲修宫闕使。○三月，以朱全忠爲宣武、宣義、天平節度使。○以馬殷知武安留後。○劉仁恭取滄、景、德州。○夏，四月，朱全忠會幽州、魏博兵擊李克用，敗之，拔洺、邢、磁州。○秋，八月，車駕至長安。○遣使宣慰河東、宣武。○九月，錢鏐克蘇州。○魏博節度使羅弘信卒。○以王審知爲威武節度使。○冬，十月，王珙殺前常州刺史王柷。○十一月，以羅紹威爲魏博節度使。○十二月，李罕之據潞州，朱全忠表爲節度使。

己未 二年，春，正月，崔胤罷，以陸扆同平章事。○劉仁恭屠貝州。三月，朱全忠遣兵擊敗之，遂攻河東，大敗而還。○夏，六月，以丁會爲昭義節度使。○保義軍亂，殺節度使王珙。○秋，七月，馬殷拔道州。○八月，李克用拔潞州。○九月，以李茂貞爲鳳翔、彰義節度使。

庚申 三年，春，二月，李克用治晉陽城。○夏，四月，朱全忠遣兵圍滄州。○六月，以崔胤同平章事，殺司空、同平章事王摶。○秋，七月，李克用遣兵攻邢、洺以救滄州，汴軍敗還。○九月，以徐彦若爲清海節度使。○崔遠罷，以裴贄同平章事。○朱全忠攻鎮州。○朱全忠取瀛、景、莫州。○馬殷取桂州。○朱全忠遣兵攻定州，義武節度使王郜奔晉陽。○十一月，中尉劉季述幽上於少陽院，而立太子裕。**考證**「中尉」當作「宦者」，「上」當作「帝」。

辛酉 天復元年，春，正月朔，神策指揮使孫德昭等討劉季述等，皆伏誅。上復于位，黜太子裕爲德王。○進朱全忠爵爲東平王，李茂貞爲岐王。○以韓全誨、張彦弘爲中尉，袁易簡、周敬容爲樞密使。○二月，朱全忠取河中、晉、絳等州，執王珂以歸，殺之。○以王溥、裴樞同平章事。○三月，朱全忠遣兵攻河東，取沁、澤、潞、遼等州。○夏，五月，以朱全忠爲宣武、宣義、天平、護國節度使。○李茂貞入朝。○六月，解崔胤鹽鐵使。○冬，十月，朱全忠舉兵發大梁。○楊行密遣兵攻杭州，擒其將顧全武。○十一月，韓全誨等劫帝如鳳翔。朱全忠取華州。○朱全忠引兵至鳳翔城東而還。○以盧光啓參知機務，崔胤、裴樞罷。○十二月，清海節度使徐彥若卒。○江西節度使鍾傳取撫州。

壬戌二年，春，正月，以韋貽範同平章事。○二月，李克用遣兵攻慈、隰，逼晉、絳。朱全忠還河中，遣兵擊之。○盜發簡陵。○三月，汴兵圍晉陽。○以楊行密爲行營都統，賜爵吳王。○回鶻遣使入貢。○夏，四月，盧光啓罷。○五月，朱全忠至東渭橋。○韋貽範罷。○進錢鏐爵爲越王。○以蘇檢同平章事。○昇州刺史馮弘鐸襲宣州，敗走。楊行密取昇州。○朱全忠圍鳳翔。○楊行密攻宿州，不克。○秋，八月，兩浙軍亂。○起復韋貽範同平章事。○王建取興元。○九月，李茂貞攻朱全忠營，敗績。○王建取洋州。○以李茂貞爲鳳翔、静難、武定、昭武節度使。○田頵攻杭州。○冬，十月，楊行密建制敕院。○王建取興州。○朱全忠遣使奉表迎車駕。○十一月，保大節度使李茂勛引兵救鳳翔。朱全忠遣兵取鄜坊，茂勛降。○韋貽範卒。○錢鏐拒擊田頵，破之。○十二月，李繼昭詣朱全忠降。

癸亥三年，[一]春，正月，平盧節度使王師範將兵討朱全忠[二]，克兖州。○李茂貞殺韓全誨等。帝幸朱全忠營，遂發鳳翔，復以崔胤爲司空、同平章事。○車駕至長安，大誅宦官，以崔胤判六軍十二衛事。○二月，貶陸扆爲沂王傅、分司。○賜蘇檢死，貶王溥爲賓客、分司。○賜朱全忠號回天再造竭忠守正

[一]《四庫》本原作「三年」，據上下文及蜀藩本改。
[二] 蜀藩本作「發兵討朱全忠」。

功臣。○以輝王祚爲諸道兵馬元帥；　朱全忠守太尉以副之，進爵梁王；　崔胤爲司徒，兼侍中。○貶韓偓爲濮州司馬。○梁王全忠辭歸鎮。○以裴樞同平章事。○三月，梁王全忠遣朱友寧、葛從周擊王師範。○夏，五月，馬殷襲江陵，陷之。○王師範以淮南兵擊朱友寧，斬之。秋，七月，梁王全忠擊師範，破之，遣楊師厚攻青州。○八月，進王建爵爲蜀王。○楊行密遣兵擊宣、潤州。○楊師厚逼青州，王師範降。○冬，十月，王建取夔、忠、萬、施四州。○葛從周取兖州。○宿衛使朱友倫卒。○山南東道節度使趙匡凝取荆南，表其弟匡明爲留後。○李茂貞、李繼徽舉兵逼京畿。○十一月，楊行密克宣州，斬田頵。○以獨狐損同平章事，裴贄罷。○張全義殺左僕射張濬。

甲子 天祐元年，春，正月，梁王全忠殺崔胤，以崔遠、柳璨同平章事。○梁王全忠屯河中，表請遷都。上發長安，二月，至陝。○王建遣兵迎車駕。○三月，以梁王全忠判六軍諸衛事。○梁王全忠赴洛陽。○遣間使以密詔告難于四方。○楊行密遣兵擊杜洪。○夏，四月，上至洛陽。**考證**「上」皆當作「帝」。

○謹按：論史者皆言唐亡于藩鎮，亡于宦官，皆非也。唐亡者，宰相也。朱温在汴時，不有宰相誘之，豈能遽爲曹孟德哉？昭宗憤天下之亂，思用奇傑之士，而卒得悖逆之臣。始於張濬，中於〔一〕崔昭緯，皆求救於温；終於崔胤，求援於温。不特求援，且教其營東都宫闕，表迎車駕，效尤孟德，而唐祚去矣。嗚呼！爲人臣者，欲固位而毁其國，猶欲安居而毁其家也。哀哉。○以梁王全忠爲護國、宣武、宣義、忠武節度使。○更封錢鏐爲吴王。○命魏

〔一〕蜀藩本作「終於」。

博曰天雄軍，進羅紹威爵爲鄴王。○五月，梁王全忠還鎮。○趙匡凝攻夔州，不克。○六月，李茂貞、王建、李繼徽合兵討朱全忠，全忠拒之河中。○秋，八月，全忠弑帝于椒殿，太子祝即位。○以張全義爲河南尹。○楊行密以劉存爲招討使，子渥爲宣州觀察使。○九月，尊皇后爲皇太后。○冬，十月朔，日食。○十二月，楊行密遣馬賨歸長沙。○以劉隱爲清海節度使。

乙丑 昭宣帝天祐二年。○春，正月，楊行密克潤州，殺安仁義。○二月，朱全忠殺德王裕等九人。○劉存拔鄂州，執杜洪。○葬和陵。○三月，以王師範爲河陽節度使。○獨孤損、裴樞、崔遠并罷，以張文蔚、楊涉同平章事。○河東押牙盖寓卒。○夏，四月，彗星出西北，長竟天。○六月，殺裴樞、獨孤損、崔遠、陸扆、王溥等三十餘人。○秋，八月，王建取金州。○徵前禮部員外郎司空圖詣闕，尋放還山。○九月，梁王全忠遣楊師厚取襄陽，趙匡凝奔廣陵。○楊師厚取江陵，趙匡明奔成都。○冬，十月，以梁王全忠爲諸道兵馬元帥。○梁王全忠擊淮南，不利。○改昭宗謚號。○十一月，吴王楊行密卒，子渥代爲淮南節度使。○以梁王全忠爲相國，封魏王，加九錫，全忠不受。○十二月，朱全忠弑太后何氏，殺蔣玄暉[一]、柳璨、張廷範。○罷謁郊廟。

丙寅 三年，春，正月，宣州觀察使王茂章奔杭州。○羅紹威殺其牙軍八千家。○以梁王全忠爲三司都制置

[一]《四庫》本原避清聖祖諱，作「蔣元暉」，據蜀藩本改。

使。○夏，四月朔，日食。○天雄軍亂，梁王全忠討平之。○鎮南節度使鍾傳卒。○秋，七月，梁王全忠還大梁。○九月，梁王全忠攻滄州，劉仁恭救之。○楊渥取洪州。○楊崇本攻夏州。○冬，十月，王建立行臺。○李克用遣兵攻潞州。○梁王全忠遣劉知俊救夏州，邠人大敗。○梁王全忠以高季昌爲荆南留後。○十二月，昭義節度使丁會降于河東，梁王全忠引兵還。

資治通鑑綱目考證卷五十四

起丁卯，盡己卯，凡十三年。

丁卯 四年，四月以後，梁太祖皇帝朱晃開平元年，西川稱唐天復七年。○是歲，唐亡，梁、晉、岐、淮南、西川凡五國，吴越、湖南、荆南、福建、嶺南凡五鎮。春，正月，淮南牙将張顥、徐温作亂。○三月，唐遣使奉册寶如梁。**考證**「唐」當作「帝」。○夏，四月，盧龍節度使劉仁恭爲其子守光所囚。○梁王全忠更名晃，稱皇帝，奉唐帝爲濟陰王。**考證**「全忠」當作「朱全忠」。○梁以汴州爲東都、開封府，洛陽爲西都，長安爲大安府、佑國軍。○梁以馬殷爲楚王。○梁以敬翔知崇政院事。○梁以朱友文判建昌院事。○淮南、西川移檄興復唐室。○岐王李茂貞開府。○契丹遣使如梁。○梁以錢鏐爲吴越王。○梁以高季昌爲荆南節度使。○梁主封其兄全昱爲廣王。○梁禮部尚書蘇循等致仕。○六月，淮南遣兵擊楚，楚大破之，遂取岳州。○梁侵晉，圍潞州，晉遣周德威等救之。○秋，七月，梁以劉守光爲盧龍節度使。○八月，晉敗梁兵於潞州，梁築夾寨守之。○九月，蜀王王建稱帝。○十一月，義昌節度使劉守文舉兵討其弟守光。○梁赦軍士逃亡爲盜者。

戊辰 晉、岐、淮南稱唐天祐五年，梁開平二年。○蜀高祖王建武成元年。○是歲，西川稱蜀，凡五國、五鎮。春，正月，晋王李克用卒，子存勖立。**考證**當去「李」姓，「立」當作「嗣」。〇二月，蜀以張格同平章事。〇晋兵馬使李克寧謀作亂，晋王殺之。〇梁主晃弑濟陰王。〇夏，五月，晋王攻梁夾寨，破之，潞州圍解。〇晋師攻梁澤州，不克。〇晋王歸晋陽。〇淮南張顥、徐温弑其節度使楊渥，温復攻顥，殺之。〇蜀、岐、晋會兵攻梁雍州，梁遣忠武節度使劉知俊拒却之。〇六月，梁殺其金吾將軍王師範，夷其族。〇秋，七月，楚收茶税。〇淮南將吏推楊隆演爲節度使。〇九月，淮南遣兵攻吴越，圍蘇州。〇冬，十月，華原賊帥温韜發唐諸陵。〇十一月，晋遣兵擊劉守文，敗之。

己巳晋、岐、淮南稱唐天祐六年，梁開平三年。〇是歲，凡五國、五鎮[一]。春，正月，梁遷都洛陽。〇二月朔，日食。〇梁攻岐，取丹、延、鄜、坊四州。〇淮南徐温自領昇州刺史。〇夏，四月，梁以王審知爲閩王。〇吴越擊淮南兵破之。〇五月，梁殺其佑國節度使王重師，夷其族。〇劉守光執其兄守文，進攻滄州。〇六月，梁劉知俊叛奔岐。〇秋，七月，梁以劉守光爲燕王。〇淮南盡取江西地。〇冬，十月，蜀行《永昌曆》。〇十一月，岐遣劉知俊攻梁靈州，梁遣兵救之，大敗而還。〇蜀蜀州刺史王宗弁罷。

庚午晋、岐、吴稱唐天祐七年，梁開平四年。〇是歲，淮南稱吴，凡五國、五鎮。春，正月，劉守光克滄州，殺其兄守文。〇二月，岐王承制加楊隆演嗣吴王。〇夏，四月，梁夏州亂，殺節度使李彝昌，以其族父仁福

[一] 蜀藩本誤作「三鎮」。

代之。○梁宋州獻瑞麥。○梁貶寇彦卿爲游擊将軍。○五月，梁天雄節度使羅紹威卒，以其子周翰代之。○六月，梁匡國軍節度使馮行襲卒。○梁以楚王殷爲天策上将軍。○秋，七月，岐、晋合兵攻梁夏州，梁遣兵拒却之。○八月，吴越築捍海石塘，廣杭州城。○冬，十一月，蜀主立其假子宗裕等爲王。○梁遣兵襲鎮州，取深、冀。鎮、定推晋王爲盟主，晋遣兵救之。○十二月，梁定律令格式行之。○梁進軍逼鎮州，晋王救之，次于高邑。

辛未 晋、岐、吴稱唐天祐八年，梁乾化元年。○蜀永平元年。○是歲，凡五國、五鎮。春，正月朔，日食。○晋王伐梁軍于柏鄉，大破之。○晋師圍邢、魏，梁兵救之，晋師還。○三月，梁清海節度使劉隱卒，弟巖知留後。○夏，四月，岐攻興元，蜀兵擊卻之。○晋王推劉守光爲尚父，梁亦以爲采訪使。○秋，七月，梁主避暑于河南尹張宗奭第。○梁遣楊師厚将兵屯邢州，趙王鎔會晋王于承天軍。○八月，燕王劉守光稱帝。○岐王使劉知俊攻蜀，圍安遠軍。○九月，梁主如相州。○冬，十月，晋遣李承勛使于燕。○十一月，梁主還洛陽。○幽州參軍馮道奔晋。○蜀主自將擊岐兵，大破之。○劉守光寇易、定，晋遣兵救之。

壬申 晋、岐、吴稱唐天祐九年，梁乾化二年。○是歲，凡五國、五鎮。春，正月，晋師及鎮、定之兵伐幽州。二月，梁主救之，大敗走還。○滄州人殺劉繼威。○晋師克瓦橋關。○夏，四月，晋師克瀛州。○五月，梁主至洛陽。○劉守光遣兵出戰，晋人擊敗之，擒其將。○吴徐温攻宣州，克之，殺其觀察使李遇。○

六月，梁郢王友珪弑其主晃而自立。○梁忠武軍亂，殺節度使韓建。○秋，七月，梁以楊師厚爲天雄節度使。○梁加吴越王鏐尚父。○梁遣兵擊河中，節度使朱友謙降晉。○梁以敬翔同平章事。○吴以徐温領鎮海節度使。○冬，十月，晉王救河中，梁兵敗走。○梁楊師厚入朝。○梁隰州降晉。

癸酉 晉、岐、吴稱唐天祐十年，梁主瑱乾化三年。○是歲，凡五國、五鎮。春，正月，晉拔燕順、薊州、安遠、盧臺軍。○二月，梁均王友貞起兵討賊，友珪伏誅。友貞立於大梁，更名瑱。友謙復歸梁。○三月，晉師徇山後八軍及武州，皆下之。○夏，四月，晉師逼幽州，拔平、營州。○梁擊趙以救燕，晉分兵拒之。○六月，蜀以道士杜光庭爲諫議大夫。○蜀主殺其太子元膺。○晉克瀛、莫州。○梁賜高季昌爵渤海王。○冬，十月，蜀立宗衍爲太子。○十一月，晉王入幽州，執劉仁恭及守光以歸。○十二月，梁遣兵侵吴，吴人擊敗之。

甲戌 晉、岐、吴稱唐天祐十一年，梁乾化四年。○是歲，凡五國、五鎮。春，正月，劉仁恭、劉守光伏誅。○鎮、定推晉王爲尚書令，始置行臺。○高季昌攻蜀夔州，不克。○夏，四月，楚人襲吴黄州，克之。○五月，梁朔方節度使韓遜卒，以其子洙代之。○秋，七月，晉伐梁邢州，不克。○八月，蜀以毛文錫判樞密院。○冬，十一月，南詔寇蜀，蜀遣兵擊敗之。○十二月，蜀攻岐階州，破長城關。

乙亥 晉、岐、吴稱唐天祐十二年，梁貞明元年。○是歲，凡五國、五鎮。春，二月，梁分天雄爲兩鎮。夏，四月，魏人降晉。六月，晉王入魏。○晉拔德州。○秋，七月，晉拔澶州。○晉王勞軍魏縣。○梁劉鄩引兵襲晉陽，不至，還守莘城。○八月，梁復取澶州。○晉遣李存審圍貝州。○梁劉鄩攻鎮、定營，晉師擊敗之。○吴徐温出鎮潤州，留子知訓江都輔政。○冬，十月，梁康王友敬作亂，伏誅。○十一月，蜀遣兵攻岐，克階、成、秦、鳳州，岐將劉知俊奔蜀。○岐耀、鼎二州降梁。○廣州始與梁絶。

丙子 晉、岐、吴稱唐天祐十三年，梁貞明二年。蜀通正元年。○是歲，凡五國、五鎮。春，正月，梁以李愚爲左拾遺。○二月，吴将馬謙等起兵誅徐知訓，不克而死。○梁劉鄩攻晉魏州，晉王擊敗之。○梁遣兵襲晉陽，晉将安金全擊卻之。○晉王克衛、磁州。○梁遣劉鄩屯黎陽。○夏，四月，晉人克洺州。○梁戍卒作亂，攻宫門，討平之。○秋，七月，梁以吴越王鏐爲諸道兵馬元帥。○八月，晉拔相、邢二州。○契丹寇晉，陷蔚州。○九月，晉王還晉陽。○晉拔滄州。○晉拔貝州。○晉王如魏州。○冬，十月，蜀攻岐，圍鳳翔。○晉王遣使如吴，吴遣兵擊梁，圍潁州。○十二月，楚王遣使如晉。○晉以張瓘爲麟州刺史。○契丹稱帝改元。**考證**「契丹」下當作「安巴堅」〔一〕。

丁丑 晉、岐、吴稱唐天祐十四年，梁貞明三年。○蜀天漢元年，漢乾亨元年。○是歲，嶺南稱漢，凡六國、四鎮。春，二月，晉新州裨将盧文進殺其防禦使李存矩，亡奔契丹。○三月，契丹陷晉新州，晉師攻之，不克。**考證**「陷」當作「入」。○契丹圍幽州。夏，四月，晉王遣李嗣源將兵救之。○五月，吴徐温徙治昇州。○

〔一〕蜀藩本作「阿保機」。

秋，八月，劉巖稱越帝於廣州。○晉師擊契丹敗之，幽州圍解。○冬，十月，梁以吳越王鏐爲天下兵馬元帥。○晉王還晉陽。○十一月，晉王如魏州。○十二月，蜀殺其招討使劉知俊。○晉王襲梁楊劉，拔之。梁主如洛陽，尋還大梁。

戊寅 晉、岐、吳稱唐天祐十五年。○梁貞明四年。○蜀光天元年。○是歲，凡六國、四鎮。春，正月，晉師掠梁濮、鄆而還。○蜀信王宗傑卒。○夏，六月，蜀主建殂，太子宗衍立。○吳副都統朱瑾殺都軍使徐知訓而自殺。○梁人決河以限晉兵，晉王攻之，拔其四寨。○蜀貶張格爲維州司户。○秋，七月，蜀以王宗弼爲鉅鹿王。○吳以徐知誥爲淮南行軍副使，輔政。○八月，晉王大舉伐梁。○蜀以諸王領軍使。○梁泰寧節度使張萬進降晉。○蜀以宦者歐陽晃等爲將軍。○冬，十一月，越改國號漢。○吳取虔州。○十二月，晉王與梁軍戰于胡柳陂，周德威敗死。晉王收兵復戰，大破梁軍。

己卯 晉、岐稱唐天祐十六年，梁貞明五年。○蜀乾德元年，吳宣王楊隆演武義元年。○是歲，凡六國、四鎮。春，正月，晉築德勝兩城。○三月，晉王自領盧龍節度使。○晉以郭崇韜爲中門副使。○夏，四月，吳王隆演建國改元。○吳越擊吳，戰於狼山，破之。○梁攻晉德勝南城，不克。○秋，七月，吳越攻吳常州，吳人與戰，破之。○晉王以馮道掌書記。○八月，梁以王瓚爲招討使拒晉兵。○吳與吳越連和。○冬，十月，晉廣德勝北城。○梁克兗州，殺張萬進。○十二月，梁王瓚與晉王戰，敗績。梁以戴思遠代之。○吳團結民兵。

資治通鑑綱目考證卷五十五

起庚辰，盡丙戌，凡七年。

庚辰　晉、岐稱唐天祐十七年，梁貞明六年。○是歲，梁、晉、岐、蜀、漢、吴凡六國，吴越、湖南、荆南、福建凡四鎮。

春，三月，晉以李建及爲代州刺史。○夏，四月，梁朱友謙取同州，遂以河中降晉。○五月，吴宣王隆演卒，弟溥立。**考證**當去「宣」字，分注「謚曰宣」。○六月，蜀殺其華陽尉張士喬。○梁遣劉鄩等討同州，晉遣李存審救之。○秋，八月，蜀主北巡。冬，十一月，遣兵侵岐，不克而還。○趙王鎔殺其司馬李藹，夷其族。

辛巳　晉、岐稱唐天祐十八年，梁龍德元年，吴睿王[一]楊溥順義元年。○是歲，凡六國、四鎮。春，正月，蜀主還成都，廢其后高氏。○晉得傳國寶。○二月，成德將張文禮弑其節度使趙王鎔而代之。○夏，五月，梁殺其泰寧節度使劉鄩。○六月朔，日食。○秋，晉以蘇循爲節度副使。○八月，晉以符習爲成德留後，討張文禮。○冬，十月，梁襲晉德勝北城，晉王擊破之。○義武節度使王處直爲其假子都所囚。○吴王

[一] 蜀藩本作「吴睿皇」。

溥祀南郊。○十一月，晉王自將討鎮州。○十二月，契丹寇幽州，拔涿州，進寇義武，晉王救之。

壬午　晉、岐稱唐天祐十九年，梁龍德二年。○是歲凡六國、四鎮。春，正月，晉王擊契丹，大敗之。○梁襲晉魏州不克，攻德勝北城。二月，晉王還魏州，梁兵遁還。○晉師圍鎮州不克，退保趙州。夏，四月，晉李嗣昭戰死。○秋，八月，梁取晉衛州。○九月，晉王克鎮州，自領之，以符習爲天平節度使。○冬，十一月，唐特進河東監軍使張承業卒。○十二月，晉以張憲權鎮州事。

癸未　岐稱唐天祐二十年，梁龍德三年盡十月，四月以後唐莊宗李存勗同光元年。○是歲，梁亡，晉稱唐，凡五國、四鎮。

春，二月，晉以豆盧革、盧程爲行臺丞相。○梁以錢鏐爲吴越王。○三月，晉李繼韜以潞州叛降梁，其將裴約據澤州不下。○夏，四月，晉王存勖稱皇帝于魏州，國號唐。○唐以豆盧革、盧程同平章事，郭崇韜、張居翰爲樞密使。○唐建東、西京及北都。○閏月，唐立宗廟于晉陽。○唐遣李嗣源襲梁鄆州取之，以嗣源爲節度使。○五月，梁遣招討使王彦章攻唐德勝南城，拔之；進攻楊劉。六月，唐主救之，梁兵退。秋，七月，彦章罷。○唐盧程罷。○八月，梁取唐澤州，裴約死之。○梁以段凝爲招討使，遣王彦章、張漢傑攻鄆州。○梁將康延孝奔唐。○九月，蜀主宴群臣於宣華苑。○冬，十月朔，日食。○唐主救鄆州，梁師敗績，王彦章死之，唐主入大梁，梁主瑱自殺，唐遂滅梁。○梁段凝降唐。○唐貶梁宰相鄭珏以下十一人。○敬翔、李振、趙巖、張漢傑等伏誅，夷其族。○唐毀梁宗廟，追廢朱温、朱友貞爲庶人。○梁諸藩鎮入朝于唐者，皆復其任。○唐以郭崇韜守侍中。○梁河南尹張宗奭入朝于唐。○唐加李嗣源中書令。○楚王殷遣使入貢于唐。○吴遣使如唐。○吴貶鍾泰章爲饒州刺史。○彗星見。○十一月，唐以李紹欽爲泰寧節度使。○唐朱友謙、温韜入朝。○唐省文武官。○唐廢北都爲成德軍，梁東京爲宣武軍，以宋州爲歸德軍。○唐以趙光胤、章説同平章事，豆盧革判租庸兼鹽鐵轉運使。○唐荆南節度使高季興入朝。○唐復以長安爲西京京兆府。○十二月，唐遷都洛陽。○唐復行舊律令。○唐李繼韜入朝，赦之，尋復誅。○吴復遣使如唐。○高季興還鎮。

甲申 後唐同光二年。○是歲，岐降後唐，凡四國、四鎮。春，正月，契丹寇幽州。**考證**「寇」當作「入唐」。○岐王茂貞遣使入貢于唐。○唐復以宦官爲内諸司使及諸道監軍。○唐以王正言爲租庸使。○唐太后至洛陽。○二月，唐主祀南郊，大赦。**考證**下當書「境内」。○唐以李茂貞爲秦王。○唐立夫人劉氏爲后。○三月，蜀主宴近臣於怡神亭。○唐封高季興爲南平王。○唐以李存賢爲盧龍節度使。○唐詔銓司考覈僞濫。○唐遣使按視諸陵。○夏，四月，唐主加尊號。○唐遣客省使李嚴如蜀。○唐秦王李茂貞卒。○唐澤、潞軍亂。○唐貸民錢。○五月，唐以伶人陳俊、儲德源爲刺史。○唐詔州鎮無得修城，毁其守具。○契丹寇幽州。**考證**「寇」當作「攻唐」。○唐以李繼曮爲鳳翔節度使。○唐以曹義金爲歸義節度使。○唐討潞州，平之。○六月，唐以李嗣源爲蕃漢馬步總管。○秋，七月，唐發兵塞决河。○八月，唐以孔謙爲租庸使。○唐主獵于近郊。○蜀中書令王宗儔卒。○冬，蜀以宦官王承休爲龍武指揮使。○吴越入貢于唐。○吴王如白沙。○唐主獵于伊闕。○蜀遣使如唐，罷北邊兵。○十二月，蜀復以張格同平章事。○契丹寇蔚州，唐遣李嗣源禦之。**考證**「寇」當作「攻唐」。○唐主及后如河南尹張全義第。

○蜀以王承休爲天雄節度使[一]。

乙酉 後唐同光三年。○蜀咸康元年，漢白龍元年。○是歲，凡四國、四鎮。春，正月，唐主如興唐。○二月，唐以李嗣源爲成德節度使。○漢遣使如唐。○三月，唐黜李從珂爲突騎指揮使。**考證**當加「嗣源養子」於「從珂」之上。○謹按：《五代史》：從珂本王姓，母魏氏，少寡，有子阿三，年十餘。明宗掠得魏氏，養阿三爲子，冒姓李，改今名，是爲潞王。《綱目》於明宗書曰「李克用養子」，於周世宗書曰「周主養子」。此當加「嗣源養子」於「從珂」之上，一例也。五季養子得國者有此三主。夫爲國家者，君君、臣臣、父父、子子，上下相保，敬其所尊，愛其所親，而不相害，故能傳於永世。莊宗承克用之業，有天下之半，而不知經綸大經，是以身弑嗣絶，而明宗繼之。明宗奮於卒伍，克用子養之者，覬其立功以報國也，入朝之日，固當討誅伶人之弑莊宗者，迎魏王繼岌而立之義也。乃逼魏王而奪其國，雖息兵恤民，史稱賢主，而大義已虧，不足賢矣。王從珂、石敬瑭、劉知遠三人同事明宗。從珂不思撫育之恩，簒弑閔帝，若敬瑭能聲其罪，正其名，率諸侯王而致討，孰能禦之，焉用區區小數召戎狄遺天下後世患？至如知遠，伺釁而興，皆無綱常之教，一以詐力劫持之，何以能永世哉？故異姓不可以爲子，詐力不可以爲國，建邦啓業所宜深鑑也。周世宗受太祖命而繼立，正也。冒太祖姓，非正也。帝王可繼，族類不可，瀆若復姓柴氏，而受終於太祖，斯謂正矣。昔者聖人爲政，必先正名，世宗以不正之名臨郡國，《綱目》均以養子書，亦無足稱焉。○

[一] 蜀藩本誤作「天水節度使」。

唐遣使采民女入後宮。○唐復以洛陽爲東都，興唐爲鄴都。○夏，四月朔，日食。○大旱。○五月，唐太妃劉氏卒。○六月，雨。○唐主作清暑樓。○吴鎮海判官陳彦謙卒。○秋，七月，唐太后曹氏殂。○八月，唐主殺其河南令羅貫。○九月，蜀主與太后、太妃游青城山。○唐遣魏王繼岌及郭崇韜將兵伐蜀。○冬，十月，蜀主東游。○十一月，唐師滅蜀，蜀主王衍降。○十二月，唐以董璋爲東川節度使。○蜀王宗弼、王承休伏誅。○閩王王審知卒，子延翰立。**考證**當去「王」字。○唐以孟知祥爲西川節度使。○唐主獵於白沙。○漢白龍見。○長和求昏於漢。○閏月，唐詔罷折納紐配法。○唐遣宦者馬彦珪使蜀軍。○楚鑄鉛鐵錢。

丙戌 後唐同光四年，四月，明宗李嗣源天成元年，吴越寶正元年。○是歲，蜀亡，閩建國，凡四國、三鎮。春，正月，唐護國軍節度使李繼麟入朝。○唐魏王繼岌殺郭崇韜。○唐復以故蜀樂工嚴旭爲蓬州刺史。○唐殺其睦王存乂及李繼麟。○唐魏王繼岌發成都。○二月，唐以李紹宏爲樞密使。○唐鄴都亂，遣李紹榮招諭之。○唐李紹琛反於蜀，魏王繼岌使工部尚書任圜討之。○唐李紹榮攻鄴都，不克。○唐從馬直軍士作亂，伏誅。○唐遣李嗣源將親軍討鄴都。○唐以王延翰爲威武節度使。○唐討鄴兵劫李嗣源入鄴都。○唐任圜破李紹琛，擒之。孟知祥討定餘寇。○唐李嗣源奔相州。○唐豫借河南夏秋稅。○唐李嗣源引兵向大梁。○唐殺故蜀主王衍，夷其族。○唐主如關東，李嗣源入大梁，唐主乃還。○夏，四月，唐伶人郭從謙弑其主存勖。李嗣源入洛陽。○唐太原軍亂。○唐李嗣源監國。○唐以安重誨爲樞密使，張延朗爲副使。○唐監國嗣源殺劉后及諸王。○高季興以孫光憲掌書記。○唐監國嗣源殺李紹榮。○唐張居翰罷，以孔循爲樞密使。○唐監國嗣源殺孔謙，廢租庸使及諸道監軍。○唐魏王繼岌至長安，自殺。○唐主嗣源立。○唐殺其太原尹[一]張憲。○唐大赦。**考證**下當書「境内」。○唐以鄭珏、任圜同平章事。○唐李紹真等復姓名。○唐初令百官轉對。○唐以安金全爲振武節度使。○唐以趙在禮爲義成節度使。○唐以馮道、趙鳳爲端明殿學士。○唐聽郭崇韜歸葬，復朱友謙官爵。○六月，唐汴州軍亂，指揮使李彥饒討平之。○秋，七月，唐安重誨殺殿直馬延。○契丹攻渤海，拔夫餘城。○唐遣供奉官姚坤如契丹。○唐豆盧革、韋説罷。○契丹安巴堅[二]死。○八月朔，日食。○唐孟知祥增置營兵。○唐平盧軍亂，討平之。○九月，契丹德光立。○冬，十月，唐初賜百官春冬衣。○王延翰自稱閩王。○契丹盧龍節度使盧文進奔唐。○唐以趙季良爲三川制置轉運使，李嚴爲西川都監。○唐罷告身綾軸錢。○十二月，閩王延稟弑其君延翰，而立其弟延鈞。○唐主以其子從榮爲天雄節度使。

[一] 蜀藩本誤作「大原尹」。

[二] 蜀藩本作「阿保機」。

資治通鑑綱目考證卷五十六

起丁亥，盡丙申，凡十年。

丁亥後唐天成二年，吴乾貞元年。○是歲，後唐、漢、吴、閩凡四國，吴越、荆南、湖南凡三鎮。春，正月，唐主更名亶。○唐以馮道、崔協同平章事。○唐初令長吏每旬慮囚。○唐孟知祥殺李嚴。○唐主以其子從厚爲河南尹，判六軍諸衛事。○二月，唐以石敬瑭爲六軍諸衛副使。**考證**「唐以石敬瑭」當作「唐主以婿石敬瑭」。○謹按：《五代史》：石敬瑭本西夷臬捩鷄之子，隸明宗帳下，號左射軍，嘗脱明宗於危，尚永寧公主。拜官之初，當書「婿」於其姓名之上。《凡例》所謂「親戚貴重者，書其屬」是也。○唐郭從謙伏誅，夷其族。○高季興襲取夔州，唐遣兵討之。**考證**當加「唐」字於「夔州」之上。○三月，唐初置監牧。○唐鄴都軍亂，討平之。○夏，四月，唐以趙季良爲西川副使。○五月，唐以王延鈞爲威武節度使。○唐兵討荆南，不克，引還。○荆南自附於吴，吴人不受。○唐任圜罷。○唐以馬殷爲楚國王。○唐蜀兵敗荆南軍，取夔、忠、萬州。○秋，七月，唐殺豆盧革、韋説。○唐流段凝、温韜於邊郡。○八月朔，日食。○契丹與唐脩好。○冬，十月，唐主如汴州。宣武節度使朱守殷反，唐主遣兵討之，遂遣使殺任圜。守殷自殺。○唐免三司逋負二百萬緡。○吴丞相徐温卒。○唐以石敬瑭爲侍衛親軍都指揮使。○十一月，吴王楊溥稱帝。○十二月，孟知祥脩成都城。○唐以周玄豹爲光禄卿致仕。○唐主立親廟於應州舊宅。○有年。

戊子 後唐天成三年，漢大有元年。○是歲，凡四國、三鎮。春，二月朔，日食。○吴遣使如唐，不受。○三月，唐以孔循爲東都留守，王建立同平章事。○楚人擊荆南，敗之。○楚人擊漢封州，大敗。○夏，四月，唐以從榮爲北都留守。○吴攻楚岳州，大敗。○唐王都反，奚、契丹助之。唐遣招討使王晏球等將兵討破之。○吴遣使如楚。○秋，七月，唐收麴稅。○契丹救定州，王晏球擊走之，擒其將特哩衮[一]。○八月，唐以王延鈞爲閩王。○契丹遣使如唐。○九月，唐温韜、段凝伏誅。○冬，十一月，唐立哀帝廟於曹州。○十二月，荆南節度使高季興卒。

己丑 唐天成四年，吴太和元年。○是歲，四國、三鎮。春，二月，唐王晏球克定州，王都伏誅；獲托諾[二]，送大梁斬之。○三月，唐主殺其子從璨。○楚王殷以其子希聲知政事，總諸軍。○夏，四月，唐禁鐵錫錢。○唐置緣邊市馬場。○唐以從榮爲河南尹，從厚爲北都留守。**考證**當作「唐以子從榮爲北都留守，從厚爲河南尹。」○唐以趙鳳同平章事。○五月，唐遣使如兩川。○六月，唐罷鄴都。○秋，七月，唐以高從誨爲荆南節度使。○楚馬希聲殺判官高郁。○有年。○唐削錢鏐官爵。○冬，十月，唐以康福爲朔方節

[一] 蜀藩本作「惕隱」。
[二] 蜀藩本作「獲禿餒」。

度使。○吴加徐知誥兼中書令。○唐以李仁矩爲保寧節度使。

庚寅 唐長興元年。○是歲，凡四國、三鎮。春，二月[一]，唐董璋築寨劍門，與孟知祥上表拒命，詔慰諭之。○三月，唐立淑妃曹氏爲后。○吴遣兵擊荆南，不克。○唐河中軍亂，逐其節度使李從珂，討平之。○夏，六月朔，日食。○秋，八月，唐告密人邊彦温等伏誅。○唐以張延朗爲三司使。○唐立子從榮爲秦王，從厚爲宋王。○唐兩川節度使董璋、孟知祥連兵反。○九月，唐以范延光爲樞密使。○董璋陷閬州，唐將姚洪死之。○唐詔削董璋官爵，遣天雄節度使石敬瑭討之。○漢取交州。○冬，十月，孟知祥兵圍遂州，董璋攻利州，不克。○唐誅董璋之子光業，夷其族。○董璋兵陷徵、合、巴、蓬、果五州。○十一月，孟知祥兵陷黔州。○楚武穆王馬殷卒，子希聲嗣。**考證** 當去「武穆馬」三字，分注「謚武穆」。○唐削孟知祥官爵，并討之。攻劍州，不克。○契丹東丹王托雲[二]奔唐。○十二月，唐石敬瑭攻劍州，不克。○唐遣安重誨督征蜀諸軍。

辛卯 唐長興二年。○是歲，凡四國、三鎮。春，正月，孟知祥兵陷遂州，唐守將夏魯奇死之。○唐召安重誨還。○二月，石敬瑭引兵遁歸，兩川兵追之，陷利州。○孟知祥兵陷忠、萬、夔州。○唐以安重誨爲護國節

[一] 蜀藩本誤作「三月」。
[二] 蜀藩本作「突欲」。

度使。○吴以宋齊丘爲右僕射致仕。○唐賜契丹托雲[一]姓名李贊華，以爲懷化節度使。○唐以李從珂爲左衛大將軍；復錢鏐官爵。○唐以李愚同平章事。○夏，四月，唐以德妃王氏爲淑妃。○閩奉國節度使王延稟舉兵襲福州，敗死。○唐以趙延壽爲樞密使，石敬瑭兼六軍諸衛使。○唐罷麴税。○唐以宦者孟漢瓊爲宣徽使。○唐殺其太子太師致仕安重誨。○唐遣兩川將吏還諭本鎮。○六月，唐均田税。○閩作寶皇宫。○秋，九月，唐赦解縱五坊鷹隼[二]。○冬，十月，唐以王延政爲建州刺史。○十一月朔，日食。○吴以其中書令徐知誥鎮金陵，徐景通爲司徒，輔政。○十二月，唐初聽民鑄田器，畝收税錢。○孟知祥遣李肇守利州。

壬辰　唐長興三年[三]。○是歲，凡四國、三鎮。春，正月，唐遣兵擊党項，破之。○二月，唐初刻《九經》版，印賣之。○唐賜高從誨爵渤海王。○三月，吴越武肅王錢鏐卒，子元瓘嗣。**考證**當去「武肅錢」三字，分注「謚武肅」。○契丹遣使如唐。○夏，四月，董璋襲西川。五月，孟知祥擊敗之，璋爲其下所殺，知祥遂取東川。○秋，七月，唐武安節度使馬希聲卒。八月，弟希範嗣。○唐以李從珂爲鳳翔節度使。○唐詔孟知祥補兩川節度使以下官。○吴徐知誥廣金陵城。○九月，唐城三河縣。○唐大理少卿康澄

[一] 蜀藩本作「突欲」。
[二]《四庫》本原作「五方鷹隼」，據蜀藩本改。
[三]《四庫》本原作「唐長興二年」，據上下文及蜀藩本改。

上疏論事，唐主優詔答之。○冬，十一月，唐以石敬瑭爲河東節度使。○唐蔚州叛降契丹。

癸巳　唐長興四年，閩王王延鈞龍啓元年。○是歲，凡四國、三鎮。春，正月，閩王王延鈞稱帝，更名璘。○二月，唐定難節度使李仁福卒，子彝超嗣。○唐以孟知祥爲蜀王。○三月，唐以李彝超爲彰武留後，安從進爲定難留後，彝超拒命。○唐以劉瓚爲秦王傅。○唐立子從珂爲潞王，從益爲許王。○閩地震。○吴徐知誥營宫城於金陵。○秋，七月，唐安從進討李彝超，不克引還。○唐賜在京諸軍優給。○唐以錢元瓘爲吴王。○閩以薛文傑爲國計使。○唐主加尊號，賜内外将士優給。○唐以秦王從榮爲天下兵馬元帥。○唐以趙延壽爲宣武節度使，朱弘昭爲樞密使。○唐遣使如吴越。○閩主璘殺其從子繼圖。○冬，十月，唐以范延光爲成德節度使，馮贇爲樞密使。○唐以李彝超爲定難節度使。○十一月，唐主疾病，秦王從榮作亂，伏誅。○唐主亶殂。○閩主璘殺其樞密使吴勖。○十二月，唐主從厚立。○閩主璘殺其指揮使王仁達。

甲午　唐閔帝從厚應順元年。四月以後，唐主從珂清泰元年。○蜀主孟知祥明德元年。○是歲，蜀建國，凡五國、三鎮。春，正月，唐以高從誨爲南平王，馬希範爲楚王，錢元瓘爲吴越王。○唐以李重吉爲亳州團練使。○吴人攻閩建州，不克。○唐以唐汭、陳乂爲樞密直學士。○蜀王孟知祥稱帝。○吴徐知誥黜其押牙周宗爲池州副使，尋復召之。○唐以潞王從珂爲河東節度使，石敬瑭爲成德節度使。從珂舉兵鳳翔，唐遣兵討之，官軍降潰。○唐潞王從珂至長安，唐主以康義誠爲招討使，将兵拒之。殺馬軍指揮使朱洪寶。○唐潞王從珂執西京留守王思同殺之。○唐潞王從珂至陝，諸將及康義誠皆降。○唐主出奔。夏，四月，石敬瑭入朝，遇於衛州，殺其從騎。○唐孟漢瓊詣潞王從珂降，從珂誅之。○唐興元、武定兩鎮降蜀。○唐潞王從珂入洛陽，廢其主從厚爲鄂王而自立。○唐主從珂弒鄂王從厚于衛州，磁州刺史宋令詢死之。○唐以郝瓊權判樞密院。○唐康義誠伏誅，夷其族。○唐賜將士緡錢有差。○五月，唐以韓昭胤爲樞密使，劉延朗爲副使。○唐復以石敬瑭爲河東節度使。○唐以馮道爲匡國節度使，范延光爲樞密使。○唐復以李從曮爲鳳翔節度使。○吴徐知誥幽其主之弟臨川王濛于和州。○秋，七月，唐以盧文紀、姚顗同平章事。○唐流楚匡祚於登州。○蜀主知祥殂，子昶立。○八月，唐詔蠲逋租三百三十八萬。○唐李愚、劉昫罷。○冬，十月，蜀殺其中書令李仁罕，徙其侍中李肇於邛州。○十一月，吴徐知誥召其子景通還金陵，留景遷江都輔政。○唐葬鄂王於徽陵城南。○旱。○漢平章事楊洞潛卒。

乙未 唐清泰二年。○吴天祚元年，閩永和元年。○是歲，凡五國、三鎮。春，二月，唐夏州節度使李彝超卒，兄彝殷代之。○蜀主尊其母李氏爲太后。○閩主璘立其父婢陳氏爲后。○三月，唐以趙延壽爲樞密使。○唐詔開言路。○吴加徐景遷同平章事。○夏，六月，吴中書令柴再用卒。○契丹寇邊，唐北面總管石敬瑭將兵屯忻州。**考證**「寇」當作「入唐」。○唐詔：「竊盗不計贜，并縱火强盗，并行極法。」○秋，七月，唐遣北面副總管張敬達將兵屯代州。○唐以房暠爲樞密使。○蜀寇唐金州，不克。**考證**「寇」當作

「入」。〇冬，十月，閩李倣弑其主璘，而立福王繼鵬，更名昶。〇荆南梁震退居土洲。〇吴加徐知誥大元帥，封齊王，備殊禮。〇十一月，閩李倣伏誅。〇唐以馬全節爲横海留後。〇十二月，唐以馮道爲司空。〇閩以陳守元爲天師。

丙申 唐清泰三年。十一月以後，晋高祖石敬瑭天福元年。〇閩主昶通文元年。〇是歲，唐亡，晋興，凡五國、三鎮。春，正月，唐以吕琦爲御史中丞。〇閩主昶立其父婢李氏爲后。〇夏，四月，楚王希範以其弟希杲知朗州。〇五月，唐以石敬瑭爲天平節度使，敬瑭拒命，唐發兵討之。〇唐天雄軍亂，逐節度使劉延皓以應河東。〇秋，七月，唐殺石敬瑭子弟四人。〇唐克魏州。〇石敬瑭遣使求救於契丹。〇八月，唐張敬達攻晋陽，不克。〇九月，契丹德光將兵救石敬瑭，唐兵大敗，契丹圍之。唐主自將次懷州。〇冬，十月，唐括民馬，籍義軍，以拒契丹。〇十一月，唐以趙德鈞爲行營都統。〇契丹立石敬瑭爲晋皇帝，敬瑭割幽、薊等十六州以賂之。〇唐趙德鈞降契丹，契丹不受。〇唐將楊光遠殺招討使張敬達，降于契丹。〇晋以趙瑩、桑維翰同平章事。〇契丹以晋主南下，破唐兵於團柏。唐主還河陽，趙德鈞降契丹。〇晋主發潞州，契丹北還。〇唐晋州軍亂，逐守將高漢筠。〇唐主還洛陽。〇晋主至河陽，節度使萇從簡迎降。〇唐主從珂自焚死，晋主入洛陽。**考證**「死」當作「殂」。〇謹按：《凡例》曰，凡無統之帝，曰殂。〔一〕唐主從珂在位三年，雖以簒得國，然無統之主未有以正立者，則皆以「殂」書。故當曰「自焚殂」。○十二月，晋追廢唐主從珂爲庶人，以馮道同平章事。○晋以張希崇爲朔方節度使。○晋以周瓌爲三司使，不拜。○唐安遠節度使盧文進奔吴。○高麗擊破新羅、百濟。

〔一〕與原文稍異，原文爲「凡無統之君稱帝者，曰某王某殂。」

資治通鑑綱目考證卷五十七

起丁酉，盡丙午，凡十年。

丁酉 晋天福二年，南唐烈祖徐誥昇元元年。○是歲，吴亡，晋、蜀、漢、閩，南唐代吴，凡五國；吴越、湖南、荆南，凡三鎮。春，正月〔一〕，日食。○晋天雄節度使范延光殺齊州防禦使秘瓊。○晋以李崧同平章事，充樞密使，桑維翰兼樞密使。○吴徐知誥建齊國于金陵。○二月，契丹攻雲州，判官吴巒拒之。○三月，吴越王元瓘殺其弟元珦、元球。○晋葬故唐主于徽陵南。○夏，四月，晋遷都汴州。○吴徐知誥更名誥。○五月，吴與契丹通使脩好。○六月，晋范延光舉兵反，遣楊光遠等討之。○晋以和凝爲端明殿學士，張誼爲左拾遺。○晋雲州圍解，以吴巒爲武寧節度副使。○晋魏府部署張從賓反河陽，入東都。○閩作白龍寺。○秋，七月，張從賓攻晋汜水關。○晋將軍婁繼英等奔汜水。○晋義成節度使符彦饒舉兵反，指揮使盧順密討平之。○晋楊光遠敗魏兵，杜重威等克汜水，張從賓伏誅。○晋安州亂，討平之。○吴徐誥殺其主之弟歷陽公濛。○吴徐誥稱帝，國號唐，奉吴主爲讓皇。○晋安遠節度使李金全殺其

〔一〕蜀藩本作「正月朔」。

中門使賈仁沼。○契丹改號遼。

戊戌 晉天福三年。○蜀廣政元年。是歲，凡五國、三鎮。春，正月，日食。○唐德勝節度使周本卒。○二月，晉詔求直言。○三月，晉禁民作銅器。○晉制諸州奏補將校員數。○夏，五月，唐主誥遷故吴主於潤州。○晉制民墾田，三年外乃聽徭役。○秋，七月，晉作受命寶。○八月，晉上尊號於契丹。○契丹遣使如唐。○九月，范延光復降於晉，晉以爲天平節度使。○晉以楊光遠爲天雄節度使。○冬，十月，契丹加晉主尊號。○晉以汴州爲東京開封府，東都爲西京。○晉停兵部尚書王權官。○晉樞密使桑維翰罷。○交州亂，漢主龑遣其子弘操將兵攻之，敗死。○楚王夫人彭氏卒。○河决鄆州。○十一月，晉册閩主昶爲閩國王，不受。○晉建鄴都置彰德、永清軍，徙澶州城。○晉范延光致仕。○晉聽公私自鑄錢。○故吴主楊溥卒。○晉鳳翔軍亂，討平之。

己亥 晉天福四年，閩主曦永隆元年。是歲，南唐復姓李氏，凡五國、三鎮。春，正月，晉以馮暉爲朔方節度使。○唐主徐誥復姓李氏，更名昪。○三月，晉加劉知遠、杜重威同平章事。○晉靈州戍將王彦忠叛。○夏，四月，晉廢樞密院。○閩主[一]昶殺其叔父延武、延望。○晉加楚王希範天策上將軍。○唐主遷故吴主楊氏之族於泰州。○秋，七月朔，日食。○晉以皇甫遇爲昭義節度使。○晉禁私鑄錢。○晉以桑維翰

[一] 蜀藩本作「閩主」。

爲彰德節度使。○晉以王廷胤爲義武節度使。○閩王曦弑其主昶而自立，稱藩於晉。○河決博州。○八月，晉以馮道守司徒，兼侍中。○晉以吳越王元瓘爲天下兵馬元帥。○晉以唐許王從益爲郇國公。○冬，十月，吳越王夫人馬氏卒。○十二月，晉禁造佛寺。○漢平章事趙光裔卒。

庚子 晉天福五年。○是歲，凡五國、三鎮。春，二月，晉北都留守安彥威入朝。○楚平群蠻，立銅柱於溪州。○唐康化節度使楊璉卒。○閩主曦遣兵擊其弟延政於建州，敗績。吳越遣兵救建州。夏，五月，延政擊却之。○晉李金全以安州叛降於唐，晉遣馬全節討之，唐師敗績。○秋，七月，閩主曦城福州西郭，度僧萬人。○晉贈賈仁沼、桑千等官，誅龐守榮於安州。○晉西京留守楊光遠殺太子太師范延光。○晉詔諸州倉吏貸死抵罪。○晉罷翰林學士。○晉以楊光遠爲平盧節度使。○冬，十月，晉加吳越王元瓘尚書令。○唐大赦。○唐主如江都。○晉以閩主曦爲閩國王。

辛丑 晉天福六年。○是歲，凡五國、三鎮。春，正月，吐谷渾降晉，不受。○閩以王延政爲富沙王。○二月，晉彰義節度使張彥澤殺其掌書記張式。○夏，四月，唐以陳覺、常夢錫爲宣徽副使。○唐遣使如晉。○六月，晉成德節度使安重榮執契丹使者，上表請伐契丹。○閩主曦殺其兄子繼業。○秋，七月，晉以劉知遠爲北京留守。○吳越府署火。○閩主曦自稱大閩皇。○八月，晉以杜重威爲御營使。○晉主如鄴都。○吴越文穆王[一]錢元瓘卒，子弘佐嗣。**考證**當去「文穆錢」三字，分注「謚文穆」。○河决滑州。○冬，十月，晋劉知遠招納吐谷渾白承福等，徙之内地。○閩主曦稱帝。○十一月，晋山南東道節度使安從進舉兵反。○唐定田税。○十二月，荆南、湖南會晋師討襄州。○晋安重榮反，晋遣杜重威擊敗之。○漢主龑更名龑。

壬寅 晋天福七年。六月，晋主重貴立。○漢主玢光天元年。○是歲，凡五國、三鎮。春，正月，晋師入鎮州，安重榮伏誅。○晋以杜重威爲順德節度使。○晋以王周爲彰義節度使[二]。○唐以宋齊丘知尚書省，尋罷之。○晋以陳延暉爲凉州節度使。○夏，四月，晋貶張彦澤爲龍武大将軍。○漢主龑殂，子玢立。○五月，唐以宋齊丘爲鎮南節度使。○六月，晋主敬瑭殂，兄子齊王重貴立。○秋，七月，閩富沙王延政攻汀州不克，歸，敗福州兵於尤口。○晋以景延廣爲侍衛都指揮使。○漢循州盜張遇賢起，討之，不克。○八月，晋討襄州，拔之，安從進伏誅。○閩主曦殺其從子繼柔。○唐行《昇元條》。○閩以余廷英同平章事。○冬，十月，楚王希範作天策府。○十一月，晋復行官賣鹽法。○十二月，閩以李仁遇同平章事。

[一]《四庫》本原作「文穆主」，據蜀藩本改。
[二]《四庫》本原作「彰儀節度使」，據蜀藩本改。

癸卯 晉天福八年。○南唐元宗璟保大元年[一]，殷主王延政天德元年[二]，南漢主晟[三]乾和元年。○是歲，并殷，凡六國、三鎮。春，二月，晉主還東京。○唐主昪殂。○閩富沙王延政稱帝於建州，國號殷。○晉以桑維翰爲侍中。○唐主璟立。○漢晉王弘熙弒其主玢而自立，更名晟。○閩主曦立尚氏爲賢妃。○夏，四月朔，日食。○五月，殷削其平章事潘承祐官爵。○漢主晟殺其弟弘杲。○閩主曦殺其校書郎陳光逸。○秋，七月，晉遣使括民穀。○吴越貶其都監使章德安於處州。○唐主立其弟景遂爲齊王，景達爲燕王。○九月，晉主尊其母安氏爲太妃。○晉執契丹回圖使喬榮，既而歸之。○冬，十月，晉主立其叔母馮氏爲后。○張遇賢侵唐境，唐遣兵擒斬之。○十二月，晉楊光遠誘契丹入寇。**考證**「寇」當作「邊」。○唐以宋齊丘爲青陽公，遣歸九華。○晉旱、水、蝗，民大饑。○楚作九龍殿。○閩御史中丞劉贊卒。

甲辰 晉開運元年。○是歲，凡六國、三鎮，閩亡。春，正月，契丹陷晉貝州，權知州事吴巒敗死。晉遣兵禦之。**考證**「陷」當作「入」。○唐主敕齊王景遂參決庶政，既而罷之。○晉主自將次澶州，遣劉知遠、杜威、張彦澤將兵禦契丹。○二月，契丹度河，晉主自將及遣李守貞等分道擊之，契丹敗走。○晉定難節度使李彝殷侵契丹以救晉。○晉詔劉知遠擊契丹，知遠屯樂平不進。○晉百官奏請其主聽樂，不許。○

[一] 蜀藩本誤作「保太元年」。
[二] 蜀藩本誤作「天福元年」。
[三] 蜀藩本誤作「南漢主成」。

楊光遠圍晉棣州，大敗，走還。〇三月，契丹寇晉澶州，不克引還。**考證**「寇」當作「攻」。〇漢主晟殺其弟越王弘昌。〇閩指揮使朱文進弒其主曦而自立。〇晉籍鄉兵。〇夏，四月，晉主還大梁，以景延廣爲西京留守。〇晉遣使分道括率民財。〇晉遣李守貞討楊光遠於青州，契丹救之，不克。〇晉太尉、侍中馮道罷，以桑維翰爲中書令兼樞密使。〇晉滑州河決，發民塞之。〇晉以折從遠爲府州團練使。〇晉復置翰林學士。〇秋，八月，晉以劉知遠爲行營都統，杜威爲招討使，督十三節度以備契丹。〇朱文進稱藩於晉，晉以爲閩國王。〇晉置鎮寧軍於澶州。〇九月朔，日食。〇冬，十一月，閩泉州牙將留從効等誅朱文進所署刺史黃紹頗，傳首建州。〇十二月，晉師圍青州，楊光遠之子承勛劫其父以降。〇殷遣兵討朱文進，唐遣兵攻殷。〇閏月，晉李守貞殺楊光遠。〇閩人討殺朱文進，傳首建州。〇契丹復入寇。**考證**「寇」當作「晉」。

乙巳　晉開運二年。〇是歲，凡五國、三鎮，殷改稱閩而亡。春，正月，契丹至相州引還，晉主自將追之。〇殷改國號曰閩。〇二月，晉主至澶州，諸將引軍北上。〇契丹陷晉祁州，刺史沈斌死之。**考證**「陷」當作「攻」。〇晉以馮玉爲樞密使。〇閩人及唐人戰，閩人敗績。〇三月，閩李仁達作亂，以僧卓巖明稱帝，閩主延政遣兵討之。〇契丹還軍南下，晉都排陳使符彥卿等擊之，契丹敗走。夏，四月，晉主還大梁。〇晉復以鄴都爲天雄軍。〇閩兵攻福州，不克。〇五月，晉順國節度使杜威入朝。〇閩李仁達殺卓巖明，稱藩於唐。〇六月，晉以杜威爲天雄節度使。〇晉遣使如契丹。〇秋，七月，唐兵拔鐔州。〇楚王希範殺其弟希杲。○八月朔，日食。○晉加馮玉同平章事。○唐兵拔建州，閩主延政出降，汀、泉、漳州皆降。○漢主殺其僕射王翻。○冬，十月，唐以王延政爲羽林大將軍。○十一月，晉遣使如高麗。○吴越殺其臣杜昭達、闞璠。○晉桑維翰罷。

丙午 晉開運三年。○是歲，凡四國、三鎮。春，正月，唐以宋齊丘爲太傅。○唐以李建勳、馮延巳同平章事。○二月朔，日食。○夏，四月，晉靈州党項作亂。○唐泉州牙將留從効逐其刺史王繼勳而代之。○晉定州指揮使孫方簡叛降契丹。○六月，晉復以馮暉爲朔方節度使。○契丹寇定州，晉遣兵禦之。**考證**「寇」當作「入晉」。○唐遣陳覺使福州。○秋，七月，河决。○八月，晉劉知遠殺白承福，夷其族。○晉流慕容彦超於房州。○唐攻福州，克其外郭。○馮暉擊破党項，入靈州。○晉張彦澤敗契丹於定州北。○晉以楚王希範爲諸道兵馬元帥。○冬，十月，晉遣杜威将兵伐契丹。○吴越遣兵救福州。○十一月，晉師至瀛州，與契丹戰，不利而還。○吴越兵救福州，不克。○契丹大舉入寇。十二月，晉将王清戰死，杜威等以兵降契丹。遣兵入大梁，執晉主重貴以歸，殺桑維翰，囚景延廣。

資治通鑑綱目考證卷五十八

起丁未，盡辛亥，凡五年。

丁未 二月，漢高祖劉知遠立，仍稱晋天福十二年，六月，改號漢。○是歲，晋亡，漢興，并蜀、南漢、南唐，凡四國；吴越、湖南、荆南，凡三鎮。春，正月，契丹德光入大梁，殺張彦澤。景延廣自殺。○契丹封晋主重貴爲負義侯，徙之黄龍府。**考證**「封」當作「廢」。○契丹以李崧爲樞密使，馮道爲太傅。晋諸藩鎮皆降。○契丹分遣晋降卒還營。○故晋主重貴發大梁。○契丹縱兵大掠，遣使括借士民錢帛。○晋劉知遠遣使奉表於契丹。○荆南節度使高從誨遣使入貢於契丹，又遣使詣河東勸進。○唐主立其弟景遂爲太弟。○唐遣使如契丹。○二月，契丹行朝賀禮，大赦；以趙延壽爲中京留守。○晋劉知遠稱帝於晋陽。○晋主知遠自將迎故晋主重貴，至壽陽而還。○晋遣賊帥梁暉襲取相州，殺契丹守兵。○晋主知遠還晋陽。○吴越誅其都監程昭悦。○陜、晋、潞州皆殺契丹使者，奉表詣晋陽。○澶州賊帥王瓊攻契丹將隆鄂特，不克而死。○契丹以李從益爲許王。○契丹以張礪、和凝同平章事。○群盗陷宋、亳、密州。○三月朔，契丹行入閤禮。○晋主知遠遣使安集農民保山谷避契丹者。○契丹以蕭翰爲宣武節度使。○吴越復遣兵救福州，敗唐兵，遂取福州。○契丹德光發大梁。○晋主知遠以其弟崇爲太原尹。○夏，四月，契丹陷相州，屠之。考證當作「契丹屠相州」。○晉以劉信、史弘肇爲侍衛指揮使，楊邠爲樞密使，郭威爲副使，王章爲三司使。○晉以蘇逢吉、蘇禹珪同平章事。○晉以折從阮爲永安軍節度使。○契丹寇潞州，晉遣史弘肇救之，鄭謙守忻、代，閻萬進守嵐、憲。考證「寇」當作「攻」。○晉以武行德爲河陽節度使。○唐流陳覺於蘄州、馮延魯於舒州。○契丹耶律德光死於殺虎林。○趙延壽入恒州，自稱權知南朝軍國事。○五月，契丹烏雲執趙延壽而自立。○晉以劉崇爲北都留守。○楚文昭王希範卒，弟希廣嗣。考證當去「文昭」二字，分注「謚曰文昭」。○晉主知遠發太原出晉絳。○晉史弘肇克澤州，契丹將崔廷勳等遁去。○契丹將蕭翰劫李從益稱帝於大梁，遂北走。從益避位。○契丹烏雲勒兵出塞。○晉主知遠至絳州，降之。○六月，契丹將蕭翰至恒州，殺其國相張礪。○吳越忠獻王弘佐卒，弟弘倧嗣。考證當去「忠獻」二字，分注「謚忠獻」。○晉主知遠入洛陽，遣使殺李從益。○晉主知遠入大梁，諸鎮多降，始改國號曰漢。○契丹烏雲幽其祖母於木葉山。○唐以李金全爲北面招討使。○秋，七月，漢以杜重威爲歸德節度使，重威拒命，漢發兵討之。○漢立高祖、世祖及四親廟。○恒州將何福進、李榮逐契丹將滿達，遣使降漢。○漢制「盗賊毋問贜多少，皆死。」○楚王希廣以其兄希萼守朗州。○荆南襲漢襄、郢，不克。○南漢主晟殺其弟八人。○漢以竇貞固、李濤同平章事。○漢晉昌節度使趙匡贊叛降于蜀。○冬，十月，漢主如澶、魏勞軍。十一月，杜重威出降。○十二月，蜀人侵漢。○漢主之子開封尹承訓卒。○漢主還大梁。○吳越戍將殺李仁達，夷其族。○漢鳳翔節度使侯益叛降于蜀。○吳越統軍使胡進思廢其君弘倧，而立其弟弘俶。

戊申 漢乾祐元年。二月，隱帝承祐立。○是歲，凡四國、三鎮。春，正月，漢遣將軍王景崇等經略關中。○漢主更名暠。○漢以馮道爲太師。○吴越遷故王弘倧於衣錦軍。○趙匡贊、侯益叛蜀還漢，王景崇等擊蜀兵敗之。○漢主暠殂。杜重威伏誅。周王承祐立。○吴越指揮使何承訓伏誅。○漢以王景崇爲鳳翔巡檢使。○三月，漢史弘肇以母喪起復，加兼侍中。○漢以侯益爲開封尹。○漢改廣晋爲大名府，晋昌爲永興軍。○漢徵鳳翔兵詣闕，行至長安，軍校趙思綰據城作亂。○漢復以孫方簡爲義武節度使。契丹隆鄂特、滿達掠定州而遁。○漢李濤罷。○漢護國節度使李守貞反。○夏，四月，漢以楊邠同平章事，郭威爲樞密使。○漢遣郭從義討趙思綰，白文珂、王峻討李守貞。○契丹烏雲如遼陽。○五月，河决魚池。○六月朔，日食。○漢王景崇叛降于蜀。○秋，七月，蜀以王昭遠知樞密院事。○八月，漢河東節度使劉崇表募兵備契丹。○漢以郭威爲西面招慰安撫使。○蜀以趙廷隱爲太傅。○漢郭威督諸將圍李守貞於河中。○蜀遣兵援鳳翔，漢人擊敗之。○王景崇殺侯益家屬。○李守貞遣兵出戰，敗還。○冬，十月，漢趙暉圍王景崇於鳳翔，蜀遣兵救之，不克。○荆南節度使高從誨卒，以其子保融知留後。○十一月，漢殺其太子太傅李崧，滅其家。○唐遣兵救李守貞，次于海州。○南漢遣兵擊楚，取賀、昭州。○蜀兵救鳳翔，敗漢兵。漢郭威引兵赴之，蜀兵引還。

己酉 漢乾祐二年。○是歲，凡四國、三鎮。春，正月，李守貞遣兵襲漢柵，大敗。○二月，漢以静州隸定難軍。○契丹遷故晋主重貴於建州。○三月，漢以史德琉領忠州刺史。○夏，四月，太白晝見。○李守貞出兵攻長圍，大敗，其將王繼勛等詣漢軍降。○五月，趙思綰遣使請降于漢。○六月朔，日食。○秋，七月，漢郭從義誘趙思綰殺之。○漢郭威克河中，李守貞自殺。○唐以朱元、李平爲郎。○唐主殺其户部員外郎范冲敏、天威都虞候王建封。○八月，漢郭威以白文珂爲西京留守。○楚馬希萼攻潭州，不克。○九月，漢加郭威侍中。威請加恩將相、藩鎮，從之。○冬，十月，吴越募民墾田。○楚静江節度使馬希瞻卒。○契丹寇河北，漢遣郭威督諸將禦之。**考證**「寇」當作「入漢」。○十二月，漢趙暉攻鳳翔，王景崇自殺。○唐以留從効爲清源節度使。

庚戌 漢乾祐三年。○是歲，四國、三鎮，漢亡。春，正月，漢遣使收瘞河中、鳳翔遺骸。○二月，唐遣兵攻福州，吴越守兵敗之，執其將查文徽。○漢汝州防禦使劉審交卒。○夏，四月，漢以王饒爲護國節度使。○漢以郭威爲鄴都留守，樞密使如故。○漢以郭榮爲貴州刺史。○五月，漢以折德扆爲府州團練使。○郭威赴鄴。○漢赦：「防、團非軍期，無得專奏事，申觀察使以聞。」○漢以郭瓊爲潁州團練使。○閏月，漢大風。○六月，河決鄭州。○秋，七月，馬希萼以群蠻攻潭州。○八月，故晉太后李氏卒于契丹。○九月，馬希萼遣使乞師于唐，唐兵助之。○冬，十月，楚遣兵攻朗州，馬希萼還戰，楚兵大敗。○十一月朔，日食。○馬希萼將兵攻潭州。○漢主承祐殺其樞密使楊邠、侍衛指揮使史弘肇、三司使王章，遣使殺郭威，不克。威舉兵反，遂殺其主承祐。**考證**「殺」當作「弑」。○謹按：尹氏《發明》曰：「漢主書殺而不書弑者，已實有罪，權其輕重而折衷之。」夫隱帝無道君主也，况郭威受太祖託孤之命，則當於其襲位之初，以道正之，匡救其惡，豈可因其釁隙，遂爲篡弑哉？《發明》以隱帝有罪而折衷之，以臣弑君，何折衷之有？新安汪氏曰：秦二世、隋煬無道，夷狄、臣下殺其君長猶，皆以弑書，今正其誤，殺當作弑。猶恐惑於《發明》，敢并及之。○漢迎武寧節度使劉贇於徐州。○朗州兵至潭州，楚王希廣遣兵拒之。○漢太后臨朝。○漢以王峻爲樞密使，王殷爲侍衛都指揮使。○漢誅劉銖及其黨。○蜀施州刺史田行皋伏誅。○契丹入寇，屠内丘，陷饒陽。漢遣郭威將兵擊之。**考證**當去「入寇」二字，「陷」當作「入」。○漢以范質爲樞密副使。○馬希萼陷潭州，殺楚王希廣而自立。○漢劉贇發徐州。○漢郭威至澶州，自立而還。王峻、王殷遣兵拒劉贇，以太后誥廢爲湘陰公；令郭威監國。○南漢以宮人爲女侍中。

辛亥　周太祖郭威廣順元年。○北漢主劉崇乾祐四年。○是歲，周代漢，北漢建國，凡五國、三鎮。○郭威稱皇帝，國號周。○漢太后遷居西宮。○漢河東節度使劉崇表請湘陰公歸晉陽。○漢湘陰公故將鞏廷美等舉兵徐州。○契丹使至大梁。○周以王殷爲鄴都留守。○周主爲故漢主承祐舉哀成服。○漢泰寧軍節度使慕容彦超遣使入貢于周。○周主威弑漢湘陰公贇於宋州，漢劉崇稱帝於晉陽。**考證**分注當書「是爲北漢」。○周罷四方貢獻珍食；詔百官上封事。○北漢主遣其子承鈞將兵伐周，不克。○二月，周主以其養子榮爲鎮寧節度使。○楚遣使入貢于唐。○周主毁漢宮寶器。○契丹遣使如周，周報之。○北漢遣使如契丹乞師。○楚將王逵、周行逢作亂，入于朗州。○周克徐州，鞏廷美死之。○周加吴越王弘俶諸道兵馬都元帥。○夏，四月，唐淮南饑。○蜀以伊審徵知樞密院事。○吴越奉其廢王弘倧居東府。○北漢遣使如契丹。○周遣將軍姚漢英如契丹，契丹留之。○周夏州附于北漢。○周以王峻、范質、李穀同平章事。○楚朗州將王逵等逐其節度使，推劉言爲留後。○契丹遣使如北漢，册命其主崇，更名旻。○

契丹燕王舍音弑其主烏雲而自立，舒嚕討殺舍音而代之。○楚將徐威等伏誅，廢其君希萼，立希崇爲武安留後。楚人復立希萼，居衡山。○冬，十月，唐遣邊鎬將兵擊楚，馬希崇降。○契丹、北漢會兵伐周，攻晋州。○唐遣劉仁贍將兵取岳州。○唐以邊鎬爲武安節度使，遷馬氏之族于金陵。○十一月，周遣王峻救晋州。○南漢取桂州，盡有嶺南地。○十二月，周主自將救晋州，不果行。○周遣使將兵赴鄆州巡檢。○周王峻至晋州，契丹、北漢兵夜遁。○唐以馬希萼鎮洪州，希崇鎮舒州。

資治通鑑綱目考證卷五十九

起壬子，盡己未，凡八年。

壬子 周廣順二年。○是歲，周、南漢、蜀、唐、北漢凡五國，吴越、湖南、荆南凡三鎮。春，正月，唐湖南將孫朗、曹進作亂，不克，奔朗州。○周修大梁城。○周泰寧軍節度使慕容彦超反，周發兵討之，唐人救之，不克。○周師圍兖州。○北漢攻周府州，折德扆敗之。二月，遂取岢嵐軍。○周釋唐俘遣還。○唐設科舉，既而罷之。○三月，唐以馮延巳、孫晟同平章事。○夏，四月朔，日食。○唐遣兵攻桂州，南漢擊敗之。○周主自將討兖州，克之；慕容彦超自殺。○唐司徒李建勛卒。○六月朔，周主如曲阜，謁孔子祠，拜其墓。○蜀大水，壞其太廟。○周朔方節度使馮暉卒，以其子繼業爲留後。○契丹幽州節度使蕭海真請降于周，不果。○秋，七月，周樞密使王峻辭位，不許。○蜀梓州監押王承丕殺判武德軍郭延鈞，指揮使孫欽討誅之。○周天平節度使高行周卒。○周制犯鹽、麴者以斤兩定刑有差。○九月，周禁邊民毋得入契丹界俘掠。○契丹寇冀州，周兵拒卻之。**考證**「寇」當作「攻周」。○冬，十月，武平留後劉言遣兵攻潭州，唐節度使邊鎬棄城走；言遂取湖南。○契丹大水。○周平章事李穀辭位，不許。○周立訴訟法。○周慶州野雞族反，遣折從阮討之。○劉言奉表于周。○唐馮延巳、孫晟罷，削邊鎬官爵，流饒州。○十一月，周制税牛皮法。○十二月，河决鄭、滑，周遣使修塞。○周静難節度使侯章入朝。○周葛延遇、李澄伏誅。

癸丑　周廣順三年。○是歲，凡五國、三鎮。春，正月，周以劉言爲武平節度使。○周罷户部營田務，除租牛課。○周萊州刺史葉仁魯有罪伏誅。○周遣王峻行視決河。○契丹寇定州，周將楊弘裕擊走之。**考證**「寇」皆當作「攻周」。謹按：《綱目》之作，其事則周、秦、漢、晋、隋、唐，其義則内中國、外夷狄。夫淳維之地，無氏族以别其類，無田廬以定其業，無禮樂以脩其政，無學問以資其身。故曰「夷狄不可以中國之治治之也」。帝王之世，服則懷之以德，否則畏之以威，内外之分，截然有制。由秦至晋，中國自中國，夷狄自夷狄；晋至隋，夷狄入中國；唐至五季，中國資夷狄。《綱目》而後，固未暇論世道之變，曰趨[一]於下矣。秦使蒙恬北攻河南地，因河爲塞，通直道，起臨洮至遼東，延袤萬餘里，胡人不敢南牧。漢用陳平厚遺閼氏，用婁敬結和親，曰厚遺者納幣之始，曰和親者交中國之始。拒之以兵革，扼之以險阻，則有以絶其侵中國之路；厚遺以資之，和親以悦之，則有以啓其覬中國之心。然則蒙恬功之首，陳平、婁敬罪之魁也。孝武時，衛青、霍去病將百萬衆横行匈奴中，終西漢無北顧之憂，其功不在蒙恬下。東漢曹魏徙羌胡内地，養虎以自遺害，然猶未至大入也。晋初，郭欽上疏不納，江統著論不用，遂至青衣行酒於光極，羊車肉袒於虜庭，五帝三王之都悉爲所染汙矣。唐用劉文静資突厥取天下，肅宗資回紇討賊，石晋用桑維翰資契丹得國。平居閿絶，猶防猾夏之患，况資其力取大利乎？若文静、維翰之罪，浮於陳平、婁敬可知也。考

[一] 蜀藩本作「已趨」。

之《凡例》：中國有主，則夷狄書寇，無主書入。[一] 又曰：正統用兵於夷狄，書伐、書攻、書擊。[二] 大賢立言，匡中國，守四夷，在一字之間。曰寇、曰入，嚴於直道之制；曰伐、曰攻、曰擊，勇於百萬之師。其外之亦至矣。且窮兵黷武，非上計也，納幣和親，非良策也。有志於天下，必謹内外之分，脩德立威，以柔服之，至其弗率，然後徂征。將如蒙恬、衛青、霍去病，則將之；言如郭欽、江統，則用之；失計如陳平、婁敬、劉文静、桑維翰，則誅之。若然，則中國乂安，萬世永賴矣。

○周鎮寧節度使郭榮入朝。○周以王峻兼平盧節度使。○周野雞族降。○武安節度使王逵殺静江節度使何敬真。○周更作二寶。○周貶王峻爲商州司馬。○三月，周主以郭榮爲開封尹，封晋王。○周寧州殺牛族反。○周以郭元昭爲慶州刺史。○唐復以馮延已同平章事。○夏，六月，契丹將張藏英降周。○周《九經》板成。○王逵襲破朗州，執劉言殺之。○秋，七月，唐大旱。○八月，王逵還潭州，以周行逢知朗州事。○周塞決河。○周大水。○周築郊社壇，作太廟於大梁。○周鄴都留守王殷入朝，周主殺之。○唐復置科舉。○唐流徐鉉於舒州，貶徐鍇爲校書郎、分司。○周主朝享太廟，疾作而退。

甲寅　周顯德元年。正月，世宗睿武孝文皇帝榮立。冬，北漢乾祐七年，孝和帝鈞立。○是歲，凡五國、三鎮。春，正月朔，周主祀圓丘。○周以晋王榮判内外兵馬事。○周罷鄴都。○周主疾篤，詔晋王榮聽政。○周遣使

[一] 與原文稍異。原文爲「凡中國有主，則夷狄曰入寇，或曰寇某郡。事小，曰擾某處。中國無主，則但云入邊，或云入塞，或云入某郡殺掠吏民。」

[二] 與原文稍異。原文爲「凡正統用兵……於夷狄，若非其臣子者，曰伐，曰攻，曰擊。」

分塞決河。○周以王溥同平章事。○周主威殂，晋王榮立。○二月，蜀匡聖指揮使安思謙伏誅。○北漢主以契丹兵擊周，周昭義節度使李筠逆戰，敗績。○三月，周主自將與漢戰于高平，漢兵敗績。周將樊愛能、何徽等伏誅。○周遣行營部署符彦卿督諸將攻北漢，至晋陽，盂縣、汾、遼州降。○周太師、中書令、瀛王馮道卒。○北漢憲、嵐州降周。○周立后符氏。**考證**當作「周立符氏爲后」。○謹按：《凡例》曰：「立后，曰立后某氏，非正嫡，曰立某氏爲后。」[一]夫正始之道，王化之基，是以《關雎》「窈窕淑女，君子好逑」，匡衡言「能致其貞淑，不二其操，然後可以配至尊而爲宗廟主。」五季稱周世宗賢君，常與儒者讀前史，商確大義。至於得國，立李崇訓[二]妻符氏爲后，崇訓父子反逆事敗，弟妹皆死，而符不能死，安在其爲貞淑，而可爲宗廟之主，王化之基乎？周太祖既殺其夫，爲世宗娶之，亦何心哉？抑不見魏道武殺人之夫而納其妻，生子而弑道武。世宗讀前史，獨不與儒者商確此義乎？《易》曰「家人，女正位乎内」，失身者不可以正内也。又曰「夫夫婦婦，而家道正」，失節者不可以正家也。又曰「正家而天下定矣」。世宗卒不能定天下，良以此夫本經史之義，取非正嫡例書，曰「周立符氏爲后」，以表世宗不當立，而符氏不當爲后也。○周師克北漢石州，沁、忻州降。○五月，王逵徙治朗州，以周行逢知潭州事。○周主攻晋陽不克，引軍還。○秋，七月，周加吴越王弘俶天下兵馬都元帥。○周以魏仁浦爲樞密使。○周徐州奏爲節度使王晏立碑，許之。○冬，十月，周賜羽林大將軍孟漢卿死。○周簡閲諸軍，募壯士以補宿衛。○周罷諸道巡檢使臣。○十一月，周河隄成。○北漢

[一] 與原文稍異。原文爲「立后，曰立皇后某氏。非正嫡，曰立某氏爲皇后。」

[二] 蜀藩本誤作「李從訓」。

主旻殂，子鈞立。○王逵以荷彦通爲黔中節度使。○湖南大饑。

乙卯　周顯德二年。○是歲，凡五國、三鎮。春，正月，周制給漕運斗耗。○周遣使如夏州。○周制舉令、録法。○周浚胡盧河，城李晏口，以張藏英爲沿邊巡檢使。○二月朔，日食。○周詔群臣極言得失。○唐以嚴續同平章事。○三月，蜀以趙季札爲雄武監軍使。○夏，四月，周廣大梁城。○周以王朴爲諫議大夫、知開封府事。○五月，周遣鳳翔節度使王景伐蜀。○周廢無額寺院，禁私度僧尼。○周拔蜀黄牛寨，趙季札遁歸，伏誅。○六月，周主親録囚於内苑。○蜀遣使如唐及北漢。○南漢主殺其弟弘政。○周以張美權點檢三司事。○秋，七月，周以王景爲西南招討使，向訓爲都監。○九月，周始鑄錢。○周王景敗蜀師，取秦、階、成州。○冬，十一月，周遣李穀督諸軍伐唐。○周疏汴水。○周王景克蜀鳳州，擒其節度使王環，都監趙崇溥死之。○唐遣兵拒周師於壽州，周師擊敗之。○周樞密使鄭仁誨卒。○吴越遣使入貢于周。

丙辰　周顯德三年。○是歲，凡五國、三鎮。春，正月，周以王環爲驍衛大將軍。○周主自將伐唐，大敗唐兵，斬其將劉彦貞。○周以李重進爲都招討使，李穀判壽州行府事。○周主攻唐壽州。○周詔王逵攻唐鄂州。○二月，周主命我太祖將兵襲唐滁州，克之，擒其將皇甫暉、姚鳳。○唐主請和于周，周主不答。○周主遣韓令坤將兵襲唐揚州。○唐主遣鍾謨、李德明奉表于周。○吴越遣兵襲唐常州。○周取唐揚州。○唐滅故吴主楊氏之族。○周取唐泰州。○岳州團練使潘叔嗣殺王逵，迎周行逢入朗州。行逢討叔嗣，斬之。〇三月，周主行視水寨。〇唐遣司空孫晟奉表于周。〇南漢以宦者龔澄樞知承宣。〇周取唐光、舒、蘄州。〇周遣李德明還唐，唐主殺之。〇唐遣將軍柴克宏將兵救常州，敗吴越兵，遂引兵救壽州，未至，卒。〇唐主以其弟齊王景達爲元帥，將兵拒周師。〇夏，四月，唐兵復取泰州，進攻揚州。〇周主如濠州。〇周韓令坤敗唐兵於揚州，擒其將陸孟俊，殺之。〇唐兵攻六合，我太祖擊破之。〇周主如渦口。〇五月，唐敗福州兵於南臺江。〇周主還大梁，留李重進圍壽州。〇六月，唐劉仁贍擊周將李繼勛，敗之。〇唐遣員外郎朱元將兵復江北諸州。〇秋，七月，周以周行逢爲武平節度使。〇唐朱元等取舒、和、蘄州。周揚、滁州守將皆棄城，并兵攻壽州。〇八月，周作《欽天曆》。〇九月，周以王朴爲樞密副使。〇冬，十月，周立二税起徵限。〇周山南東道節度使安審琦入朝，除太師，遣還鎮。〇周將張永德敗唐兵於下蔡。〇周以我太祖爲定國節度使，兼殿前都指揮使。〇十一月，周殺唐使者司空孫晟。〇周召華山隱士陳摶詣闕，尋遣還山。〇周城下蔡。

丁巳 周顯德四年。〇北漢天會元年。〇是歲，凡五國、三鎮。春，正月，唐遣兵救壽州，周師擊破之。〇二月，周更造祭器、祭玉。〇三月，周主復如壽州，大破唐兵，唐元帥景達奔還。〇唐壽州監軍周廷構以城降周，唐節度使劉仁贍死之。周以壽州爲忠正軍，徙治下蔡。〇周主之父光禄卿致仕柴守禮犯法，周主不問。〇周開壽州倉賑饑民。〇夏，四月，周主還大梁。〇周宦者孫延希伏誅。〇周罷懷恩軍，遣還蜀。〇周以唐降卒爲懷德軍。〇周疏汴水入五丈河。〇五月，周作《刑統》。〇唐敗周兵，斷其浮梁。○六月，蜀衛聖都指揮李廷珪罷。○周以王祚爲潁州團練使，○秋，七月，周貶武行德李繼勳爲左右衛將軍。○北漢初立七廟。○八月，周平章事李穀罷，以王朴爲樞密使。○蜀主致書于周，周主不答。○九月，周以竇儼爲中書舍人。○冬，十月，周設賢良、經學、吏理等科。○北漢麟州降周，周以其刺史楊重訓爲防禦使。○十一月，周主自將伐唐，攻濠、泗州。○契丹、北漢會兵寇周潞州，不克而還。○十二月，唐泗州降周，周主遣擊唐兵至楚州，大破之。○唐濠州降周。周主進兵攻楚州，遣兵取揚、泰州。○南漢遣使入貢于周，不至。

戊午　周顯德五年。○唐中興元年，南漢主鋹大寶元年。○是歲，凡五國、三鎮。春，正月，周師克唐海州。○周鑿鸛水，引戰艦入江。○周師拔唐靜海軍。○蜀貶章九齡爲維州參軍。○周主克唐楚州，唐防禦使張彦卿死之。○高保融以水軍會周師伐唐。○二月，周主至揚州。○北漢攻周隰州，不克。○三月，唐以太弟景遂爲晉王，燕王弘冀爲太子。○周主臨江遣水軍擊唐兵破之。唐主遣使盡獻江北地，周主罷兵引還。○周汴渠成。○夏，四月，周新作太廟成。○五月朔，日食。○唐主更名景，去帝號，奉周正朔。○周主遣使如唐，餽之鹽，還其俘。○秋，八月，唐太子弘冀殺其叔父晉王景遂。○南漢主晟殂，子鋹立。○唐置進奏院於大梁。○周遣閤門使曹彬如吴越。○冬，十月，周以高防爲西南面制置使。○周遣使均定境内田租。○十一月，周命竇儼撰《通禮》《正樂》。○唐放其太傅宋齊丘于九華山。

己未　周顯德六年。六月，恭帝宗訓立。○是歲，凡五國、三鎮。春，正月，周命王朴作律準，定大樂。○唐宋齊丘自殺。○二月，周導汴水入蔡水。○周減行苗使所奏羨田。○周淮南饑。○三月，周樞密使王朴卒。○夏，四月，周主自將伐契丹。五月，取瀛、莫、易，置雄、霸州，遂趣幽州；有疾，乃還。○六月，河決原武，周發近縣民夫塞之。○唐泉州遣使入貢于周，不受。○唐城金陵。○周主立其子宗訓爲梁王。○周以魏仁浦同平章事，我太祖爲殿前都點檢。○周主榮殂，梁王宗訓立。○秋，七月，周以我太祖領歸德軍節度使。○唐鑄大錢。○八月，蜀以李昊領武信節度使。○九月，唐太子弘冀卒。○唐主以其子從嘉爲吴王，居東宫；殺禮部侍郎鍾謨。○南漢殺其尚書右丞鍾允章，以龔澄樞爲内太師。○唐以洪州爲南都。○周遣兵部侍郎竇儀如唐。○契丹遣使如唐，周人殺之。

图书在版编目（CIP）数据

资治通鉴纲目考证/邓瑞全，张文博点校．—北京：北京师范大学出版社，2016.7

（元代古籍集成/韩格平主编．第二辑）

ISBN 978-7-303-21137-1

Ⅰ．①资… Ⅱ．①邓… ②张… Ⅲ．①中国历史—古代史—编年体 ②《资治通鉴》—考证 Ⅳ．①K204.3

中国版本图书馆 CIP 数据核字（2016）第 179052 号

营 销 中 心 电 话　010-58805072　58807651
北师大出版社学术著作与大众读物分社　http：//xueda.bnup.com

ZIZHITONGJIANGANGMU KAOZHENG
出版发行：北京师范大学出版社　www.bnup.com.cn
北京市海淀区新街口外大街 19 号
邮政编码：100875
印　　刷：北京盛通印刷股份有限公司
经　　销：全国新华书店
开　　本：660 mm×980 mm　1/16
印　　张：31.5
字　　数：475 千字
版　　次：2016 年 7 月第 1 版
印　　次：2016 年 7 月第 1 次印刷
定　　价：128.00 元

策划编辑：谭徐锋　　责任编辑：王　强
美术编辑：王齐云　　装帧设计：锋尚设计
责任校对：陈　民　　责任印制：马　洁